마츠모토 유키히로의
프로그래밍
언어 만들기

마츠모토 유키히로의
프로그래밍
언어 만들기

Ruby 및 Streem을 통한
언어 제작 과정 살펴보기

마츠모토 유키히로 지음 김성준 옮김

i!i
에이콘

지은이 소개

마츠모토 유키히로松本行弘

1965년 돗토리현 요나고시 출신으로, 츠쿠바대학교 정보학부를 졸업했다. 프로그래밍 언어 루비Ruby의 창시자이며, 프로그래밍 언어 디자인에 능통하다. ㈜네트워크 응용통신연구소의 연구원으로 재직했으며, 재단법인 루비 연합 이사장, PaaS 서비스 회사인 헤로쿠Heroku의 책임 아키텍트 등 다수의 직함을 갖고 있다. 삼녀 일남, 개와 고양이 한 마리씩의 아버지이기도 하다. 온천을 좋아하며, 시마네현에 살고 있다.

옮긴이 소개

김성준(cheuora@gmail.com)

삼성SDS의 SINGLE 개발 팀에서 워크플로 개발로 IT 업무를 시작했다. 이후 한국후지제록스, NHN Japan(현 LINE Japan)을 거쳐 현재는 소프트웨어 개발 품질과 테스팅 자동화 관련 컨설팅 업무를 하고 있다.

옮긴이의 말

....

자바^{Java}나 파이썬^{Python}을 사용하며 이 언어를 만든 제임스 고슬링^{James Arthur Gosling}이나 귀도 반 로섬^{Guido van Rossum} 등 개발자들은 어떤 과정을 거쳐 이런 언어를 만들었는지 잠시 궁금증을 가져 본 적이 있다.

하지만 이들이 언어를 만드는 과정에서 어떤 고민을 하고 어떤 시행착오를 겪었는지에 대한 자료나 서적을 발견하지 못했다(지금도 없는 것으로 안다). 대부분의 책은 정립된 결과만 이야기하고 있었다.

루비^{Ruby}의 아버지인 마츠모토 유키히로가 그 판도라의 상자를 열었다.

이 책은 마츠모토 유키히로가 닛케이 리눅스^{Nikkei Linux}에 2014년부터 2016년까지 연재한 글을 한 권으로 엮은 것이다. 여기서 저자는 언어 제작 과정에서의 기획 방향, 어려움 및 이에 대한 해결 과정을 솔직하게 보여준다.

프로그래밍 언어 구현의 기본인 낱말 해석기 및 구문 분석기의 구현부터 시작해 사용자 편의를 위한 라이브러리 제작까지 다양한 영역을 다루지만, 코드 자체를 해설하기보다는 스토리 중심의 전개를 하고 있어 컴퓨터 과학의 지식이 조금이라도 있다면 어렵지 않게 읽을 수 있다. 특히 이를 위해 새로운 언어인 'Streem'을 기획하고 만드는 과정도 IT 분야에서 일하는 나에게는 신선함으로 다가왔다.

이 책을 통해 마츠모토 유키히로와 만나게 해준 에이콘출판사 권성준 사장님과 관계자 여러분께 감사를 드린다.

차례

....

1장 어떤 언어를 만들까?   15

2장 새로운 언어 'Streem'의 설계와 구현   93

시작하며

....

이 책은 리눅스Linux 전문지인 「닛케이日經 Linux」에서 2014년 4월부터 2016년 12월까지 연재한 "만들면서 배우는 프로그래밍 언어"라는 기사를 정리한 것이다.

'프로그래밍 언어 만들기' 관련 서적은 시중에 이미 많이 나와 있으며, 나도 이런 주제의 책을 집에 여러 권 갖고 있다.

'프로그래밍 언어 만들기'라는 종류의 책 대부분은 '프로그래밍 언어의 구현'에 대해 이야기한다. 예를 들어 yacc와 lex라는 도구로 어떻게 구문 해석기와 낱말 분석기를 만드는지, 인터프리터를 어떻게 설치하는지 등을 비교적 단순한 언어의 구현을 통해 설명한다.

실태를 모르는 사람은 프로그래밍 언어 만들기를 상당히 어려운 작업이라 생각하기 쉽지만, 차근차근 계단식으로 접근한다면 그리 어려운 분야는 아니다. 실제 언어 처리기 제작은 대학교의 컴퓨터 과학 전공 수업에서 찾기 어렵지 않은 과제다. 젊은 학생들을 대상으로 하는 프로그래밍 콘테스트(예를 들어 필자가 오랜 시간 심사위원으로 있던 U22 프로콘)[1]에서는 자신이 만든 언어로 응모하는 고등학생도 봤다.

선입견을 없애고 본다면 언어의 설계와 제작은 프로그래머의 지적 도전 과제로 재미있는 분야다. 그런 의미로 이들 '언어 만들기' 부류의 책도 나름 가치가 있을 것이다.

그러나 이런 기존 책에 대해서도 불만이 없었던 것은 아니다.

기존 책의 한계는 프로그래밍 언어의 구현에 대한 해설만 다루고 있다는 점이다. 샘플로 사용한 언어도 대부분 기존 언어의 단순한 서브셋이 대부분이다. '프로그래밍 언어 만들기' 활동 내에는 더 지적이고 재미있는 도전 과제로서의 '언어 디자인'이 전혀 다뤄지지 않았다.

---

1 https://u22procon.com/ – 옮긴이

어쩔 수 없다는 점은 알고 있다. 한정된 페이지에 필요한 내용을 모두 담는 것도 한계가 있고, 가능한 단순한 사례를 들어야 이해하기 쉽게 전달할 수 있을 것이다. 그리고 기존 언어의 서브셋 레벨이 아닌, 메인 레벨의 언어 설계를 경험한 사람은 그렇게 많지 않다. 거기에 직접 디자인한 언어가 전 세계적으로 사용되는 경험을 한 사람은 더더욱 없다고 해도 과언이 아닐 것이다.

언어를 어디까지, 어떻게 디자인할지 경험을 통해 말할 수 있는 사람은 없다. 우선 언어처리를 구현하는 기술의 해설부터 시작하고, 디자인에 대해서는 그다음에 진행하는 게 순서일 것이다.

이 순서와 반대되는 소수의 예외가 있으니 바로 C++ 설계자인 비야네 스트롭스트룹 Bjarne Stroustrup이 쓴 『The Design and Evolution of C++』(Addison-Wesley, 1994)이다. 이 책은 읽고 나면 C++이 왜 현재 이런 모습으로 됐고, 지향점이 무엇인지 알 수 있는 귀중한 자료다. 하지만 이 책을 통해 언어의 디자인 방법을 배울 수 있을지 상당한 의문이 든다.

내가 생각하는 방법의 책이 세상에 없다면 직접 쓰는 수밖에 없다고 생각했다. 다행히도 나는 '세계적으로 사용하는 언어를 설계한 경험'이 있으며, 취미를 뛰어넘은 활동으로 IT 세계에서 쓰는 여러 언어의 설계에 대해서도 지식이 있다. 더욱이 「닛케이 Linux」에서의 연재를 시작으로 여러 권 집필 경험도 있다. 자화자찬이지만 이 이상 딱 맞는 인재를 어디에서 찾을 수 있겠는가?

이런 생각을 갖고 「닛케이 Linux」에서 2014년 4월호부터 연재를 시작했다(표 1).

언어를 만들게 된 동기부터 언어 디자인 시 느꼈던 갈등까지, 다른 책에서는 다루지 않은 영역까지 다뤘다고 나름 자부한다.

하지만 매월 한 번 제출하면 인쇄되는, 수정이 어려운 연재 기고문의 특성상 시간이 지날수록 오류나 필요없는 내용이 생겼는데 이 책의 내용도 예외는 아니었다.

연재를 시작할 때 계획 주제는 표 1과 같았지만, 결국 임베디드용 루비인 'mruby'에 대한 내용(2014년 4월호와 6월호 일부)과 이 책의 범위에서 조금 벗어나는 내용에 대한 해설(2014년 9월호부터 11월호)은 이 책에서 빠졌다. 본문 게재 순서도 자연스럽게 연결되도록 변경했으며, Streem 현황에 맞춰 일부는 내용을 수정했다.

표 1 연재 주제

Nikkei Linux 게재호	제목	이 책에서의 위치
2014년 4월호	제1회 자작언어입문	1-1
2014년 5월호	제2회 언어 처리의 구조	1-2
2014년 6월호	제3회 가상 머신	1-3
2014년 7월호	제4회 언어 디자인 입문(전편)	1-4
2014년 8월호	제5회 언어 디자인 입문(후편)	1-5
2014년 9월호	제6회 언어 타입 디자인(제1장)	-
2014년 10월호	제7회 언어 타입 디자인(제2장)	-
2014년 11월호	제8회 언어 타입 디자인(제3장)	-
2014년 12월호	제9회 추상적 동시성 프로그래밍	2-1
2015년 1월호	제10회 21세기의 동시성 언어	2-2
2015년 2월호	제11회 스트림 언어 만들기	2-3
2015년 3월호	제12회 스트림 언어의 핵심	2-4
2015년 4월호	제13회 멀티스레드와 오브젝트	2-5
2015년 5월호	제14회 캐시와 심볼	2-6
2015년 6월호	제15회 AST(추상 구문 트리)	2-7
2015년 7월호	제16회 로컬 변수와 예외 처리	2-8
2015년 8월호	제17회 소켓 프로그래밍	4-1
2015년 9월호	제18회 CSV	5-3
2015년 10월호	제19회 기본 데이터 구조	4-2
2015년 11월호	제20회 여러 가지 객체지향	3-1
2015년 12월호	제21회 스트림의 객체지향	3-2
2016년 1월호	제22회 객체표현과 NaN Boxing	4-3
2016년 2월호	제23회 가비지 컬렉션	4-4
2016년 3월호	제24회 파이프라인 프로그래밍	5-1
2016년 4월호	제25회 파이프라인 구성 요소	5-2
2016년 5월호	제26회 락프리(Lock Free) 알고리즘	4-5
2016년 6월호	제27회 시간 표현	5-4
2016년 7월호	제28회 통계 기초의 기초	5-5

Nikkei Linux 게재호	제목	이 책에서의 위치
2016년 8월호	제29회 스트림 문법 복습	3-3
2016년 9월호	제30회 패턴 매치	3-4
2016년 10월호	제31회 난수	5-6
2016년 11월호	제32회 스트림 그래프	5-7
2016년 12월호	최종회 끝내는 글 및 이삭줍기	–

하지만 문장의 구성 등은 연재 당시와 크게 바뀌지 않았다. 해설의 일관성을 유지하고, 이해도를 높이기 위해 장이 끝날 때마다 '타임머신 칼럼'을 넣었다. '타임머신 칼럼'은 원고 집필 당시에 향후 일어날 일을 미리 알았다면 '지금은 이렇게 쓸 텐데…'라는, 보충의 의미로 적은 글이다.

이 칼럼은 미래 예측에 대한 저자의 능력의 한계를 보여주는, 조금은 복잡한 기분이 드는 글이지만 미래는 누구도 알 수 없는 것이라는 마음으로 책에 넣기로 했다.

그럼 여러분을 '언어의 디자인'의 세계로 안내하겠다.

마츠모토 유키히로

1장

어떤 언어를 만들까?

1-1 언어를 직접 만든다는 것의 가치

프로그래밍 언어를 실제로 만들면서 언어의 설계 및 구현 방법을 배울 수 있다. 이는 오픈소스 덕택으로, 스스로 언어를 만드는 것에 대한 문턱이 많이 낮아졌다. 언어를 만들 수 있다면 엔지니어로서 자신의 가치를 높이고 더 큰 '즐거움'을 얻을 수 있게 된다.

나는 프로그래밍 언어인 '루비'의 제작자로 알려진 사람이지만, 원래는 어느 부류에도 속하지 않은 무류無類 프로그래밍 언어 애호가다. 루비는 개인적인 취미로 조사해온 프로그래밍 언어에 관한 연구를 집대성한 것이어서, 어떻게 보면 루비는 이런 연구의 부산물이라 할 수 있다. 부산물로 이만큼 퍼져 나갔다는 사실은 대단하지만, 이것은 내 실력 덕분이라기보다는 운이 컸을 것이다. 루비가 탄생한 지 20년이 조금 지난 지금, 이제까지 있었던 여러 가지 사건이나 만남이 없다면 루비는 정말 여기까지 올 수 없었을 거라고 생각한다.

언어 제작의 세계

그런데 여러분은 프로그래밍 언어를 만들어 본 적이 있는가? 프로그래밍해 본 사람이라면 프로그래밍 언어는 매우 친근한 존재다. 그러나 대부분 프로그래밍 언어는 '있는 것을 가져다 쓰는 것'으로 여기며 스스로 만들 생각은 하지 않을지도 모른다. 어쩌면 그런 생각은 당연하다.

그러나 인간이 쓰는 언어(자연언어)와 달리 세상에 나온 모든 프로그래밍 언어는 어딘가에서 누군가가 설계하고 구현한 것이다. 자연적으로 발생한 것이 아니라 명확한 의도와 목적을 갖고 '디자인'된 것이다. 다시 말하면 과거에 언어를 만들려고 한 사람(언어 디자이너)이 없었다면, 우리는 지금도 어셈블러에서 프로그래밍하고 있었을지도 모른다.

프로그래밍의 역사 초기부터 언어는 프로그래밍과 뗄 수 없는 관계였다. 프로그래밍의 역사는 언어의 역사라고 해도 과언이 아니다.

이 책의 목표는 프로그래밍 언어를 스스로 만드는 것이다. "지금 와서 언어를 만드는 게 어떤 의미가 있어?"라고 생각한 분에게는 나중에 천천히 답변할 테니 조금 기다려 주기 바란다. 우선은 언어 제작의 역사부터 살펴보자.

■ 자기 제작 언어(自作言語)의 역사

초기의 프로그래밍 언어는 기업의 연구소(FORTRAN, PL/I), 대학(LISP), 규격 위원회(ALGOL, COBOL) 등에서 '일로써 진지하게' 언어에 관련된 사람들에 의해 개발됐다. 하지만 이 흐름은 개인용 컴퓨터가 만들어진 1970년대 이후 변화해 간다. 개인용 컴퓨터를 구한 마니아들은 취미로 프로그래밍하고, 심지어 취미의 일환으로 프로그래밍 언어까지 만들기 시작했다.

대표적인 것이 베이직BASIC, Beginner's All-purpose Symbolic Instruction Code이다. 베이직 자체는 미국 다트머스Dartmouth 대학교에서 교육용 프로그래밍 언어로 탄생했지만, 언어 사양이 단순하고 요구되는 구현 규모도 소규모라 1970년대의 마니아들은 이 언어를 즐겨 사용했다.

또한 마니아들은 베이직의 자체 개발도 시작했다. 당시의 개인용 컴퓨터[1]는 기껏해야 수 K바이트 밖에 없었다. 이런 환경에서 이들이 만든 BASIC은 프로그램 크기가 1K바이트 이하로, 4K바이트 정도의 메모리에서도 동작했다. 현대의 언어 입장에서 보면 상당히 경이로웠다.

마이크로컴퓨터 잡지의 시대

개인 차원에서 개발된 베이직을 비롯한 소규모 언어타이니 랭귀지, tiny language는 점차 다양한 형태로 배포된다. 당시의 소프트웨어는 컴퓨터 잡지에 덤프 리스트에 게재하거나, 프로그램

---

1 마이크로컴퓨터(microcomputer)나 내 컴퓨터(my computer)의 줄임말로 종종 마이컴이라고 불린다.

데이터를 음성 변환해 소노시트Sonosheet로 부록에 수록하는 방식으로 배포됐다. 소노시트라고 하면 지금 사람들은 잘 모를 것이다. 소노시트란 얇은 비닐이나 플라스틱으로 만든 간단한 레코드물을 말한다. 레코드도 거의 사장된 단어인데, 당시 마니아에게 일반적인 외부 기억장치였던 카세트 리코더 대신, 레코드플레이어를 컴퓨터에 연결해 읽도록 한 것이었다.

1970년대부터 80년대에 걸쳐 컴퓨터 잡지(당시엔 마이크로컴퓨터 잡지라고 부름)가 한창이던 때라서 다음과 같은 4개의 잡지가 격전을 벌이고 있었다.

- RAM(고사이도출판廣済堂出版)
- 마이컴퓨터(마이컴)(전파신문사電波新聞社)
- I/O(고가쿠샤工学社)
- ASCII(ASCII)

이 4가지 중 지금 남아있는 잡지는 I/O뿐이고, 그것도 이전과는 성격이 꽤 바뀌었다.

이후 '마이컴'으로부터 '마이컴 베이직 매거진(통칭 베매가)'이 탄생하는 등 여러 일이 있었지만, 아재의 옛날이야기가 될 것 같으므로 이쯤에서 그만두겠다. 30대 ~ 40대 프로그래머에게 이런 주제로 이야기를 꺼내면 대부분이 기뻐하면서 그 당시의 이야기를 하지 않을까?

당시의 '마이컴' 잡지는 방금 전 말했듯이 베이직을 수록한 소노시트를 부록으로 제공했고, 그 이외에도 몇 개의 소규모 언어를 소개했다. 예를 들면 GAME나 TL/1 등이 있다. 이것은 시대를 반영한, 매우 재미있는 언어이기 때문에 다른 칼럼에서 소개하겠다. 23~26페이지의 칼럼 '마이컴 잡지에 소개된 타이니 랭귀지'를 꼭 읽어보기 바란다.

현대의 자기 제작 언어

왜 1970년대 후반부터 1980년대 전반까지 기간에 자기 제작 언어가 태어난 것일까? 가장 큰 이유는 당시에 개발 환경을 갖추지가 쉽지 않아서였다고 생각한다.

1970년대 후반에 마이컴으로 일반화된 것이 TK-80(그림1) 보드를 기반으로 한 단일 보드 기반 마이컴이었다. 대부분이 반완성품으로 직접 납땜을 해야 했다. 제대로 된 개발 환경이 갖춰질 리 없었고, 소프트웨어도 직접 기계어를 짜서 넣어야 했다.

그림 1-1 TK-80

1970년대 말에는 PC-8001이나 MZ-80 같은 완성품 '컴퓨터'가 등장한다. 그러나 개발 환경은 기껏해야 베이직으로, 스스로 자유롭게 개발 언어를 선택하기는 어려웠다. 상용 언어 처리 시스템은 판매되고 있었지만, 당시 C 컴파일러의 정가가 19만 8000엔(현재 환율로 200만원 정도)이어서 일반인이 쉽게 손에 넣기 어려웠다. 그래서 차라리 직접 언어를 개발하려고 한 것이다.

그러나 현대에는 개발 환경이 없어서 개발을 못하는 경우는 없다. 각종 프로그래밍 언어나 개발 환경이 오픈소스 소프트웨어로 공개되고, 오픈소스가 아니더라도 인터넷을 통해 무료 언어를 쉽게 구할 수 있다.

그렇다면 "이제 와서 자기 제작 언어를 만들자는 제안은 무의미한 것일까?"라는 질문에 어디까지나 개인적인 의견이지만(그리고 이 책을 위해서는 당연한 답이겠지만), 대답은 "아니오"다. 비록 현대라도 새로운 언어를 개인 차원에서 설계하는 것은 꽤 중요한 의미가 있다.

게다가 현재 폭넓게 사용되는 언어의 상당수는, 개발 환경이 쉽게 갖춰지고 난 후 개인 차원에서 설계 및 개발된 것이다. 개인 차원의 언어 개발이 정말 무의미했다면 루비도, 펄Perl도, 파이썬Python도, 클로저Clojure도 탄생하지 않았을 것이다.

그래도 자바와 자바스크립트^{JavaScript}, 얼랭^{Erlang}, 하스켈^{Haskell}은 탄생했을 거라고 생각한다. 이것은 업무나 연구의 일환으로 탄생했기 때문이다.

■ 왜 언어를 만드는가?

그럼 현재 IT 환경에서 어떤 것이 자기 제작 언어를 설계하고 개발하는 데 동기부여가 될까? 나의 경우를 되짚어 보거나 다른 언어 제작자로부터 받은 정보를 바탕으로 생각하면, 다음과 같은 배경이 있을 것으로 생각한다.

- 프로그래밍 능력의 향상
- 설계 능력의 향상
- 자기 브랜드화
- 자유의 획득

우선 프로그래밍 언어의 구현은 컴퓨터 과학의 종합 예술이라고 할 수 있다. 언어 처리 시스템의 기초인 단어 해석이나 구문 해석은, 네트워크 통신의 데이터 프로토콜 구현 등에도 응용할 수 있다.

언어 기능을 실현하는 라이브러리와 거기에 포함되는 데이터 구조의 구현은 컴퓨터 과학 그 자체다. 특히 프로그래밍 언어는 응용 범위가 넓고, 어떤 경우에 이용될지 사전에 예측하기가 어렵기 때문에 더 난이도가 높고, 그만큼 재미있다고도 할 수 있다.

또한 프로그래밍 언어는 컴퓨터와 인간을 연결하는 인터페이스이기도 하다. 이러한 인터페이스를 디자인하는 일은 인간이 어떻게 생각하고, 암묵적으로 무엇을 기대하는지에 대한 깊은 고찰이 요구된다. 그러한 고찰을 거듭하는 과정은 언어 이외의 API의 설계나 사용자 인터페이스^{UI}, 나아가 사용자 경험^{UX}의 설계에 도움이 될 것이다.

자기 브랜드를 높일 수 있다

사람에 따라서는 의외로 생각할지도 모르지만, IT 업계에서 프로그래밍 언어 그 자체에 흥미를 갖는 사람은 적지 않다. 프로그래밍과 언어는 끊을 수 없는 관계이므로 당연할지도 모르겠지만, 일단은 언어 관련 스터디나 컨퍼런스 등이 많은 참석자를 모은다는 점에서도 알 수 있다. 때문에 인터넷상에서 새로운 언어 소식을 접하면 우선 시험 삼아 써보는 사람들이 많다. 루비도 1995년 인터넷에 공개한 직후, 불과 2주 만에 메일링 목록 참가자가 200명 이상 몰려 깜짝 놀랐다.

그러나 언어를 써 보는 사람은 나름대로 존재해도 프로그래밍 언어, 그것도 잡지의 부록 같은 '장난감' 차원을 넘어, 실제 쓸 수 있는 언어를 설계하고 구현하는 사람은 거의 없다. 그래서 실용적인 프로그래밍 언어를 만들었다는 사실만으로도 존경받을 자격이 충분히 있다.

이 오픈소스 시대에 기술자가 살아남기 위해서는, 기술자 커뮤니티에서의 존재감이 매우 중요하다. 오픈소스 소프트웨어를 공개하는 것만으로도 효과가 높지만, 프로그래밍 언어의 '특별감'은 해당 브랜드 효과를 한층 높일 수 있다.

무엇보다 재미있다

그리고 무엇보다 프로그래밍 언어의 설계와 구현은 즐거운 작업이다. 정말이다. 컴퓨터 과학의 다양한 곳에 관련된 도전적인 프로젝트가 있는 점도 이를 증명한다. 또한 프로그래밍 언어를 설계한다는 것은, 그것을 사용하는 프로그래머의 사고를 지원하거나 설계를 가능하게 하기 때문에, 그러한 점에서도 재미있다.

게다가 보통 프로그래밍 언어는 '가져다 쓰는 것', '함부로 바꿀 수 없는 영역'의 이미지다. 자신이 만든 언어라면 그런 것은 없다. 내가 원하는 디자인을 하고, 마음에 들지 않거나 더 좋은 생각이 있으면 자유롭게 변화시킬 수 있다. 어떤 의미에서 이런 면이 궁극의 자유라고 말할 수 있겠다.

프로그래밍이란 자유의 추구 활동이라고 생각한다. 스스로 프로그래밍하면 다른 사람이 만든 소프트웨어를 단지 사용하는 것만으로는 누릴 수 없는 자유를 손에 넣을 수 있다. 적어도 나로서는 이것이 프로그래밍하는 중요한 동기 중 하나다. 내게는 프로그래밍 언어를 설계하는 것은 한층 더 높은 자유를 얻는 수단이며, 또한 즐거움과 기쁨의 원천이다.

왜 언어를 만드는 사람은 많지 않을까

그래도 프로그래밍 언어 만들기는 누구라도 쉽게 하는 일이 아니다. 앞에서 말한 대로, 프로그래밍 언어에 관심을 갖는 사람들 중에 만들려는 사람은 거의 없다. "관심이 있는 사람은 나름대로 있다"고 해도, 인구 비례로 보면 오차 범위 정도로 적다. 그중에서 "자신만의 언어를 만들자."고 할 정도의 동기를 가진 사람은 거의 없는 게 당연한지도 모른다.

내 경우 프로그래밍에 관심을 갖고 나서 몇 년 후에는 이미 프로그래밍 언어에 매료돼 있었다. 그런데 "모든 사람이 프로그래밍 언어에 관심을 갖는 것은 아니다."라는 사실을 깨달은 것은, 대학에 입학해 컴퓨터 과학을 전공하고 나서다. 다행인지 불행인지 나는 깊숙한 시골에서 자랐기 때문에 주위에 프로그래밍에 관심 있는 사람들이 없었기 때문이다.

"어, 나만 이상한가?"라고 깨달았을 때의 충격은 상당했다. 당시의 마이컴 잡지에서는 TL/1 등의 언어 관련 기사도 꽤 실릴 때였다. 프로그래밍에 관심이 있는 사람은 나처럼 상당한 확률로 프로그래밍 언어에 빠질 거라고 믿었는데, 사실은 그렇지 않았다.

원래 프로그래밍 언어에 관심이 없는 사람들은 어쩔 수 없다고 하더라도, 관심이 있는 층도 스스로 설계하는 수준까지는 아니었다.

왜 그럴까 오랫동안 생각했다. 선배 언어 디자이너로 프로그래밍 언어 관련 이벤트에 참가했을 때 사람들에게 한번 프로그래밍 언어를 디자인해보기를 권유하기도 했다. 하지만 좀처럼 좋은 반응을 얻을 수 없었다. 물론 뭔가 새로운 일을 시작하려면 상당한 에너지가 필요하다지만 그렇다고 해도, 반응이 너무 안 좋았다.

어려워할 필요가 없다

여기저기에 물어본 결과, 언어 설계를 하지 않는 가장 큰 이유는 새로운 언어를 만든다는 데에 관심은 있어도, 그 앞에 뭔가 심리적 장벽을 느끼기 때문이었다. 즉 "언어라는 것은 이미 존재하는 것으로, 원래 자신이 설계, 개발하는 것은 아니다."라는 장벽 말이다. 드물게 그런 벽을 느끼지 않는 소수의 사람이 있어도, 이 사람들은 "언어를 구현하기는 어렵다."고 생각하는 것 같다. 재미있을 것 같으니까 해 보고 싶지만, 어떻게 구현해야 하는지 모르겠다는 식이다.

생각해 보면 프로그래밍 언어의 구현에 관한 서적은 의외로 많이 출판되지만, 대부분은 대학의 교과서 수준으로 꽤 난해하다. 또 '문법 클래스'나 '팔로우 집합' 등 어려운 용어도 많이 쓰인다.

그러나 생각해 보면 우리의 목적은 자신을 위해, 자신의 즐거움을 위해 자신의 언어를 설계하는 것이다. 프로그래밍 언어를 처음부터 구현하기 위해서 필요한 지식을 제대로 전부 배울 일은 아닐 것이다. 오히려 올바른 지식을 익힐 때까지 프로그래밍 언어 구현에 전혀 장애가 없다면 큰 문제다. 가슴속 정열의 불씨가 작아져 버릴 수 있다.

필요한 지식 등은 나중에 필요에 따라서 익히면 된다. 이 책에서는 언어 구현을 위한 어려운 부분은 파고들지 않고, 간단한 언어 처리 시스템을 만드는 데 필요한 최소한의 지식과 도구의 사용법을 다룬다. 이론적 배경보다는 언어를 어떻게 설계하는가에 주력했다.

마이컴 잡지에 소개된 타이니 랭귀지

GAME

GAME(General Algorithmic Micro Expressions)은 베이직에서 파생된 타이니 랭귀지다. 큰 특징으로는 예약어가 모두 기호라는 점과 모든 문장이 대입문이라는 점이다.

예를 들면 '?'에 대입하면 수치 출력이 되고, 반대로 '?'을 변수에 대입하면 수치 입력이 된다. 문자열의 입출력에는 '$'를 사용한다. 게다가 '#'에 행 번호를 입력하면 goto, '!'에 행 번호를 대입하면 gosub(서브루틴의 호출)가 된다.

나머지는 'ABC' 같이 문자열을 두면 문자열이 출력된다. 그리고 '/'는 줄바꿈 출력이다.

꽤 흥미로운 언어이며, 그 샘플은 그림 A와 같다. 베이직과 같으면서도 그렇지 않은 느낌을 느껴보라.

GAME은 매우 단순한 언어이기에 8080 어셈블러로 기술된 인터프리터는 1K바이트 미만이었다. 게다가 나카지마 사토시(中島聡, 당시 고교생이었다)에 의해서 개발된 GAME으로 만들어진 GAME 컴파일러도 존재하며, 코드는 200라인 정도였다. GAME의 기술이 놀라운 걸까? 나카지마의 기술력이 놀라운 걸까?

TL/1

비슷한 시기에 'ASCII'에서 발표된 타이니 랭귀지로 TL/1(Tiny Language/1)이라는 언어가 있었다. 이름은 미국 IBM에서 개발된 프로그래밍 언어 PL/I에서 가져왔다고 생각한다. 베이직에 영향을 받으면서 기호를 구한 GAME과는 달리, TL/1은 파스칼(Pascal) 같은 문법을 가졌으며, 더욱 '보통의 언어' 같은 인상을 줬다. 또 TL/1의 처리 시스템은 컴파일러로, 인터프리터가 중심인 GAME보다도 속도가 빨랐다. 실제로는 앞에서 말한 바와 같이 GAME에도 컴파일러는 존재했지만 말이다.

언어로서의 TL/1의 특징은, 파스칼처럼 구문과 변수의 형태가 1바이트 정수밖에 없는 점이다. 이걸로 어떻게 프로그램을 쓰는지 궁금해 할지도 모르겠다. 그러나 당시의 주류는 8비트 CPU이므로, 어떻게 보면 자연스러운 것이었다. 무엇보다 아무리 8비트 CPU상이라고 해도, 다른 언어는 GAME을 포함해 16비트 정수를 제공하고 있었다.

그럼 1바이트로 다 표현할 수 없는 255를 넘는 수는 어떻게 표현할까? 1바이트씩 분할해 복수의 변수를 조합해 표현한다. 예를 들면 16비트 정수를 할당하려면 변수를 2개 사용하는 것이다. 연산 시에는 계산이 오버플로했을 때의 캐리 플래그(carry flag)를 보면서 계산한다(그림 B(a)). 당시의 8비트 CPU에서 대부분의 처리는 16비트 정수로 충분했기 때문에(어드레스도 16비트만 있어도 모든 어드레스 공간에 접근이 가능했다), 타이니 랭귀지로 이 정도면 충분한 사양이었다. 마음만 먹으면 명시적으로 캐리 플래그를 보는 것으로, 복수의 변수를 사용해 24비트 연산도, 32비트 연산도 가능했다.

포인터도, 문자열도 다룰 수 있다

1바이트만으로 표현할 수 없는 것이 포인터다. 이는 mem 배열을 사용해 접근이 가능했다. 다시 말하면

```
mem(hi, lo)
```

로, hi, lo로 표현되는 16비트 지정 어드레스 내용을 참조해

```
mem(hi, lo) = v
```

로, 그 값을 v로 치환한다. 당시 개인용 컴퓨터(마이컴)는 겨우 32K바이트 정도밖에 메모리가 없었기 때문에 16비트 어드레스로 접근하는 것만으로도 충분했다.

다음은 문자열이다. 물론 문자열을 바이트의 배열로 생각하고 1바이트씩 조작도 가능하지만, 그렇게 처리하면 작업이 힘들어진다. 여기서 TL/1에서는 데이터 출력에 사용되는 WRITE 문을 만들었다.

예를 들어 Hello World 프로그램을 TL/1으로 기술하면 그림 B(b)처럼 된다. TL/1에서 변수는 1바이트 정수밖에 없었을 것 같지만 문자열이 여기에서 등장하는데, 사실은 WRITE는 특별히 문자열을 취급할 수 있도록 문법에 이를 포함시켜 놓았다.

WRITE 외에서는 문자열을 취급할 수 없기 때문에, 일반적인 문자열 처리는 할 수 없었다. 조작할 수 있는 부분은 어디까지나 1바이트 정수뿐이었다. 오늘날의 시각에서 비춰볼 때, 파스칼이나 포트란(FORTRAN)에서도 입출력은 특별히 취급됐기 때문에 당시엔 그것이 당연했을지도 모르겠다.

```
100-------------- Comment --------------------------------------
110이 행 번호 직후가 스페이스가 아닌 행은 코멘트가 된다
120-------------------------------------------------------------
130
200 / " FOR는 변수명=초기값, 마지막 값 . . . @ = (변수명 + step) " /
210 A=1,10
220    ?(6)=A
230 @=(A+1)
240
300 / ´ IF문의 예´ /
310 B=1,2
320    ;=B=1 ´ B=1 ´ /
330    ;=B=2 ´ B=2 ´ /
340 @=(B+1)
350
400 / ´ 수치 입력과 연산´ /
410 ´A=?´A=?
410 ´B=?´B=?
420 ´A+B=´?=A´+´?=B´=´?=A+B/
430 ´A*B=´?=A´*´?=B´=´?=A*B/
440
500 / ´ 배열과 문자열 출력´ /
505--------배열 어드레스를 $1000으로 한다
510 D=$1000
520 C=0,69
525--------2바이트 배열로 적어 둔다
530    D(C)=(C+$20)*256+C+$20
540 @=(C+1)
560 C=0,139
570--------1바이트 배열로 읽어 들여 문자 출력
580    $=D:C)
590 @=(C+1)
600
700 / ´ GOTO 와 GOSUB ´ /
710 I=1
720 I=I+1
```

1장 / 언어를 직접 만든다는 것의 가치 25

```
730 !=1000
731* ?(8)=I*I
740 ;=I=10 #=760
750 #=720
760
900 / '프로그램 종료' /
910 #=-1
920
1000 / ' 서브 루틴' /
1010 ?(8)=I*I
1020 ]
```

그림 A GAME의 예제 코드

```
% (a)
% 코멘트 앞은「%」를 붙였다. 당시 2바이트 문자는 사용할 수 없었음
BEGIN
  A := 255
  B:=A+2 %overflow
  C:=0 ADC 0 %add with carry
END

% (b)
BEGIN
  WRITE(0: 'hello, world', CRLF)
END
```

그림 B TL/1의 예제 코드

처음에는 mruby를 개조하려 했다

2014년 4월호로부터 시작된 제1회 연재분이다. 이 때 언어의 설계에 대해 열변을 했던 것 같다.

이 제1회 연재 당시, 어떠한 언어를 만들지에 대해서는 생각하지 못했다. 당시 구상은 만들고 있는 언어 처리 시스템 중 하나인 mruby를 개조하려고 했었다. 그 결과 연재 당시에는 mruby 소스코드를 얻는 법이나 소스 트리의 구성 개요 등에 대해서도 해설했지만, 실제로 mruby의 소스코드는 전혀 사용하지 않았기 때문에 이 책에서는 내용을 할애했다.

그래도 mruby가 비교적 단순하고, 언어 구현의 교재로 유효한 점은 변함없다. 만약 mruby의 원시 코드를 읽고 공부하고 싶다는 생각을 한다면 mruby 웹사이트(http://www.mruby.org/)를 시작으로 여러 가지 조사를 해보기 바란다. 또 소스코드는 mruby 깃허브 사이트(https://github.com/mruby/mruby)에서 구할 수 있다.

의문사항이 있거나 버그를 찾게 되면 깃허브(GitHub)의 이슈 트래커를 통해 알려주기 바란다. 다만 mruby의 개발은 국제화가 진행되고 있기 때문에 이슈 작성도 영어가 권장된다. 만약 영어 사용이 불편하다면(가능하면 간단한 영어로라도 직접 써 보기를 권하지만) 트위터(@yukihiro_matz)를 통해 일본어로도 대응할 수 있다.

1-2 언어 처리 시스템의 구조

이번에는 언어 디자인을 하기 위한 준비 단계로 프로그래밍 언어와 그 처리 시스템과의 관계, 그리고 구조에 대해 간략히 살펴본다. 우선 전자계산기 프로그램을 만들어 볼 것이며, 실용적인 언어 처리 시스템의 예로 mruby의 구현에 대해서도 소개하겠다.

프로그래밍 언어를 만들려고 해도, 그것이 어떤 작업인지 구체적으로 상상할 수 있는 사람은 그다지 많지 않으리라 생각한다. 대부분은 기존 언어를 배우기만 했지, 언어를 디자인하는 생각은 해본 적이 없기 때문일 것이다.

언어와 언어 처리 시스템

프로그래밍 언어는 다층적인 구조를 가진다. 우선 프로그래밍 언어는 커뮤니케이션 규칙인 '언어'와 그 언어를 처리해 컴퓨터로 실행시키는 '언어 처리 시스템'으로 나눌 수 있다. 많은 사람이 프로그래밍 언어라는 단어를 사용할 때 언어와 이에 대한 처리가 복잡하다고 생각한다.

그리고 언어는 '문법'과 '어휘'로 구성된다. 문법이란 기술記述이 그 언어의 프로그램에서 어떻게 표현이 되는지를 정한 규칙이다. 어휘는 해당 언어로 기술된 프로그램으로부터 불러낼 수 있는 기능의 집합이다. 이 어휘는 나중에 라이브러리 형태로 늘릴 수 있다. 언어를 디자인한다는 관점으로 어휘를 정의하면, 어휘란 그 언어가 처음부터 갖추고 있는 기능을 말한다.

눈치챘겠지만 이 문법이나 어휘를 정하는 데 소프트웨어는 필요치 않다. '내가 생각한 최강의 언어'를 디자인하는 데 컴퓨터는 필요 없다. 사실 나도 프로그래밍 기술이 거의 없었던 시골 고등학생 시절, 언젠가 프로그래밍 언어를 만들고 싶다는 생각에 상상으로 프로그래밍 언어를 만들어 프로그램을 노트에 적곤 했다. 얼마 전에 집에 갔을 때 생각이 나서 당시 노트를 찾아봤는데, 그 노트는 벌써 어디론가 사라져버렸다. 아마 버렸을 것 같은데 아깝다는 생각이 들었다. 파스칼과 Lisp에 크게 영향을 받은 것 같긴 한데, 어떤 언어였는지 이제 기억도 나지 않는다.

한편 언어 처리 시스템은 그 문법이나 어휘를 실제로 컴퓨터상에서 실행할 수 있도록 하기 위한 소프트웨어다. 프로그래밍 언어가 단순한 상상을 넘어 실제의 '언어'가 되기 위해서는 역시 처리 시스템이 필요하다. 실행할 수 없는 프로그래밍 언어는 컴퓨터를 움직일 수 없는 이상, 엄밀하게 프로그래밍 언어라고 부를 수 없기 때문이다.

언어 처리 시스템의 구조

"언어 처리 시스템을 만들 거야!"라고 할 때, 언어와 그 처리 시스템이 도대체 어떤 구조로 돼 있는지 모르면 만들 수 없다. 일단 여기서는 기존의 언어 처리 시스템을 이용해 편하게 가는 게 기본 테마이므로, 기술적 상세에는 구애받지 않고 개요부터 다룬다.

언어 처리 시스템이란 컴퓨터 과학의 기술적 집합체이므로 매우 흥미로운 분야다. 컴퓨터 과학 전공의 대학생이라면 언어 처리 시스템 제작 방법을 배운 적이 있을 것이다. 이는 컴퓨터 과학의 기초(중의 한 개)라 해도 과언이 아니다. '언어 처리 시스템을 만드는' 책이나 교과서가 서점에 많이 나와 있는 것도 무리는 아닐 것이다.

하지만 많은 '프로그래밍 언어를 만드는 방법'을 다룬 책에서는, 처리 시스템을 어떻게 만드는지에 대해 치우쳐 있다. 언어 디자인이 어떻게 되는지, 어떻게 생각해서 언어를 디자인하는가 하는 점을 다루는 책은 거의(또는 전혀) 없다. 뭐, 그런 책에서의 '프로그래밍 언어를 만드는 방법'은 엄밀히 말하면 '프로그래밍 언어 처리 시스템을 만드는 방법'이 될 것이다.

교과서의 목적은 언젠가 언어를 만들려 할 때, 그 언어를 어떻게 만드는가 하는 수단을 가르치는 것이 목적이다. 언젠가 언어를 만드는 날이 정말로 올지 어떨지는 영역 밖이며, 이 책에서는 '언어 디자인'쪽에 초점을 맞추겠다. 그렇다고는 해도 나와 같이 노트 위에 '이상의 언어'를 몽상하는 것만으로는 현실성이 없다. 도입으로 언어 처리 시스템에 관한 최소의 지식에 대해 설명하겠다.

　우선은 언어 처리 시스템의 구성부터 설명한다.

언어 처리 시스템의 구성

　언어 처리 시스템은 크게 나누면 문법을 해석하는 '컴파일러', 어휘에 해당하는 '라이브러리' 그리고 소프트웨어를 실제로 동작시키는 데 필요한 '런타임(시스템)'으로 나눌 수 있다. 이 처리 시스템의 구성 요소는 언어나 처리 시스템의 성격에 따라 비중이 변화한다(그림 1-2).

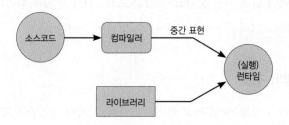

그림 1-2 언어 처리 시스템의 구성 요소

　예전 타입의 언어, 예를 들면 TinyBASIC 같은 단순한 시스템에서는 문법도 많지 않고, 컴파일러는 거의 일을 하지 않은 채 런타임에 맡겨버린다. 이러한 처리계를 '인터프리터'라고 한다(그림1-3).

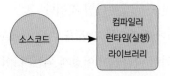

그림 1-3 베이직 언어 처리 시스템. 컴파일러와 런타임이 일체형인 '인터프리터' 형태이며,
이런 경우 대부분 라이브러리는 분리되지 않는다.

　그러나 현재는 이러한 순수 인터프리터 형태의 언어는 많지 않다. 근대적인 언어에서는 많은 경우, 프로그램을 처음에는 내부 표현으로 컴파일하고 나서 이 내부 표현을 런타임에서 실행하는 형태의 처리 시스템을 채용한다. 물론 루비도 그중 하나다. 이러한 '컴파일러+

런타임'을 조합한 형태도, 밖에서 보면 소스코드를 변환하지 않고 실행하는 것처럼 보여서 '인터프리터형'이라고 부르는 경우도 있다.

    C처럼 기계에 가까운 레벨로 효율성을 추구하는 언어에서는 런타임의 영역은 상당히 작고, 문법을 해석하는 컴파일러의 영역을 크게 만든다. 이러한 언어 처리 시스템을 '컴파일러형'이라고 부른다(그림 3). C 등에서는 변환 결과의 프로그램(실행 형식)은 직접 실행할 수 있는 소프트웨어이기 때문에, 실행을 담당하는 '런타임'은 필요 없다. 메모리 관리 등 일부 런타임은 라이브러리나 OS의 시스템 콜이 담당한다.

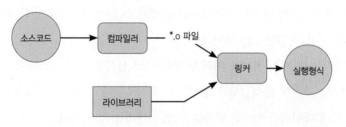

그림 1-4 C 언어의 처리 시스템. 실행 형식을 출력하는 '컴파일러형'의 보기다.
실행 형식에서 바로 실행 가능하므로 런타임 영역이 거의 없으며, 라이브러리가 메모리 관리 등 런타임 역할을 한다.

    루비처럼 '밖에서 보면 인터프리터형이지만 안에서는 컴파일러가 동작하는' 유형의 언어 처리 시스템이 있다면, 반대로 자바 같이 '밖에서 보면 컴파일러형이지만 안에서는 인터프리터(가상 머신)가 동작하는' 경우도 있다. 자바에서는 '프로그램을 가상 컴퓨터의 기계어(JVM 바이트코드)로 변환해, 실행 시에는 가상 머신JVM이 실행'하는 하이브리드형으로 돼 있다(그림 1-5).

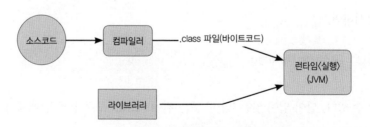

그림 1-5 자바의 언어 처리 시스템. 가상 머신 컴파일러의 보기다.
컴파일러는 가상 머신용 기계어(바이트코드)를 출력한다. 실행은 런타임(JVM)이 담당한다

게다가 자바에서는 실행 효율을 높이기 위해 런타임 속에서 바이트코드를 실제의 컴퓨터의 머신어로 변환시키는 'Just In Time Compiler'라는 구조까지 있어, 점점 그 구조는 복잡해진다.

컴파일러의 구성

그럼 언어 처리 시스템을 구성하는 각 요소에 대해 한층 더 깊이 알아보겠다. 먼저 컴파일러부터 살펴보자.

컴파일러는 프로그래밍 언어의 소스코드를 실행할 수 있는 형식으로 변환하는 일을 한다. 원래 'Compile'이란 '편집한다'는 뜻이다.

많은 컴파일러는 이 변환 처리를 여러 단계로 나눠 실시한다. 소스코드에 가까운 순서대로 '낱말(字句) 분석', '구문(構文) 분석', '코드 생성', '최적화'의 단계가 있다. 단 이 분류는 일반적인 경우이며, 모든 컴파일러가 이러한 단계를 모두 실행하는 것은 아니다.

(1) 낱말 분석

낱말 분석이란 간단히 말하면 '문자의 열인 소스코드를 의미가 있는 토큰열로 변환하는' 공정이다. 단순한 문자열인 소스코드를 조금 더 의미가 있는 덩어리(토큰)로 정리하는 것으로, 이후 단계의 처리를 간단하게 만들어 준다. 예를 들어 루비 프로그램에서

```
puts 'Hello\n'
```

을 낱말 분석하면,

```
식별자(puts) 문자열('Hello\n')
```

로 변환할 수 있다. 단어 열이 갖는 '의미' 등은 뒤에 나오는 구문 분석 단계에서 해석한다. 토큰은 구문 분석 공정으로 취급하기 위한 '단어' 같은 것이다.

낱말 분석 처리는 기본적으로 다음과 같다. 구문 분석기가 함수를 호출하고, 다음 토큰을 요구하면 그 함수 내부에서 소스코드로부터 1문자씩 꺼낸다. 그리고 토큰 하나가 처리된 시점에서 다음 토큰을 돌려주는 형태다.

낱말 분석 함수의 구현을 위해 'lex'라는 툴이 토큰을 설명하는 규칙에서 자동으로 낱말 분석 함수를 생성해준다. 예를 들어 숫자와 간단한 사칙연산을 위한 낱말 분석 함수를 만드는 lex 표현은 그림 1-6과 같다.

```
%%
"+"             return ADD;
"-"             return SUB;
"*"             return MUL;
"/"             return DIV;
"\n"            return NL;

([1-9][0-9]*)|0|([0-9]+\.[0-9]*) {
    double temp;
    sscanf(yytext, '%lf', &temp);
    yylval.double_value = temp;
    return NUM;
};

[ \t] ;

. {
    fprintf(stderr, 'lexical error.\n');
    exit(1);
}
%%
```

그림 1-6 전자계산기를 위한 lex 표현

수식의 규칙을 보면 알 수 있듯이 토큰을 구성하는 패턴의 기술에 정규 표현을 사용할 수 있다. 이 보기에서는 연산자, 수치, 공백밖에 토큰이 없지만, 이 연장선상에서 다양한 토큰을 늘려갈 수 있다. 이 lex 표현(calc.l이라는 파일에 보존된다고 가정)을 lex에 걸면 lex.yy.c라는 C 파일을 생성한다. 이것을 컴파일하면 낱말 분석을 하는 yylex( )라는 함수를 사용할 수 있게 된다.

이와 같이 lex를 사용하면 낱말 분석을 간단하게 실현할 수 있지만, 실은 mruby는 lex를 이용하지 않는다. 이것은 루비에서는 구문 분석으로 정해지는 상태에 따라서 같은 문자라도 다른 토큰을 발생시키는 일이 있기 때문이다. 실제로는 lex라도 상태가 포함된 낱말 분석 함수를 기술하는 것은 가능하다. 하지만 이 기능을 스스로 만들어 쓰기가 그렇게 어렵지도 않고, "스스로 써보고 싶었다."라고 마음먹은 것도 이유에 포함된다. 생각해 보면 루비를 만들었던 그 무렵 나는 젊었다.

(2) 구문 분석

낱말 분석 단계에서 준비된 토큰이 문법에 맞는지를 체크해, 문법에 맞은 처리를 하는 것이 구문構文 분석이다. 구문 분석을 하는 기법은 몇 가지 있지만 가장 유명하고 간단한 것이 구문 분석 함수 생성 툴인 '컴파일러 컴파일러compiler compiler'를 사용하는 방법이다. 컴파일러 컴파일러의 대표적인 것에는 yaccyet another compiler compiler가 있다. mruby도 yacc, 더 정확하게는 그 GNU 버전인 bison을 이용한다. 컴파일러 컴파일러에는 yacc 외에도 ANTLR이나 bnfc등이 있지만, 여기에서는 설명하지 않겠다. yacc에서 컴파일러가 해석하는 문법은 yacc 표현식이라는 기법으로 기술한다. 예를 들면 전자계산기 입력 구문은 그림 1-7과 같다.

처음 '%%'까지의 부분은 정의 부분에서 토큰의 종류나 타입을 정의한다. 또 '% {'과 '%}'에 둘러싸인 부분은 생성되는 C 프로그램에 그대로 묻히므로 헤더 파일의 형태가 된다.

'%%'와 '%%'로 둘러싸인 부분이 계산기의 문법 정의다. 이것은 BNFBackus-Naur Form라고 불리는 문법 정의의 기법을 베이스로 한다. 뒤쪽의 '%%' 이후에도 C 프로그램에 그대로 묻히므로, 액션부로부터 호출하기 위한 함수는 여기에서 정의한다.

```
%{
#include <stdio.h>

static void
yyerror(const char *s)
```

```
{
  fputs(s, stderr);
  fputs("\n", stderr);
}

static int
yywrap(void)
{
  return 1;
}

%}

%union {
    double double_value;
}

%type <double_value> expr
%token <double_value> NUM
%token ADD SUB MUL DIV NL

%%

program   : statement
          | program statement
          ;

statement : expr NL
          ;

expr      : NUM
          | expr ADD NUM
          | expr SUB NUM
          | expr MUL NUM
          | expr DIV NUM
          ;
%%
```

```
#include 'lex.yy.c'

int
main( )
{
  yyparse( );
}
```

그림 1-7 전자계산기 구문 분석 calc.y

전자계산기 문법

그럼 전자계산기 문법을 살펴보자. 첫 번째 샘플이라 매우 간단한 문법으로 소개한다. 보통 전자계산기 같이 연산자의 우선순위도, 아무것도 없다. 첫 번째 규칙부터 살펴보자.

BNF 룰을 따랐고 디폴트로 첫 부분에 규칙을 명기했다. 첫 부분의 룰은 다음과 같다.

```
program   : statement
          | program statement
          ;
```

올바른 전자계산기 문법은 program이며, 'program이란 statement 또는 program과 statement의 연속된 조합'이라는 의미다. ':'은 정의를 나타내고, '|'는 '또는'이라는 의미다. 그리고 단어 나열은 각각의 정의가 연속된다는 뜻이다. 이 규칙에서는 'program'이라는 단어가 우변에도 등장하는 재귀 형태이지만 상관없다. yacc에서는 반복은 이와 같이 재귀를 이용해 기술한다.

다음 규칙을 보자.

```
statement : expr NL
          ;
```

이는 'statement란 expr의 뒤에 NL이 온 것이다.'라는 의미다. NL은 여기에서는 정의되지 않지만, 낱말 분석이 LF[1]를 만났을 때 건네주는 토큰이 된다.

이번에는 expr의 정의다.

```
expr      : NUM
          | expr ADD NUM
          | expr SUB NUM
          | expr MUL NUM
          | expr DIV NUM
          ;
```

이것은 expr이 'NUM(수치를 나타내는 토큰), 또는 expr에 이어 연산자 + 수치인 것'이라는 의미다. 여기에서도 재귀에 의한 반복이 사용된다. 예를 들어 '1'은 수치이므로 expr이다. '1+1'은 expr인 1과 연산자 '+' 그리고 수치의 조합이므로 expr이다. 같은 논리로 '1+2+3' 등도 expr이다.

이제 BNF의 구조가 대략 파악이 되는가?

여기까지 기술한 전자계산기 프로그램을 실행해 보겠다(그림 1-8). 그림 1-6의 프로그램을 lex를 통해 그림 1-7의 프로그램을 yacc에 태운 다음, 생성된 y.tab.c라는 C 소스 파일을 컴파일하면 계산기의 문법 체크가 완성된다. 계산 기능은 아직 구현하지 않았기 때문에 문법 체크만 수행 가능하다. 입력 구문이 문법에 맞으면 아무것도 하지 않고, 문법에 오류가 있으면 'Syntax error'를 표시하고 종료한다.

```
% lex calc.l ⏎        ◀── 낱말 분석 생성
% yacc calc.y ⏎       ◀── 구문 분석 생성
% cc y.tab.c ⏎        ◀── 컴파일러
% a.out ⏎             ◀── 실행
1 + 1 ⏎          ◀── 문법에 맞는 입력
2 ⏎          ◀── 문법에 맞는 입력
```

---

1 LF(Line Feed): New Line을 의미 – 옮긴이

```
1 + ☐        ◄── 문법에 맞지 않는 입력
syntax error ☐ ◄── 에러 표시 후 종료
%
```

그림 1-8 전자계산기 프로그램의 컴파일 및 실행

전자계산기 프로그램 구현

계산도 할 수 없는 계산기는 의미가 없기 때문에 실제로 계산 기능을 만들어 보자. yacc에
서는 규칙이 성립했을 때 실행하는 '액션'을 기술할 수 있다. 그림 1-7의 yacc 기술에 실제
액션을 추가해 계산이나 표시를 하면 계산기가 완성된다. 구체적으로 그림 1-7 프로그램의
statement와 expr의 룰 부분을 그림 1-9의 코드로 교체해 보자.

```
statement : expr NL
            {
               fprintf(stdout, '%g\n', $1);
            }
          ;

expr      : NUM
          | expr ADD NUM
            {
               $$ = $1 + $3;
            }
          | expr SUB NUM
            {
               $$ = $1 - $3;
            }
          | expr MUL NUM
            {
               $$ = $1 * $3;
            }
          | expr DIV NUM
            {
               $$ = $1 / $3;
```

38

```
        }
    ;
```

그림 1-9 전자계산기 프로그램의 계산(액션) 부분

이 전자계산기 샘플에서는 액션부에서 직접 계산과 출력을 수행하고 있다. 이른바 '순수 인터프리터'다. 하지만 실제 컴파일러에서는 이렇게 직접 처리를 실행하는 일은 좀처럼 없다. 이 상태로는 루프에 의한 반복이나 사용자 함수 정의 등에 대응할 수 없기 때문이다. 예를 들어 mruby에서는 문법 구조를 표현하는 트리 구조를 만들어 다음 코드 생성 처리에 건네준다. 트리 구조의 한 예로 mruby의 if문은 그림 1-10 같이 세그먼트 트리(실제로는 구조체 링크)로 변환된다.

```
# 이 Ruby 프로그램이
if cond
    put 'true'
else
    put 'false'
end

# 이렇게 S식으로 변환된다.
(if (lvar cond)
    (fcall 'puts' 'trued')
    (fcall 'puts' 'false'))
```

그림 1-10 mruby의 구문 트리 구조

(3) 코드 생성

코드 생성 처리에서는 구문 분석 처리에서 생성한 트리 구조를 따라가면서 가상 머신의 기계어를 생성한다. JVM 탄생 이후, 이 '가상 머신의 기계어'를 '바이트코드'라고 많이 부른다. 확실히 JVM의 기계어는 바이트 단위이므로 바이트코드로 틀림이 없다. 그 근원이 된 스몰토크Smalltalk도 바이트 단위로 된 바이트코드다. 그러나 mruby의 경우 기계어는 32비트 단위이므로 사실은 '워드코드'라고 불러야 할지도 모르겠다. 바이트코드는 부정확하며 워드코드는 일반적으로 사용하지 않는 용어이므로, mruby 내부에서는 iseq^{instruction sequence, 명령열}이라고 부른다. 또 iseq에 심볼 정보 등이 추가된 프로그램 정보(코드 생성의 최종 결과)를 irep^{internal representation, 내부 표현}라고 부른다

mruby 코드 생성 처리에서는 그다지 어려운 해석은 하지 않는다. 하려고만 하면 구문 분석 처리의 액션부에서 직접 코드를 생성하는 것도 가능하다. 그러나 몇 가지 이유 때문에 상태를 분할해, 중간 표현으로 세그먼트 트리와 유사한 구조를 채용했다.

mruby에서는 코드 생성을 분리

첫 번째 이유는 유지보수성이다. 분명 구문 분석 액션부에서 코드를 생성하는 것은 가능하며, 그로 인해 프로그램 크기는 약간 축소될 수 있다. 하지만 구문 분석과 코드 생성이 일체화되면 프로그램은 더 복잡해져, 문제가 있을 때 원인을 발견하는 것이 어려워진다고 생각했다.

액션부는 룰의 패턴에 매치한 순서대로 호출되므로, 절차적인 동작에 비해 실행 순서의 예측이 어려워, 디버깅이 곤란해지는 경우가 있다. 유지보수를 위해서라도 액션부에서 실행하는 것은 구문 트리 생성뿐이라는 간단한 구성으로 놔두는 것이 현명하다고 판단했다.

그렇게 되면 임베디드 분야도 커버하는 mruby로서는 메모리 관리에 주의해야 하지만, 다행히도(구문 분석이나 코드 생성 포함) 컴파일러부는 실행 시에 분리가 가능하다. 메모리 용량이 작은 환경에서도 실행 시 분리에 의한 메모리의 절약이 가능하기 때문에, 그렇게 메모리 소비에 대해 엄격하게 관리할 필요는 없다고 생각했다.

구문 분석 결과의 트리 구조를 코드 생성 처리에 실행시키면 그림 1-11 같은 irep를 만든다. 원래 irep는 바이너리(구조체)인데, 가독성을 위해 사람이 읽을 수 있는 형식으로 변환한다.

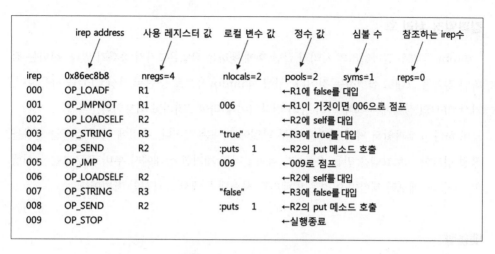

| | irep address | 사용 레지스터 값 | 로컬 변수 값 | 정수 값 | 심볼 수 | 참조하는 irep수 |

```
irep    0x86ec8b8    nregs=4         nlocals=2    pools=2    syms=1    reps=0
000     OP_LOADF     R1                                    ←R1에 false를 대입
001     OP_JMPNOT    R1              006                   ←R1이 거짓이면 006으로 점프
002     OP_LOADSELF  R2                                    ←R2에 self를 대입
003     OP_STRING    R3              "true"                ←R3에 true를 대입
004     OP_SEND      R2              :puts  1              ←R2의 put 메소드 호출
005     OP_JMP                       009                   ←009로 점프
006     OP_LOADSELF  R2                                    ←R2에 self를 대입
007     OP_STRING    R3              "false"               ←R3에 false를 대입
008     OP_SEND      R2              :puts  1              ←R2의 put 메소드 호출
009     OP_STOP                                            ←실행종료
```

그림 1-11 코드 생성 결과(irep)

(4) 최적화

컴파일러의 구현에 따라서는 코드 생성의 전후에 '최적화' 처리를 하는 경우도 있다. mruby의 경우에는 루비라는 언어의 성격상 최적화를 추가하기는 어렵기 때문에, 극히 작은 최적화만 코드 생성 처리 부분에서 수행한다. 이것은 '피프 홀peep hole, 옛보기 구멍 최적화'라고 불리는 것으로, 명령을 생성하는 시점에서 직전의 명령을 참조하는 것만으로 가능한 최적화다. mruby 컴파일러가 실시하는 최적화 일부를 표 1-1에 정리했다.

표 1-1 mruby의 최적화

종류	원래 명령	최적화 후
무의미한 대입의 삭제	R1=R1	삭제
교환명령의 삭제	R2=R1 : R1=R2	R2=R1
대입의 간소화	R2=R1 : R3=R2	R3=R1
대입의 간소화	R2=1 : R3=R2	R3=1
return 명령의 중복 삭제	return : return	return

컴파일러 처리 후

mruby의 경우 컴파일러의 처리가 끝난 후에 행하는 작업은 2가지 종류가 있다. 하나는 컴파일 결과를 그대로 실행하는 것이다. 실행 시 mruby용으로 구현된 가상 CPU를 사용하며, 가상 CPU의 실행에는 객체 관리 등의 런타임이나 라이브러리도 이용한다.

또 하나는 컴파일러 처리 결과를 외부 파일에 써내는 것이다. 이것에 의해 컴파일 결과를 직접 링크한 프로그램을 만들 수 있고, 컴파일러를 제거한 상태에서 루비 프로그램을 실행할 수 있다. 메모리 제한이 어려운 임베디드 시스템 등에서 효과적인 방법이다.

맺음말

이번에는 언어 처리 시스템의 구성에 대해 배웠다. 솔직히 이 글을 쓰는 나로서는 언어 디자인 이야기가 없어서 불만스러웠지만, 해설을 위해서는 어쩔 수 없었다.

타임머신 칼럼

언어 처리 시스템 해설의 어려움

이 글은 2014년 5월호에 실린 내용이다. 일반 언어 처리 시스템 관련 책에서는 yacc의 사용법 등을 해설하는 부분이다. 준비를 제대로 못해 전자계산기 프로그램이라는 진부한 샘플을 써 버려 아쉽다.

이번 내용에서 조금 아쉽지만 그래도 보람된 점은, 전자계산기처럼 장난감 같은 프로그램뿐만 아니라, mruby라는 실용적 언어 처리 시스템의 구성에 대해서도 해설하는 점이다. 전자계산기 프로그램의 해설로 코드 생성이나 최적화에 대해 언급하는 것은 무리다.

그래도 이번 해설은 "그런 게 있다."라고 언급하는 정도이기 때문에, 내심 불만은 남는다. 여기가 고민스러운 부분으로, mruby의 구현에 대해서 너무 상세하게 해설하면 필요 이상으로 어려워진다. 그렇다고 설명하지 않으면 불만이 남고, 역시 어려운 문제다. 여기서 설명한 yacc 기술은 나중에 Streem의 구현 해설로 여러 번 등장하기 때문에 그 때 자세히 보기로 하자.

1-3 가상 머신

이번에는 언어 처리 시스템의 심장부인 가상 머신의 구현에 대해 설명한다. 가상 머신을 구현하기 위한 4개의 테크닉을 소개하고, mruby의 가상 머신이 갖고 있는 실제 명령을 살펴본다.

1-2 '언어 처리 시스템의 구조'에서도 설명했듯이 소스코드를 컴파일한 결과를 실행하는 것이 '런타임'이다. 런타임의 구현 방법은 여러 가지가 있고, 이번 주제인 '가상 머신^VM, Virtual Machine'도 그중 하나다.

소프트웨어로 구현한 CPU에서 실행

가상 머신이라는 단어는 여러 분야에서 각기 다른 의미로 사용되지만, 여기에서는 '소프트웨어로 구현된(실제 하드웨어를 수반하지 않는) 컴퓨터'라는 의미다.

이것은 가상화 소프트웨어나 클라우드 등에서 등장하는 것과는 다르다. 가상화 소프트웨어 등에서는 '실제로 존재하는 하드웨어를 어떤 종류의 소프트웨어로 래핑하는 것으로 가상화해, 복수 실행이나 하드웨어 간의 이동을 실현하는 기술'을 버추얼 머신^virtual machine이라고 한다. 위키피디아^Wikipedia에서는 이를 '시스템 버추얼 머신'이라고 하며, 이번에 설명하는 가상 머신을 '프로세스 버추얼 머신'으로 분류한다.

루비 구현에서는 버전 1.8까지는 프로세스 버추얼 머신을 쓰지 않고, 컴파일러가 생성한 구문 트리(포인터로 링크된 구조체에 의해 표현되는 루비 프로그램의 문법에 대응한 트리)를 따라가면서 실행했다(그림 1-12).

이 방법은 매우 단순해서 좋지만, 하나의 명령을 실행할 때마다 포인터를 참조하는 비용을 무시할 수 없었다. "루비1.8 이전 버전은 느리다."고 알려졌던 원인 중 하나가 바로 이것이다.

```c
int
vm(node* node) {
  while(node) {
    switch (node->type) {
    case NODE_ASSIGN:
      /* 대입의 처리 */
      ...
      break;
    case NODE_CALL:
      /* 메소드 호출 처리 */
      ...
      break;
    ...
    }
    /* 다음 노드로 이동 */
    node = node->next; /* ← 이 부분이 느린 부분 */
  }
}
```

그림 1-12 구문 트리 인터프리터(개략)

구버전의 루비가 느렸던 이유

구성은 단순한데 처리 속도는 왜 느린지에 대한 설명이 필요할 것 같다. 하드 디스크에의 액세스가 메모리 액세스에 비해 압도적으로 느린 것은 많은 사람이 알고 있을 것이다. 그러나 메모리 액세스의 속도에 대해서는 얼마나 알고 있는가? 보통 프로그램을 쓰는 데 있어서 메모리 속도를 신경 쓰는 일은 거의 없을 것이다.

그러나 실제로는 CPU와 메모리 사이의 거리는 상당히 '멀다'. 지정한 주소에 있는 데이터를 메모리 버스 경유로 들여오는 시간은, CPU의 실행 속도와 비교하면 압도적으로 느리다.

이 메모리 액세스 동안, CPU는 데이터가 도착하는 것을 기다릴 수 밖에 없고, 이 대기 시간은 실행 속도에 영향을 준다.

이러한 대기 시간을 줄이기 위해서 CPU는 '메모리 캐시memory cache', 혹은 생략해 '캐시'라는 구조를 갖추고 있다. 캐시는 CPU의 회로 안에 삽입된 소량의 고속 메모리다. 사전에 메인 메모리로부터 캐쉬에 데이터를 읽어 들여 놓고 메모리 읽기를 고속 메모리에서 수행하는 것으로, 메모리 액세스의 대기 시간을 줄여 처리를 고속화한다.

CPU 내부에 넣어야 하는 성격상, 캐시의 용량에는 엄격한 제한이 있어 읽어 둘 수 있는 데이터는 매우 적다.[1] 캐시가 유효하게 작용하기 위해서는 앞으로 액세스하는 메모리 영역을 이미 캐쉬가 읽어 들여야 한다. 하지만 미래를 예측하고 미리 프로그램이 읽고 쓰는 영역을 캐쉬에 넣어 두기는 상당히 어렵다. 일반적으로 이것이 가능한 경우는 메모리 액세스의 국소성局所性이 성립할 때다. 즉 프로그램이 한 번에 접속하는 메모리 영역이 충분히 작고, 또한 근접해 있어서 한 번 캐쉬에 넣어 둔 영역을 반복해 읽고 쓰는 경우다.

VM에서 캐시를 활용

여기서 구문 트리를 명령열로 변환하고, 연속한 메모리 영역에 넣어두면 메모리 액세스의 국소성은 높아져 캐쉬로 인해 성능이 꽤 향상된다. 이러한 방법으로 성능 향상을 실현한 것이 루비 버전 1.9에 도입된 'YARV'라고 부르는 가상 머신이다. YARV는 'Yet Another Ruby VM'의 약어다. 이것은 개발 당시 루비 성능 향상을 목적으로 개발된 여러 가상 머신 중 하나였다. 당초에 YARV는 실험적 프로젝트였지만, 수많은 구현 중 실제로 루비 언어의 풀 세트를 실행할 수 있었던 것은 YARV뿐이어서 결과적으로 YARV가 이전 루비의 실행 시스템을 대체하게 됐다.

---

1 현대 CPU는 캐시를 다단으로 겹쳐서 용량을 늘리고 있다. 그러나 아직 메인 메모리에 비해서 용량이 매우 작고, 앞에서 기술한 어려움이 해결된 것은 아니다.

가상 머신의 장점과 단점

가상 머신을 채용한 언어로 가장 유명한 것은 뭐니뭐니 해도 자바다. 그러나 가상 머신이라는 기술이 따로 자바에서 발명된 것은 아니며, 1960년대 후반에는 이미 등장했다고 볼 수 있다. 예를 들면 1970년대 초에 등장한 스몰토크는 초기부터 바이트코드를 채용하는 것으로 일부에서 유명하다. 더 오래전에는 후에 파스칼을 설계한 니클라우스 비르트$^{Niklaus\ Wirth}$가 Algol68의 확장으로 설계한 오일러^{Euler}라는 언어로 가상 머신을 구현하고 있었다고 한다. 스몰토크를 개발한 앨런 케이$^{Alan\ Kay}$는 이 오일러의 가상 머신이 스몰토크의 버추얼 머신의 힌트가 됐다고 말한다.

파스칼하면 UCSD 파스칼이 떠오른다. 캘리포니아대학교 샌디에이고 캠퍼스에서 개발된 UCSD 파스칼은 파스칼 프로그램을 P-code라는 바이트코드로 변경 후 실행하는 것이었다. P-code를 거쳐 여러 운영체제나 CPU의 컴퓨터 이식이 용이해져 파스칼은 이식성이 높은 컴파일러로 널리 사용됐다.

이 사실로부터도 알 수 있듯이, 가상 머신의 장점은 뭐니뭐니해도 이식성이다. 각각의 CPU에 맞춰 머신 언어를 생성하는 '코드 생성' 처리는 컴파일러 중에서도 가장 복잡한 부분이다. 그것을 차례차례로 등장하는 다양한 CPU에 맞춰 다시 개발하는 것은 언어 처리 시스템 개발자에게 있어서 상당한 부담이었다. 현재는 x86계나 ARM 등이 지배적이고, CPU의 변화는 옛날과 비교해서 크지 않지만 1960년대, 70년대에는 새로운 아키텍처가 차례로 등장하고 있었다. 같은 회사의 같은 시리즈의 컴퓨터라도, 기종이 다르면 CPU가 완전히 다른 경우는 드물지 않은 일이었다. 가상 머신은 이러한 부담 경감에 도움이 됐다.

게다가 가상 머신은 타깃이 되는 언어에 맞춰 설계할 수 있다. 이 때문에 준비하는 명령 세트가 해당 언어의 실현에 필요한 것만큼 한정할 수 있다. 범용 CPU와 비교하면 사양을 간결하게 할 수 있고, 그 결과 개발도 간단해진다.

하지만 장점만 있는 것은 아니다. 하드웨어에서 직접 실행하는 데 비해 가상적인 CPU를 에뮬레이트해 실행하는 가상 머신은 성능상의 문제를 떠안게 된다. 가상 머신을 채용한 처리 시스템은 최저 여러 배, 경우에 따라서는 수백 배의 퍼포먼스 페널티가 발생한다. 하지만 'JIT 컴파일' 등의 테크닉을 이용해 이 페널티를 줄일 수 있다.

가상 머신의 구현 테크닉

하드웨어로 구현되는 실제의 CPU와 소프트웨어로 구현되는 가상 머신에서는 성능 특성이 다르다. 여기에서는 가상 머신의 성능 특성에 관련된 구현 테크닉에 대해 설명한다. 대표적인 것은 다음과 같다.

    (1) RISC 대 CISC
    (2) 스택과 레지스터
    (3) 명령 포맷
    (4) 다이렉트 스레딩

(1) RISC 대 CISC

RISC란 Reduced Instruction Set Computer의 약어로 명령의 종류를 줄여 회로를 단순화함으로써 CPU의 성능 향상을 목표로 하는 아키텍처다. 1980년대에 유행한 아키텍처로, 대표적인 CPU로는 MIPS나 SPARC 등이 있다. 모바일 기기에 널리 사용되는 ARM 프로세서도 RISC다.

CISC는 RISC와 대비돼 도입된 용어로, Complex Instruction Set Computer의 약어다. 간단히 말하면 'RISC가 아닌 CPU'다. 하나하나의 명령이 실시하는 처리가 꽤 크고 명령의 종류도 많아, 구현도 복잡하게 돼 있다.

그러나 RISC 대 CISC의 대립이 있던 것은 20세기까지였고, 현재 실제의 하드웨어 CPU에서는 RISC와 CISC의 대립이 별로 의미가 없어졌다. 왜냐하면 순수한 RISC의 CPU는 인기가 없어져, 별로 볼 수 없게 돼버렸기 때문이다. 그래도 SPARC는 아직 남아 있어 슈퍼컴퓨터 'KEI京' 등에 사용된다.

RISC계 중에서 주도적인 것은 ARM이지만, 이것도 점점 명령이 추가돼 CISC처럼 성장해 왔다. 한편 CISC의 대표격으로 생각되던 인텔x86 아키텍처는 표면적으로는 과거와의 호환성을 유지한 복잡한 명령 세트를[2] 제공하면서, 내부적으로는 그 명령을 RISC적인 내부 명령 (μop)으로 변환하는 것으로 실행의 고속성을 실현하고 있다.

가상 머신은 CISC가 유리

그러나 가상 머신에서는 RISC와 CISC 비교는 다른 의미가 있다. 소프트웨어로 실현되는 가상 머신에서는 명령을 꺼내 오는 처리(패치라고 한다)의 비용을 무시할 수 없다. 즉, 같은 처리를 하기 위해서 필요한 명령수는 적으면 적을수록 좋다. 뛰어난 가상 머신의 명령 세트는, 하나하나의 명령의 밀도가 높은 CISC 아키텍처가 우수하다.

가상 머신의 명령은 가능한 한 추상도는 높이면서, 프로그램 크기는 작게 하는 것이 유리하다. 일부 종류의 가상 머신에서는 빈번히 연속으로 호출되는 여러 개의 명령을 하나로 정리한 복합 명령을 준비해, 한층 더 콤팩트화를 목표로 하는 것이 있는데, 이러한 테크닉을 '명령 융합' 또는 '슈퍼 오퍼레이터'라고 한다.

(2) 스택과 레지스터

가상 머신 아키텍처라는 2개의 큰 흐름이 스택 머신과 레지스터 머신이다. 스택 머신은 데이터 조작을 원칙적으로 스택 경유를 통해 수행한다(그림 1-13). 한편 레지스터 머신에서는 명령 안에 레지스터 번호가 포함돼 있어, 원칙적으로 레지스터에 대해서 조작한다(그림 1-14).

스택 머신과 레지스터 머신을 비교하면 스택 머신 쪽이 심플하고, 프로그램 크기가 작아지는 경향이 있다. 그러나 모든 명령이 스택을 경유해 데이터를 주고받는 관계로 명령 간의 순서 의존이 크고, 명령의 정렬을 수반하는 최적화는 어려워진다.

---

2 얼마 전 x86의 move명령은 너무 복잡해서 그것만으로 Turing 완전성을 실현할 수 있다는 발표가 있었다. 즉 원래의 move 명령만으로 임의의 알고리즘을 기술할 수 있다고 한다.

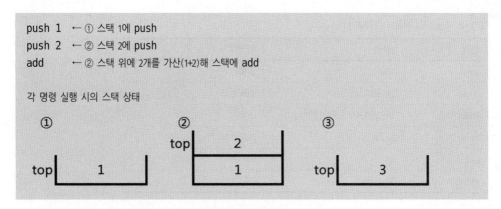

```
push 1    ← ① 스택 1에 push
push 2    ← ② 스택 2에 push
add       ← ② 스택 위에 2개를 가산(1+2)해 스택에 add
```

각 명령 실행 시의 스택 상태

그림 1-13 스택 머신과 그 구조

```
load  R1  1     ← ① 레지스터 1번에 1을 대입
load  R2  2     ← ② 레지스터 2번에 2를 대입
add   R1  R1 R2 ← ③ 레지스터 1번과 2번을 더해서 레지스터 1번에 add
```

그림 1-14 레지스터 머신 명령

한편 레지스터 머신은 레지스터 정보를 명령 안에 포함시키기 때문에 프로그램 크기는 커지는 경향이 있다. 뒤에 이야기하겠지만 프로그램 크기와 명령 패치 비용은 항상 상관관계가 아니기 때문에 주의할 필요가 있다. 또 레지스터를 명시적으로 지정하기 때문에 순서 의존성이 낮고, 최적화 여지가 크다. 하지만 소규모 언어로 고도의 최적화를 하는 예는 별로 없기 때문에, 그다지 중요하지 않을지도 모르겠다.

가상 머신의 아키텍처로 스택 머신과 레지스터 머신 중 어느 쪽이 뛰어난지에 대해서는 아직도 결론이 나와 있지 않다. 결과적으로 양쪽 아키텍처 모두 골고루 사용된다. 각종 언어 전용 가상 머신이 어떤 방식을 채용하는지는 표 1-2에 나와 있다.

표 1-2 각종 가상 머신의 아키텍처

언어	VM명	아키텍처
Java	JVM	스택
Java	Dalvic(Android)	레지스터
Ruby	YARV(Ruby 1.9 이후)	스택
Ruby	mruby	레지스터
Lua	lua	레지스터
Python	CPython	스택

(3) 명령 포맷

스몰토크 이래 가상 머신이 해석하는 명령열(머신어)을 때로는 '바이트코드'라고 부른다. 이것은 스몰토크의 명령이 바이트 단위였던 데서 유래한다. 또 이 단어는 바이트 단위의 성질을 계승한 자바에 의해 널리 퍼졌다.

그러나 모든 가상 머신이 바이트 단위의 명령 세트를 갖고 있지 않다. 예를 들면 YARV도, mruby도 명령 세트는 32비트 정수로 표현한다. 32비트 정수는 많은 CPU에 있어서 가장 취급하기 쉬운 크기의 정수로 '워드'라 많이 부르므로, 이러한 명령열은 '바이트코드'가 아니라 '워드코드'라고 불러야 할지도 모르겠다. 하지만 워드코드로 부르기도 어렵고, 그 의미도 바로 와닿지 않았기 때문에 전혀 보급되지 않았다. 그래서 우리도 워드코드 대신 '바이트코드'라고 부르기 시작했다.

워드코드의 손실과 이득

바이트코드와 워드코드에도 각각 장점과 단점이 있다. 하나의 명령당 32 비트를 소비하는 워드코드보다 바이트코드 쪽이 프로그램 크기가 간결하다. 한편 바이트코드는 1바이트 = 8비트로 2^8=256 상태밖에 표현할 수 없어서, 오퍼랜드operand(명령의 인수)는 명령 이외에 별도의 바이트에 할당할 수 밖에 없다. 이 때문에 명령열에서 데이터를 꺼내오는 패치 회수가 증가하게 된다. 이미 말했듯이 소프트웨어로 실현되는 가상 머신에서는 이 명령 패치 비용이 크기 때문에 성능적으로는 워드코드가 약간 유리하다.

그리고 워드코드는 '얼라이먼트' 면에서도 유리하다. 어떤 종류의 CPU에서는 주소가 특정의 수의 배수가 되지 않은 주소로 액세스하면 에러가 발생한다. 이런 경우는 얼라인먼트(주소가 특정 수의 배수로 갖춰진 상태)된 주소로부터 데이터를 꺼내, 어긋나는 부분을 잘라낼 필요가 있다. 에러 발생 여부를 떠나 배수로 된 주소와 그렇지 않은 주소로의 액세스 속도가 꽤다른 CPU는 드물지 않다.

주소를 2의 배수로 할당하는 것을 16비트 얼라인먼트, 4의 배수로 할당하는 것을 32비트 얼라인먼트라고 부른다. 워드코드는 모든 명령이 얼라인먼트에 맞지만, 바이트코드에서는 그렇지는 않다. CPU의 종류나 주소 상태에 따라서는 바이트코드 쪽이 하나의 명령 패치당 처리 비용이 높아지게 된다.

정리하면 바이트코드가 명령열의 길이가 짧아지는 경향이 있어 메모리 소비에는 양적으로는 유리하지만, 성능면에서는 명령 패치의 횟수가 증가해 하나의 패치당 소요시간 측면으로는 워드코드가 유리하다고 할 수 있다.

mruby 명령 살펴보기

그럼 가상 머신의 명령의 실제 예를 살펴 보자. 샘플로 사용할 mruby 명령은 그림 1–15와 같다.

mruby 명령은 끝부분 7비트에 따라 명령의 종류가 결정된다. 명령의 종류를 지정하는 7비트라는 게 최대 128종류($2^7 = 128$)의 명령이 가능하다는 얘기다. 실제로는 예비로 남겨놓은 5개를 포함해 81종류의 명령이 셋팅돼 있다.

명령이 32비트폭에 명령 종류가 7비트인 이유는 나머지 25비트는 오퍼랜드에 사용되기 때문이다. mruby 명령은 이 오퍼랜드의 사용법(나누는 법)에 따라 4개의 타입이 있다.

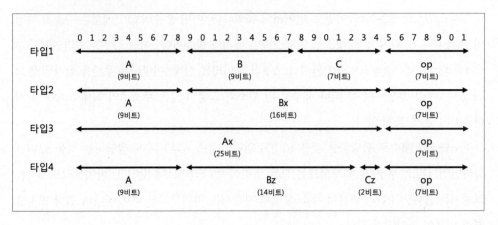

그림 1-15 mruby 명령 구조

타입1: 오퍼랜드 3개

타입 1은 A, B, C 3개의 오퍼랜드를 갖고 있다. 이때 A는 9비트, B도 9비트, C는 7비트를 사용한다. 결국 오퍼랜드 A와 B의 최대치는 511이 되며, 오퍼랜드 C의 최대치는 127이 된다. 오퍼랜드 A와 B는 레지스터를 지정하는 용도로 많이 사용된다. 예를 들어 레지스터 사이의 이동 명령 'OP_MOVE'가 이 타입이다.

```
OP_MOVE A B
```

이것은 오퍼랜드 B로 지정된 레지스터의 내용을 오퍼랜드 A로 지정된 레지스터로 복사하는 일을 한다. OP_MOVE 명령에서 오퍼랜드 C는 사용하지 않는다.

오퍼랜드 C를 사용하는 명령으로는 메소드 호출을 하는 OP_SEND가 있다.

```
OP_SEND A B C
```

이는 오퍼랜드 A로 지정된 레지스터(레지스터A라 부른다)에 할당된 오브젝트를 오퍼랜드 B로 지정된 심벌[3](정확히는 심벌 테이블의 B번째 심벌)로 지정된 메소드를 호출한다. A+1번째의 레지스터로부터 오퍼랜드 C에 지정된 값까지가 메소드 인수가 된다. 메소드 호출의 반환 값은 레지스터 A로 할당된다.

앞에서 설명한 OP_MOVE처럼 타입 1에서는 사용하지 않는 오퍼랜드가 있을 수 있다. 미 사용분이 발생하지만 액세스의 간편함과 효율 때문에 이 점을 허용한다.

타입2: 오퍼랜드 2개

명령 타입2는 오퍼랜드 B, C 대신에 하나의 큰 16비트 오퍼랜드를 사용한다. 여기에는 Unsinged(Bx) 오퍼랜드와 Signed(sBx) 오퍼랜드 2가지 종류가 있어, 명령별로 사용법이 나뉜다. Bx를 사용하는 예로 OP_GETIV 등이 있다. 이 형식은 다음과 같다.

```
OP_GETIV A Bx
```

이는 심벌 테이블의 Bx번째 심벌을 지정하는 self 인스턴스 변수의 값을 레지스터 A에 할당한다.

sBx를 지정하는 명령은 점프 명령이 있는데, 예를 들면 다음과 같다.

```
OP_JMP sBx
```

이 명령은 다음에 실행될 명령 주소를 현재 주소로부터 sBx만큼 떨어진 위치로 이동시킨다. sBx는 Unsigned 오퍼랜드이기 때문에 앞뒤 모두 점프가 가능하다. OP_JMP 명령은 오퍼랜드 A를 사용하지 않는다. 한편 조건부 점프의 예는 다음과 같다.

```
OP_JMPIF A sBx
```

---

3 심벌(symbol): 언어 처리 시스템이 내부에 메소드명 등의 식별을 위해 사용하는 값으로, 임의의 문자열로 항상 다른 값이 할당된다.

이는 A가 참이라면 sBx만큼 이동시킨다.

타입3: 오퍼랜드 1개

타입3은 오퍼랜드 부분을 전부 1개로 합쳐 25비트 오퍼랜드(Ax)로 취급한다. 타입3의 명령은 OP_ENTER 하나뿐이다.

```
OP_ENTER Ax
```

OP_ENTER는 Ax에 지정된 비트 패턴을 보고 메소드의 인수 체크를 한다. OP_ENTER는 25비트 중 23비트를 5/5/1/5/5/1/1로 분할해 인수 지정과 해석을 한다. 각 비트의 의미는 표 1-3에 정리했다.

표 1-3 OP_ENTER의 인수 지정, Ax 오퍼랜드 25비트를 앞에서부터 분할한다.

비트	내용
5	필수 인수의 수
5	옵션 인수의 수
1	rest 인수(* 인수)의 유무
5	마지막 필수 인수의 수
5	키워드 인수의 수(미대응)
1	키워드 rest 인수(** 인수)의 유무(미대응)
1	블록 인수의 유무

타입4 : 타입1의 변형

마지막으로 타입4다. BC 오퍼랜드(16비트)를 14비트 Bz 오퍼랜드와 2비트의 Cz 오퍼랜드로 나눈 것이다. 타입4의 명령은 OP_LAMBDA뿐이다.

mruby에서는 명령에서 오퍼랜드를 추출하는 매크로가 있어, 이를 사용함으로써 명령(워드)으로부터 오퍼랜드를 얻을 수 있다. 이들 매크로에서는 명령형 체크 등은 하지 않기 때문에 매크로 적용에 대해서는 개발자가 책임을 진다. 오퍼랜드를 추출하는 매크로는 표 1-4와 같다.

표 1-4 mruby 명령 오퍼랜드의 추출 매크로

매크로명	의미
GET_OPCODE(i)	명령 유형을 추출
GETARG_A(i)	A 오퍼랜드(9비트)
GETARG_B(i)	B 오퍼랜드(9비트)
GETARG_C(i)	C 오퍼랜드(7비트)
GETARG_Bx(i)	Bx 오퍼랜드(16비트)
GETARG_sBx(i)	sBx 오퍼랜드(부호가 붙은 16비트)
GETARG_Ax(i)	Ax 오퍼랜드(25비트)
GETARG_b(i)	Bz 오퍼랜드(14비트)
GETARG_c(i)	Cz 오퍼랜드(2비트)

인터프리터 루프

이제 이런 구성으로 소스 프로그램을 가상 머신의 명령열로 변환 가능하다면, 가상 머신 자체의 기본적인 구현은 의외로 간단하다.

가상 머신의 중심 부분, 다시 말해 인터프리트 루프는 유사 코드로 표현하면 그림 1-16 같이 된다.

```
typedef uint32_t code;

int
vm_loop(code *pc)
{
  code i;

  for (;;) {
    switch (GET_OPCODE((i = *pc))) {
    case OP_MOVE:
      stack[GETARG_A(i)] = stack[GETARG_B(i)];
      break;
    case OP_SEND:
      ...
```

```
      break;
      ...
    }
  }
}
```

그림 1-16 가상 머신의 기본 구조(switch문 이용)

너무 간단해서 놀랐는가? 명령이 늘어나도 그림 1-16의 **switch문**의 **case**가 추가될 뿐
이다.

하지만 기본적인 구조가 단순해도 실제 언어 구현을 위해서는 고려해야 할 사항이 여러 가
지가 있다. 여기에서는 생략한 실행 시 스택을 어떻게 구현할지, 메소드 호출의 구조와 예외
처리 등은 어떻게 할지 등이 있다. 원리와 실천 사이에 커다란 강이 있는 셈이다.

(4) 다이렉트 스레딩

많은 경우 실용적인 가상 머신은 속도를 우선시하기 때문에 인터프리터 루프의 효율을
끌어올리려 한다. 가상 머신의 인터프리터 루프의 효율화 테크닉으로 유명한 것이 바로
GCC^{GNU Complier Collection}의 확장 기능을 사용한 다이렉트 스레딩 기술이다.

GCC에서는 라벨의 주소를 취득하면 해당 주소로의 점프가 가능하다. 라벨의 주소는 '&&
라벨명'으로 얻을 수 있다. 라벨로의 점프는 'goto *주소'다. 이 기능을 사용하면 switch문
대신에 점프를 사용해 가상 머신을 구축할 수 있다.

다이렉트 스레딩을 이용한 인터프리터 루프의 구현 개요는 그림 1-17을 참조하길 바란다.

```
typedef uint32_t code;

#define NEXT i=*++pc; goto *optable[GET_OPCODE(i)]
#define JUMP i=*pc; goto *optable[GET_OPCODE(i)]

int
vm_loop(code *pc)
{
```

```
  code i;
  /* 명령 번호순으로 정렬한 라벨 주소 */
  static void *optable[] = {
    &&L_OP_MOVE, &&L_OP_SEND, ...
  };

  JUMP;
L_OP_MOVE:
  stack[GETARG_A(i)] = stack[GETARG_B(i)];
  NEXT;
L_OP_SEND:
  ...
  NEXT;
  ...
}
```

그림 1-17 다이렉트 스레딩을 사용한 예

실제로는 mruby를 포함, 다이렉트 스레딩을 채용한 대부분의 가상 머신에서는 컴파일 옵션으로 switch문 또는 다이렉트 스레딩을 선택할 수 있게 돼 있다. 라벨 주소 획득은 어디까지나 GCC의 확장 기능이므로, 항상 사용할 수 있다고 할 수 없기 때문이다. 대체 매크로를 사용한 루프는 그림 1-18과 같이 된다.

```
typedef uint32_t code;

/* GCC 확장에 있는 컴퍼일러만 대응 */
#if defined __GNUC__ || defined __clang__ || defined __INTEL_COMPILER
#define DIRECT_THREADED
#endif


#ifdef DIRECT_THREADED

#define INIT_DISPATCH JUMP;
#define CASE(op) L_ ## op:
#define NEXT i=*++pc; goto *optable[GET_OPCODE(i)]
#define JUMP i=*pc; goto *optable[GET_OPCODE(i)]
```

```
#define END_DISPATCH

#else

#define INIT_DISPATCH for (;;) { i = *pc; switch (GET_OPCODE(i)) {
#define CASE(op) case op:
#define NEXT pc++; break
#define JUMP break
#define END_DISPATCH }}

#endif

int
vm_loop(code *pc)
{
  code i;
#ifdef DIRECT_THREADED
  static void *optable[] = {
    &&L_OP_MOVE, &&L_OP_SEND, ...
  };
#endif

  INIT_DISPATCH {
    CASE(OP_MOVE) {
      stack[GETARG_A(i)] = stack[GETARG_B(i)];
    }
    NEXT;
    CASE(OP_SEND) {
      ...
    }
    NEXT;
    ...
  }
  END_DISPATCH;
}
```

그림 1-18 대체 매크로를 사용한 경우

이 테크닉을 사용하면 GCC 확장 기능이 없는 컴파일러에서도, switch문으로도 나름대로 속도를 낼 수 있다. GCC 확장 기능이 있는 컴파일러라면, 다이렉트 스레딩 테크닉을 사용해 더 고속의 가상 머신을 실현할 수 있다.

맺음말

이번엔 런타임의 심장부인 가상 머신의 구현에 대해 이야기했다. 이것으로 언어 처리 시스템의 기본 부분은 어느 정도 설명이 됐다고 생각한다. 1-4장부터는 언어 디자인의 중심에 대한 해설을 진행하도록 하겠다.

Streem[4]에도 VM을 채용하고 싶지만...

2014년도 6월호에 게재한 내용이다. 앞의 yacc의 해설에 이어서 VM의 구현과 설명한다. 가상 머신의 예제로 mruby를 사용하는데, 이것은 그렇게 간단한 예가 아니다. 그리고 무엇보다 최대의 이유는 그 다음에 구현할 예정인 언어의 가상 머신으로 mruby를 개조하려고 하기 때문이다.

실제 Streem의 구현은 구문 트리를 직접 추적하는 심플한 인터프리터를 채용하고 있어, 여기서의 해설은 Streem과는 크게 관계는 없지만, 가상 머신의 구현 해설 자체가 가치가 있지 않을까 한다. 만든 이의 마음 같아서는 Streem의 심플한 인터프리터를 여기에서 설명한 가상 머신 같은 것으로 바꿔버리고 싶지만, 역시 최대의 난관은 이 작업을 하기 위한 시간을 확보하는 게 쉽지 않다는 점이다. 시간 관리는 이번 뿐 아니라 항상 모든 일의 장벽이지만 말이다.

---

4 저자인 마츠모토 유키히로가 별도로 제작한 스트림 기반 형태의 언어. 이 책의 2장부터 소개가 시작된다. - 옮긴이

1-4 언어 디자인 입문 (전편)

지금까지 언어의 구현에 대해 배웠고, 이제부터는 언어의 디자인에 대해 생각해 보기로 하자. 이번에는 케이스 스터디로서 루비의 초기 디자인에 대해 회고해 본다. 루비는 스크립팅을 지원하는 객체지향 언어로 개발을 시작했다.

당신이 새로운 프로그래밍 언어를 만들고 싶다고 가정하자. 단순히 개인 소장용 장난감이 아닌, 모두에 의해 사용될 '사랑받는 언어'를 목표로 한다고 하면 어떻게 언어를 만들어야 좋을 것인가?

인기 있는 언어를 만드는 방법

새로운 프로그래밍 언어의 인기를 결정하는 요소는 성능과 기능보다 언어의 사양이다. 하지만 어떻게 언어의 사양을 디자인할지에 대해 가르쳐주는 웹 페이지나 서적은 거의 없다.

다시 생각해보면 제대로 프로그래밍 언어를 디자인한 경험이 있는 사람이 거의 없다. 프로그래밍 언어 관련 교과서는 있지만, 여기에서 다루는 내용은 '프로그래밍 언어를 만드는 법(구현법)'이다. 여기에서 다루는 언어도 샘플 레벨, 다시 말해 기존 언어의 서브셋 레벨이다. 언어의 디자인 부분은 교과서의 영역 밖이기도 하고 교과서의 저자들도 '인기 있는 언어'를 만들어본 경험이 없는 사람들이기 때문이리라.

그도 그럴 것이 IT업계에서 널리 사용될 정도의 프로그래밍 언어는 손에 꼽을 정도다. IT 역사를 되돌아봐도 과거의 언어까지 합해 수백 가지도 안 될 것이다. 여기서 '인기'의 정의가 좀 모호하지만, 다시 말하면 언어의 설계자들도 세계에서 수백 명 정도밖에 없다는 이야기

60

도 된다. 이미 그중 몇 명은 이 세상 사람이 아니다.

그래서 얼마 되지 않은 언어 설계자의 한 명으로서, 언어 디자인의 비결에 대해 소개하는 것이 나의 사명이 아닐까 생각하게 됐다. 이 책의 목적은 여기에 있다.

솟아오르는 의문

언어 설계자에 뜻을 둔 사람이 새로운 언어를 작성하려 할 때, 항상 드는 의문은 다음과 같다.

- 정말 새로운 언어가 필요한가?
- 이 언어는 뭘 하는 언어인가?
- 예상 유저는 어떤 유저인가?
- 어떤 기능을 채용할까?

하지만 이 의문의 대부분은 고민만으로 답이 나오지 않는다.

생각해 보자. 예를 들어 "정말 새로운 언어가 필요한가?"라는 의문은 어떤가? 새롭다는 관점이 '튜링 완전'[1]한 언어라면, 온갖 알고리즘의 기술이 가능하다. 하지만 기존 프로그래밍 언어가 튜링 완전하다는 사실은 이미 증명됐다. 따라서 소프트웨어를 개발한다(=알고리즘을 기술한다)는 관점에서 보면 미래에 등장할 언어를 포함해 새로운 언어는 전혀 필요가 없다.

언어를 만든다는 일이 이런 것은 아닐 것이다. 과거 50년 이상을 거쳐 언어가 만들어져 왔다는 것은, 특별히 지금까지의 언어로 알고리즘 설명이 불가능했기 때문은 아닐 것이다. 새로운 언어가 더 '작성하기 쉽고' 혹은 '간결하다'는 느낌이 들기 때문이다. 어떻게 보면 '기능적으로 필요해서'라는 고민의 필요는 제로에 가깝다.

---

1 튜링 완전(turing completeness)이란 어떤 프로그래밍 언어나 추상 기계가 튜링 기계와 동일한 계산 능력을 가진다는 의미다. 이것은 튜링 기계로 풀 수 있는 문제, 즉 계산적인 문제를 그 프로그래밍 언어나 추상 기계로 풀 수 있다는 의미다. 제한 없는 크기의 기억 장치를 갖는 기계를 만드는 것이 불가능하므로, 진정한 의미의 튜링 완전 기계는 아마도 물리적으로 불가능할 것이다. 그러나 제한 없이 기억 장치의 크기를 늘려갈 수 있다고 가정할 수 있는 물리적인 기계, 혹은 프로그래밍 언어에 대해서는 느슨하게 튜링 완전하다고 간주한다. 이런 맥락에서 요즘 나온 컴퓨터들은 튜링 완전하다고 여겨진다(참조: https://ko.wikipedia.org/wiki/튜링_완전). – 옮긴이

자기가 쓰고 싶다면 그것으로 충분

"이 언어는 무엇을 하는 언어인가?"와 "예상 유저는 어떤 유저인가?"라는 의문에 대해서는 조금 내용 보충을 할 필요가 있다.

나는 오랫동안 '프로그래밍 언어의 마니아'로 수많은 프로그래밍 언어를 접하고 배워왔다. 또 루비가 널리 알려지게 된 이후로 다수의 언어 설계자와 교류를 해 왔다. 예를 들어 C++ 설계자 비야네 스트롭스트룹이라든가 펄Perl을 만든 래리 월Larry Wall, 파이썬Python의 설계자 귀도 반 로섬, PHP를 설계한 라스무스 러드프Rasmus Lerdorf 등이다. 이 경험으로부터 아는 범위에서 이야기하면 "설계자 자신이 자기가 쓸 목적으로 설계한 언어가 사랑받는다."라는 점이다.

자기가 쓸 것이 아니라면 세부 사항까지 신경 써서 설계할 일이 없겠지만, 인기를 얻을 때까지 키워낼 동기도 유지하기가 쉽지 않기 때문이다. 언어가 사랑받을 때까지 때로는 10년 이상 걸리는 경우는 그렇게 드물지 않다. 세부 사항에 대한 관심과 동기 부여 유지, 이 두 가지 모두가 인기 있는 언어를 위해서는 필수적인 요소다. 결국 인기 있는 언어의 '예상 유저'는 우선 설계자 자신이며, 또 이와 비슷한 성격을 가진 유저다. 그리고 "뭘 할까?"는 설계자 자신이 뭘 하고 싶냐는 것에 의존한다고 할 수 있다.

예상 유저와 대상 장르가 정해지면 "어떤 기능을 채용할까?"라는 마지막 의문은 그렇게 고민할 것이 없다. 여기에도 비결과 팁이 있지만, 나중에 설명하도록 하겠다.

■ 루비를 개발하게 된 계기

이렇게 얘기를 해도 설득력이 없을 것 같아 케이스 스터디로 루비의 예를 들어보겠다. 루비는 20년간 내가 깊게 관여해 왔기 때문에 여러 가지 이야깃거리가 있다. 여기에서는 특히 언어 설계의 방향성을 정하게 된 개발 초기에 초점을 맞춰 회상해 보겠다.

우선 루비 개발이 시작된 배경을 보자.

루비의 개발이 시작된 것은 1993년이다. 내가 프로그래밍 언어에 관심을 가졌던 시기가 1980년대 초, 돗토리현에서 살았던 고등학생 때였다. 이때부터 파스칼, Lisp, 스몰토크를

62

시작으로 프로그래밍 언어에 깊게 빠져 있었다.

또한 컴퓨터를 개인이 소장하지 못해 제대로 직접 프로그램을 작성할 수 없는 시대였기 때문에, 프로그래밍 언어에 관심을 갖는다는 자체가 이상하게 생각될 때였다. 어떤 프로그램을 작성할지보다 프로그램을 작성하기 위한 수단이어야 할 언어에 매료됐다.

이런 '프로그래밍 언어 마니아'였던 고등학생이었지만, 어쨌든 살던 곳이 지방이어서 자료, 문헌을 구하기가 쉽지 않았다. 또 당시에는 인터넷이 없었고, 학교 도서관에도 컴퓨터 관련 서적이 거의 없을 때여서 활동하기가 정말 쉽지 않았다.

프로그래밍 언어에 관련한 정보 수집은 컴퓨터 잡지에서 언어를 다룬 기사를 찾아 본다든지, 근처 서점에서 대학 교과서 같은 책을 진열된 채로 서서 읽거나(당시 비싸서 대학 교재를 살 수 없었다)하는 정도밖에 할 수 없었다.

대학교 진학 후에는 도서관에 각종 서적, 잡지, 논문 등이 잘 구비돼 있어 천국이 아닐까 싶을 정도였다. 그렇게 해서 배운 프로그래밍 언어 관련 지식이 나중의 언어 설계에 많은 도움이 됐다. 책을 읽지 않는 소설가나 과거의 기보를 모르는 프로 바둑 기사가 거의 없는 것처럼, 새로운 언어 설계에도 기존의 프로그래밍 언어에 관한 폭넓은 지식이 중요하다.

1993년도에는 시간이 충분했다

1993년도, 그때는 벌써 대학도 졸업하고 직업 프로그래머로 취직한 나는 회사 업무 분장에 따라 소프트웨어를 개발하고 있었다. 당시 내가 개발하던 것은 사내에서 이용하기 위한 시스템이었고, 주로 유닉스UNIX 워크스테이션상에 데스크톱이나 첨부 메일 시스템 등이었다. 지금은 윈도우나 맥을 많이 사용하지만, 당시 유닉스 워크스테이션에는 그러한 시스템이 없었다. 비슷한 게 있어도 일본어를 취급할 수 없어서 혼자 개발을 할 수밖에 없었다.

1992년경 거품경제가 붕괴되자 회사 전체의 경기가 나빠졌다. 비용이 발생하는 사내 시스템의 신규 개발은 모두 중지가 돼 버렸고, 개발이 끝난 부분만은 운용을 계속한다는 경영 방침이 내려왔다.

개발 팀은 해체돼 몇 안 되는 인원만이 유지 요원으로 남았다. 다행인지 불행인지 나는 유지보수 요원으로 남게 됐다. 운영 업무였기 때문에 할 일은 별로 없었고, 가끔 "컴퓨터 동작이 이상해요."라고 전화가 오면, "그럼 재부팅하세요."라고 대답하는 나날의 연속이었다. 그야말로 좌천된 인력이었다.

책의 기획이 계기가 되다

하지만 나쁜 일만 있는 것은 아니었다. 경기가 안 좋아 잔업은 사라지고 보너스가 없어졌다. 거품기에 비해 수입은 많이 줄었지만(당시 신혼이었던 나에게는 경제적으로 어려웠지만), 해고되지 않았다. 때문에 일을 찾을 필요는 없고, 눈앞에는 컴퓨터가 있고, 일이 적고 중요도가 낮아서 관리를 핑계로 간섭하는 이도 없었다. 시간과 마음에 여유가 있어서 한동안은 수 개의 작은 유틸리티 프로그램을 개발하고 있었는데, 우연히 사소한 기회를 만나 오랜 꿈인 프로그래밍 언어를 만들어 보려고 결심을 하게 된다.

그 '사소한 기회'란 이렇다. 당시 나와 같은 부서에 있던 선배가 책을 출판하는 기획을 세웠다. 그리고 집필 개시 단계에서 나에게 "이른바『언어를 만들면서 배우는 오브젝트 지향』이라는 책을 기획했는데, 언어 부분을 도와주면 어떨까?"라고 제안했다.

언어 마니아였던 나로서 상당히 끌리는 기획이어서 언어 부분을 맡기로 했다. 하지만 해당 기획은 편집 회의를 거치지 않고, 곧바로 사장돼 버린다. 그러나 그렇다고 해서 모처럼 의욕이 생긴 걸 그만 둘 생각은 없었다. 언어를 만드는 것이야말로 나의 오랜 꿈이었기 때문이다. 꿈이었지만 언어가 완성되는 모습을 이미지화하지 못하고 좀처럼 동기 부여가 되지 않던 중, 겨우 집필의 불이 붙었는데 여기서 멈추기는 너무 아깝다고 생각했다.

이 '해보자'라는 마음이야말로 루비 20년의 역사의 시작이었다. 이때는 루비가 온 세상에서 널리 사용되는 프로그래밍 언어로 성장하리라곤 꿈에도 생각하지 않았다.

■ 루비의 초기 디자인

그런데 언어를 만든다고 할 때 고개를 드는 의문에 대해서는 이미 말했다. "정말로 새로운 언어가 필요한가?" 등의 4가지 의문이다.

20년이 지난 지금이라면 그런 일은 신경 쓸 필요가 없다고 단언할 수 있지만, 당시의 나는 아직 어렸기 때문에 그 시점에서 한참을 생각했다. 결국 조금 더 생각한 후 자신의 언어는 자신을 위해 만들어야 한다는 생각을 했다. 지금 생각하면 이때의 판단이 모든 것을 결정한 것 같다. 당시의 나는 C 프로그래머였고 주로 사용하는 언어는 C나 셸Shell이었다. 중규모 이상의 시스템을 개발할 때에는 C, 일상적으로 이용하는 비교적 소규모의 프로그램을 개발할 때 셸을 사용하고 있었다. 당시(실은 지금도) C에는 별로 불만을 느끼지 않았고, C가 대상으로 하는 시스템 언어를 신규로 만드는 것은 별로 필요가 없다고 생각했다. 그때 이미 C++이 존재했던 이유도 있었고, 대학의 졸업 연구로 C베이스의 객체지향 언어를 하나 설계한 것도 (매우 만족할 만한 완성도는 아니었지만) 관련돼 있었는지도 모르겠다.

셸에 대한 불만

오히려 불만이 있었던 건 셸 쪽이었다. 그때 나는 bash를 사용하고 있었고, 명령어를 나열해 간단한 제어 구조를 추가할 정도라면 셸 프로그래밍으로 충분했다. 그러나 프로그램이 점점 커지고 복잡해지면 무엇을 하는지 알 수 없게 되기 십상인 점도, 제대로 된 데이터 구조를 갖지 않는 점도 불만이었다. 요컨대 셸에서는 약간의 제어 기능이 있는 커맨드라인 입력밖에 없고, 너무 '간단한 언어'인 것이 문제였다. 당시 셸에 가까운 영역(스크립팅이라고 부른다)으로, 좀 더 보통 언어에 가까운 언어로서는 펄이 있었다. 하지만 내 관점에서는 이 언어도 역시 '간이 언어'였다. 데이터 구조가 스칼라(문자열 및 수치)와 배열, 해시밖에 없다는 점도 불만이었다. 이것으로는 어느 정도 이상 복잡한 데이터 구조를 직접적으로는 표현할 수 없다.

당시만 해도 펄4의 시대였고 펄5의 객체지향 기능은 소문 수준으로만 존재했다. 하지만 전해 듣기로 펄5의 오브젝트 지향도 그다지 만족스럽지 않은 것 같았다. 펄보다 리치 데이터 구조를 제대로 표현할 수 있는 언어가 좋다고 생각했고, 고교시절부터의 객체지향 프로그래밍의 마니아로서, 구조체 뿐만 아니라 제대로 된 객체지향의 언어로 만들고 싶다고도 생각했다.

너무 평범한 파이썬

한편 파이썬이라는 언어도 있었다. 이 언어에 관한 정보가 별로 없었기에 힘들여서 여러 가지를 조사했다. 그 결과 객체지향 기능이 뒷받침되지 않는 것이 불만이었고, 또 이번에는 '너무 평범하게' 느껴지는 게 마음에 들지 않았다.

내 자신이 제멋대로라고 생각은 되지만 '이상적인 언어'에 대한 나의 의지는 멈출 수가 없었다.

'너무 평범하게'라는 의미가 어떤 것인지 궁금해하는 분이 계실지도 모르겠다. 파이썬은 언어 레벨로의 정규 표현 서포트도 없고, 문자열 처리 기능도 빈약해서 언어 사양 레벨로 스크립팅을 지원하는 것 같지는 않았다(어디까지나 20년 전의 파이썬의 이야기다). 파이썬의 특징 중 하나인 인덴테이션indentation으로 블록을 표현하는 시도는 재미있다고 생각했는데, 이것은 반대로 결점도 있었다. 예를 들면 템플릿으로부터 프로그램을 자동 생성하려고 했을 때, 인덴테이션을 제대로 유지하지 않으면 프로그램이 정상적으로 동작하지 않는 점이나, 혹은 인덴테이션에 의한 블록 구조를 위해 언어 사양상 식과 구문이 명확하게 구별돼 있는 점 등이다. 보통 Lisp의 파생 언어를 사용했을 때와 비교해서 문법이 조금 읽기 쉬운 것 이외에는 다르지 않다는 느낌이었다. 지금 생각하면 커뮤니티 등의 엄청난 자산을 무시했던 것 같다. 이에 대한 잠재력을 전혀 눈치채지 못했던 것이다.

스크립트 객체지향을

하지만 다른 언어를 보면서 자신이 만들고 싶은 언어의 모습이 뚜렷하게 보이기 시작했다. 그것은 셸에는 가까운 영역이며 펄보다는 보통의 언어에 가까워 데이터 구조를 자유롭게 정의할 수 있고, 또한 객체지향 기능을 갖춘 언어였다. 당연히 파이썬보다 심리스Seamless하게 객체지향 프로그래밍할 수 있고, 문자열 처리를 비롯한 스크립팅에 특징적인 기능을 지원하는 기능과 라이브러리를 갖추고 있어야 한다. 당시 점점 스크립팅의 중요성이 높아지고 있고, 펄이나 파이썬의 사용 사례도 증가하고 있었다. 하지만 동시에 이러한 스크립팅 분야의 객체지향 프로그래밍의 필요성은 아직 충분히 인식되지 않았다.

당시의 객체지향 프로그래밍은 스몰토크(대학 등에서는 Lisp도), 혹은 C++을 가리켰고, 일반적으로는 대학 연구소에 연구용 프로그래밍이나 대규모로 복잡한 시스템 개발에만 사용되는 테크닉이라고 간주됐다. 스크립팅 같은 소규모이면서 비교적 간단한 프로그래밍은 불필요하다고 인식했는데, 이런 상황이 드디어 변화를 보이기 시작했다.

펄은 이제 겨우 객체지향 기능의 도입을 계획 중이었고, 파이썬은 이미 객체지향 언어이긴 하지만 모든 데이터가 객체라는 것은 아니고, 당시에는 객체지향 프로그래밍도 할 수 있다는 절차형 언어였다. 스크립팅을 주안점으로 한 절차형 프로그래밍도 가능한 객체지향 언어가 나오면 분명 사용하기 쉽고, 적어도 내 자신은 기꺼이 쓸 거라고 생각했다.

의욕이 충만했다. 나는 프로그래머의 3대 미덕[2]의 하나인 오만을 충분히 유지한 인물이기 때문에, 만들려면 펄이나 파이썬에 지지 않는 언어를 만들겠다고 결심했다. 또 그것이 가능할 거라 믿었다. 근거 없는 자신감은 무섭지만, 이러한 근거 없는 자신감이야말로 종종 동기 부여의 원천이 된다.

■ 루비 개발 시작

개발을 시작할 때 처음 결정한 것은 프로그램 이름이었다. 이름이 중요하다고 생각해서 보석 이름으로 하기로 했는데, 보석은 다이아몬드나 에메랄드 같이 긴 이름이 많아서 좀처럼 맘에 드는 것을 찾지 못했다. 결국 최종 후보에 남은 이름이 산호Coral와 루비였는데, 루비가 짧고 아름답다고 생각해 이를 사용하기로 결정했다. 그때는 깊게 생각하지 않았지만 프로그래밍 언어의 이름은 자주 불리므로, 부르기 쉽고 인상적인 이름이 매우 중요하다.

만약 여러분이 자신의 언어를 개발하게 된다면, 꼭 짧고 좋은 이름을 생각해보라. 언어의 특징을 단적으로 표현하는 이름이 있다면 그 이상 좋은 게 없을 것이다. 하지만 루비처럼 언어의 성질과는 전혀 상관없는 이름도 문제는 없을 것이다. 최근의 문제는 흔한 이름이라면 '구글러빌리티Googlability(구글 검색 결과 상위에 검색되는 능력)가 낮다는 약점은 있다. 루비를 개발하기 시작한 1993년에는 없던 문제였다.

---

2 펄의 제작자 래리 월에 의하면 프로그래머의 3대 미덕은 무정함, 조급함, 오만함이라고 한다. 보통 미덕이라 불리우는 성질은 아니다.

블록 구조의 표현 방법 고안

이름 다음으로 결정한 사항은 블록 구조의 표현에 end를 이용하는 것이었다. C나 C++, 자바는 블록 구조로 복수의 구문을 정리하는 데 중괄호({})를 이용한다. 이 방식에는 한 가지 문제가 있다. 단문을 복문으로 쓸 때 괄호를 잊어버리기 쉽다는 점이다(그림 1-19). 중괄호 대신 begin과 end를 사용하는 파스칼에서도 결국은 단문과 복문의 구분이 있어 같은 문제가 있다.

```
// 복문 시에는 중괄호로 싼다
if (cond){
    statement1();
    statement2();
}

// 단문의 경우 중괄호가 없어도 된다
if (cond)
    statement1();

// 단문을 복문처럼 쓰는 경우 중괄호를 잊어버린다면
if (cond)
    statement1();
    statement2();  // 문법상 에러는 되지 않는다
```

그림 1-19 단문과 복문의 문제

나는 단문과 복문 문제를 그리 좋아하지 않았기 때문에 내가 만들 언어에서는 이런 문제가 발생하지 않도록 하려고 했다. 이를 위한 대응 방법이 3가지가 있었다.

1. 단문에서의 중괄호 생략을 허용하지 않는 펄 방식
2. 블록 구조를 인덴테이션으로 표현하는 파이썬 방식
3. 단문과 복문의 구별 없이 블록을 갖는 구문은 end로 끝내는 에펠Eiffel 방식(그림 1-20)

```
■ 단문의 경우
if cond
    statement1( );
end

■ 복문의 경우(단문과의 구별은 없음)
if cond
    statement1( );
    statement2( );
end

■ 복수의 블록이 있는 빗(Comb)과 같은 형태
if cond
    statement1( );
elsif cond2
    statement2( );
else
    statement3( );
end
```

그림 1-20 에펠 방식(빗과 같은 형태의 구조)

오토인덴트가 과제였다

그런데 나는 오랫동안 에디터로 Emacs를 썼기 때문에, 이 에디터의 언어 모드에 아주 익숙해져 있었다. 그리고 이 언어 모드가 제공하는 오토인덴트가 상당히 마음에 들었다. 적당하게 프로그램을 입력하면 에디터가 자동으로 인덴테이션하는 걸 보면 "아, 에디터의 도움을 받으며 프로그램을 개발하고 있구나"라는 기분이 들었다.

2번 파이썬 방식으로는 인덴테이션 그 자체가 블록 구조를 표현하므로 오토인덴트의 여지가 없다(파이썬의 경우 행 끝의 콜론(:)으로 인덴테이션의 단계 표현이 가능하지만). 또 블록으로 인덴트를 표현하는 파이썬에서는 문장과 식의 구별이 명확해져 식과 문장의 구별이 없는 Lisp의 강한 영향을 받던 나는 별로 마음에 들지 않았다. 그래서 파이썬 방식의 블록에 의한 인덴트는 채용하지 않기로 했다.

학창 시절에 큰 영향을 받은 언어는 에펠이었다. 에펠을 만든 베르트랑 메이어Bertrand Meyer가 쓴 『Object-oriented Software Construction(객체지향 입문)』(Prentice Hall, 1997)이라는 책을 읽고 상당한 영향을 받은 나는, 졸업 연구로 시맨틱Semantic하고 에펠스러운(하지만 문법은 C다운) 언어를 디자인한 적이 있다. 그 시도는 솔직히 실패했지만, 이번에는 시맨틱한 것이 아니라 문법을 에펠로부터 이어받는 게 어떨까 생각했다.

Emacs로 언어 모드를 만들다

계속 염려가 되는 기능은 오토인덴트였다. 당시의 Emacs의 언어 모드로 오토인덴트를 해주는 것은 C와 같은 블록을 기호로 표현하는 것이 주류였다. 파스칼 등의 예약어를 사용해 블록 구조를 표현하는 언어의 모드는 키 조작으로 인덴트를 깊게 하거나 얕게 하는 방식뿐이었다. 이래서는 오토인덴트의 '기분 좋은 점'이 사라져 버린다.

며칠 동안 Emacs Lisp와 씨름했다. 정규 표현 등을 사용해서 간단하게 루비의 문법 해석을 실시해, end가 있는 문법에서도 오토인덴트를 할 수 있는 루비 모드의 프로토타입을 작성했다. 이를 통해 end가 있는 에펠 같은 문법의 언어로도 오토인덴트가 가능하다는 것을 증명했다. 따라서 안심하고 루비의 문법에서 end를 사용하는 것이 가능했다. 반대로 말하면 이 때 오토인덴트를 하는 루비 언어 모드의 개발에 성공하지 않았다면, 지금의 루비의 문법은 없었다고 해도 과언이 아니다.

이 end를 사용하는 블록 구조라는 디자인상의 선택은 예상치도 못한 점이 있었다. 루비의 대부분은 C로 구현했으므로 필연적으로 C와 루비를 구사하게 됐다. 하지만 C와 루비는 외관이 전혀 다르기 때문에 현재 어느 언어로 작업하는지 한눈에 알 수 있었다(그래서 뇌의 모드 전환 비용이 낮아졌다). 물론 그 비용차는 적은 것이겠지만 프로그래밍할 때 리듬을 유지하는 데 매우 도움이 됐다. 또 나중에 펄, 파이썬, 루비가 스크립트 언어의 라이벌로 보여졌을 때, 각각의 언어가 완전히 다른 블록 구조를 갖고 있었다(펄은 중괄호, 파이썬은 인덴트, 루비는 end)는 점도 생존에 효과적이었을 것으로 생각된다.

else if일까 elsif일까 elif일까

여담이지만 앞에서처럼 복문 시스템을 채택하면, 그 부작용으로 C 같은 elseif를 쓸 수 없게 된다. C의 elseif는 else 뒤로 중괄호 없이 if가 단문으로 있다고 해석하기 때문이다 (그림 1–21). 루비와 같은 문법으로 같은 일을 하면 그림 1–22와 같게 된다.

```
// (a) else if를 사용한 다음 구문은
if (cond) {
  ....
}
else if (cond2) {
  ....
}

// 중괄호를 생략하지 않은 구문이 된다
if (cond) {
  ....
}
else {
  if (cond2) {
    ....
  }
}
```

그림 1-21 C의 else if

```
# 결국 루비에서 elsif가 없다면
# 언제나 다음과 같이 작성할 필요가 있다
if cond
  ....
else
  if cond2
    ...
  end
end

# 역시 elsif가 있는 쪽이 더 좋다
```

```
if cond
  ....
elsif cond2
  ....
end
```

그림 1-22 루비의 else if

그림 1-22를 보면 역시 elsif가 있는 편이 더 명확하다. 덧붙여서 펄과 루비는 elsif이
고, 셸과 파이썬과 C 프리프로세서는 elif다. 이 차이는 흥미롭다. 파이썬은 셸이나 C프
리프로세서로부터 elif를 계승했고, 셸 등은 오래된 알골^Algol^ 계열로부터 계승했다고 한다
(나중에 셸의 fi나 esac 같이 시작 예약어를 거꾸로 표기해 끝남을 표기하는 것이 기원이라고 들었다).

펄이 왜 elsif로 했는지는 안타깝게도 알 수 없으나 루비의 경우는 다음과 같은 이유가 있다.

- else if를 '발음나는 대로' 빠르게 읽으면 elsif가 된다(elseif는 좀 길기도 하고 elif는
발음이 좀 이상하지 않은가?).

- 루비의 기본 문법은 대부분 에펠이며, 여기서 elsif를 쓰고 있다.

예약어 하나에도 역사와 이유가 있는 것이다.

여담으로 펄의 문법은 C와 거의 같지만, 중괄호를 생략할 수 없기 때문에(그림 1-21)의 논
리에 의해 else if는 허용되지 않는다. 그러나 문법에 명시적으로 else와 if의 조합을 만들
면 else if를 허용할 수 있다. 벌써 꽤 오래됐지만 어느 날 문득 떠오른 펄의 소스코드를 만
져봤는데, yacc 설명을 약간 변경하는 단 몇 분간의 작업으로 else if를 허용하는 펄을 만들
수 있었다. 지금도 왜 펄 커뮤니티 사람들이 이런 작업을 안 하는지 잘 모르겠다.

구현 시작

기본 방침이 정해지고, 문법의 방향성도 정해지면 구현에 들어간다. 다행히 이전에 취
미 삼아 만든 장난감 언어의 소스가 남아 있었기 때문에 그것을 바탕으로 개발하기로 했다.
개발을 시작한 것이 1993년 2월, 이후 구문 분석기와 런타임의 기초 부분이 한 번에 완성돼,

최초의 루비 프로그램(Hello World였다)이 동작한 것은 반년 후인 8월이었다.

솔직히 말하면 루비의 개발 중에 이때가 가장 힘든 시기였다. 그래도 프로그래머라는 인종人種은 자신이 쓴 코드가 동작하는 모습을 보고 프로그래밍의 기쁨을 느끼기 마련이다. 이때 루비로 동작하기 위해 필요한 것이 아무것도 갖춰지지 않았기 때문에, 아무리 뭔가를 작성하더라도 동작할 수 있는 상태가 되지 않았다. 동기 부여 유지가 힘들었다.

구문 분석기를 작성해도 가능한 부분은 문법 체크뿐이고, 정작 프로그램을 작동시키려 해도 'Hello World'는 문자열 객체이기 때문에 문자열 클래스가 필요하다. 문자열 클래스를 위해서는 객체 시스템이 필요하고, 출력을 위해서는 IO를 관리하는 객체가 필요하고... 필요한 사항이 고구마 줄기처럼 늘어갔다. 프로그래머 3대 미덕 중 하나인 조급함을 충분히 갖춘 내가 이 반년을 견뎌낼 수 있었던 건 기적 같은 일이었다.

인기는 디테일에 숨어 있다

하지만 Hello World의 출력 성공으로 이 언어를 쓸 수 있는 것은 아니다. 여기까지는 교과서의 샘플에 지나지 않는다. 사랑받는 언어가 지향하는 것은 이제부터다.

어떻게 언어에 특징을 부여할까? 사랑받기 위해서(널리 쓰이기 위해서)는 어떻게 해야 할까? 루비의 초기 디자인에서 어떤 것을 고려해야 할까 등등 할 얘기는 끝이 없다.

하지만 더 얘기했다가는 꼰대가 옛날 얘기하는 모양이 돼 버릴 것 같으니 이쯤에서 그만하겠다. 1-5장에서는 이어서 루비 디자인의 케이스 스터디의 후반부를 설명하겠다.

널리 사용되는 언어의 역사를 알자

이 글은 2014년 7월호에 실린 내용이다. 드디어 언어 디자인 얘기가 시작된다. 이번에는 루비라는 언어를 만들기 전의 배경이나 경위를 말하고 있다. "왜 만들려고 했습니까?"라든가 "어떤 부분에서 고생했는지"라든가 "왜 이런 문법을 채용했는가?"라는 질문에 답하는 내용 위주다.

옛날 이야기지만, 실제로 널리 사용된 언어의 배경이나 다양한 설계의 배후에 있는 이유 등을 이야기할 수 있는 사람은 별로 없기 때문에, 1-4와 1-5장은 이 책의 하이라이트가 아닐까 생각한다.

그래도 옛날 이야기만으로 치부하기에는 여러 가지 도움이 되는 지식이다. 후진(後進)을 위해서라도 꼭 이러한 이야기로부터 교훈을 얻을 수 있었으면 하는 게 바람이다. 우선 이번 범위에서 배울 수 있는 교훈은 다음과 같다.

- 디자인은 결정이다.
- 구문이라는 기본적인 것이라도 여러 가지 고려해야 할 사항이 있다.
- 생각을 잘 하지 않으면 잘못된 디자인이 나온다.
- 생각을 아무리 잘 해도 잘못은 하기 마련이다

1-5 언어 디자인 입문 (후편)

1-4장에서 루비의 탄생에 대해 이야기했다. 이번에는 이어서 루비 언어 디자인 시 고려했던 내용에 대해 이야기하겠다. 변수명을 붙이는 방법, 상속 방법, 에러 처리, 이터레이터(iterator) 등을 어떻게 정했는지 소개하고, 이로부터 설계 방법을 정리하려 한다.

1-4장까지 기본적인 문법 구조는 틀이 잡혀 언어로써 첫걸음을 내딛은 루비지만, 이 정도는 어디에나 존재하는 평범한 언어다. 이제부터 세부적으로 문법이 빠진 부분을 채워야 한다.

설계 정책

이 시점에서 내가 루비를 어떤 언어로 만들고 싶었는지 말해보면 '객체지향 언어'라는 기능적인 면 이외에 다음과 같은 이미지가 있었다.

- 간이 언어 레벨에서 벗어나기
- 쓰기 쉽고 읽기 쉽게
- 간결

'간이 언어 레벨에서 벗어나기'란 언어 사양에 부실함이 없다는 의미다. 당시 특히 스크립트 언어의 분야에서는 업무 목적만 달성하는, 언어 사양에는 손을 뗀 것으로 보이는 언어가 주류였다. 예를 들면 특별히 필요도 없는데 구현의 편의성 때문에 변수명에 기호가 붙어 있거나, 사용자 정의 함수와 삽입 함수의 호출 방식이 다르거나 하는 것이다.

'쓰기 쉽고, 읽기 쉽다'는 것은 추상적인 의미이지만, 프로그램이라는 것은 한 번 쓰고 끝이 아니다. 디버깅 등의 과정에서 몇 번이고 읽고, 다시 쓰는 것이다. 같은 일을 하는 데 프로그램 규모가 작은 쪽이 무엇을 하는지 이해하기 쉽기 때문에, 간결하게 기술할 수 있는 것이 바람직하지만, 너무 간결하게 하는 것도 곤란하다.

세상에는 비정상적으로 간결하지만, 나중에 보면 무엇을 하는지 파악이 안 되는 언어도 존재한다. 그러한 언어는 종종 'Write Once Language'라고 불린다. 이런 언어는 나중에 프로그램을 해독하는 것보다 다시 한번 처음부터 쓰는 편이 빠른 언어다. 적절한 '쓰기 쉽고, 읽기 쉬움'은 결국 균형에 의해 달성되는 것이다. 디자인이란 원래 그렇지만 말이다.

또 나 혼자만은 아니라고 생각하지만 프로그램을 쓰고 있고, 하고 싶은 일의 본질과 관계가 없는 것을 강제로 기록하도록 할 때 아주 조금은 화가 난다. 개발 중에는 해당 소프트웨어가 무엇을 실시해야 하는가라는 본질에 집중하고 싶다는 생각이었다. 가독성을 희생하지 않는 범위에서 가능한 한 본질 이외의 부분을 잘라낸, 간결한 기술이 바람직하다고 생각했다.

변수명

루비의 개발 초기에 참고한 언어 중 하나가 펄이었다. 펄에서는 변수명 앞에 기호를 붙인다. 그 의미는 표 1-5와 같다.

표 1-5 펄의 변수명 규칙

변수명	의미
$foo	스칼라(문자열 또는 수치)
@foo	배열(스칼라 배열)
%foo	해시(연상 배열)
$foo[0]	배열 요소 액세스
$foo{n}	해시 요소 액세스

흥미로운 것은 배열 액세스다. 배열(@foo)의 0번째 요소를 추출하는 데 기호로 $를 앞에 붙인다. 해시도 같은 형태다. 이는 결국 앞의 기호는 그 변수(또는 식)의 형태를 보여준다. 펄은 변수명에 의해 그 형태를 명시하는 정적 형태의 언어였다.

한참 뒤에 레퍼런스라는 것이 도입돼, 배열이나 해시를 포함해 모든 것이 스칼라로 표현할 수 있게 된다. 이로 인해 이 정적형의 원칙은 별로 중요하지 않게 돼 버린다. 하지만 변수명을 봤을 때 제일 알고 싶은 것은 그 형태가 아니고 범위다. 몇 개의 언어(예를 들면 C++)의 코딩 규칙에서는 전역 변수나 멤버 변수에 특정 프리픽스prefix를 붙이는 것이 있다. 한편 이전에 마이크로소프트에서 많이 사용한 헝가리안 표기법 같이 타입 정보를 변수명에 포함시키는 코딩 규칙은 최근에는 완전히 볼 수 없게 됐다. 타입 정보는 명시할 필요가 없음을 증명한 것이다.

그래서 루비에서는 변수명에 범위를 나타내는 기호를 붙이게 됐다(표 1-6). 예를 들어 $는 전역 변수, @는 인스턴스 변수를 나타낸다. 하지만 가장 많이 사용되는 로컬 변수와 정수(클래스명 등)까지 기호를 붙인다면 펄의 전철을 밟는 셈이 돼 버린다.

표 1-6 루비의 변수명 규칙

종류	기호	예
전역 변수	$	$foo
인스턴스 변수	@	@foo
로컬 변수	알파벳 소문자	foo
정수	알파벳 대문자	Foo

로컬 변수 등은 간결하게

생각한 끝에 로컬 변수는 알파벳 소문자를, 정수는 알파벳 대문자로 시작한다는 규칙으로 정했다. 이렇게 하면 추한 기호를 보는 일은 적어도 없을 것이라 생각했다. 또한 전역 변수를 많이 사용하면 프로그램 전체에 그다지 아름답지 않은 $ 기호가 여기저기 뿌려져 있을 것이기 때문에, 자연스럽게 더 좋은 스타일 템플릿을 만드는 일도 해야 할 것 같았다.

변수명에 범위 정보를 포함시키는 것의 장점은, 해당 변수의 역할에 관한 정보가 콤팩트하게 보여지기 때문에 일일이 선언부를 찾을 필요가 없다는 점이다. 변수 선언은 컴파일러에 해당 변수의 범위나 형태 등의 정보를 가르치기 위해서 있는데, 이것은 처리의 본질과는 무관하다. 가능하면 이런 부분은 채용하고 싶지 않았고, 프로그램 가독성을 위해 선언을 별도로 두고 싶지 않다는 이유로 이렇게 만들었다. 같은 이유로 루비에는 변수 선언 자체가 없다. 변수는 최초로 대입된 시점에서 탄생하므로, 대입이 바로 선언이 된다.

만약을 위해 보충하겠지만 선언, 특히 타입 선언이 갖는 장점을 부정하는 것은 아니다. 실제로 실행하지 않아도 컴파일 시에 타입의 불일치로부터 많은 에러를 검출할 수 있는 정적 타입은 훌륭하다고 생각한다. 그러나 그것과 동시에 처리의 본질에 집중하고 싶어 타입 선언 등을 쓰고 싶지 않다는 생각이 강했고, 당시 동적형으로 기울고 있는 취향 탓도 있었다.

스크립트에 객체지향을

루비를 설계할 때 처음부터 생각한 또 하나는 이 언어를 '제대로' 객체지향 언어로 만들고 싶었다는 것이다.

당시의 객체지향 언어라고 하면 스몰토크나 C++로, 대학의 연구실 등에서는 Lisp계의 객체지향 언어도 사용되고 있었다. 에펠도 해외의 금융계 등에서는 사용된다고 이야기를 들었지만, 실제의 처리 시스템은 상용밖에 없었고 일본에서의 입수 및 활용은 어려웠다.

이런 상황 때문에 객체지향 프로그래밍이 그렇게 익숙하지 않았다. 일상적인 프로그래밍, 특히 스크립팅의 텍스트 처리 같은 규모가 작은, 복잡함도 그다지 높지 않는 장르에서는 필요 없다고 생각했던 것 같다.

그 결과 당시의 스크립트 언어에서는 객체지향 기능을 처음부터 갖추고 있던 것은 없었다. 비록 어떤 객체지향 프로그래밍 지원 기능이 있었다고 해도 부수적인 지원에 그쳤다.

그러나 고등학생 때부터 스몰토크와 관련된 몇 안 되는 자료를 읽고, 객체지향 프로그래밍에 대해 "이것은 이상적인 프로그래밍이다."라고 느꼈던 나였다. 스크립팅 분야에서도 객체지향은 반드시 유효하다고 믿고 있었다. 스스로 언어를 설계한다면 처음부터 객체지향점에 따라 디자인하고 싶다고 느끼는 것은 지극히 당연한 일이었다.

단일 상속 대 다중 상속

거기서 고민한 것이 상속 기능의 설계였다. 이미 알고 있을지도 모르겠지만, 객체지향 프로그래밍을 지원하는 언어 기능 중 상속에는 단일 상속과 다중 상속이 있다. 기존의 클래스 기능을 상속하고 거기에 새로운 기능을 덧붙여 새로운 클래스를 만드는 상속 기능에서, 기초가 되는 기존의 클래스(슈퍼 클래스라고 부른다)를 하나로 한정하는 것을 단일 상속, 복수 허용하는 것을 다중 상속이라고 부른다.

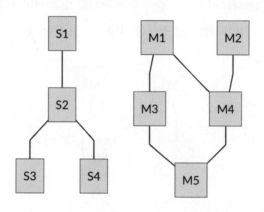

그림 1-23 단일 상속(왼쪽)과 다중 상속(오른쪽)

단일 상속은 다중 상속의 서브셋이기 때문에 다중 상속이 있으면 단일 상속은 구현된다. 다중 상속은 Lisp 계통의 객체지향 언어로 발달해 C++에도 나중에 도입됐다. 1993년 당시는 어땠을까?[1]

한편 다중 상속에는 단일 상속에 없는 문제가 있다. 단일 상속의 경우 클래스 간의 상속 관계는 선형 관계가 되며, 클래스 계층 전체는 트리 구조가 된다(그림 1-23). 다중 상속으로 복수의 슈퍼 클래스의 존재를 허락하면, 클래스 관계는 네트워크 모양으로 돼 DAGDirected Acyclic Graph, 방향성이 있는 비순환그래프라고 부르는 구조가 된다. 다중 상속에서는 계승한 슈퍼 클래스

---

1 『The Design and Evolution of C++』(Bjarne Stroustrup, Addison-Wesley Professional, 1994)에 의하면, C++에 다중 상속이 도입된 시기는 1989년의 Version 2.0무렵이라고 한다. 1993년 당시는 막 등장했던 때라 다중 상속이 존재는 했지만 그렇게 자주 활용되지는 못했던 것 같다.

가 한 단계 더 복수의 슈퍼 클래스를 갖고 있는 경우도 있다. 조심하지 않으면 클래스 관계는 곧바로 복잡하게 꼬여 버린다.

단순 상속에서는 클래스의 관계가 선형적 관계이기 때문에 상속의 우선순위에 대해 신경을 쓸 필요는 없다. 메소드를 찾을 경우 단순이 하위(서브 클래스)로부터 상위(슈퍼 클래스) 방향으로 탐색하면 끝나버린다.

하지만 다중 상속에서 클래스 구성이 DAG가 돼 버리는 경우에는, 탐색 순서는 하나의 방법으로만 정해지지 않는다(그림 1-24). 깊이 우선 탐색도 있고 너비 우선 탐색도 있다. 많은 다중 상속을 제공하는 언어에서는 C3 탐색을 선택하는 것 같다(CLOS, 파이썬 등).

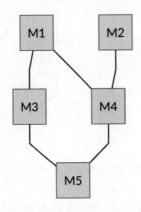

깊이 우선 :M5→M3→M1→M4→M1→M2
너비 우선 :M5→M3→M4→M1→M2
C3   :M5→M4→M3→M2→M1

그림 1-24 DAG의 검색 순서

그러나 어떤 탐색 방법을 선택했다고 해도 한눈에 파악하기 어려운 경우가 존재한다. 그럼 간단한 단일 상속은 문제없는 걸까? 앞에서 말했듯이 단일 상속에서의 클래스 관계는 단순하고, 매우 이해하기 쉬워지지만 단일 상속에도 문제가 없는 건 아니다.

단일 상속 문제

단일 상속 문제란, 상속의 라인을 넘어 메소드 등의 클래스 속성을 공유하는 방법이 없는 것이다. 공통의 슈퍼 클래스가 존재하지 않는 경우 속성을 공유할 수 없고, 복사할 수 밖에 없다. DRY 원칙[2]에 의하면 코드 복사는 권장하지 않는다.

실제 사례를 보도록 하자. 스몰토크에는 입출력을 관장하는 Stream 클래스가 있어, 여기에는 읽기를 하는 ReadStream과 쓰기를 하는 WriteStream이라는 두 개의 서브 클래스가 있다. 그리고 읽고 쓰기 모두 가능한 서브 클래스 ReadWriteStream이라는 클래스도 존재한다.

다중 상속을 할 수 있는 언어라면 ReadWriteStream을 ReadStream과 WriteStream 양쪽에서 상속받은 것이다(그림 3(a)). 다중 상속에 있어서 이상적이라고 할 수 있는 경우다. 그러나 스몰토크에는 다중 상속이 없기 때문에 ReadWriteStream을 WriteStream의 서브 클래스라고 해, ReadStream의 코드를 복사한다(그림 3(b)). 만일 ReadStream에 사양 변경이 있을 경우, 복사된 ReadWriteStream도 똑같이 변경하지 않으면 안 된다. 그렇지 않으면 버그의 원인이 된다. 그리고 무엇보다 멋지지 않다.

---

2 DRY 원칙: 'Don't Repeat yourself'의 약자로 소프트웨어 개발에 있어서 반복, 중복을 피하는 설계의 원칙

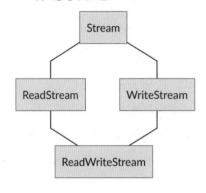

(a) 다중 상속에 의한 ReadWriteStream

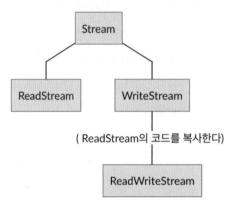

(b) 스몰토크의 ReadWriteStream

(ReadStream의 코드를 복사한다)

그림 1-25 ReadWriteStream

Mix-in

이 문제를 해결하는 힌트가 Mix-in이다. Mix-in은 Lisp계 객체지향 언어 Flavors에서 탄생한 기술이다. Flavors에서는 다중 상속의 문제를 줄이기 위해 두 번째 이후의 슈퍼 클래스에 다음과 같은 제약을 부과한다.

- 인스턴스를 갖지 않는다.
- 보통 슈퍼 클래스를 갖지 않는다. 다른 Mix-in은 괜찮다.

이 규칙에 따르면 다중 상속의 구조는 첫 번째의 슈퍼 클래스에 의한 트리 구조에, 두 번째 이후의 슈퍼 클래스에 의한 가지가 뻗어가는 구조가 된다. 이에 따라 그림 1-25 같은 구성을 만들어 보면 그림 1-26처럼 된다. 스트레이트로 다중 상속을 이용한 것과 비교하면 상당히 구성은 다르지만, 단일 상속의 간결함을 유지한 채 코드의 사본을 배제하고 있음을 알 수 있다.

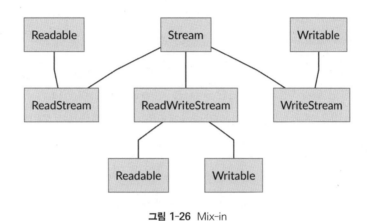

그림 1-26 Mix-in

루비의 모듈

이와 같이 Mix-in은 뛰어난 아이디어지만, 어디까지나 다중 상속 사용법의 테크닉이며 강제력은 없다. 그래서 언어 사양으로 Mix-in의 사용을 강제하면 어떨까 생각했다. 즉 2종류의 클래스를 준비하고, 하나는 주된 상속을 하는 보통 클래스, 다른 하나는 Mix-in으로만 사용할 수 있는 특별한 클래스로 지정하는 방법이다. 그리고 그 특별한 클래스는 Mix-in의 규칙에 따라서 인스턴스를 만드는 것과 보통의 클래스로부터 상속하는 것을 금지한다.

이러한 발상으로 탄생한 것이 루비 모듈이다. 이 모듈로 정의되는 부분은 앞에서 언급한 Mix-in의 성질을 갖고 있다(그림 1-26의 Readable와 Writable이 여기에 해당). 이것에 의해서 다중 상속의 결점을 회피하면서 어느 정도 복잡함을 피할 수 있게 됐다. 이러한 시스템은 다른 언어(예를 들면 현재는 오라클과 합병된 썬 마이크로시스템즈에서 연구하던 Self)에서도 trait이나

mixin이라는 이름으로 제공되고 있었다. 이것은 루비와 거의 같은 시기에 각각 독자적으로 만들어졌다고 생각한다.

에러 처리

소프트웨어를 개발하는데 가장 귀찮은 것은 에러 처리다. 열려던 파일이 존재하지 않는다 든지, 네트워크 접속이 끊어졌다든지, 메모리가 부족하게 됐는지 등 소프트웨어가 기대한 대로 동작하지 않는 '예외적 상황'은 얼마든지 있다. C 같은 언어에서는 예외적 상황이 발생하는 함수 호출 후에는 그 함수 실행이 정상적으로 종료됐는지 체크할 필요가 있다(그림 1-27). 그림 1-27을 보면 불과 1행으로 표현할 수 있는 "파일을 오픈하려 한다"에 대해 복잡한 에러 처리를 하는 것을 볼 수 있다. 이것은 간결하게 의도대로 표현하려는 루비의 설계 정책에 반하는 것이다. 루비에서는 이 점에 대해서 어떻게든 수정해야겠다고 생각했다.

```
FILE *f = fopen(path, "r");
if (f == NULL) {          // open이 정상적으로 종료되지 못한 경우
   switch (errno) {       // 에러의 상세 정보는 변수 errno에 들어 있다
     case ENOENT:         // 파일이 존재하지 않는다
       ...
       break;
     case EACCES:         // 접근 권한 에러
       ...
       break;
     ...
   }
}
```

그림 1-27 C의 에러 처리

처음에 검토한 것은 Icon이라는 언어의 에러 처리 기구였다. 미국 텍사스대학에서 개발된 Icon이라는 언어는 모든 함수 호출은 성공(값을 반환) 또는 실패 중 하나의 결과를 가진다. 실패한 함수 호출은 호출한 함수의 실행도 실패로 만든다. 이 점은 C++이나 자바 등에서도 볼 수 있는 예외 처리 기구와 닮아있다. Icon에 특징적인 점은 이 언어에서는 이 실패가 참/

거짓 값으로도 다뤄진다는 점이다.

```
line := read()
```

이 코드는 어떤 이유로 실패한 경우에는 이를 호출한 함수를 실패로 만들고, 실행을 중단시킨다. 그래서

```
if line := read() then
    write(line)
```

라고 한다면 read()가 성공했을 때에는 write()로 출력하고, 실패한 경우는 아무것도 하지 않는 구조다. 더욱이

```
while write(read())
```

라고 한다면 read()가 성공하는 동안은 반복해 되돌려 주는 값을 write()하고, read() 또는 write() 함수가 실패하면 반복은 중지한다는 의미다.

이 구조는 특별한 구문을 도입하지 않아도 예외 처리를 자연스럽게 기술할 수 있다는 점에서 매력적이었다. 그러나 반대로 예외 처리가 눈에 띄지 않게 돼 버리는 것은 아닌가 하는 점, 너무 보통의 언어로부터 멀어져 버리면 사용자 친화적이지 못한 것은 아닌가 하는 점, 실행 효율에 대한 불안 등의 이유로 루비에서는 채용하지 않았다. 만일 이를 채용했다면 루비는 지금과 많이 다른 모습의 언어가 됐을지도 모르겠다.

인기 있는 언어를 디자인하려고 할 때, 다른 언어와 크게 다른 설계를 채용하려면 그 설계가 언어의 핵심이 될지 여부를 생각할 필요가 있다. 그 부분에 대해 양보할 생각이 없다면 전혀 문제는 없다. 그러나 그다지 구애받지 않고 '이상한 문법'을 채용하면 나중에 화근이 될 수 있다.

예외 예약어에 집착

Icon류의 예외 처리는 포기했지만, 그래도 루비에는 예외 처리를 갖고 싶었다. 그래서 C++ 등에 볼 수 있는(당시 자바는 아직 세상에 나오지 않았다) '보통'의 예외 처리 기구를 채용하기로 했다. 그런데 당시 나는 예약어에 대해 조금 집착을 했다.

C++의 예외 처리 기구에서는 try ~ catch 구문을 사용하지만, 나는 이 예약어를 그렇게 좋아하지 않았다. 'try'라는 것은 "성공하는지 시험해본다"라는 뉘앙스가 있지만, 여러 가지 메소드의 호출이 예외를 발생시키는 가능성이 있는 이상, "시험해 본다"는 표현은 적절하지 않다고 생각했다. 또한 'catch'도 별로 예외 처리의 이미지가 없는 것 같다.

거기서 구문 블록 때에도 참고가 된 에펠로부터 rescue라는 단어를 빌려 왔다. 위기 상황에 빠졌을 때 구출한다는 이미지는 예외 처리에 딱 맞는다고 생각했다. 그리고 예외가 발생하거나 발생하지 않더라도 확실히 뒤처리를 위한 구문(일부 언어로는 finally라는 이름으로 지정)의 예약어도 에펠에서 ensure이라는 용어를 빌려왔다. 원래 에펠의 ensure은 예외 처리 때문이 아니라, DBC^{Design by Contract}에서 사용되는 메소드 실행 후에 성립돼야 할 사후 조건을 위해 사용하던 예약어였다.

블록

마지막으로 이야기 할 내용은 루비의 최대 특징으로 자주 언급되는 '블록^{block}'이다. 원래 블록은 처음부터 그렇게 중시되는 기능은 아니었는데, 언어 설계자로서는 뜻밖의 방향으로 흘러가고 있다.

MIT에서 개발된 CLU라는 언어가 있다. CLU를 한마디로 설명하면, 객체지향 언어의 전 단계라고나 할 추상 데이터형 언어라고 부를 수 있을 것이다.

CLU에는 여러 개의 눈에 띄는 특징이 있지만, 그중 하나가 이터레이터다. 이터레이터는 '루프의 추상화를 수행하는 함수'다.

이터레이터는 예를 들어 다음과 같이 호출한다.

```
for i:int in times(100) do
...
end
```

이것은 times라는 이름의 이터레이터 함수를 호출한다. 이터레이터 함수는 for문 안에서만 호출되는 특수한 함수다. 이 times 함수의 정의를 CLU로 기술하면 그림 1-28과 같다.

```
times=iter(last:int) yields(int)
  n:int := 0
  while n < last
    yield(n)
    n := n + 1
  end
end times
```

그림 1-28 CLU로 times 함수의 구현

같은 형태를 C에서 구현하려고 하면 'for문'을 사용할지 '함수 포인터'를 사용할지의 선택지가 있을 것이다. for문을 사용하면 루프 변수와 내부구조에의 접근 등의 은폐가 불가능하다. 함수 포인터를 사용한다면 은폐는 가능하지만(C에서는 클로저가 없기 때문에), 변수 등을 전달하기가 귀찮다.

CLU의 이터레이터에는 이와 같은 문제가 없기 때문에, 루프의 추상화로 정말 원하는 성질을 갖고 있다.

구문으로 시행착오

그래서 이를 루비에 도입하려고 했다. 그런데 한동안 생각해 보니 "이를 이대로 도입하는 게 좋을까?"하는 의문이 들었다. CLU의 이터레이터는 확실이 루프의 추상화는 잘 해 준다. 하지만 이 구조는 루프를 넘어서 이용 가능할까? CLU 구문에는 루프 이외의 목적으로 이용하려 할 때 다른 방해가 있지 않을까 싶은 의구심이었다.

원래 발상으로 스몰토크와 Lisp에는 함수(스몰토크에서는 블록)를 인수로 전달하는 루프 등의 처리를 하는 함수와 메소드가 많이 있다. 예를 들어 스몰토크에는

```
[1,2,3] collect : [:a| a * 2 ]
```

로 배열의 각 요소에 ×2를 해 새로운 배열을 얻을 수 있다. 반면 CLU의 구문으로 기술하면

```
for a in [1,2,3].collect() do
  a * 2
end
```

가 되는데, 이는 그렇게 직관적으로 보이지는 않는다(이는 유사코드로 실제 CLU에서는 이렇게 코드를 적지 않는다).

여기에도 좀 더 좋은 기술법이 있지 않을까 생각했다. 이때 나에게는 막 장녀가 태어났을 때라 밤늦게까지 자지 않는 갓난아기를 달래며 구문에 대해 고민했다.

최초로 생각한 식은 다음과 같다

```
do [1,2,3].collect using a
  a * 2
end
```

여기에서 CLU의 영향이 확실히 커 보였다. using이라는 것은 액터Actor라는 이름의 PC용 언어에서 차용했다. 이 액터는 병렬 행렬의 액터 모델actor model과는 전혀 관계 없다. 하지만 스몰토크 블록이나 Lisp의 람다 함수처럼 높은 가독성은 실현하지 못한다.

시행착오 끝에 실제로 다음과 같이 구현했다.

```
[1,2,3].collect {a| a*2}
```

상당히 스몰토크답게 됐다. 변수 표시명을 나타내는 '|'가 1개만 있는 것도 스몰토크의 영향을 받아서다. 이후 변수가 없는 경우 생략 가능하도록 '|'을 2개, 또 다른 end로 끝나는 구문과 섞인 경우 위화감을 없애기 위해 do ~ end에서도 블록을 표현하도록 진화시켰다.

사용 범위 확대

원래 루프의 추상화를 위해 탄생한 블록이지만, 이와 같이 CLU를 참고하면서 도입했더니 다양한 사용 사례가 나타났다. 예를 들면 다음과 같다.

- 루프의 추상화(물론이다)
- 조건의 지정(select 등)
- 콜백 코드의 지정(GUI 등)
- 스레드와 fork의 실행부
- 스코프의 지정(DSL 등)

이처럼 다양한 영역에서 사용하게 됐는데, 놀라울 따름이다.

원래 블록은 Lisp에서도, 스몰토크에서도, 그 외의 함수형 언어에서도 널리 사용되는 고계함수高階函數[3]의 특별한 기법에 지나지 않기 때문에 이런 사용법이 생기는 것은 당연하다. 그러나 루프 기능의 추상화에 특화됐기 때문에 몇 개의 제한이 있었음에도 불구하고, 이 제한이 전혀 방해가 되지 않았다는 점은 예상 밖이었다.

여기에서 말하는 제한은 다음과 같다.

- 직접 함수 객체를 만드는 구문이 없다(버전 1.9에서 lambda 구문이 생기기 전까지)
- 블록으로 호출하는 문법에 엮여 있으므로, 하나의 메소드에 한 개의 블록만 전달할 수 있다.

실제로는 이들 제한이 있기 때문에 대부분의 경우에서 가독성이 좋아졌고, 설계도 쉬워졌다.

---

3 고계함수(Higher-Order Function): 함수를 인수로 취급하는 함수 – 옮긴이

조사에 의하면 함수형 언어의 하나인 오카멜^{OCaml}의 표준 라이브러리에 대량으로 등장하는 고계함수 중 98%는 함수 인수를 1개밖에 쓰지 못한다고 한다. 루비 블록이 하나밖에 처리할 수 없는 게 문제가 되지 않았던 것은 이런 이유였을지도 모르겠다.

언어 설계의 비결

자, 여기까지 이야기를 들었으면 언어 설계의 비결 같은 게 어느 정도 감이 오지 않았을까 생각된다.

첫 번째로 기존 언어에 어떤 문제가 있는지, 그리고 이를 해결하기 위한 방법으로 어떤 아이디어가 있는지를 충분히 조사한다. 세밀하게 이 문제를 해결하는 방법이 쌓여 '좋은 설계'로 연결된다.

두 번째로 독자성의 추구 범위를 명확히 한정한다. Icon의 예외 처리 부분도 다뤘지만, 독자적인 아이디어는 입문자에게 실수로 이어질 위험이 있다. 독자성의 범위를 명확히 한정하고, 그 이외의 부분은 보수적으로 접근하는 게 사랑받는 언어로 가는 데 도움이 된다. 하지만 너무 보수적으로 접근하면 기술적인 부분의 흥미는 떨어지기 때문에, 사용자를 끌어당기지 못하는 위험도 있으니 주의하도록 하자.

세 번째는 객관적인 시점이다. 설계는 원래 모두가 모여서 하면 좋은 결과가 나오지 않는다는 것은 잘 알려져 있다. 모두가 타협하면서 의견을 정리해 버리면 특징 있는 부분이 사라져 설계 결과가 밋밋하게 돼 버리기 때문이다. 설계에 대해서 상의는 하더라도 어디까지나 의견 청취 수준으로 한정하고, 최종 책임은 한 사람이 지지 않는다면 좋은 설계는 불가능하다.

내가 블록 설계를 할 때 했던 것처럼, 갓난아기와 테디 베어를 상대로 상의를 한 것도 방법 중의 하나다. "뭐 이런 바보 같은 짓을?"이라는 사람도 있겠지만, 상대가 답을 해 주지 않더라도 자신의 생각을 설명하고 상의해 보면 아이디어가 점차 단련돼 좋은 결과로 이어지는 경우도 자주 볼 수 있다.

맺음말

1-4와 1-5장을 통해 루비의 설계 초기에 생각해온 바를 이야기했는데, 어땠는가? 사소한 언어 사양 하나라도 설계자가 여러 가지를 조사하거나 생각하면서 정하고 있다는 사실을 조금은 알게 되지 않았을까?

언어뿐만 아니라 설계라는 것은 모두 트레이드오프Trade-off다. 완벽한 설계는 존재하지 않으며, 단지 어떤 조건 아래에서는 '더 나쁘지 않은' 타협점이 존재할 뿐이다. 그 타협점을 더 넓은 범위에서 도움이 되는, 가능한 한 최적으로 접근하는 것이 설계자의 솜씨라 생각한다. 하지만 언어는 긴 생명을 갖고 있다. 신참이라는 인상이 남아 있는 루비조차 개발을 시작한 지 20년이 넘었다. 그 사이에 컴퓨터 성능은 향상되고, 환경은 변화해 왔다. 그리고 새로운 트레이드오프도 탄생했다. 예를 들면 루비 탄생 무렵에는 멀티코어 컴퓨터는 전혀 일반화되지 않았으므로, 스레드가 멀티코어를 유효하게 활용하는 것은 요구되지 않았다. 그러나 현대에서는 개인용 PC에서도 듀얼코어, 쿼드코어가 당연하게 사용된다.

그러한 환경의 변화에 따라 언어 설계, 구현 등을 매일 재검토하고 있다.

언어 설계의 비결은 '디자인' 일반과 일맥상통

이 글은 2014년 8월호에 실렸다. 앞 회에 이어서 언어 디자인의 내부를 이야기한다. 이 글에서는 루비에서 '변수명 규칙'과 '객체지향 기능의 설계', '예외 처리' 등의 설계 배경에 대해 설명했다.

보통 언어는 "이러이러한 형태로 되는 것이다."라는 방식이어서 "왜 이렇게 되는가?"라는 점에 대해서는 해설이 대부분 없다. 이번 글에서는 루비의 개발자로, 보통 잘 이야기하지 않는(나는 비교적 이야기를 하는 편이지만) '이유'를 이야기했던 것은, 이러한 이야기를 하는 게 즐겁기 때문이다.

원고를 작성한 시점에는 별로 생각하지 않았지만, 설계와 디자인은 모두 영어로 'design'이라고 한다. 하지만 일본어에서는 디자인이라는 단어와 설계를 조금은 다른 의미로 쓰고 있다.

디자인쪽은 '의장(意匠)을 결정'한다는 느낌이고, 설계 쪽은 '구조를 고민'한다의 느낌이랄까? 내가 하는 일, 다시 말해 가장 잘 하는 일은 프로그래밍 언어에 어떤 기능을 부여하고, 어떤 문법을 채택할지를 정하는 일이다. 나는 보여지는 것도 중요하다고 생각하기 때문에 최근에는 '언어 디자인'이라는 말을 쓰게 됐다. '언어 디자인'이라는 말이 더 멋지지 않은가?

이 글 후반부의 '언어 설계의 비결'에서 중요한 내용을 말하고 있다. 이 원칙은 비단 언어 디자인뿐 아니라, 소프트웨어 설계 전반에서도 언급할 수 있지 않을까 생각한다. 프로그래밍 이외의 분야에서 경험은 별로 없지만, 나아가서는 프로그래밍 영역을 넘어서 설계, 사양 결정 등의 의사결정 전반에도 적용될 수 있는 원칙이 아닐까 생각한다.

2장

새로운 언어 'Streem'의
설계와 구현

2-1 추상적 병행 프로그래밍

멀티코어 시대가 도래하고, 통상 프로그래밍에 있어서 병렬 프로그래밍이 필요하게 됐다. 이번에는 새로운 병렬 프로그래밍에 대해 살펴보고, 이것을 지원하는 새로운 언어를 설계해 보자. 그 전에 병렬 프로그래밍을 지원하는 언어가 필요한 배경에 대해 생각해본다.

지금은 전자양판점에서 파는 '일반 PC'에서도 멀티코어 CPU를 탑재하고 있다. 스마트폰 조차 쿼드코어(4코어) 혹은 옥타코어(8코어)의 CPU를 탑재한 기종이 이제는 드물지 않다. 이렇게 멀티코어화가 진행된 데는 이유가 있다. 무어의 법칙 덕분에 지난 50년간 CPU를 비롯한 반도체 집적도는 지수 함수적으로 향상돼 왔고, CPU 성능도 그에 따라 향상되고 있다. 그러나 얼마 전부터 이 상황도 끝이 보이기 시작했는데, CPU(코어)의 성능 향상에 한계점이 왔기 때문이다. 독자 여러분도 최근 CPU의 클럭clock이 2GHz 근처에서 이전과 같이 극적으로 향상되지 않고 있음을 깨닫고 있으리라 생각한다.

멀티코어화의 흐름이 이어진다

최근 LSI의 집적도가 지나치게 향상돼 배선의 폭이 불과 원자 몇 개의 분량이 돼 버려, 전자가 절연체의 벽을 넘어서는 '터널 현상' 등이 발생, 양자역학적인 행동이 문제가 될 정도다. 또 회로의 미세화는 열밀도의 향상도 부른다. 최근 CPU 코어의 열밀도는 핫플레이트(방열판)로 커버하기에는 어렵게 돼, 적절한 냉각을 하지 않으면 전원을 켜는 순간 회로가 녹을지도 모른다. 특히 복잡한 처리를 실시하는 CPU 코어는 미세화에서도 열밀도에서도 한계점에 도달해, 이미 단일코어로의 큰 성능 향상을 바랄 수 없는 것이 현실이다.

그러나 모든 회로의 열밀도나 복잡함이 똑같지는 않다. 메모리나 버스를 구성하는 회로는 CPU 코어와 비교하면 단순해 열밀도 등의 문제가 발생하지는 않는다. 거기에 복수의 코어를 하나의 칩에 배치하는 것으로, 평균 열밀도를 내리려는 것이 멀티코어의 동기 중 하나다.

이 하드웨어 진화 경향이 가까운 장래에 뒤집힐 가능성은 거의 없다고 생각한다. 개별 CPU 코어의 극적인 성능 향상을 바라지 말고, 새로운 컴퓨터의 성능을 최대한 활용하려고 한다면 싫든 좋든 멀티코어 대응이 필요하다.

병렬과 병행 프로그래밍

멀티코어를 활용하려면 복수의 작업을 동시에 실시할 필요가 있다. 이러한 프로그래밍에 대해 '병렬'과 '병행'이라는 용어가 있다.

병렬이란 '패러럴Parallel'의 번역으로 복수의 처리를 동시에 실시하는 것을 말한다. 병행이란 '컨커런트concurrent'를 번역한 말로 적어도 외관상은 복수의 처리를 동시에 실시하는 것이다.

즉 만일 CPU가 하나밖에 없었다고 해도 복수의 처리를 잘게 분할하고, 교대로 실행해 외관상 동시 실행하는 것처럼 보이면 그것은 병행 프로그래밍이 된다. 하지만 실제로는 CPU가 하나밖에 없다면 한 번에 하나의 처리밖에 할 수 없기 때문에 병렬 프로그래밍은 불가능하다. 멀티코어 환경에서는 CPU가 여러 개 있기 때문에 적절히 처리를 복수코어로 분담시킬 수 있으면 병렬 프로그래밍이 가능하다.

혼동스러운가? 병렬에는 패러럴의 'ㄹ'이 포함돼 있고, 병행에는 그렇지 않다고 기억하는 게 (나에게 있어서는) 효과적이다.[1] 그래도 번역한 단어가 너무 혼동하기 쉽기 때문에, 이후는 패러럴과 컨커런트로 표기하겠다.

대부분의 소프트웨어 개발자에게 중요한 것은 컨커런트 프로그래밍이다. 즉 컨커런트한 소프트웨어를 개발해 두면 OS 실행 환경이 CPU의 수에 따라 하나밖에 없으면 외관상의 동시 실행에, 복수로 있으면 진정한 동시 실행으로 전환해 주면 되기 때문이다. OS와 실행 환

---

1 원서에는 『並列にはパラレルの「レ」が含まれており、並行にはコンカレントの「コ」が含まれているという覚え方が(私にとっては)効果的です』로 돼 있다. 이는 일본어로 병렬를 부르는 '헤이레츠'의 '레', 병행을 뜻하는 '헤이코우'의 '코'가 포함된다는 의미로 이를 한국어 표현으로 적용해 바꿨다. – 옮긴이

경의 개발자만 이 패러럴과 컨커런트의 차이에 주의하면 된다.

그럼 지금까지 컨커런트 프로그래밍을 지원하기 위해 고안했던 구조를 살펴보자.

컨커런트 프로그래밍을 지원하는 것 중에 대표적으로 프로세스와 스레드[thread]가 있다. 대부분 최근 OS에서는 이 2가지를 다 제공한다.

■ 프로세스

컨커런트 프로그래밍 지원 기구 중 가장 원시적인 구조가 프로세스다. 역사적으로는 '태스크[task]' 구조 쪽이 더 옛날 개념이긴 하지만 기능적인 차이는 크지 않고, 리눅스 프로그래밍에서는 등장하지 않기 때문에 여기에 설명한다.

프로세스는 '실행 중의 프로그램'을 나타내는 OS의 구조다. 최근 OS[2]는 복수의 프로그램을 동시에 동작시킬 수 있다.

UNIX의 fork는 '복제' 기능

새로운 프로세스를 만들려면 유닉스에서는 fork라는 시스템 콜을 사용한다. fork 시스템 콜은 실행 중인 프로그램(이것도 또한 프로세스)의 복제물을 만든다.

fork에 의해 복제가 이뤄지면 부모 프로세스에서는 fork가 새로운 프로세스의 ID(정수)를 돌려준다. 한편 새롭게 복제된 프로세스에서의 fork는 0을 반환한다. 자식 프로세스는 부모 프로세스의 복제물이므로 여기까지의 실행 결과(의 대부분), 예를 들면 변수의 값이라든가 메모리 할당 등은 부모 프로세스의 것을 그대로 복사한다. 하지만 fork의 반환 값만은 다르기 때문에 여기서부터 실행은 분기를 하게 된다.

---

2 옛날 OS, 예를 들면 MS-DOS는 한 번에 하나의 프로그램밖에 실행할 수 없었다. 당시는 복수의 프로그램을 동시에 실행할 수 있는 OS를 '멀티태스크 OS'라고 불렀다. 최근에는 멀티태스크가 보편화돼 그런 용어도 더는 사용하지 않는다.

실제로는 대부분의 경우, 자식 프로세스에서는 (필요에 따라 약간의 사전 준비를 한 후) 다른 프로그램을 시작하게 된다. 자신의 프로세스로 프로그램을 시작하기 위해서는 exec계 시스템 콜을 이용한다. exec 계열의 시스템 콜에서는 같은 프로세스지만 실행하는 프로그램이 바뀌게 된다.

C의 시스템 콜 프로그래밍은 약간 복잡하므로, 여기에서는 거의 비슷한 루비 프로그램을 예를 들겠다 (그림 2-1).

```ruby
pid = fork( ) # Ruby의 경우 자식 프로세스는 nil이 반환된다
if pid
    # 자식 프로세스의 종료 상태 체크
    Process.waitpid(pid)
else
    # echo를 기동한다
    exec "echo", "hello world"
end
```

그림 2-1 루비에 의한 fork와 exec

이 복제를 하는 fork와 프로세스가 실행하는 프로그램을 바꾸는 exec의 조합은 유닉스 계열의 OS에 있는 독특한 특징으로, 다른 많은 OS(윈도우라든가)에서는 직접 프로그램을 기동하는 spawn이라는 이름의 시스템 콜이 제공되는 경우가 많다.

프로세스는 생성 비용이 크다

이와 같이 기동된 복수의 프로세스는 OS가 적절히 실행 시간을 할당해 적어도 외관상으로는 동시에 실행된다. 컴퓨터가 여러 CPU를 갖고 있고, OS가 멀티 CPU를 지원하면 OS는 여러 CPU에 프로세스 실행을 할당해 주고 패러럴한 실행이 가능해진다.

프로세스의 특징은 각각의 메모리 공간이 독립한다는 것이다. fork에서 생성된 프로세스는 부모 프로세스의 복제물이므로 자식 프로세스가 메모리 상태를 변경해도 부모 프로세스에 영향을 미치지 않는다. 그렇기 때문에 자식 프로세스에서 문제가 발생해도 부모 프로세스는 영향을 받지 않는다.

프로세스의 단점은 비용이다. 메모리 공간 전체를 복제하므로 fork에 의한 프로세스 발생 비용은 꽤 크다. 최근 OS에서는 부모와 자식 프로세스가 메모리를 공유해, 메모리 저장이 필요할 때 처음으로 복사하는 CoW$^{Copy\ on\ Write}$ 등의 구조를 도입하지만, 그래도 복사 비용은 무시할 수 없다.

이전에는 널리 사용하던 동적 웹 페이지를 위한 구조인 CGI[3]를 별로 사용하지 않게 된 최대의 원인이 이 프로세스 생성 비용이라 생각한다.

프로세스 간 통신의 어려움

프로세스의 또 하나의 단점은 프로세스 간 통신이 쉽지 않다는 점이다. 메모리 공간이 분리돼 있다는 것은 안전성 관점에서는 장점이 있지만, 여러 개의 프로세스 간 정보 공유 시 어려움을 발생시킨다.

유닉스 계열의 OS에서 프로세스 간 정보 교환의 방법은 제한돼 있다. 부모-자식 프로세스에서 파이프를 공유하는 바이트 스트림을 이용한 통신, 소켓을 이용한 통신, 파일을 경유한 정보 공유, 그리고 공유 메모리 정도다. 또한 세마포어^{semaphore}와 시그널에 의한 배타 제어 등의 타이밍 조정 정도가 가능하다.

어느 정보 공유 수단이든 결국 바이트 열이다. 수치와 배열, 맵 이외의 데이터를 보내기 위해서는 문자열로 변환해 보내고, 받은 문자열은 해석해 원래 데이터로 복원할 필요가 있다. 통신 데이터가 증가할수록 이런 비용도 무시할 수 없다.

■ 스레드

하나의 프로그램에서 메모리 공간을 공유하면서 여러 제어 흐름을 실현하기 위한 기구가 스레드다. 스레드는 프로세스와 비교하면 메모리 공간의 복제를 수반하지 않기 때문에 상대적으로 생성 비용이 낮다는 장점이 있다.

---

3 Common Gateway Interface: 웹 페이지의 요청별로 프로세스를 시작하고, 해당 프로세스의 출력을 브라우저에 전송하는 방식으로 동적인 웹 페이지를 제공하는 기술

내가 프로그래밍을 시작했을 무렵, 스레드는 어디서나 사용할 수 있는 기능이 아니었다. 그러나 현재는 널리 사용되는 대부분의 OS에서 스레드 기능을 사용할 수 있다. 스레드는 POSIX에서도 표준화돼 있으며, 윈도우에서도 API는 다르지만 사용할 수 있다.

통신 비용이 낮다

스레드의 특징은 뭐니뭐니해도 메모리 공간을 공유하므로, 스레드 간의 통신 비용이 낮은 점이다. 문자열이건 정수이건 구조체이건 아무리 복잡한 데이터 구조라도 비용 없이 접속할 수 있다.

하지만 메모리 공간의 공유가 좋지만은 않다. 여러 개의 작업이 동시에 움직인다는 것은, 타 작업에 의해 데이터가 수정돼 버릴 가능성이 있다. 작업 중인 데이터가 깨져 버리는 경우도 생길 수 있다.

데이터의 정합성을 유지할 수 없는 문제도 발생할 수 있다. 예를 들면 그림 2-2의 프로그램은 a로부터 1000을 빼고 1000을 더하니까 결과는 원래대로 5000이 될 것 같지만, 경우에 따라서는 그 이외의 값이 되는 일도 있다. 즉 'a = a + 1000'의 부분에서 a의 값을 꺼내고 나서 새로운 값을 대입하기까지의 미묘한 타이밍에 다른 스레드가 a의 값을 고쳐 써 버리면, 기대한 결과와는 다른 값을 얻을 수 있다(그림 2-3).

```
a = 5000
th = Thread.fork{
  a = a +1000
}
a= a - 1000
th.join
puts "a=",a    # 결과는?
```

그림 2-2 문제가 있는 스레드 프로그램

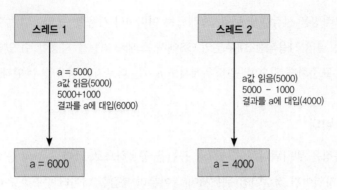

그림 2-3 스레드에 의한 정합성 파괴

배타 제어가 복잡하게 만든다

이 문제를 회피하기 위해서는 정합성을 유지해야 되는 영역의 동시 실행을 피하는 '배타적 제어'를 실시해야 한다(그림 2-4).

복수의 스레드가 액세스할 가능성이 있는 데이터(이 예의 경우는 변수 a)를 변경하기 전에 락 lock을 걸어 이 데이터에 액세스하는 스레드가 하나밖에 없음을 보증한다.

이미 말했듯이 스레드는 복수의 제어 흐름이 동시에 동작하기 때문에 같은 프로그램을 여러 번 실행해도 타이밍에 따라 문제가 발생하지 않을 수 있다. 이러한 재현성이 부족한 버그를 속칭 '하이젠버그'[4]라고 한다. 나 자신도 경험했지만 이 버그는 매우 발견하기 어려워 발견하면 감격해 눈물이 날 정도다.

```
m = Mutex.new
a = 5000
th = Thread.fork{
  m.lock
  a = a + 1000
  m.unlock
}
```

---

4 하이젠버그라는 이름은 양자역학에서의 '불확정성의 원리'를 제창한 물리학자 베르너 칼 하이젠베르크(Werner Karl Heisenberg, 1901 ~ 1976)의 이름에서 만들어졌다.

```
m.lock
a = a - 1000
m.unlock
th.join
puts "a=",a    # 결과는 5000
```

그림 2-4 배타적 제어에 의한 정합성 유지

스레드의 결점은 이뿐만이 아니다. 메모리 공간의 복제를 수반하지 않기 때문에 스레드는 프로세스보다 생성 비용이 낮다고 했지만, 그럼에도 불구하고 스레드 생성을 위해서는 시스템 콜의 호출이 필요하다.

시스템 콜의 호출에는 특권 명령을 실행할 수 있는 커널 공간으로의 전환이 필요하며, CPU 명령으로 보면 방대한 수가 실행된다. 스레드 생성 빈도가 높아지면 이 비용도 무시할 수 없다. 게다가 하나의 스레드를 생성할 때마다 스택영역으로 수 MB의 메모리를 할당한다. 1000개나 스레드를 생성하면 그것만으로 1GB의 메모리를 소비하게 되는 것이다.

■ 이상적인 컨커런트 프로그래밍

OS가 제공하는 컨커런트 프로그래밍의 구조인 프로세스도 비용적으로는 이상적이지 못했다. 더 말하면 이것은 너무 직접적이고 배타적인 것에 신경 써야 할 것도 너무 많다.

그래서 조금 더 고도의 컨커런트 프로그래밍 구조를 여러 가지로 모색해 왔다. 지금까지 고안해온 것 중 일부를 소개하겠다.

액터

액터는 1973년경, 미국 MIT의 칼 휴이트Carl Hewitt가 고안한 계산 모델이다. 액터 모델에서 모든 객체는 액터라는 독자적인 제어 흐름을 가진다.

액터는 비동기 메시지를 주고받을 수 있다. 비동기라는 것은 메시지를 보낸 후 결과를 기다리지 않는다는 의미다. 메시지에 대한 답변은 액터로부터 반송되는 메시지로 인식하게 된다.

원래 객체지향은 시뮬레이션을 위한 객체를 조작하기 위해 탄생한 것으로, 액터 모델은 더욱 이를 밀고 나갔던 것이라 생각된다.

그러나 실제로 모든 데이터를 액터로 표현하는 프로그래밍 언어도 설계된 적이 있지만 널리 사용되지는 않았다. 예를 들면 도쿄대학교에서 개발된 ABCL/1이 있었으나 실용화되지는 못했다.

얼랭의 '프로세스'

직접 액터 모델을 채용한 언어가 실용화되진 못했지만, 나름대로 영향을 받은 언어가 있었다. 대표적인 언어가 얼랭Erlang이다.

1986년에 탄생한 얼랭은 신뢰성이 높은 분산 컨커런트 프로그래밍을 지원하기 위한 언어다. 스웨덴의 통신장비 회사인 에릭슨Ericsson이 전화 교환기 등의 소프트웨어를 개발할 목적으로 만들었다고 한다.

얼랭은 함수형 언어로 객체를 갖지 않지만 그 대신 '프로세스'를 갖는다. 얼랭의 설계자 조 암스트롱Joe Armstrong에 의하면 "스레드와는 달리 메모리를 공유하지 않기 때문에 프로세스라고 부른다."라고 했지만, 솔직한 인상을 말하면 OS의 프로세스와 매우 비슷해 개발을 안 하는 편이 낫다고 생각했다.

얼랭의 프로세스는 OS의 프로세스와 비교하면 매우 경량이며, 하나의 프로세스당 메모리 소비량이 수백 바이트에 그친다. 게다가 생성은 유저 레벨로 행해져 시스템 콜의 호출도 수반되지 않기 때문에, 시간적으로도 비용이 저렴하다.

이 프로세스가 액터 모델의 액터에 해당한다. 얼랭 처리 시스템은 컴퓨터가 갖는 CPU 코어수에 따라 스레드를 생성하고, 각 얼랭 프로세스의 실행은 그러한 스레드에 할당한다. 그러니까 멀티코어 환경에서는 복수 CPU 코어를 최대한으로 활용할 수 있게 돼 있다.

데이터 공유가 단순하다

얼랭 프로세스에는 메시지를 보낼 수 있다. 메시지 송신은 단방향 비동기다. 즉 보내면 그것으로 끝나며, 결과를 기다리는 일은 없다. 결과가 필요한 경우에는 메시지 안에 송신원의 프로세스 ID를 포함시켜 두고, 결과를 별도의 메시지를 만들어 되돌려 받게 된다(그림 2-5).

얼랭은 함수형 프로그래밍 언어로 대부분의 데이터 구조가 변경 불가[immutable]다. 또 얼랭 프로세스 간에는 메시지 이외의 데이터 공유 수단은 거의 없다(실은 다른 정보 공유 수단으로 데이타베이스가 있기는 하다). 그 결과 스레드가 갖고 있는 문제가 얼랭에서는 발생하지 않는다.

이러한 메시지 송신 프로그램에서 자주 문제가 되는 것은, 프로그램 버그로 메시지가 가지 않고, 전체가 실행 정지해 버리는 것이다. 그러나 높은 신뢰성을 나타내는 얼랭에서는 메시지 수신이 타임 아웃했을 때의 처리를 비교적 간단하게 처리할 수 있고, 프로세스의 이상 종료를 검사하고 알아내 재기동시키는 등의 에러 대응도 뛰어나다.

```erlang
-module(pingpong)
-export([start/0, ping/2, pong/0])

% N이 0일때만 호출된다.
% Pong에 finished 메시지를 보냄
ping(0, Pong_PID) ->
  pong_PID ! finished,
  io:format("ping finished~n",[]);

% N이 0일때만 호출된다
% 'Pong_PID ! {ping,self()}'는 메시지 송신
% receive로 메시지 수신
% pong 메시지를 받아 루프
% Erlang에서는 명시적으로 루프가 없기 때문에 재귀 처리
ping(N, Pong_PID) ->
  Pong_PID ! {ping, self()},
  receive
    pong ->
      io:format("Ping received pong~n", [])
  end,
  ping(N - 1, Pong_PID).

% Pong의 구현
% finished로 종료
% ping으로 pong을 되돌려 보내고 루프
pong() ->
```

```
   receive
      finished ->
        io:format("Pong finished~n", []);
      {ping, Ping_PID} ->
        io:format("Pong received ping~n", []),
        Ping_PID ! pong,
        pong( )
   end.

% 여기에서 시작
% spawn으로 두 개의 프로세스를 만들고 pingpong시킨다
start( ) ->
   Pong_PID = spawn(pingpong, pong, []),
   spawn(pingpong, ping, [3, Pong_PID]).
```

그림 2-5 얼랭의 메시지 송신

GO의 goroutine

얼랭과 비슷한 메시지 통신 베이스의 컨커런트 프로그래밍을 제공하는 것이 구글이 개발한 Go 언어다. Go의 경우에는 프로세스를 goroutine(고루틴)이라고 부른다. 프로세스와 이름을 구분 지어 부르는 것은 정말 바람직한 일이다. goroutine은 얼랭 프로세스와 마찬가지로 메모리 소비량적으로도 실행 시간적으로도 생성 시의 비용이 작게 들어, 하나의 프로세스 안에서 대량으로 생성이 가능하다. 또한 실행이 CPU 수에 따른 복수 스레드에 할당돼 멀티코어를 활용할 수 있다는 점도 동일하다.

Go에서는 go문에서 새로운 goroutine을 만든다. 또한 얼랭에서는 프로세스 자신이 메시지의 수신처가 되지만, Go에서는 메시지 송신의 대상은 chan(채널)이라는 객체다. 얼랭에서는 다음과 같이 처리된다.

- spawn으로 프로세스를 만든다.
- 프로세스에 메시지를 보낸다.
- receive로 메시지를 받는다.

GO에서는 다음과 같이 처리된다.

- 새롭게 chan을 만든다.
- chan을 거쳐 goroutine을 만든다.
- chan으로 메시지를 보낸다.
- select로 chan으로부터 메시지를 받는다.

얼랭과 달리 명시적으로 메시지 통신 채널을 전달해야 하는 점과 반대로 goroutine의 ID를 얻을 수 없는 점이 특징이다. 얼랭의 pingpong을 go로 고친 것이 그림 2-6이다. 나는 Go가 별로 익숙하지 않아서, 그림 2-6의 프로그램은 Go의 작성 패턴에 맞지 않을지도 모르겠다.

정직하고 간결함에서는 얼랭의 점수가 더 높다. Go에서는 채널을 명시적으로 생성하거나 넘겨야 하는 점은 조금 귀찮은 부분이긴 하지만, Go에게는 정적 타입이 있기 때문에 메시지로서 어떠한 데이터를 건네는지 명시할 필요가 있는 것이나, 복수의 채널을 분류하는 것 등을 통해 더 유연한 설계를 목표로 한 것은 아닐까 추측해 본다.

```
package main
import "fmt"

func ping(n int, ping, pong chan int) {
  for {
    pong <- n;
    if n == 0 {
      fmt.Println("ping finished");
      return;
    }
    <- ping
    n = n - 1;
  }
}

func pong(ping, pong, quit chan int) {
  for {
```

```
    n := <- pong
    if n == 0 {
      fmt.Println("pong finished");
      quit <- 0;
      return;
    }
    fmt.Println("pong sending ", n);
    ping <- n;
  }
}

func main() {
  pingc := make(chan int);
  pongc := make(chan int);
  quitc := make(chan int);
  go pong(pingc, pongc, quitc);
  go ping(3, pingc, pongc);
  <- quitc;
}
```

그림 2-6 Go의 pingpong프로그램

클로저의 STM

스레드 설명에서 스레드 간 데이터 공유 시 적절한 배타 제어를 하지 않으면 데이터가 예상치 못하게 망가지는 현상을 소개했다.

이것과 유사한 문제는 복수의 클라이언트로부터 갱신을 포함한 액세스를 받아들이는 데이터베이스에서도 발생한다. 데이터베이스에는 ACID 원칙이라는 것이 있다. ACID란 원자성 Atomicity, 일관성Consistency, 독립성Isolation, 지속성Durability의 머리글자를 딴 것이다.

원자성은 데이터베이스에 대한 조작이 완료하거나 아무것도 하지 않거나 중 하나에서 어중간한 상태로 두지 않는다는 성질이다. 더 분할할 수 없다는 의미에서 '원자'라는 말을 사용한다.

일관성은 데이터베이스의 상태는 항상 주어진 조건을 채우는 것을 보증한다는 의미다. 주어진 조건을 충족시키지 않는 처리는 취소된다. 예를 들어 예금 계좌 관리 프로그램에서 잔고는 항상 채워져 있어야 한다는 조건이 주어졌다고 하면, 예금 잔고 이상으로 끌어내는 조작은 조건에 맞지 않기 때문에 실행할 수 없다.

독립성이란 원자성이 유지되는 일련의 처리 과정에서 다른 처리가 유입될 수 없는 성질이다.

지속성은 원자성이 유지되는 일련의 처리가 완료되는 시점에서 해당 결과는 보존되며, 유실되지 않는다는 성질을 말한다.

데이터베이스 개념 도입

데이터베이스에서는 이 원자성의 단위를 트랜잭션transaction이라고 한다. 트랜잭션 중에는 데이터를 참조 및 갱신할 수 있지만 그 중간 상태는 볼 수 없고, 갱신 결과는 트랜잭션이 성공했을 때 처음으로 외부로부터 참조할 수 있게 된다. 어떠한 이유로 트랜잭션 중의 처리가 실패했을 경우에는, 그때까지 실시해 온 갱신은 취소된다.

이 데이터베이스로 채용되는 트랜잭션 처리를 통상의 프로그래밍에 도입한 것이 클로저에서 채용되는 STM^{Software Transactional Memory}이다.[5]

클로저에서 STM을 사용한 프로그램의 예를 그림 2-7에서 보여준다. 트랜잭션은 dosync로 둘러싸인 범위 내에서 공유 정보의 생성은 ref, 참조는 deref, 갱신은 ref-set을 각각 이용한다. 클로저의 데이터 구조는 기본적으로 수정 불가이므로, 정보 갱신을 위해서는 원칙적으로 이 트랜잭션을 이용한다.

```
(define a (ref 5000))
(define th #(Thread. (fn []
  (dosync
    (ref-set a (+ (deref a) 1000))))))
```

---

5 다만 STM의 결과는 어디까지나 일시 기억 저장소인 메모리에 반영되는 것이므로, 충분한 지속성은 없다. 이 부분이 데이터베이스와 다른 부분이다.

```
(dosync
  (ref-set a (- (deref a) 1000)))
(.join th)
(dosync
  (println (str "a=" (deref a))))
```

그림 2-7 클로저의 STM

맺음말

이번에는 컨커런트 프로그래밍의 필요성과 각각의 언어가 그 지원을 위해 도입한 도구에 대해 설명했다. 2-2장에서는 이를 근거로, 이상적인 컨커런트 프로그래밍 언어에 대해 살펴보겠다.

멀티코어 시대에 요구되는 언어

이 글은 2014년 12월호에 실린 내용이다. 컨커런트 프로그래밍을 지원하는 언어의 디자인 설명이 시작된다. 이번에는 컨커런트 프로그래밍 배경에 대한 설명뿐이지만 말이다.

컨커런트 프로그래밍을 지원하는 언어를 디자인하고 싶은 마음은 오래전부터 있었다. 원래는 루비에 대해서도 컨커런트 프로그래밍을 지원하려고 초기부터 스레드를 도입하고 있다. 그러나 루비를 만들기 시작한 1990년대의 컴퓨터는 싱글코어가 당연했고, 패러럴 실행의 환경에 대해 고려할 필요는 없었다. 그러한 배경에서 루비의 스레드는 멀티코어 대응을 고려하지 않았고, 멀티코어의 컴퓨터가 보편화된 요즘에는 루비의 스레드 구현에 대한 불만을 자주 듣게 됐다.

스레드를 활용하려고 생각하면 이 글에서 말한 것 같은 어려움이 있다. 최근의 멀티코어 환경을 최대한 활용해 더 간단하게 컨커런트 프로그래밍이 가능한 언어에 대한 요구가 높아지는 것은 아닐까 생각했다. 여기에서 소개한 얼랭이나 Go도 그러한 요구에의 대응을 생각하고 있다. 그러나 조금 더 추상도가 높은 다른 형태의 컨커런트 프로그래밍이 있을 수 있지 않을까 생각한 것이 다음 장부터 개발하는 'Streem' 발상의 원천이 되고 있다.

2-2 새로운 언어 'Streem'

2-1장에서는 컨커런트 프로그래밍의 기초에 대해 설명했다. 이번에는 21세기 멀티코어 시대에 맞는 컨커런트 언어의 형태에 대해 살펴보고, 이에 맞게 설계한 새로운 언어 'Streem'을 소개한다.

멀티코어 환경이 일반화되면서 셸 스크립트의 가치가 일부에서 재검토되고 있다. 셸 스크립트의 기본적인 연산 모델은 복수의 프로세스를 파이프라인으로 연결하는 것이다. 각 프로세스의 실행은 멀티코어 대응의 OS 환경 아래에서는 복수코어로 분산되기 때문에, 자동적으로 멀티코어를 활용한 형태가 된다. 이것은 계산 모델을 적절히 선택하면 자연스러운 형태로 컨커런트 실행할 수 있는 좋은 예가 된다(그림 2-8).

실제로 업무시스템의 근간을 셸 스크립트를 이용해 처리하는 사례도 등장하고 있다. 보통 정보의 취사 선택이나 가공 등을 셸 스크립트로 수행하지만, 종래의 기법에 비해 변경 비용이 낮은 등 높은 유연성이 특징으로 평가된다고 한다.

지금의 셸 스크립트는 어렵다

그러나 셸 스크립트가 반드시 이상적이지는 않다. 우선 이전에도 설명했듯이 OS의 프로세스 생성 비용이 꽤 크기 때문에, 높은 밀도로 프로세스를 대량으로 생성하는 셸 스크립트는 성능 면에서 불리하다.

비용에 대해서 말하면 프로세스 사이를 잇는 파이프라인은 결국 바이트 열밖에 보낼 수 없기 때문에, 구조화된 데이터를 건네주기 위해서는 송신 측에서 바이트 열로 변환해 수신 측에서 데이터에 복구할 필요가 있다. 예를 들면 콤마로 구분한 CSV^Comma Separated Values나 자바스크립트 표현을 이용한 JSON^JavaScript Object Notation이 많이 이용된다. 그런데 데이터를 이러한 형식의 바이트 열로 변환하거나 바이트 열을 해석해 원래 데이터로 되돌리는 비용도 무시할 수 없다.

멀티코어는 대량 처리를 하고 싶을 때나 높은 실행 성능을 얻고 싶을 때 사용하는 경우가 많다. 이를 위해 데이터 변환과 프로세스 생성 비용은 무시할 수 없으며, 이 점이 셸 스크립트의 결점이다.

또 파이프라인을 구성하는 프로세스가 되는 커맨드는 여기저기서 제각각 개발했기 때문에, 각각의 커맨드 옵션의 지정 방법 등 사용법에 일관성이 없는 경우가 많아 사용성 관점의 난이도가 올라간다.

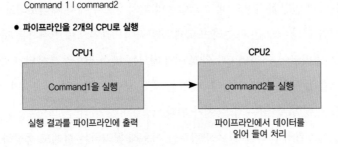

그림 2-8 컨커런트 셸 스크립트

21세기의 셸 스크립트

그렇다면 셸스크립트의 장점과 이른바 범용 프로그래밍 언어의 우수성을 조합할 수 있다면, 최강의 언어를 만들 수 있을 것 같은 예감이 들지 않는가?

그러기 위해 최강의 언어가 갖춰야 할 필요한 조건을 생각해 보자.

첫 번째 조건은 가벼운 컨커런트 실행이다. OS 레벨의 프로세스도 스레드도 생성 비용이 비싸기 때문에 가능한 한 만들고 싶지 않다. 구현은 하나의 OS프로세스 중에 컴퓨터 코어 수

(+α)의 스레드를 미리 생성해 두고, 이들이 교대로 실행을 맡게 하는 것이 현실적이라고 생각한다. 이러한 구현은 컨커런트 언어로서 정평이 난 얼랭이나 Go에서도 채용된다(그림 2-9). 얼랭의 '프로세스', Go의 'goroutine'에 해당하는 기능을 여기에서는 '태스크'라고 부른다.

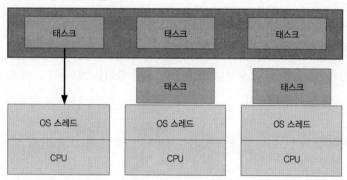

그림 2-9 컨커런트 시스템의 아키텍처. 차례가 온 태스크는 OS 스레드가 병렬 실행되며, I/O 대기 등의 타이밍에 교체된다.

두 번째 조건은 컨커런트 실행에 있어서의 경합 조건의 배제다. 구체적으로는 '상태'의 배제다. 즉 변수나 속성 값이 변화하면 상태가 발생하므로, 그에 따른 타이밍에 의존하는 문제가 발생할 위험성이 있다. 거기서 모든 데이터를 변경 불능화시켜 타이밍 버그 발생을 막는다.

세 번째 조건은 계산 모델이다. 2-1장에서 해설한 스레드 같은 모델에서는, 표현의 폭은 넓지만 자유도가 너무 높아서 쉽게 파악할 수 없는 프로그램이 돼 버린다. 거기서 셸의 실행 모델을 참고로, 추상도가 높은 컨커런트 계산 모델을 도입한다. 이것은 추상도가 높은 대신에 표현의 자유도는 낮기 때문에 기술에 대한 고민이 필요하다. 하지만 그만큼 최종적인 프로그램은 디버깅하기 쉬워질 것이다.

■ 새로운 언어 Streem

그러면 이런 조건을 만족하는 언어 설계를 해 보자. 스트림을 계산 모델로 하는 언어라서 'Streem'이라고 이름을 붙였다. 스트림의 원래 철자는 'Stream' 이지만 이것은 '구글러빌리티'가 너무 낮다. 조금 철자를 꼬아서 만든 Streem이라는 이름은 입력 실수 외에는 거의 사용되지 않은 것 같고, streem.org 도메인 입수가 가능했다는 점은 다행이었다.

개인적인 신조로 언어 디자인은 우선 문법부터다. 그래도 셸 기반이므로 문법이 큰 문제가 될 것은 없다. 기본적인 문법은 다음과 같다.

```
식1 | 식2 | ....
```

이것을 사용하면 표준 입력으로부터 읽어 들여 표준 출력을 보여주는 cat 같은 기능을 하는 프로그램은 다음과 같이 된다.

```
stdin | stdout
```

정말 간단하다. stdin이나 stdout은 정수로 표준 입출력을 표현하는 객체가 된다. Streem의 프로그램 중에서 stdin은 표준 입력을 읽어온 행(문자열)을 차례차례로 전달하는 '흐름'처럼 보인다. 이러한 데이터 흐름을 표현하는 객체를 '스트림'이라고 부른다. Stdout은 반대로 문자열을 받아 밖의 세계(표준 출력)에 흘려 보내는 스트림이다. 파일명을 지정해 읽는 경우에는

```
fread(path)
```

라고 하며, 이름을 지정해 출력한다면

```
fwrite(path)
```

라고 한다. 이것은 각각 데이터 입력용, 데이터 출력용 스트림을 반환한다.

식

식※에는 정수, 변수 참조, 함수 호출, 배열 식, Map 식, 함수 식, 연산자 식, if 식이 있다. 각각의 문법은 2-1에 정리했다. 보통의 언어 경험이 있다면 그렇게 어려운 내용은 아니다.

표 2-1 Streem의 식

이름	문법	예
문자열 정수	"문자열"	"foobar"
수치 정수	수치 표현	123
변수 참조	식별자	FooBar
함수 호출	식별자(인수…)	square(2)
메소드 호출	식, 식별자(인수…)	ary.push(2)
배열 식	[식,…]	[1,2,3]
맵 식	[식:식,…]	[1:10,2:11…]
함수 식	{변수..–)문…}	{x–)x+1}
연산자 식	식 연산자 식	1 + 1
If 식	if (식) {문..} else {문…}	if (true) {0} else {2}

대입

Streem의 대입에는 2가지 종류가 있다. 하나는 통상 언어에서 의미하는 대입이다.

```
ONE = 1
```

또 하나는 '=)' 기호를 사용한 역방향 대입이다. 이 식을 '=)' 기호로 적어 보면

```
1 => ONE
```

이 된다. 후자의 경우는 파이프라인의 실행 결과를 변수에 할당할 때 실행의 흐름에 따라 표현이 가능하기 때문에 편리하다.

어느 방식의 대입도 상태 변화를 피하기 위해 다음의 규칙을 따를 필요가 있다.

- 규칙 1: 동일한 변수에 여러 번 대입은 불가능하다. 하나의 변수에 대입은 범위 내에서 한 번뿐이다.
- 규칙 2: 인터랙티브 모드에서 사용되는 변수에 대해서만 재대입이 가능하다. 단 이것은 같은 이름의 다른 변수에 대입하는 것으로 간주된다.

복문

Streem에서는 명령문을 여러 개 나열할 수 있다. 글과 글 사이는 세미콜론 ';'을 넣거나 행을 바꿔 구분한다. 복수의 글은 기술한 순서대로 실행된다고 생각해도 무방하다. 의존 관계가 없는 경우, 실제 실행에서는 병렬로 실행될 수도 있다.

Streem 프로그램의 예

그럼 Streem 프로그램의 예를 몇 가지 보도록 하자.

아까는 cat을 구현해 봤고, 이번에는 예제로 자주 이용되는 FizzBuzz 게임을 Streem으로 기술해 보겠다(그림2-10). 이것은 참가자가 1부터 순서대로 숫자를 말하며, 3으로 나눠질 때는 'Fizz', 5로 나눠지면 'Buzz', 3과 5로 모두 나눠지면 'FizzBuzz'라고 대답하는 게임이다.

```
seq(100) | map{x->
  if (x%15 == 0)
    'FizzBuzz'
  else if (x%3 == 0)
    'Fizz'
  else if (x%5 == 0)
    'Buzz'
  else
     x
} | stdout
```

그림 2-10 Streem에 의한 FizzBuzz

seq라는 함수는 1에서 지정된 수까지의 수열을 만든다.

파이프라인에 함수가 지정되면 열의 각 요소에 대해 적용되며, 그 결과가 다음 파이프라인에 전달된다. stdout은 받은 값을 출력한다.

이렇게 보면 Streem에 의한 파이프라인 기술은 상당히 직선적으로 표현 가능하다고 생각되지 않는가?

1대1, 1대n, n대m

그림 2-10 같은 값의 열을 가공해 출력하는 프로그램은 Streem으로 간단하게 기술할 수 있음을 알았다. 그러나 프로그램은 이러한 1 대 1 관계만 있는 게 아니다. 예를 들면 grep(단어 검색)처럼 '조건에 맞는 것을 찾는다' 같은 타입도 있고, wc(단어 카운트)처럼 집계를 하는 타입도 있다.

Streem에는 그러한 경우에 이용하는 예약어가 몇 개 있다.

emit는 한 번의 실행으로 복수의 값을 돌려받을 때 사용하며, 복수의 값이 전달되면 복수의 값을 돌려받는 형태다. 결국 emit 1,2는 emit 1, emit 2와 같은 의미다.

그러므로 배열 앞의 '*'을 붙이는 것으로 배열 요소를 한 번씩 돌려받는다. 결국 a = [1,2,3]; emit *a는 emit 1, emit 2, emit 3이라는 의미다.

emit의 사용 예는 그림 2-11에서 보여준다. 이 프로그램에서는 1부터 100까지 수를 각각 2회씩 표시한다.

```
# 값을 2회씩 반복한다
seq(100) | map{x->emit x, x} | stdout
```

그림 2-11 emit의 이용 예

return은 함수 실행을 종료하고 결과 값을 반환한다. return은 복수의 값을 반환할 수 있고, 그 경우에는 복수의 값을 emit하게 된다. 여기까지 설명하지는 않았지만 함수 본체의 식이 하나밖에 없는 경우, return이 없어도 그 식의 값이 반환 값이 된다.

emit이나 return을 사용하면 건넨 것보다 많은 값을 생성할 수 있다. 반대로 건넨 것보다도 적은 값을 생성하기 위해서는 skip을 사용한다. skip을 사용하면 그 함수의 실행은 종료되고, 값은 생성되지 않는다. skip을 사용한 예를 그림 2-12에 나타냈다. 그림 2-12의 프로그램에서는 1에서 100까지의 수에서 홀수를 추출하고 있다.

```
# 홀수의 추출
seq(100) | map{x->if(x%2==0){skip}; x} | stdout
```

그림 2-12 skip의 이용 예

이뮤터블

이미 설명했듯이 Streem에서의 모든 데이터 구조는 경합을 피하기 위해 이뮤터블로 돼 있다. 배열이나 맵(루비의 해시 상당)도 이뮤터블이다. 요소의 추가 등은 기존 데이터를 변경하는 것이 아니라, 원래의 데이터는 그대로 두고 요소를 추가한 새로운 데이터를 만들게 된다(그림 2-13).

```
a = [1,2,3,4]    # a는 4개 요소의 배열
b = a.push(5)    # b는 a의 마지막에 5를 추가한 배열
                 # a는 변동 없음
```

그림 2-13 이뮤터블 데이터 갱신

단어 카운트

그럼 Streem의 다른 예로 맵리듀스^{MapReduce}의 예제로 자주 이용되는 단어 카운트를 Streem으로 기술해 보자(그림 2-14).

```
stdin | flatmap{s->
  s.split(" ")
} | map{x->[x, 1]} | reduce_by_key{
  k,x,y -> x+y
} | stdout
```

그림 2-14 Streem에 의한 단어 카운트의 예

116

우선 그림 2–14의 프로그램에 처음 등장한 문법을 설명한다. flatmap 함수 등 호출에 루비의 블록 같은 것이 있다. Streem에서는 syntactic sugar로 인수 리스트 뒤에 함수가 오는 경우, 그것을 마지막 인수로 추가한다.

```
flatmap{s->s.split(' ')}
```

이런 식이 다음과 같은 별도의 형식이 되는 것이다.

```
flatmap({s->s.split(' ')})
```

이는 루비의 블록과 같은 모양을 통상의 함수 호출의 구조로 그대로 추가하기 위해 고민한 것이다.

그림 2–14의 프로그램의 기능을 보면 stdin으로부터 1행씩 받아 split로 단어마다 분할한 것을 flatmap으로 전개한다. 그리고 map에서 [단어, 1]이라는 배열로 변환해 reduce_by_key에 각 단어의 등장 횟수로 맵을 만든다. reduce_by_key는 [키 , 값]의 2개 요소의 배열 스트림을 받아 키마다 그룹화한 스트림을 반환한다. 이미 등장한 키가 다시 스트림에 나타났을 때 인수로 건네준 함수는 키, 오래된 값, 새로운 값의 3개의 인수로 호출된다. 그리고 함수의 되돌아가는 값이 키에 대응하는 새로운 값이 된다. 이 예에서는 [단어, 1]이라는 스트림에 reduce_by_key를 적용하는 것으로, 최종적으로 [단어, 등장수]라는 스트림을 얻는다.

마지막에는 그 맵을 stdin에 파이프라인으로 연결하면 키와 값의 조합이 출력되므로, 단어와 그 등장 횟수가 표시된다. 필요하면 출력 전에 단어의 표시 순서를 정렬하는 파이프라인 추가도 가능할 것이다.

소켓 프로그래밍

유닉스에서도 스트림 베이스로 설계된 소켓은 당연히 Streem으로 취급할 수 있다. 그림 2-15의 프로그램은 소켓을 이용한 네트워크 서비스로, 가장 간단한 Echo 서버(받은 입력을 그대로 되돌리는 서버)다.

```
# 포트번호 8007의 서비스 오픈
tcp_server(8007) | {s->s | s}
```

그림 2-15 Echo 서버

정말 간단하지 않은가? Streem에서는 스트림 모델에 잘 매치하는 프로그램은 굉장히 간단하게 기술이 가능하다.

일단 프로그램을 설명하면, `tcp_server` 함수는 지정한 포트 번호의 서버 소켓을 오픈하고 클라이언트로부터의 접속을 기다린다. Streem에서는 서버 소켓이, 클라이언트 소켓의 스트림이 된다.

클라이언트 소켓은 클라이언트로부터의 입출력의 스트림이 되므로,

```
s | s
```

라고 하면, "입력한 식을 그대로 출력으로 반환한다."는 동작을 한다. 입력에 대해 뭔가 가공을 할 경우에는, 이 파이프라인 사이에 변경하는 스트림을 끼워 넣으면 된다.

배관 업무

지금까지 봐 온 것처럼 파이프라인의 구성은

```
식1 | 식2 ... | 식n
```

처럼 구성돼 식1이 값을 생성하는 스트림(생성자라고 부르기로 하자)이고, 식2 이후가 값을 변환하고 가공하는 스트림(필터)으로 마지막에 오는 식n이 출력처(소비자)가 된다.

생산자에는 stdin 같은 외부로부터의 입력을 스트림으로 받아들이는 것도 있고, seq( ) 같이 계산에 의해 값을 만들어 내는 것도 있다. 생산자 자리에 함수 식이 주어지면, 그 함수를 호출해 return이나 emit으로부터 주어지는 값을 생성하는 생산자가 된다.

필터는 많은 경우는 함수로 주어진 값을 인수로 불러내, emit이나 return에서 부여된 값을 뒤의 스트림에 넘겨준다.

마지막 소비자는 받기만 하고 값을 emit하지 않는 스트림이다.

Streem의 기본적인 프로그램은 이러한 스트림을 연결한 파이프라인을 준비해, 생산자로부터 값을 흘려보내는 것으로 값을 가공한다. 말하자면 배관 업무라고 해도 좋겠다. 이 계산 모델은 뭐든지 가능한 것은 아니지만 추상도가 높고, 알기 쉽게 컨커런트 프로그래밍을 할 수 있다는 장점이 있다.

그러나 모든 프로그램으로 데이터 흐름이 하나로 끝나는 것은 아니다. 그렇다고 그런 경우의 프로그램을 아예 포기한다는 것도 지나친 일인 것 같다. 좀 더 복잡한 배관도 필요하다. 구체적으로는 여러 개의 스트림을 하나로 묶는(머지) 것과 하나의 스트림을 복수로 분할해 분배(브로드캐스트)하는 두 가지가 아직 부족하다.

더 말하면 스트림과 스트림 사이를 연결할 때 얼마나 많은 버퍼를 준비할지 지정할 수 있어야 한다.

파이프라인의 머지

지금까지의 예와 같이 데이터의 흐름이 1개 밖에 없는 경우는 매우 간단하다. 하지만 그걸로 모든 게 해결이라고 할 수는 없다. 때로는 복수의 파이프라인을 하나로 정리하거나 혹은 파이프라인을 분리할 필요가 있다. 파이프라인의 머지merge에는 '&' 기호를 사용한다.

파이프라인 1 & 파이프라인 2

파이프라인 1로부터의 값과 파이프라인 2로부터의 값을 배열로 정리한 새로운 파이프라인을 만들 수 있다. 새로운 파이프라인은 머지한 파이프라인 둘 중 하나가 종료했을 때 전체를 종료한다. 예를 들어 첫 번째 cat 사례를 행 번호를 추가하는 cat -n에 대응하기 위해서는 그림 2-16처럼 된다.

'&' 연산자는 '|' 연산자보다 우선순위가 높기 때문에

```
a & b | c
```

이 식은 다음과 같이 해석된다.

```
(a & b) | c
```

seq( )는 인수를 생략한 경우 1부터 무한대로 반복한다. stdin은 표준 입력부터 1행씩 파이프라인에 출력하기 때문에, 머지 결과는 다음과 같은 형태의 배열이 된다.

```
[ 행 번호, 행 ]
```

이 배열을 stdout(표준 출력)으로 나타내면 행 번호가 나오는 cat이 구현 가능해진다. 실용화를 위해서는 행 번호의 자릿수 같은 포맷이 필요하지만, 그 부분은 stdout의 전에 포맷을 맞추는 파이프라인을 만들어 두면 된다.[1]

채널 버퍼링

마지막 소비자가 아닌 파이프라인은 '채널'이라는 객체를 반환한다.

```
seq( ) & stdin -> sequence
```

따라서 이 식처럼 표현했을 때, 이 sequence는 seq( )에서 수열과 stdin에서의 입력을 머지한 스트림을 표현하는 채널이 된다. 파이프라인이란 스트림 처리를 하는 '태스크'가 채널에 의해 연결된 것으로 생각할 수 있다.

---

1 Streem은 아직 설계 중인 단계로 포맷 관련 사양은 정해지지 않았다.

각 스트림의 데이터 처리 속도에는 당연히 차이가 발생한다. 전 단계의 데이터 생성 속도가 너무 빠르면 채널에 병목현상이 발생하고, 메모리 소비량이 증가한다. 거꾸로 채널에서 병목현상을 생기지 않게 하려면 전 단계에서의 대기 시간이 길어져 비효율적이다.

여기서 채널은 적당한 수(너무 많지도 너무 적지도 않은 것이 바람직하다)만 버퍼링하게 된다. 하지만 정말로 적절한 버퍼 크기는 프로그램에 의해 결정되므로, 정확한 크기 추측은 불가능하다. 경우에 따라서는 성능을 위해 명시적으로 버퍼 크기를 지정해 줄 필요가 있는데, 그럴 때 도움이 되는 것이 chan( ) 함수다.

```
seq( ) & stdin | stdout
```

그림 2-16 cat -n의 구현 사례

chan( ) 함수는 명시적으로 채널 객체를 생성한다. 파이프라인 연산자 '|'는 우변이 채널 객체였을 경우 해당 채널을 그대로 출력할 것이다. 또 chan( ) 함수에 인수로 정수를 건네면 그것은 버퍼 크기가 된다. 그림 2-16의 프로그램의 버퍼크기를 명시적으로 3이라 지정하면 그림 2-17 같이 된다.

```
seq( ) & stdin | chan(3) | stdout
```

그림 2-17 버퍼 크기 지정 cat -n

버퍼 크기를 0으로 하면, 하나를 생성 후에 그것이 사용될 때까지 기다리는, 그래서 파이프라인이 전후로 교대 실행되는 형태가 된다. 싱글코어 환경에서는 편리한 일도 있을지도 모르겠다.

브로드캐스트

예를 들어 채팅 서비스 구현을 위해 한 명이 보낸 메시지를 참가자 모두에게 분배를 한다. 채널은 그런 목적으로도 이용할 수 있다. chan( ) 함수에 의해 생성한 채널을 복수의 스트림에 접속하면, 입력으로 주어진 값을 접속하는 모든 스트림에 브로드캐스트[broadcast]한다.

```
broadcast = chan( )
# 포트번호 8008의 서비스 오픈
tcp_server(8008) | {s->
    broadcast | s # 모두로부터 메시지 답신
    s | broadcast # 메시지를 모두에게 송신
}
```

그림 2-18 Chat 서버

그림 2-15의 echo 서버를 참가자 전원에게 메시지를 배포하는 Chat 서버로 고쳐 쓴 것을 그림 2-18에서 보여주고 있다.

눈치 빠른 사람은 알겠지만, 브로드캐스트 채널에는 상태가 있다. 즉 브로드캐스트에 연결된 스트림은 송신지로 브로드캐스트 자신에게 기록된다. 또 출력지 스트림이 닫혀 버리거나, 혹은 명시적으로 disconnect 메소드로 제거했을 때는 그 스트림은 송신지에서도 삭제된다. 이뮤터블이 기본인 Streem이지만 알기 쉬운 프로그래밍을 위해 이 경우는 순수함을 희생했다. 물론 브로드캐스트 상태 변화는 내부적으로 배타 제어되므로, 패러럴 실행에 문제가 발생하는 일은 없다.

맺음말

파이프라인을 계산 모델의 중심으로 채용한 자기 제작 언어인 Streem을 설계해 봤다. 스트림 처리가 자주 발생하는 프로그램이라면 놀라울 정도로 쉽게 쓸 수 있다.

실제로는 Streem 언어는 설계가 시작된 지 얼마 되지 않아서, 실용 수준에 도달하기 위해서는 아직 생각해 봐야 할 점이 많다. 예를 들면 예외 처리는 어떻게 할지, 사용자 정의 스트림을 어떻게 준비해야 하는지, 객체는 어떻게 정의하는지 등이다. 소프트웨어 규모가 커짐에 따라 언어가 고려해야 하는 것도 늘어난다.

'이 언어에서는 규모가 큰 프로그램은 쓰지 않기 때문에'라고 하는 것은 언어 설계자가 자주 하는 '변명'이다. 하지만 그 언어가 쓸모없었던 경우를 제외하면, 그 변명이 도움이 된 적은 없었다.

2-3장에서는 계속해서 Streem의 심화된 설계를 진행하고, 동시에 그 구현에 대해서도 생각해 보도록 하겠다.

2-3 문법 검사기 먼저 만들기

이번에는 2-2장에서 설계한 스트림 기반 언어의 구현에 대해 이야기한다. 스트림 모델의 타당성을 검증한 후 다음은 문법의 타당성을 확인하기 위한 '문법 검사기'를 개발한다. 슬슬 구현이 시작돼 설렌다.

2-2장에서 스트림을 기반으로 한 계산 모델에 의한 병렬 프로그래밍의 설계에 대해 이야기했다. 통상의 컨커런트 처리에 대한 설계라면 일단 충분한 설계 능력을 갖춘 것 같다. 우선은 이쯤에서 타당성에 대해 더 검토해 보자.

태스크 구성 패턴

메시지를 기반으로 한 컨커런트 처리에는 태스크(또는 스레드나 프로세스)의 구성에 대해 몇 가지 종류의 패턴이 있다. 이러한 패턴을 이용하면 작업 구성을 혼동하는 일이 없을 것이다. 전형적인 패턴은 다음과 같다.

- 생산자-소비자 패턴
- 라운드 로빈^{round robbin} 패턴
- 브로드캐스트 패턴
- 집약 패턴
- 요구-응답 패턴

그러면 각각의 패턴이 어떤 것인지, 그리고 스트림 모델에서는 어떻게 표현되는지 살펴보자.

생산자−소비자 패턴

생산자Producer가 데이터를 생성하고, 소비자Consumer에 전달하는 메시지에 의한 컨커런트 처리의 기본 패턴이다(그림 2−19). 전형적인 셸의 파이프라인이지만 이 외에도 여러 곳에서 등장한다.

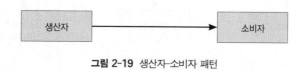

그림 2-19 생산자−소비자 패턴

스트림 모델에서는 생산자와 소비자 사이에 스트림을 잇는 모양으로 기술한다. Streem 언어에서는 생산자를 P, 소비자를 C로 하는 경우 다음과 같이 표현한다.

```
P | C
```

이 패턴은 자연적인 확장이며, 받은 데이터를 가공하는 생산자가 C이며 다음 소비자에게 데이터를 보내는 케이스가 있다. 이 경우에는 중간의 C는 데이터를 가공하기 때문에 Streem에서는 '필터Filter'라고 부른다. 파이프라인에서는 다음과 같이 볼 수 있다.

```
P | F | C
```

물론 필터는 복수 연결이 가능하다.

라운드 로빈 패턴

생산자−소비자 패턴의 변형으로, 멀티코어를 최대한 활용하기 위해서 복수의 소비자를 준비해 처리를 분담시키는 패턴이 있다. 이와 같이 어떤 순서를 정해 차례대로 분담시키는 것을 '라운드 로빈'이라고 부른다(그림 2).

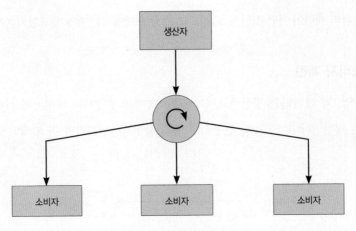

그림 2-20 라운드 로빈 패턴

라운드 로빈의 목적은 부하분산이어서, 보통은 같은 처리를 하는 태스크를 여러 개 준비해 데이터 처리를 순번을 정해 할당한다. 이때 아무 고려 없이 단지 차례로만 할당하면, 이전의 데이터 처리가 좀처럼 끝나지 않아 데이터 처리에 대기가 걸리므로 주의가 필요하다. '순서'라 해도 모든 작업에 순서대로 할당하는 것이 아니라 비어 있는 태스크에 순서대로 할당하는 등의 노력이 필요하다.

라운드 로빈 패턴의 예는 (멀티스레드) 웹 서버가 있다. 클라이언트로부터 받은 요청을 작업자에게 분배하는 방식은 대부분 라운드 로빈 패턴이다.

Streem의 경우 라운드 로빈에 대한 대응은 언어 처리 시스템에 포함돼 있다. 즉 통상의 생산자 소비자 패턴으로 기술하면 태스크를 마음대로 만들어내 처리해 준다.

P | C

구체적으로는 이런 스트림을 준비하면, CPU 코어 수에 맞춘 소비자 태스크를 생성해 처리를 진행한다. 코어 수가 증가하면 추가 작업이 없어도 성능이 향상된다는 아이디어다.

브로드캐스트 패턴

같은 메시지를 복수의 태스크에 분배하는 경우를 브로드캐스트 패턴이라 부른다(그림 2-21)

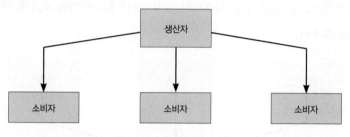

그림 2-21 브로드캐스트 패턴

브로드캐스트의 예는 챗chat 서버다. 참가자 중 한 명의 메시지가 채팅방에 있는 전원에게 분배된다.

Streem에서는 하나의 스트림에 복수의 스트림을 연결하는 것으로 브로드캐스트 패턴을 기술한다. P를 생산자, C1...Cn을 소비자라고 하면, 전원에 메시지를 전달하기 위해서는 다음과 같이 기술한다.

```
P | C1
P | C2
:
P | Cn
```

만일 모든 소비자가 배열 ary에 들어 있는 경우 다음과 같이 된다.

```
ary.map{c -> P | c}
```

집약 패턴

하나의 생산자가 복수의 소비자에 메시지를 전달하는 브로드캐스트 패턴과는 반대로, 복수의 생산자가 하나의 소비자에 메시지를 전달하는 것을 집약 패턴이라고 한다(그림 2-22). 집약 패턴의 전형으로는 로그 수집 시스템이 있다. 각각에서 발생한 로그를 하나의 장소로 모아 보존하는 경우다.

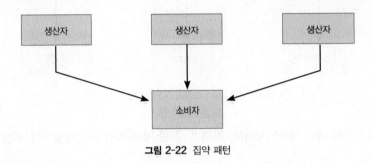

그림 2-22 집약 패턴

Streem에서의 집약 패턴의 구현은 브로드캐스트 패턴의 반대다. P1...Pn을 생산자, C를 소비자라고 하면 다음과 같이 기술한다.

```
P1 | C
P2 | C
:
Pn | C
```

만일 모든 생산자가 배열 ary에 들어 있는 경우 다음과 같이 된다.

```
ary.map{|p| p | C}
```

요구—응답 패턴

마지막은 요구request—응답response 패턴이다. 이는 요구하는 메시지를 보냈던 태스크에서 처리완료 데이터를 다시 메시지로 되돌려 받는 패턴이다(그림 2-23).

128

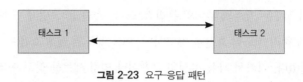

그림 2-23 요구-응답 패턴

그러나 솔직히 말하면, 컨커런트 프로그래밍에 대해 요구—응답 패턴을 자주 쓰는 방법은 추천하지 않는다. 만약 메시지를 보내서 그 답을 기다리는 것이라면 동일 태스크 안에서 처리하는 편이 메시지 송신의 비용이 없는 만큼 효율적이다. 또 기다림을 피하고, 요구의 송신과 회답의 수신을 비동기에게 실시하는 것은, 프로그램의 구성을 쓸데없이 복잡하게 만들어버린다. 이 때문에 Streem은 요구—응답 패턴을 지원하고 있지 않고 있다. 결론적으로 동기적인 통상의 함수 호출을 사용하는 방법을 추천한다.

■ 자기 제작 언어, 그 첫걸음

자, Streem의 배경이 되는 스트림 모델에는 충분한 타당성이 있는 것 같다. 이제 구현을 시작해 보자.

여러분이 자기 제작 언어를 개발한다고 하면, 우선 무엇부터 시작하는가? 물론 어디에서 구현을 해야한다는 규정은 없다. 내가 20여년 전에 루비의 개발을 시작했을 때에는 문법의 옳음을 체크해 주는 문법 검사기(문법 체커)에서 시작한 것 같다. 한편 2010년에 mruby의 구현을 시작했을 때는 VM(가상 머신)이었다.

시행착오가 필요한 부분부터 개발한다

여기에는 그만한 이유가 있다. 루비 개발을 시작했을 때, 어떤 문법의 언어로 할지 아직 확실히 정하지 않았다. 언어 오타쿠인 내게 언어 디자인에 있어 가장 중요한 것은 문법이었다. 이 때문에 문법을 확정하기 위해 시행착오를 하는 것은 우선 사항이었다. 실제로 초기 루비는 현재와는 문법적으로 상당히 달랐고, 다양한 시행착오를 통해 현재의 문법으로 성장했다. 이것이 본가本家격인 CRuby의 개발을 구문 해석부에서 시작한 최대의 이유다.

한편 mruby의 경우는 기존의 루비와 문법적으로는 호환돼, 문법에 대해서는 시행착오의 여지가 없었다. 오히려 메모리 효율을 체크하며, 어느 정도의 실행 효율이 좋은 가상 머신의 구현이 주목적이었다. 거기서 가상 머신의 구성이나 명령 세트를 갖고 여러 가지 시험을 하는 것부터 시작했다. 처음에는 바이트코드(가상 머신의 명령열)를 손으로 쓰고, 그대로 가상 머신에 입력했다. 이것이 어느 정도 동작하고 나서, CRuby에서 복사한 문법 정의를 기반으로 구문 해석부나 코드 생성부를 개발했다.

요컨대 가장 시행착오가 필요한 부분을 제일 먼저 개발하는 것이 성공의 요령인 것 같다. 시행착오를 위해서는 가급적 빨리 액션을 취할 필요가 있다. CRuby의 경우에는 먼저 루비 프로그램(코드)을 주면 문법의 옳음을 체크하는 문법 검사기를 만들고 시행착오를 거쳤다. mruby에서는 손으로 쓴 샘플 프로그램의 바이트코드(팩토리얼을 계산하는 프로그램이었다)를 실행하는 가상 머신을 먼저 만들었다.

Stream도 문법 검사기부터

그러면 Streem은 어떻게 할까?

Streem의 구현으로 시행착오가 필요할 것 같은 몇 곳이 있다. Streem은 새로운 문법을 가진 언어이기 때문에 문법의 좋고 나쁨은 신경을 써야 할 부분이다. 또한 Streem의 핵심은 멀티코어에 대응할 수 있는 추상도가 높은 컨커런트 프로그래밍이므로, 이를 담당하는 태스크 스케줄러Task Scheduler 부분도 난이도가 높고 시행착오가 필요하다.

많은 고민을 했지만, 이번에도 CRuby 때와 마찬가지로 문법 검사기의 구현부터 시작하기로 했다. 언어 마니아로서는 역시 문법의 좋고 나쁨을 신경 써야겠다. 하지만 CRuby 때와는 달리 yacc 사용법도 익숙해져 예전보다는 막힘없이 개발할 수 있을 것 같다.

우선은 프로젝트를 개시하겠다. 소스 관리는 깃허브에 맡겨두자. 먼저 깃허브에 로그인해서 빈 리포지토리를 만들었다. 'matz/streem'이라는 리퍼지토리를 사용하겠다.

이 새로운 리퍼지토리를 로컬로 복제cloning하자(그림 2-24). 우선 이 프로젝트가 무엇인지 보여주는 README 파일부터 준비한다. 깃허브에서는 Markdown 포맷을 이용을 추천하고 있어, 확장자 .md를 사용한 README.md라는 파일을 작성한다(그림 2-25). 여기부터 개발은 시작된다.

```
git clone git@github.com:matz/streem.git ⏎
```

그림 2-24 깃허브에서 리퍼지토리 취득

```
# Streem - stream based concurrent scripting language

Streem is a concurrent scripting language based on programming model similar
to shell, with influence from Ruby, Erlang and other functional programming
languages.

In Streem, simple `cat` program is like this:

  stdin | stdout

# Note

Streem is still under design stage. It's not working yet. Stay tuned.

# License

Streem is distributed under MIT license.

Copyright (c) 2015 Yukihiro Matsumoto
```

그림 2-25 README.md

소프트웨어 구성

현 시점에서의(간단한 문법 검사기다) Streem 처리 시스템의 구성은 그림 2-26처럼 돼 있다.

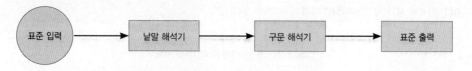

그림 2-26 Streem 처리 시스템의 소프트웨어 구성

우선 낱말 해석기가 읽은 프로그램(코드)을 '토큰'이라고 불리는 기호의 열로 변환한다. 토큰이란 '예약어'나 '수치', '문자열', '연산자' 등 '복수의 문자열로 이뤄지지만 의미적으로는 연결되는 덩어리'에 이름을 붙인 것이다.

구문 해석기는 이 토큰을 해석해, 문법에 따라 기술됐는지를 확인하고(잘못하면 에러), 올바르면 문법의 의미에 맞는 액션을 취한다. 현시점에서는 단순한 문법 검사기지만, 장래적으로는 물론 실행을 위해서 필요한 구문 트리나 바이트코드를 생성한다. 그리고 그 정보를 실행부(가상 머신 등)에 보내 실제 실행을 하게 될 것이다.

그러면 이번에 개발하는 낱말 해석기와 구문 해석기의 개발에 대해 알아보자.

낱말 해석기 개발

낱말 해석기를 만드는 방법은 몇 가지가 있는데, 이번에는 yacc와 뗄래야 뗄 수 없는 낱말 해석기를 자동 생성해 주는 툴인 lex를 이용한다(정확하게는 GNU 확장판인 Flex). 루비에서는 낱말 해석기를 직접 개발했지만, 여러 가지 조사를 해 보면 lex로도 충분히 제 기능을 쓸 수 있다. 사용할 수 있다면 기존 툴을 사용하는 편이 신뢰도 면에서 좋다. 이후 기능이나 성능으로 문제가 생길 것 같으면, 해당 경우에는 루비와 같이 직접 만든 낱말 해석기를 쓸지도 모르겠지만, 벌써부터 그런 걱정은 하지 말자.

문법 정의의 기술

우선 문법 검사기를 구현하자. 구문 해석부의 구현 방법에는 몇 가지가 있으며, Streem 정도 크기의 문법이라면 손으로 쓴 '재귀하향再歸下向 구문 해석법'에서도 충분히 기술할 수 있을 것이다. 그러나 직접 쓰는 데에 구애될 필요는 없기 때문에 yacc를 사용하기로 하자. 우선은 parse.y라는 파일을 준비한다.

이것은 앞에서 기술한 yacc라는 툴로 처리하기 위한 소스코드다. yacc에 대해 상세히 해설하면 책 한 권은 쓸 수 있기 때문에 여기에서는 자세하게 설명하지 않겠지만, 개요를 이해하기 위해 필요한 최소한의 지식만은 설명하겠다. 1-2장에서도 설명했지만 그 복습도 겸하는 셈이다.

lex 문법

lex 입력에 해당하는 정의 파일은 보통 확장자로 '. l '을 사용한다. lex의 정의 예시는 그림 2-27에 나와 있다.

```
/* 선언부는 비었음 */
%%
'+'      return ADD;
'-'      return SUB;
'*'      return MUL;
'/'      return DIV;
'\n'     return NL;

((([1-9][0-9]*)|0)(\.[0-9]*)? {
    double temp;
    sscanf(yytext, '%lf', &temp);
    yylval.double_value = temp;
    return NUM;
};

[ \t] ;
```

```
.{
    fprintf(stderr, 'lexical error.\n');
    exit(1);
}
%%
/* C 부분도 비었음 */
```

그림 2-27 lex정의 파일의 예

정의 파일은 크게 다음과 같이 3부분으로 나눈다. 각 부분의 구분은 '%%' 로 표시한다.

- 선언 부분
- 낱말 정의 부분
- C 부분

선언 부분에서는 lex에서 사용하는 옵션 등의 선언을 기입한다. 여기의 '%{' 부터 시작해 '}%'로 끝나는 코드를 기술하면 생성되는 C 코드에 바로 반영된다. 헤더 include와 변수, 함수 프로토타입 등의 선언을 기술할 수 있다.

2번째 낱말 정의 부분은 토큰을 표현하는 정규 표현과 그에 대응하는 액션을 기술한다.

3번째 C 부분에서는 낱말 해석기로 이용하는 C의 함수 정의 등을 기술한다. 이 부분도 생성되는 C 코드에 그대로 채워진다. 문법 정의 부분의 액션으로 사용되는 함수 등은 여기서 정의할 일이 많다. 그림 2-27의 파일(lex.l이라고 하자)을 lex로 수행하면 'lex.yy.c'라는 파일이 생성된다. 실제로는 오리지널 lex가 아닌 GNU에서 확장된 lex인 flex를 이용한다. 실행 순서는 그림 2-28에서 보여준다.

```
$ flex calc.l ⏎
$ head lex.yy.c ⏎   ← 최초 10행만 표시

#line 3 'lex.yy.c'

#define YY_INT_ALIGNED short int

/* A lexical scanner generated by flex */
```

```
#define FLEX_SCANNER
#define YY_FLEX_MAJOR_VERSION 2
#define YY_FLEX_MINOR_VERSION 5
```

그림 2-28 flex의 실행 순서

yacc 문법

낱말 해석이 끝나면 이번에는 구문 해석이다. 구문 해석기 생성에 사용되는 툴인 yacc의 이름은 Yet Another Compiler의 약어다.

yacc는 1970년대에 개발된 컴파일러의 구문 해석부를 생성하는 툴인데, 당시 이러한 툴은 '컴파일러의 컴파일러'라 불리며 많이 개발됐다고 한다. 그중에서도 후발 툴이었던 yacc는 기존 툴의 '첨가'라는 뉘앙스로 yet another(또 다른)라는 이름을 붙였다. 그런데 결국 이 시대에 만들어진 컴파일러로 지금까지 살아 남은 것은 yacc뿐이라는 점은 아이러니하다.

'yet another를 붙이면 살아남는다'는 것은 일종의 징크스와 같다. 루비의 가상 머신도 'YARV^Yet Another Ruby VM'라고 이름 붙인 것도 아직 생존해 있다. yacc 입력인 정의 파일은 보통 확장자에 '.y'를 쓴다. lex와 마찬가지로 정의 파일은 크게 나누면 다음과 같이 세 개의 부분으로 나누며, 각 부분은 '%%'로 구분한다.

- 선언 부분
- 문법 정의 부분
- C 부분

선언 부분에서는 yacc에서 이용하는 토큰 선언, 연산자의 우선순위, 룰의 데이터형 등을 선언한다. 또 C 루틴이 이용하는 선언도 포함할 수 있다. lex와 마찬가지로 선언 부분에서는 '%{'부터 시작해 '%}'로 끝나는 부분까지는 생성된 C 코드에 직접 반영된다. 헤더의 include 나 변수, 함수 프로토타입 등의 선언을 여기에 기술할 수 있다.

먼저 세 번째 C 부분을 설명하면, 여기에는 구문 해석기로 이용하는 C의 함수 정의 등을 기술한다. 이 부분도 생성된 C 코드에 그대로 채워진다. 문법 정의 부분의 액션으로 사용되는 함수는 대부분 여기서 정의한다.

'BNF'로 문법을 정의

두 번째의 문법 정의 부분은 구문 해석기가 이해하는 문법을 BNF에 가까운 규칙으로 작성 가능하다. BNF란 'Backus Naur Form'의 약어로, Backus와 Naur가 Algol이라는 언어의 문법을 정의할 때 발명한 표기법이다(그림 2-29).

```
expr        : NUM
            | expr '+' NUM
            | expr '-' NUM
            | expr '*' NUM
            | expr '/' NUM
            ;

val         : NUM
            | '(' expr ')'
            ;
```

그림 2-29 BNF의 예

그림 2-29의 예는 다음과 같은 의미가 있다.

- 값
- 수식 + 값
- 수식 − 값
- 수식 * 값
- 수식 / 값

"수식(expr)은 앞의 정의 중 하나일 것이고, 값(val)은 다음 중 하나가 된다."라는 의미다.

- 수치
- '(' 수식 ')'

이 규칙은 기술돼 있지 않지만, 실제로는 개별 규칙에 대응하는 액션의 기술이 가능하다. 액션은 '{}'로 둘러 쌓인 C 코드로 구문 트리를 만들기도 하고, 코드를 생성하는 등 규칙에 적합한 경우에 실행할 처리를 기술한다.

그림 2-29에 정의된 규칙에 따라서 1 + 2 + (3 * 4)라는 프로그램을 해석한 것이 그림 2-30이다.

```
● 맞는 문법
1 + 2 + (3 * 4)

    1 -> 수치 -> 값 -> 수식
    2 -> 수치 -> 값
    1 + 2 -> 수식 + 값 -> 수식
    3 -> 수치 -> 값 -> 수식
    4 -> 수치 -> 값
    (3 * 4) -> (수식 * 값) -> (수식) -> 값
    1 + 2 + (3 * 4) -> 수식 + 값 -> 수식

● 틀린 문법
1 - * 2

    1 -> 수치 -> 값 -> 수식
    * 해당하는 규칙이 없음(에러!)
```

그림 2-30 BNF 해석

yacc를 실행하면 y.tab.c라는 파일을 만든다. 하지만 오리지널 yacc는 복수의 스레드 세이프인 구문 해석기를 만들 수 없는 등 몇 가지 제한이 있기 때문에 확장판인 GNU bison을 이용한다.

```
bison parse.y
```

로 기동하면 끝이다. 우분투^{Ubuntu} 등 많은 리눅스 배포판에서는 yacc를 기동해도 `bison`이
실행된다.

Streem 문법

드디어 Streem 언어의 문법 정의다. 안타깝게도 정의의 전모는 이 책의 지면에 전부 들어
갈 수 없을 것 같다.

그래서 실제 코드는 깃허브를 참조하기 바란다. Streem 소스코드는 github.com/matz/
streem에서 참조할 수 있도록 했다. 또 이번 설명 관련은 201502 태그를 붙여 올렸으므로
참조하기 바란다.

소스코드 전체를 설명할 수는 없지만, Streem 설계의 기본 방침에 대해서는 소개한다.
Streem은 mruby의 소스코드를 참고로 개발했다. 그 결과 여기저기 mruby의 흔적을 볼 수
있을 것이다. 한편 문법이 복잡해지는 루비와는 달리, Streem의 문법은 비교적 단순하게 가
져가려고 한다. 예를 들면 문자열에 식을 포함시킬 수 없고, 히어닥^{heredoc} 같은 기능도 없다.

적어도 현 단계에서는 Streem 설계에 있어서 문법에 열중하는 것보다도 심플하게 유지한
채 스트림 모델의 가능성을 찾는 것이 중요하다고 생각했다. 향후 Streem이 실용 수준으로
진보하는 일이 있다면 그 과정에서 문법이 강화될 수도 있지만, 계속 다음 단계로 Streem 처
리 시스템의 개발에 집중하기로 하자.

맺음말

이번에는 컨커런트 프로그래밍에 있어서 스트림 모델의 타당성을 보여주기 위해, 각종 태
스크 구성 패턴이 스트림 모델에서 어떻게 표현되는지에 대해 살펴봤다. 또 자기 제작 언어
의 첫걸음으로 문법 검사기의 개발에 착수했다. yacc나 lex를 사용해 비교적 간단하게 자기
제작 언어를 개발할 수 있다.

2-4장에서는 언어로서의 실행계에 대해 생각해 본다. 또한 문법 검사기에서 처음 설계한 Streem 문법에 고치고 싶은 부분이 생겨 그에 대해서도 검토하겠다.

뒤집히는 오픈소스 상식

2015년 2월호에 실린 글이다 문법 검사기만 다뤘지만 드디어 언어 처리 시스템의 개발이 시작됐다. 프로그래머 정신에 불이 붙었다.

다른 곳에서도 언급했지만, 여기서 개발한 문법 검사기의 소스코드(200행 정도 parse.y)를 깃허브에 올렸다가 전 세계의 주목을 받게 됐다. '좋아요' 별도 1000개 이상 얻었다. 음, 그 후에 느긋하게 개발했더라면 대부분의 사람들은 질려버렸을 것 같다.

프리웨어의 개발에 관여한 지 벌써 25년이 넘었지만, Streem을 공개했을 때 일어난 일은 예상을 훨씬 뛰어넘었다. 대개 오픈소스 소프트웨어의 시작은 공개된 시점의 소스코드가 제대로 동작하는 것이 아니면, 사람의 주목을 받을 수 없기 마련이다. 또 반대로 너무 복잡해서 제삼자가 손댈 수 없는 경우는 커뮤니티가 형성되기 어렵다는 미묘한 균형이 성립한다.

그런데 Streem이 공개된 날에는 제대로 작동하기는커녕, 어떤 언어인지도 상상하기 어려운 문법 검사기뿐인데 주목을 끌게 된 것이다. 물론 루비 개발자로서의 내 지명도 때문이겠지만, 지명도가 있다면 상식을 뒤집을 수 있다는 것은 놀라운 지견(知見)이었다.

깃허브의 태그에 대해서도 조금 설명하면, 잡지 게재 시에 그 달에 개발한 시점에서의 태그가 붙었다. 예를 들면 이번은 잡지 게재가 2015년 2월호이기 때문에, 201502라는 태그가 붙어 있다. 태그는 맞춰 고쳐 쓰거나 하지 않았기 때문에 당시 소스코드 그대로 돼 있다. 태그를 참조하면서 과거를 탐색하는 분이 있다면, 이 책에서의 해설과 소스코드의 상태가 약간 다른 부분도 있는 점은 감안해 주길 바란다.

2-4 이벤트 루프

이어서 Streem 언어의 구현을 이어간다. Streem은 해외 뉴스 사이트에서도 소개되는 등 솔직히 만든 이인 나 자신도 예상외의 전개에 놀랐었다. 이번에는 Streem의 문법을 조금 개선한 후 Streem 구현의 코어인 스트림의 실행 프로토타입 개발에 대해 다뤄보겠다.

잡지는 원고의 집필부터 편집, 교정, 인쇄 등의 공정을 거쳐 서점에 배포한다. 닛케이 리눅스Nikkei Linux가 발매되는 시기는 매월 8일경이어서 집필은 그 전에 완료한다. 여러분들이 닛케이 리눅스를 읽을 때, 1개월 전에 집필한 원고를 읽고 있는 것이다.

2-3장 원고를 집필하는 도중에 Streem의 문법 검사기를 만들었다. 여기에 간단한 README를 붙여 깃허브에 업로드했는데, 이를 눈여겨본 사람이 찾아내 Streem 관련 내용이 SNS 등에서 확산됐다. 잡지가 발매되기 한 달이나 전인 2014년에 말이다.

제대로 움직이는 구현이 아닌데도 풀 리퀘스트pull request를 해 주는 사람도 있어 감동했다. 설마 문법 체크밖에 할 수 없는 프로토타입이 해커뉴스HackerNews 등에서 화제가 된다고는 생각지도 못했다. 원래 1월 8일 발매된 2015년 2월호의 해설용 코드이므로 Copyright 표기를 2015로 했다면 좋았을 거라는 의견, 기타 눈여겨볼 만한 지적 등 정말로 예상외의 전개였다. 아무래도 "루비를 만든 그 마츠모토가 새로운 언어를 만들었다."는 건 상상 이상의 화제성이 있었던 것 같다.

오랫동안 오픈소스 활동에 관련돼 왔고, 오픈소스가 활성화되기 위해서는 다이나믹한 구현과 커뮤니티가 필요하다고 생각하고 있었다. 그러나 이 Streem의 경험에 의해서 새로운 지견을 얻을 수 있었다. 비록 프로토타입이나 제대로 움직이는 구현물이 없어도, 개념이 잡혀있고 공유를 시작할 수 있으면 그것만으로 오픈소스는 움직이기 시작하는 것이었다.

■ 코어 구현 착수

문법에 대해서는 어느 정도 틀이 정해졌으므로, 이번에는 다른 방면으로부터 접근을 해 보자. 구문 해석기에 이은 코드 생성과 가상 머신의 구현도 해야 되지만, 일단 Streem 구현 코어인 스트림 실행의 프로토타입 구현을 시작해 보자.

우선 다음과 같은 Streem 프로그램이 있다고 하자.

```
stdin | {x->x, toupper()} | stdout
```

이 프로그램의 실행은 다음 3개의 태스크로부터 만들어지는 파이프라인을 구축한다.

- 표준 입력으로부터 1행을 읽어들인다.
- 읽어 들인 행에 함수를 적용한다.
- 그 결과를 표준 출력에 적는다.

마지막에 구축된 파이프라인의 처리를 실행하게 된다.

우선 이 파이프라인의 구축과 실행을 하는 C 프로그램을 프로토타이핑으로 개발해 보자.

프로토타입 main

프로토타입의 C 프로그램의 main 함수가 그림 2-31에 나와있다. 우선 파이프라인을 구성하는 요소를 표현하는 구조체가 strm_stream이 된다. main 함수의 앞부분에서 이번 프로토타입의 파이프라인을 구성하는 세 개의 요소를 초기화하고 있다. 그리고 strm_connect() 함수로 이들 세 개의 strm_stream을 연결한다. Streem 프로그램을 실행하면 내부에서 이뤄지는 처리 방식이다. 그리고 마지막으로 strm_loop() 함수로 파이프라인 처리를 실행한다. 처리가 완료되면 strm_loop()의 실행이 끝나고 프로그램이 종료된다.

```
int
main(int argc, char **argv)
{
  strm_stream *strm_stdin = strm_readio(0 /* stdin*/);
  strm_stream *strm_map = strm_funcmap(str_toupper);
  strm_stream *strm_stdout = strm_writeio(1 /* stdout */);

  /* stdin | {x->x.toupper()} | stdout */
  strm_connect(strm_stdin, strm_map);
  strm_connect(strm_map, strm_stdout);
  strm_loop();

  return 0;
}
```

그림 2-31 프로토타입 main 함수

파이프라인 구조

파이프라인을 표현하는 구조체 'strm_stream'의 정의를 그림 2-32에 나타냈다.

```
struct strm_stream {
  strm_task_mode mode;      /* 생성/필터/소비 중의 하나 */
  unsigned int flags;       /* flag */
  strm_func start_func;     /* 개시 함수 */
  strm_func close_func;     /* 후처리 함수 */
  void *data;               /* 스트림 고유 데이터 */
  strm_stream *dst;         /* 출력 스트림 */
  strm_stream *nextd;       /* 출력 링크 */
};
```

그림 2-32 strm_stream

strm_stream의 구조체는 dst 포인터로 링크돼 파이프라인을 구성한다(그림 2-33). 하나의
스트림이 복수의 스트림으로 연결됐을 경우, 그러한 스트림이 dst 링크의 nextd 필드로부

터 참조된다(그림 2-34). 이와 같이 복수로 분기하거나 혹은 복수의 스트림으로부터 하나의
스트림이 참조되거나 하는 방식으로, 스트림 네트워크가 구성된다(대부분의 경우는 직렬이겠지
만). 이 네트워크를 파이프라인이라고 부른다.

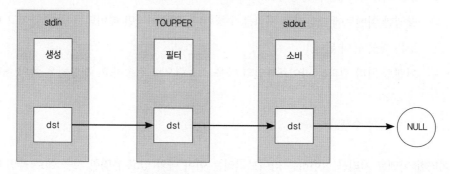

그림 2-33 파이프라인(cat의 예)

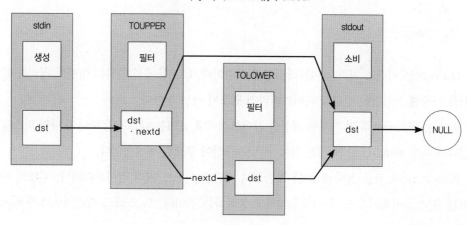

그림 2-34 복수 스트림 결합

Streem의 프로그램 본질은 이 스트림의 정의와 파이프라인 구축에 있다. 그 이후는 구축
된 파이프라인에 이벤트가 흘러가는 형태로 처리를 진행한다.

이벤트 루프는 독자적으로 구현

실제 이벤트 처리를 실행하는 게 strm_loop( ) 함수다. 이 함수가 실행해야 할 것은 다음과 같다.

- I/O 대응 후 이벤트 발생시킴
- 발생한 이벤트에 대응하는 처리를 수행한다. 입력이라면 데이터를 읽어 들이고 나누는 작업 등이 된다.
- 이벤트 처리 결과를 파이프라인의 다음 스트림으로 전송하고, 전송받은 쪽의 처리를 실행
- 이후 반복 수행

이러한 이벤트 처리를 실행하는 라이브러리는 이미 나와 있고 유명한 것을 예로 들면 다음과 같다.

- libevent
- libev
- libuv

libevent는 이벤트 처리 라이브러리의 원조격이다. I/O 등에 수반하는 이벤트 처리를 콜백을 사용해 실현하는 일련의 라이브러리의 원조가 아닐까 한다.

libev는 libevent의 몇 가지를 개선한 라이브러리다. API는 다르지만 하나의 파일 디스크립터에 대한 watcher 수의 제한 철폐나 속도 개선이 주요한 변경점이다.

libuv는 node.js를 위해 libev를 기반으로 개발된 이벤트 처리 라이브러리다. 최대의 차이는 유닉스 이외의 OS, 즉 윈도우에서도 동작하는 점이다. 또 스레드 관련의 API가 비교적 충실하다.

처음에는 Streem도 이것을 사용해 구현하려고 했지만, 멀티스레드 부분에서 실패했다. Streem의 구현에서는 멀티스레드를 활용하고 싶었지만, 이러한 이벤트 처리 라이브러리는 멀티스레드를 지원하지 않는다. 더 정확하게는 스레드를 넘어 이벤트 접수를 할 수 없다. 또

Streem에서는 seq( ) 같은 I/O가 아닌 이벤트도 많이 이용될 것이라는 점도 생각났다. 그래서 적어도 당분간은 자기 제작으로 이벤트 루프를 구현하기로 했다.

하지만 이런 작업은 단순히 나의 무지에서 오는 것일 가능성은 부정할 수 없다. 어쨌든 나 자신은 이벤트 드리븐event-driven 프로그래밍은 정말 오랜만에 하는 거고, 멀티스레드 프로그래밍에 대한 경험은 전혀 없다고 해도 과언이 아니다. 그에 비하면 초기 루비의 스레드 시스템은 스스로 만들어 구현하기도 했다.

그러고 보니 대학 졸업 후 입사한 회사에서 XWindow 툴 키트를 독자적으로 개발했을 때는 이벤트 드리븐 프로그래밍이었다.

어쨌든 이벤트 처리 라이브러리에 관한 조사는 향후에도 계속하려고 한다. 어떤 방법으로든 요구를 충족시킬 수 있다면 독자적인 구현은 하지 않는 것이 훨씬 당연하기 때문이다.

I/O 이벤트 검출

이벤트 드리븐 프로그래밍의 입출력에 있어 중요한 것은 '블록'의 회피다. 이 경우의 블록이라는 것은, 데이터가 도착하지 않은 타이밍에서 데이터를 읽으려고 하면 데이터가 올 때까지 시스템에 대기가 걸리는 현상을 말한다. 거기에서 실제로 읽어 들이기 전에 파일 디스크립터에 데이터가 도착했는지 알 필요가 있다.

이를 위한 방법은 몇 가지가 있는데, 가장 고전적인 방법은 select 시스템 콜이다(그림 2-35). 그러나 select에는 결점이 있어 대기할 수 있는 파일 디스크립터의 수에 상한이 있는 것과, n개의 파일 디스크 립터의 체크에 n에 비례하는 시간이 걸린다는 점이다. 이러한 제한은 최근 중요시되는 대량 액세스를 판가름하는 경우에는 적합하지 않다. 그래서 좀 더 괜찮은 시스템 콜이 고안됐다.

'괜찮은 시스템 콜'로는, 리눅스에서는 epoll 시스템 콜이, BSD계 OS에서는 kqueue 시스템 콜이 있다. 아쉬운 점은 이러한 시스템 콜은 아직 규격화돼 있지 않고, OS마다 바꿔야 한다는 것이다. 실제로 가장 먼저 언급한 이벤트 처리 라이브러리 libevent, libev, libuv에서는 내부적으로 이러한 시스템 콜을 분류한다.

```
include <sys/time.h>
#include <sys/types.h>
#include <unistd.h>

/*  select 시스템 콜
    nfds - 대기 가능 최대 파일 디스크립터
    readfds - 읽기 대기 디스크립터의 집합
    writefds - 쓰기 대기 디스크립터의 집합
    exceptfds - 예외 대기 디스크립터의 집합
    timeout - 최대 대기 시간(또는 NULL로 I/O 도착까지 대기시간) */
int select(int nfds, fd_set *readfds, fd_set *writefds,
    fd_set *exceptfds, struct timeval *timeout);

/* fd_set의 초기화 */
void FD_ZERO(fd_set *set);
/* fd_set에 fd를 설정 */
void FD_SET(int fd, fd_set *set);
/* fd_set에 fd의 설정 여부를 체크 */
int FD_ISSET(int fd, fd_set *set);
/* fd_set의 단일fd를 클리어 */
void FD_CLR(int fd, fd_set *set);
```

그림 2-35 select 시스템 콜

epoll 시스템 콜

이번 프로토타입에서는 epoll 시스템 콜을 사용하는 것으로 했다. epoll은 리눅스에서만 사용되지만, 이 글은 닛케이 리눅스에 실리는 것이어서 그 점에 대해서는 그렇게 걱정할 필요는 없을 것 같다. 단 Streem 언어의 최종 구현에는 epoll 이외의 I/O 체크가 필요하다.

epoll 시스템 콜(실제는 epoll_create, epoll_ctl, epoll_wait 3개의 시스템 콜)은 그림 2-36 같이 사용된다.

select 시스템 콜과 달리 epoll에서는 받은 이벤트 정보가 구조체에 전달되기 때문에, 수신 대기 중인 I/O의 수를 고려할 필요가 없다. 또한 epoll_ctl과 epoll_wait는 스레드가 달라도 동작하도록 보장돼 있어, 하나의 스레드가 epoll_wait 이벤트 루프를 구성하고, 다른 스레드에서 대기 I/O를 등록한다는 구성이 가능하다.

```c
#include <sys/epoll.h>

/* epoll을 위한 파일 디스크립터를 만든다 */
int epoll_fd = epoll_create(10);

struct epoll_event ev;
ev.events = EPOLLIN;
ev.data.ptr = data;   /* 이 데이터가 epoll_wait에 전달된다 */
/* epoll에 수신 대기 파일 디스크립터fd를 등록 */
/* EPOLLIN은 작성 대기 */
epoll_ctl(epoll_fd, EPOLL_CTL_ADD, fd, &ev);

struct epoll_event events[10];
for (;;) {
  /* nfds - 데이터가 도달한 fd의 갯수 */
  int nfds = epoll_wait(epoll_fd, events, 10, -1);
  for (int i=0; i<nfds; i++) {
    /* epoll_ctl에 전달된 데이터가 얻어진다 */
    data = events[i].data.ptr;
    ...
  }
}
```

그림 2-36 epoll 시스템 콜

이벤트 큐

Streem 프로토타입의 시스템 구성은 그림 2-37과 같다.

우선은 초기화 단계에서 스트림(strm_stream)이 생성된다. 그 후 스트림이 결합돼 파이프라인이 구성된다. I/O 대기 스트림은 여기에서 epoll을 사용해 I/O 대기에 등록된다.

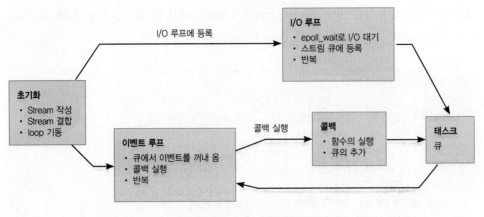

초기화
• Stream 작성
• Stream 결합
• loop 기동

I/O 루프에 등록

I/O 루프
• epoll_wait로 I/O 대기
• 스트림 큐에 등록
• 반복

이벤트 루프
• 큐에서 이벤트를 꺼내 옴
• 콜백 실행
• 반복

콜백 실행

콜백
• 함수의 실행
• 큐의 추가

태스크
큐

그림 2-37 Streem 시스템 구성

그 후 I/O루프가 별도의 스레드에서 시작된다. 이 스레드는 epoll_wait를 이용해 I/O를 기다려 데이터가 도착한 스트림을 태스크 큐에 등록한다. 태스크 큐에 등록되는 정보는 실행 중인 스트림, 실행 내용의 함수 포인터, 이전 스트림에서 전달되는 데이터(void*) 3개다. 파이프라인의 첫 번째 스트림에 전달되는 데이터가 없으므로 NULL이 전달된다.

그 다음에 메인 스레드에서 이벤트 처리 루프가 진행된다. 메인 이벤트 루프는 작업 큐에서 하나씩 정보를 검색하고 함수를 실행한다.

함수 중에서는 입력 로드와 문자열화라든지, 전달된 데이터의 가공이라든지 출력이나 실제 처리가 실행된다. 함수에서 다음 스트림에 데이터를 전달해야 할 때 strm_emit() 함수를 실행한다.

strm_emit() 함수는 세 개의 인수를 필요로 한다. 첫 번째는 현재 작업에 해당하는 strm_stream 구조(데이터를 전달 대상 스트림이 아닌 점에 주의, 파이프라인의 구성이 변화해도 함수를 변경할 필요가 없도록), 두 번째는 전달할 데이터(void*의 형태), 세 번째는 전달 후 이 함수에 이어서 수행하는 콜백 함수다.

strm_emit()를 호출해도 다음 작업이 즉시 실행되는 것은 아니다. 전달된 데이터는 먼저 작업 대기열에 등록된다. 함수의 실행이 끝나면 메인 루프에서 다음 작업을 꺼낸다.

처리 함수의 패턴

이러한 작업 큐의 존재에 의해 Streem 처리 함수는 루프를 사용하지 않고 구현된다. 처리 함수 구현 패턴은 크게 나누면 다음 3종류가 있다.

1. 콜백에 의한 암묵적 루프

입력 처리 같은 요소를 생성하는 타입의 스트림의 구현에 사용되는 패턴이다. 처리를 여러 C 함수로 분할하고, strm_emit( )를 수행할 때마다 콜백에 '이어지는' 함수를 지정한다. 콜백에 동일한 함수를 지정해 암묵적으로 루프를 구성한다. 프로토타입의 소스코드는 io.c의 read_cb와 readline_cb가 이 패턴을 사용한다.

2. 전달받은 요소를 그대로 처리

전달받은 요소의 하나씩 처리만 하고 자기 자신은 반복하지 않는 패턴이다. main.c의 map_recv( )와 io.c의 write_cb( )가 이 패턴에 속한다. 이 패턴에서는 strm_emit( )의 콜백에 NULL을 지정한다.

3. 루프 내에서의 emit

물론 이론적으로는 루프 안에서 strm_emit( ) 수행이 가능하다. 이 방식은 파악하기는 쉽지만 작업이 큐에 쌓이기만 하고, 함수 종료 후 메인 루프로 돌아갈 때까지 처리가 전혀 진행되지 않기 때문에 권장하지 않는다.

프로토타입의 소스코드

여기에서 설명하는 프로토타입의 소스코드는 http://github.com/matz/streem의 lib 디렉터리에 있다. 해당 디렉터리에서 make 명령을 실행하면 a.out이라는 실행 파일이 생성된다. 하는 일은 표준 입력을 대문자로 출력하는 간단한 기능이다. 아마도 출판 시점과 최신 버전은 다를 수 있겠지만, 이번 기사 시점의 소스코드에 201503 태그를 붙여 둔다.

이후의 전개

아직 프로토타입을 만들고 실험 중에 있지만, 점차 앞으로의 방향이 보이기 시작했다. 먼저 하고 싶은 것은 epoll의 채용을 통해 동작 환경을 리눅스 한정이 아닌 다른 OS로 확장하는 것이다. libuv을 채용하도록 크게 바꾸는 방법과 epoll이 없는 환경에서는 kqueue나 select 등을 사용하는 방법을 생각할 수 있다.[1]

또 하고 싶은 것은 멀티스레드다. 이번 구현 범위에서 I/O 대기의 스레드가 하나, 이벤트 큐를 처리하는 스레드를 하나로 구성했다. 멀티코어를 최대한 활용하기 위해서는 CPU 코어 수에 따른 스레드에서 처리를 분담하고 싶었다.

사실 이번 원고 집필 준비 도중 여러 스레드가 하나의 이벤트 큐에서 이벤트를 추출하는 실험을 했는데, 처리 시간의 관계에서 실행이 뒤바뀌는 사태가 발생하고 말았다. 이 상태로는, 예를 들어 파일을 출력하면 줄의 길이에 따라 순서가 바뀌어 버린다. 아무리 변명을 해도 그것은 잘못됐기 때문에 이번에는 이벤트 처리를 단일 스레드에서 실시하기로 했다. 아마도 스레드 할당 단위를 개별 이벤트가 아닌 파이프라인으로 정해서 이 문제를 해결할 수 있을 테지만, 마감 시간이 다 되어 버려서 어쩔 수가 없었다.

맺음말

어디까지나 원고의 재료이며 샘플로 탄생한 Streem 언어이지만 의외의 관심을 끌었다. 그러나 단순한 프로토타입으로 끝나서는 의미가 없기 때문에 앞으로도 연재와 함께 실용적인 수준까지 성장시켜 나가려고 한다. 잡지 연재에서 실시간으로 프로그래밍 언어의 개발 과정을 설명하는 일은 매우 드문 시도라고 생각한다. 향후에도 기대해 주길 바란다.

---

1 원고 집필 후에 select를 쓰는 풀 리퀘스트(Pull Request)가 와서 윈도우와 맥에서도 동작이 되게 됐다.

컨커런트 프로그래밍은 "어렵다"

2015년 3월호에 실린 글이다. 이번에는 Streem 언어 처리 시스템의 코어인 이벤트 루프 부분을 개발하고 있다.

Streem의 경우 낱말 분석, 구문 분석 등의 언어 처리 실행부만큼 이벤트 루프의 구현도 중요하다. 이벤트 루프의 구현은 상당히 어렵기 때문에 사실은 기존의 라이브러리를 사용하고 싶었지만, Streem에서 요구되는 것과 같은 멀티스레드에 대응하는 라이브러리가 존재하지 않았기 때문에 어쩔 수 없이 자기 제작을 했다. 이번에 개발한 것은 단일 스레드 버전이다.

다음 2-5장에서 멀티스레딩을 다루는데, 문제는 산적해 있다. 솔직히 이 책의 컨커런트 프로그래밍에 대한 부분은 시행착오와 실패의 기록뿐이다. 변명 밖에 되지 않겠지만 나같이 둔한 이에게 컨커런트 프로그래밍은 복잡하다. 그래서 추상도가 높고 동시 프로그래밍의 어려움을 은폐해 주는 Streem 같은 언어가 필요하다. 하지만 아무도 대신 만들어주지 않기 때문에 스스로 만들 수 밖에 없었다. 이번 이벤트 루프 이외에도 문법을 변경했다. 그러나 이 책에서는 이해의 용이성을 위해 단계적인 문법 변화의 설명은 본문에서 생략했다. 한편 왜 문법을 변경했는지에 대한 이유는 언어 디자인의 자료로 유효하다고 생각하기 때문에 마지막 칼럼으로 덧붙여 둔다. 이번 변경 이전의 문법은 다음과 같았다.

● 함수 표현은 {|x|...} 같이 인수를 ||로 싼다.

이를 {x->)...}라는 형식으로 변경하고 있다. 또 원고가 실릴 당시에는 "if문의 조건식을 괄호로 싸지 않는다."라는 문법이었지만, 이는 먼저 문법의 단순화를 위해 결국 조건식을 괄호로 싸는 문법으로 변경했다.

문법을 개선한 이유

문법 검사기도 완성해 Streem 언어의 샘플 프로그램을 몇 가지 적어 봤지만, 조금 부족하다고 생각되는 점이 나왔다

Streem에서는 루비에서 상속 블록(익명 함수)의 인수를 기술하기 위해 '|'를 다음과 같이 사용한다.

```
{|x| x * 2}
```

하지만 Streem에서 '|' 기호는 스트림의 결함에 빈번히 사용되는 문자다. 2–3장의 예에서도 다음과 같은 표현이 있었다.

```
ary.map{|c| P |c|}
```

이것은 혼란의 근원이며, 분명히 말하면 그렇게 멋진 표현은 아니다. 여기서 익명 함수를 표현하는 문법을 조금 변경했다. 새로운 문법은 이렇게 된다

```
{x-> x * 2}
```

인수가 없을 경우, 또는 생략하는 경우에는 '–>'별로 생략 가능하다

```
{print "hello\n"}
```

이들 문법은 그루비(Groovy)와 스위프트(Swift)를 참고했다. 조금 세련된 느낌이 나지 않는가?

이걸로 문법이 조금 보기 좋게 됐다. 문법이 보기 좋은지의 여부는(적어도 나에게는) 프로그래밍의 동기부여에 관계되는 것이기 때문에 이렇게 하기로 했다

문법 충돌의 발생

그러나 이러한 변경으로 인해 문법 충돌이 발견됐다. Streem에서는 if문 등을 정리하는 데도 '{}'을 이용하는데 이와 익명 함수가 충돌한 것이다. 정확하게는 함수 호출 뒤에 블록을 지정하면 마지막 인수로 익명 함수가 전달된다는 문법적 구조가 있는데, 이것이 충돌의 원인이었다.

'문법 충돌'이 어떤 의미인지 잘 모를 분들이 있을지도 모르겠다. 낱말 해석기에 따라 토큰에 분할된 프로그램(코드)을 읽어들이면서 문법 규칙을 비교할 경우, 어떤 문법 규칙을 적용할지를 결정하지 못하는 것을 '충돌'이 일어났다고 부른다.

```
if foo(x){
  print("hello\n")
}
```

152

이번 경우는 앞에서 보는 프로그램에서 'foo(x)'까지 읽고난 후 '{'라는 문자가 왔다면, 이것이 if문 본체의 시작점인지, 또는 foo라는 함수에서 호출하는 익명 함수인지의 판별이 어려운 사태가 발생한 것이다.

해결 방법은 세 가지

이 문제의 해결 방법을 몇 가지 생각해 보자. 하나는 if문의 조건식 부분을 C처럼 반드시 괄호 안에 오도록 하는 방법이다.

```
if (foo(x)){
   print "hello\n"
}
```

이것으로 함수의 호출과 if문 본체의 시작점인지 명확히 구별이 가능하다. 하지만 현대 언어에서는 if문의 조건식이 괄호 안에 적지 않는 게 주류가 돼 버렸고(Swift, Go 등), 무엇보다 타이핑을 해야할 양이 늘어나기 때문에 그렇게 바람직한 방향은 아니라는 생각이 들었다.

다른 아이디어로, 익명 함수의 시작이 하나의 '{'에서 if문 본체 시작점과 구별이 안 되는 것이 원인이기 때문에 별도의 기호를 도입해 익명 함수를 명시하는 것도 생각해 봤다. 예를 들어 익명 함수를 루비의 lambda와 같이 '->'로 시작하는 것은 어떨까? 그렇게 되면 익명 함수는 다음과 같다.

```
-> x { x * 2 }
```

이 함수를 호출하면 다음과 같이 된다.

```
map-> x { x * 2 }
```

익명 함수 쪽은 이렇게 하면 되지만, 함수 호출의 형식은 그렇게 제어구조답지 못하다. 루비의 블록의 아름다움이 없어졌다는 느낌이다. 실은 루비에 '->'에 의한 익명 함수를 도입한 시점에서 이 같은 블록 문법의 도입을 검토한 적이 있지만, 썩 마음에 들지는 않아 채용하지 않았던 적이 있다.

결국 제3의 아이디어를 채용하기로 했는데 그것은 익명 함수와 함수 호출의 문법을 바꾸지 않고, if 조건식 중에서는 함수 호출에 익명 함수를 붙이는 것을 허용하지 않는 방법이다. 구체적으로 그림 A처럼 된다.

문법 규칙의 복사가 발생하는 것은 구현적으로 최선은 아니라는 생각은 들지만, 마음에 드는 문법을 위해 지불해야 하는 비용이라고 생각했다.

하지만 실은 2-3장에서 해설한 문법에서도 이 충돌이 발생하는 것 같다. 왜 이것을 몰랐을까? 그것은 내가 함수의 블록 규칙을 기술하고 이를 잊고 있었기 때문이다.

```
/* 문법 충돌의 회피 부분(발췌) */

/* 통상의 식 */
expr    : expr op_plus expr
        | expr op_minus expr
        | expr op_mult expr
        | expr op_div expr
        | expr op_mod expr
        | expr op_bar expr
        | expr op_amper expr
        | expr op_gt expr
        | expr op_ge expr
        | expr op_lt expr
        | expr op_le expr
        | expr op_eq expr
        | expr op_neq expr
        | op_plus expr        %prec '!'
        | op_minus expr       %prec '!'
        | '!' expr
        | '~' expr
        | expr op_and expr
        | expr op_or expr
        | primary
        ;

/* if 등의 조건식(거의 expr의 복사본) */
condition : condition op_plus condition
          | condition op_minus condition
          | condition op_mult condition
          | condition op_div condition
          | condition op_mod condition
          | condition op_bar condition
          | condition op_amper condition
          | condition op_gt condition
          | condition op_ge condition
          | condition op_lt condition
```

```
                  | condition op_le condition
                  | condition op_eq condition
                  | condition op_neq condition
                  | op_plus condition          %prec '!'
                  | op_minus condition         %prec '!'
                  | '!' condition
                  | '~' condition
                  | condition op_and condition
                  | condition op_or condition
                  | cond
                  ;

/* 기본식(primary)의 공통부 */
primary0  : lit_number
          | lit_string
          | identifier
          | '(' expr ')'
          | '[' args ']'
          | '[' ']'
          | '[' map_args ']'
          | '[' ':' ']'
          | keyword_if condition '{' compstmt '}'
opt_else
          | keyword_nil
          | keyword_true
          | keyword_false
          ;

/* 블록이 없는 함수의 호출 */
cond     : primary0
         | identifier '(' opt_args ')'
         | cond '.' identifier '(' opt_args ')'
         | cond '.' identifier
         ;

/* 블록이 있는 함수의 호출 */
```

```
primary   : primary0
          | block
          | identifier block
          | identifier '(' opt_args ')' opt_block
          | primary '.' identifier '(' opt_args ')
' opt_block
          | primary '.' identifier opt_block
          ;
```

그림 A 충돌회피문법

2-5 멀티스레드 객체

이어서 Streem 언어의 코어 부분을 구현한다. 이번에는 스레드에 의한 멀티코어 활용에 대해 구현해 본다. 태스크를 가능한 한 병렬로 처리할 수 있도록 테스크를 처리하는 작업자 스레드를 CPU코어 수만큼 움직인다.

멀티스레드화

2-4장 마지막에 "멀티스레드화를 시키면 실행의 순서가 바뀌는 사태가 발생했다."라고 적었는데, 어떤 일이 일어나는 것일까? 한번 생각해 보자. 먼저 복습을 하면, lib 디렉터리에 있는 프로토타입(a.out)은 표준 입력으로부터 읽어 들여 해당 문자열을 모두 대문자로 변환하고, 그것을 표준 출력에 기록한다.

```
% echo foo | a.out
FOO
```

2-4장에서 소개한 단일스레드 버전(정확하게는 입출력 대기 I/O 스레드와 실제 처리하는 작업자 스레드가 하나씩) 프로그램 구성을 그림 2-37에 정리했다.

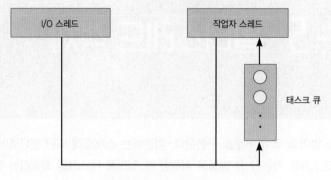

그림 2-38 단일스레드 버전

I/O 스레드가 입력할 수 있는 데이터의 존재를 감지하고, 작업자 스레드가 다음 작업에 데이터를 emit하거나 하면 그 처리 내용을 작업 큐로 보낸다. 작업자 스레드는 작업 큐에서 하나씩 작업을 꺼내 처리를 계속한다.

멀티코어화 시도

자, 이것을 멀티스레드화하는 것을 생각해 보자. 멀티코어를 최대한 활용하고자 하므로 CPU의 코어 수만큼 작업자 스레드를 시작하고, 빈 작업자 스레드가 작업 대기열에서 태스크를 제거하고 처리하는 구성을 생각해보자(그림 2-39). 지금까지와 마찬가지로 태스크 중에 emit가 발생하면 파이프라인에 데이터를 전달하는 큐에 태스크를 쌓는다. 또한 태스크가 있는 경우에는 자기자신(의 후속)도 큐에 추가한다.

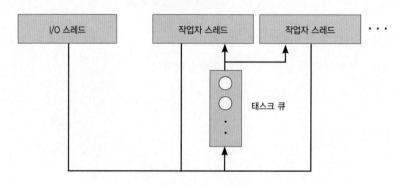

그림 2-39 멀티스레드화(첫 번째 버전)

이 구성의 프로그램을 시작하면 짧은 입력과 표준 입력을 키보드에서 입력하는 동안은 문제가 없다. 그러나 어느 정도 긴 파일을 입력하면 이상한 일이 일어난다. 변환 결과의 출력에서 행의 순서가 바뀌어 버린다. 정말 씁쓸하다.

잠시 고민한 끝에 찾아낸 원인은 이렇다. 입력된 데이터를 Streem 문자열로 변환하거나 문자열의 문자를 대문자로 변환할 처리 행의 길이에 따라 시간이 걸린다. 한편 작업자 스레드는 빠른 순서대로 먼저 대기열에서 태스크를 제거하고 처리를 진행하게 된다. 그러자 어느 정도 긴 문자열 처리에 시간이 걸려있는 사이에, 뒤의 짧은 행 처리가 추월해 버리는 것이다. 멀티스레드 환경에서 순서와 타이밍이 보장되지 않는 것을 잊어버리는 일은 나 같은 단일 스레드 프로그램만 개발해온 프로그래머가 잘 빠지는 함정이다. 멀티코어는 활용하고 싶지만 실행 순서가 보장되지 않으면 안 된다.

멀티코어화 재도전

그래서 순서가 보장되도록 구성을 생각했다. 순서를 보장하기 위해서는 여러 가지 방법이 있을 수 있겠지만, 가장 손쉬운 방법은 어떤 작업이 어떤 작업자 스레드에서 실행되는지를 고정하는 방법이다. 하나의 태스크를 동일한 작업자 스레드에서 실행하면 반드시 투입한 순서대로 처리된다. 이를 위해 첫 번째 버전과 비교할 때 다음과 같은 사항이 변경된다.

- 태스크 큐를 작업자 스레드별로 할당한다.
- 처음 실행 시 태스크가 실행하는 작업자 스레드를 결정해 버린다.

태스크가 실행되는 스레드가 정해져 있기 때문에 순서가 뒤바뀔 일은 없으며 이제 제대로 움직이게 됐다.

멀티코어를 활용하기를 기대해 다음과 같은 규칙을 정했다.

첫 번째 규칙은 파일 입력 같은 생산자 태스크를 처음 시작할 때 대기가 가장 적은 큐에 작업을 추가한다. 이것은 작업자 스레드의 부하 분산을 위해서다. 다음으로 작업자 스레드 n에서 수행되는 태스크가 emit할 때, emit하는 태스크가 실행되는 작업자 스레드(이미 결정돼 있지 않으면)는 작업자 스레드 n+1에서 실행하도록 규칙을 정한다. 이는 파이프라인이 복수 존재하는 경우 첫 번째 태스크의 종료를 기다리지 않고 다음 태스크의 처리를 시작할 수 있게 한다.

이 두 번째 버전의 구성도는 그림 2-40과 같다.

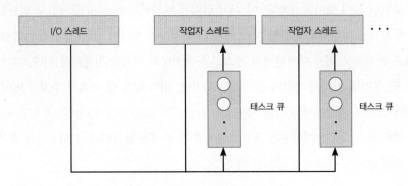

그림 2-40 멀티스레드화(두 번째 버전)

그런데 태스크 큐이지만 기본적으로 먼저 투입한 태스크가 순차적으로 실행되는 구조다. 작업자 스레드 루프는 큐에서 태스크를 하나씩 실행해 파이프라인이 모두 끝나면 루프는 종료하도록 구현돼 있다.

우선순위가 있는 큐

여기까지 개조를 통해 이벤트 루프의 멀티스레딩에 성공했지만, 신경이 쓰이는 부분이 하나 있다.

파이프라인에서의 태스크는 생산자 → 필터 → ⋯ → 소비자의 형태로 생산자가 파이프라인을 시작하고, 거기에서 전달된 데이터를 후단의 필터가 차례로 가공하고, 마지막으로 소비자가 사용하는 형태로 처리된다. 여기에서 파이프라인의 단계가 길어지면 파이프라인의 뒤로 갈수록 처리가 진행되지 않을 위험이 있다.

예를 들기 위해 간단히 2개 CPU에서 3단짜리 파이프라인이 있다고 가정해 보자. 이후 n번째의 작업자 스레드를 '작업자 n', n번째 큐를 '큐 n', 파이프라인 n단계의 태스크를 '태스크 n'이라고 부르겠다.

이 케이스에서 처리는 다음과 같이 진행될 것이다.

(1) 작업자1에 태스크1(생산자)이 emit, 큐2에 태스크2 추가

(2) 작업자2에 태스크2(필터)가 emit, 큐1에 태스크3 추가

(3) 작업자1에 태스크3(소비자)이 실행

하지만 놓쳐서는 안될 점은 작업자1이 emit한 후, 태스크1은 자기자신을 큐1에 추가한다. 그리고 태스크 1은 아마 시기적으로 (2)에서 큐1에 태스크3을 추가하는 것보다도 이른 단계에서 추가된다. 그렇게 되면 파이프라인을 데이터 흐름이 종료되기 전에 다음 데이터가 투입된다. 결국 점점 데이터가 생산돼 큐에 태스크가 쌓이는데, 작업자에 의한 처리는 지연이 발생한다. 그렇게 되면 큐가 점점 길어지고 메모리 낭비로 이어진다. 생산과 소비의 균형을 유지해야 할 필요가 있다.

그래서 이번에는 우선순위가 있는 큐를 도입했다. 즉 파이프라인의 앞에 있는 생산자 태스크보다 데이터를 가공하는 필터 태스크와 소비자 태스크를 우선적으로 처리하도록 한다. 이렇게 해서 큐가 함부로 쌓이는 것을 피하려는 목적이다. 따라서 큐의 구현을 조금 수정했다.

큐의 구현

그러면 큐의 구현을 살펴보자. Streem의 큐를 표현하는 구조체는 그림 2-41과 같다.

```
struct strm_queue_task {
  strm_stream *strm;
  strm_func func;
  strm_value data;
  struct strm_queue_task *next;
};

struct strm_queue {
  pthread_mutex_t mutex;
  pthread_cond_t cond;
  struct strm_queue_task *fi, *hi, *fo;
};
```

그림 2-41 Streem의 큐 구조체

이 구조체의 본질은 strm_queue_task 구조체의 링크 목록이다. 그림 2-42는 큐의 추가와 추출 처리를 보여준다. 단 그림 2-42에서는 기본적인 처리만 발췌했다.

```
● 추가
void
strm_queue_push(strm_queue *q,
    struct strm_queue_task *t)
{
  if (q->fi) {
    q->fi->next = t;
  }
  q->fi = t;
  if (!q->fo) {
    q->fo = t;
  }
}

● 추출
int
strm_queue_exec(strm_queue *q)
{
  struct strm_queue_task *t;
  strm_stream *strm;
  strm_func func;
  strm_value data;

  t = q->fo;
  q->fo = t->next;
  if (!q->fo) {
    q->fi = NULL;
  }

  strm = t->strm;
  func = t->func;
  data = t->data;
  free(t);

  (*func)(strm, data);
```

```
    return 1;
}
```

그림 2-42 큐의 추가 및 추출(발췌)

큐의 기본 구조는 strm_queue 구조체의 fo$^{first\ out}$ 멤버로부터 이어지는 링크 목록이다(그림 2-43). 추출은 fo에서 하나의 태스크를 추출하고, fo가 다음 태스크를 가리키도록 갱신한다. 추가는 링크 목록 끝의 태스크 next가 새로운 태스크를 지정하도록 링크시킨다. 매번 링크 목록을 조사해 끝을 찾는 것은 비효율적이기 때문에, fi$^{first\ in}$ 멤버로 끝을 가리킨다.

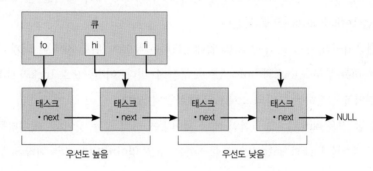

그림 2-43 링크 목록에 의한 큐

우선순위 구현

다음으로 우선순위 큐를 구현한다. 이것은 fi 및 fo 사이를 가리키는 hi$^{high\ priority\ input}$라는 포인터를 제공한다. 우선순위가 낮은(생산자) 작업을 추가할 때 이제까지 해온 것처럼 fi에 태스크를 추가한다.

그 이외의 작업의 경우에는 hi가 가리키는 '우선순위가 높은 태스크의 끝'에 태스크를 추가한다. 이렇게 하면 fi에서 연결 링크 목록 전반적으로 높은 우선순위 → 낮은 우선순위의 순서로 태스크가 정렬된다. 태스크에서 큐를 꺼낼 때 우선순위를 신경 쓰지 않고 앞부분에서 추출할 수 있다.

배타 제어

이 태스크 큐에 작업을 추가하는 스레드와 작업을 꺼내 실행하는 스레드는 대부분의 경우 다른 스레드일 것이다. 다시 말하면, 어느 스레드가 큐를 다시 작성하는 동안 다른 스레드도 쓰려고 하면 링크 목록의 무결성이 손상될 수 있다. 이 위험을 피하기 위해 여러 스레드가 동시에 업데이트를 시도할 수 있는 데이터 구조는 실제 업데이트가 독립적으로 이뤄지도록 배타 제어를 해야한다. 이를 위해 사용되는 것이 mutex다. 그림 2-41의 strm_queue_task 구조는 pthread_mutex_t 유형 mutex라는 멤버가 존재한다.

mutex의 사용법은 간단하다(그림 2-44). 먼저 초기화하고, 배타 제어를 할 필요가 있는 '위험 지역'을 lock과 unlock으로 묶는다.

큐의 구현은 q->fi, q->hi, q-> fo를 업데이트하는 부분이 '위험 지역'이 되기 때문에 이러한 작업을 하는 부분을 lock과 unlock으로 묶을 수 있다. 이것만으로 lock과 unlock으로 둘러싸인 영역을 실행하는 하나의 스레드로 제한할 수 있다.

조심해야 할 점은 mutex는 명시적인 배타 제어밖에 하지 않는 것이다. 데이터를 업데이트하는 프로세스를 lock과 unlock으로 둘러싸는 것을 잊어버리면 매우 귀찮은 상황이 발생할 것이다.

```
(1) 초기화
pthread_mutex_init(&mutex, NULL);

(2) Lock
pthread_mutex_lock(&mutex);

(3) Unlock
pthread_mutex_unlock(&q->mutex);
```

그림 2-44 pthread_mutex_t의 사용법

큐가 비었을 경우의 처리

또 처리할 부분은 큐가 비어 있을 때 어떻게 대처할지다. 수행해야 하는 태스크가 큐에 존재하지 않는 경우는 아무것도 할 수 없다. 태스크가 큐에 추가될 때까지 마냥 기다려야 한다.

가장 간단한 구현은 루프를 돌면서 큐를 자주 체크하며 태스크가 들어왔는지 확인하는 방법이다. 이러한 방법을 '비지 루프Busy loop'라고 한다. 그러나 비지 루프는 작업이 올 때까지 계속 루프를 돌기 때문에, 쓸데없이 CPU의 전력을 소비한다. 이러한 방식은 대기 시간이 짧은 것에 확신을 가질 때밖에 사용할 수 없다. 이번에 채용한 것은 POSIX thread 라이브러리 '조건 변수'라는 기능이다. 조건 변수는 상호 배타적 잠금 mutex와 함께 사용한다. 예컨대 그림 2-45의 프로그램의 (a) 부분처럼 mutex에 잠겨있는 사이에 pthread_cond_wait( )를 호출하면 다른 스레드에서 호출될 때까지 '대기' 상태에 들어간다.

```
(a) 조건 변수 대기 방법
pthread_mutex_lock(&mutex);
while (!fo) { // fo가 설정돼 있지 않을지도...
  pthread_cond_wait(&cond, &mutex);
}
pthread_mutex_unlock(&mutex);

(b) 조건 변수 발생 방법
pthread_mutex_lock(&mutex);
// 조건이 성립하는 처리
// 조건이 성립하면 '발생'
pthread_cond_signal(&cond, &mutex);
pthread_mutex_unlock(&mutex);

// 복수의 대기가 있을 때 signal은 그것 중 하나를 발생
// pthread_cond_broadcast는 전부 한 번에 발생시킴
```

그림 2-45 조건 변수 사용법

이번에는 큐의 태스크를 수행하려고 할 때 큐가 비어 있으면 pthread_cond_wait( )를 호출하고, 큐에 태스크가 추가될 때까지 기다리기로 했다. 배타 제어 및 조건 변수에 의한 '대기'를 추가한 버전은 그림 2-46과 같다. 그림 2-42와 비교해 보길 바란다(그림 2-46은 q-〉hi 대한 처리도 추가한다).

```
int
strm_queue_exec(strm_queue *q)
{
  struct strm_queue_task *t;
  strm_stream *strm;
  strm_func func;
  strm_value data;

  pthread_mutex_lock(&q->mutex);
  while (!q->fo) {
    pthread_cond_wait(&q->cond, &q->mutex);
  }
  t = q->fo;
  q->fo = t->next;
  if (t == q->hi) {
    q->hi = NULL;
  }
  if (!q->fo) {
    q->fi = NULL;
  }
  pthread_mutex_unlock(&q->mutex);

  strm = t->strm;
  func = t->func;
  data = t->data;
  free(t);

  (*func)(strm, data);
  return 1;
}
```

그림 2-46 큐에서 태스크 실행

중요한 점은 pthread_cond_wait( )를 둘러싼 조건 부분이 if 대신 while이라는 점이다. 사실 원래 코드는 if로 확인을 했지만, pthread_cond_wait( )는 조건이 성립하지 않는 경우에도 무슨 원인인지 값이 원래대로 돌아가 버리는 경우가 있어 점검이 필요하다고 지적했다. 역시 스레드 프로그래밍은 어렵다

태스크 추가에 대해서도 이와 마찬가지로 큐의 데이터를 조작하는 부분을 mutex의 lock과 unlock으로 묶고, 그 끝에서 pthread_cond_signal( )을 부른다.

멀티스레드 처리의 디버그

이와 같은 느낌으로 프로그램을 개발하지만, 매회 기사로 작성하는 내용에 맞게 Streem 처리 시스템을 어떻게 개발할까 생각하기도 한다. 결과적으로 '기사를 써야한다'는 사명감 때문에 느리지만 꾸준히 개발이 진행되고 있다.

이번에 설명하는 부분도 기사를 쓰면서 디버깅하고 있다. 물론 프로그램은 기대한 대로 작동하는지 확인하고 기사를 쓰고 있다. 그러나 처음부터 완벽한 프로그램이 만들어질 리는 없고, 수차례 디버깅을 반복하게 된다. 하지만 멀티스레드 프로그램의 디버깅은 힘들다. 이번 변경에 따라 Streem 처리계의 멀티스레드화가 진행됐기 때문에 더욱 힘들다.

싱글 스레드 프로그램이면 gdb 등의 디버거를 활용하면 되지만, gdb의 스레드 대응은 적어도 나에게는 사용하기가 쉽지 않았다. 내가 잘 몰라서 그런 것일 수도 있기 때문에 디버거를 활용한 스레드 프로그래밍의 디버깅에 정통한 분이 계시면 꼭 가르쳐 줬으면 한다. 그럼 어떻게 디버깅을 했냐는 물음에 대답을 하면, 부끄럽지만 원시적인 printf 디버깅을 활용했다. 이때 주의해야 할 점이 몇 가지 있다.

첫째 디버깅 출력을 stderr(표준 에러 출력)로 하는 것이다. 이를 통해 프로그램의 정상적인 출력 및 디버그 출력을 분리할 수 있다. 예를 들어

```
% a.out | wc
```

라고 하면, 표준 출력의 행 수와 문자 수, 단어 수를 표시할 수 있지만, 디버그 출력은 콘솔로 출력된다. 디버그 출력을 포함해 스크롤시키면 다음과 같이 표준 출력과 에러 출력이 같이 되는 것을 볼 수 있다.

```
% a.out |& lv
```

둘째 디버거에서 확인하고 싶은 값을 출력하는 fprintf를 섞어서 사용할 필요가 있다. 예를 들어 구조체의 멤버가 제대로 초기화됐는지, 올바른 순서로 처리가 실행되는지 등을 확인해야 할 경우가 발생한다. 이 때 유용한 것이 fprintf의 %p 지정자다. %p는 포인터의 주소를 표시해주는 형식 지정자다. 보통 주소는 16 진수 표기로, NULL의 경우는 '(nil)'로 표기해주는 것이 좋다.

셋째 커밋 때 git diff 등을 활용해 디버그 출력을 위한 fprintf가 모두 사라졌는지 확인하는 방법이다. 디버그 출력을 붙인 채로 전 세계에 공개하면 창피한 일이다.

구조체에 객체를 표현

지금까지 Streem 데이터는 구조체나 문자열을 void*로 캐스팅하고 전달했다. 타입 관련 오류는 스스로 조심해야 하며, 잘못하면 프로그램의 충돌이 발생해 버린다.

그러나 언어 처리 시스템으로서는 어떤 오브젝트를 가리키는지에 대한 타입 정보를 관리하고 싶을 것이다. Streem에서는 그림 2-47 같은 구조체를 사용해 오브젝트를 표현하기로 했다.

```
enum strm_value_type {
  STRM_VALUE_BOOL,
  STRM_VALUE_INT,
  STRM_VALUE_FLT,
  STRM_VALUE_PTR,
};

typedef struct strm_value {
```

```
  enum strm_value_type type;
  union {
    long i;
    void *p;
    double f;
  } val;
} strm_value;
```

그림 2-47 Streem의 오브젝트 표현

Streem 오브젝트를 표현하는 strm_value는 간단한 구조로 데이터를 표현하는 union(공용체)과 타입을 표현하는 type 멤버로 돼 있다. C의 데이터와 strm_value의 상호교환에는 그림 2-48에 표현한 함수를 사용한다. 이들 함수의 사용법에 대해서는 2-6장 이후에 상세히 설명한다.

```
strm_value strm_ptr_value(void*);
strm_value strm_bool_value(int);
strm_value strm_int_value(long);
strm_value strm_flt_value(double);

#define strm_null_value() strm_ptr_value(NULL)

void *strm_value_ptr(strm_value);
long strm_value_int(strm_value);
int strm_value_bool(strm_value);
double strm_value_flt(strm_value);
```

그림 2-48 strm_value 변환 함수

오브젝트의 표현 방법으로 이번에 채용한 구조체를 사용하는 방법 이외에도, 파이썬에서 채용하는 수치도 포함해 전부 포인터로 표현하는 방식과 LuaJIT에서 채용하는 부동소수점 숫자에 할당해 버리는 'NaN Boxing' 방식, 루비에서 채용하는 정수만 포인터에 할당하는 '태그 포인터' 방식 등이 있다. 이 부분도 상당히 흥미 있는 기술이어서 나중에 자세히 설명하겠다.

가비지 컬렉션

오브젝트를 만들 수 있게 되면, 이번에는 사용하지 않는 오브젝트를 회수해야 한다. 즉 가비지 컬렉션[GC, garbage collection]이 필요하다.

가비지 컬렉션을 실현하는 방법에는 여러 가지가 있지만, 이번에는 그중에서도 가장 쉬운 방법인 libgc를 사용하려고 한다.

libgc의 정식 명칭은 'Boehm-Demers-Weiser's GC'라고 부르며, 라이브러리 타입의 가비지 컬렉터다. 원칙적으로 C나 C++ 프로그램이 라이브러리를 링크하는 것만으로 malloc으로 할당된 메모리 영역이 사용되지 않게 되면 저절로 회수해 주는 마법 같은 라이브러리다. 스레드도 지원하기 때문에 Streem에 딱 맞다.

libgc를 사용하려면 먼저 라이브러리를 설치해야 한다. apt-get 등의 패키지 매니저를 사용해 libgc 패키지를 설치한다. 패키지 이름은 데비안[Debian] 계열 리눅스(우분투)에서는 libgc-dev, 레드햇[RedHat] 계열(페도라[Fedora] 등)에서는 libgc-devel이다.

```
% apt-get install libgc-dev
```

설치 후에는 프로그램의 코드 앞부분에 다음 코드를 호출하고, 표 2-2 같이 프로그램을 수정한다.

```
GC_INTI();
```

표 2-2 libgc 수정 방법

원 함수	libgc 대응
malloc(size)	GC_MALLOC(size)
realloc(p,size)	GC_REALLOC(p,size)
calloc(n,size)	GC_MALLOC(n*size)
free(p)	GC_FREE(p) 또는 삭제

calloc( )과 free( )에 대한 보충 설명이 필요할 것 같다. calloc( )은 할당된 메모리 영역을 제로로 클리어하는 함수이지만, libgc에는 해당 기능이 없다. 그러나 GC_MALLOC( )는 할당된 메모리 영역이 클리어됐음을 보증하기 때문에 인수만 조정하면 된다. free( )에 대한 가비지 컬렉션을 수행하는 libgc의 특성상 원래 불필요하기 때문에 기본적인 대응은 free( )의 호출을 제거해도 된다.

그러나 어떤 사정이 있어 강제로 해제하려는 경우에는 GC_FREE( )를 사용할 수 있다. 이 경우 사용 중인 메모리 영역을 무심코 열어 버리는 버그를 도입하지 않도록 사용자가 주의해야 한다.

프로그램 수정 후에는 Makefile을 다듬고 libgc를 링크하도록 하면 끝이다. 얼마나 간단한가?

적어도 당분간은 가비지 컬렉션에 libgc를 사용한다. 그러나 libgc도 만능은 아니다. 포인터 값을 가공하는 기법을 사용한 경우에는 제대로 GC를 할 수 없으며, 내부적으로 어셈블러 코드를 이용하는 관계로 모든 플랫폼에 대응하기도 어렵다.

하지만 Streem 오브젝트가 이뮤터블immutable이라는 특성은 레퍼런스 카운트 방식의 GC및 세대별 GC의 구현에 유리하다. 이 점을 이용하면 범용 GC인 libgc보다 효율적인 GC가 구현될 수 있을지도 모르겠다. 이 부분의 고찰은 향후 도전 과제로 남겨 본다.

'방치'해 온 구문 분석의 진척

이처럼 최근에는 이벤트 루프의 개발에 올인하는 동안 구문 분석 부분은 방치하고 있었다. 하지만 방치했다고 해서 진척이 없는 것은 아니다. Streem 개발 초기에 Go에서 독자적으로 처리 시스템(Streeem)을 개발한 mattn(마츠모토 야스히로)을 중심으로 풀 리퀘스트를 보내 주시는 개발자들이 있어 다음과 같이 진행할 수 있었다.

- 구문 트리의 생성
- 간단한 인터프리터

내가 주도하지도 않았는데 긴밀한 커뮤니케이션도 없이 개발이 진행되는 것은 놀라운 일이다. Streem의 개발은 내 오픈소스에 대한 시각을 자주 바꿔 놓는다.

맺음말

Streem 코어 구현도 멀티스레드에 대응해 점차 완성도가 높아지고 있다. 그러나 아직 언어로는 완성된 게 아니다. 이제 구문 분석부와 코어부를 결합해 언어 처리 시스템으로 작동할 수 있도록 하고 싶다. 나중에 기대해 주시길!

가비지 컬렉션에서의 실수

2015년 4월호에 실린 글이다. 이벤트 루프에 의한 태스크 처리의 멀티스레딩을 구현하고 있다. 이번에는 mutex를 사용한 우선순위가 있는 큐에서 멀티스레드화를 구현했다. 사실이 부분은 이후 락프리 알고리즘 등으로 완전히 대체되지만, 시행착오의 기록으로 그대로 게재한 것이다.

하지만 이제 와서 원고를 다시 읽으면 당시 디버그 때문에 고생한 기억이 난다. 푸념이지만 멀티스레드 프로그래밍 디버깅이 정말 어렵다. 버그 발생이 타이밍에 의존하기 때문에 어떤 상태에서 문제가 발생했는지 상태 재현이 상당히 어렵기 때문이다. 프로그램 상태를 알기 위해 디버거를 사용하거나, 또는 프로그램에 printf 삽입 등을 하면 실행의 타이밍이 맞지 않아 버그를 확인할 수 없는 경우가 태반이라 눈물이 나올 것 같을 정도였다. 이후에도 이벤트 루프 구현에는 여러 가지 손을 대고 있지만 솔직히 말을 하면 지금도 Streem 이벤트 루프에 버그가 없다는 확신은 못하겠다. libgc의 이용에 대해서도 보충할 것이 있다. 잡지 게재 시에는 표 2-2 같은 프로그램의 수정이 없었다. 굉장히 오래된 버전의 libgc는 malloc() 등의 함수를 대체해 libgc를 연결하는 것만으로 가비지 컬렉션을 했던 기억이 있어서 제대로 된 검증도 없이 원고를 쓰고 말았다.

샘플 프로그램이 정상적으로 작동하고 있었기 때문에 당시에는 눈치채지 못했지만, 이것은 가비지 컬렉션을 하던 것이 아니라 메모리를 할당했지만 완전히 개방하지 않았던 것이다. 샘플 프로그램에서 처리하는 데이터가 크지 않았기 때문에 문제가 발생하지 않았을 뿐이었다. 부끄러울 따름이다.

2-6 캐시와 심벌

이번에는 Streem의 구현을 통해 메모리 액세스 상세에 대해 배운다. 멀티코어 환경에서는 캐시의 효과적인 활용이 특히 중요하다. 그리고 언어 설계를 통해 심벌이라는 타입에 대해 설명하겠다.

2-5장에서 멀티코어를 활용하기 위해 멀티스레드를 지원하게 됐지만 하나 깨달은 점이 있었다. 2-5장의 구현은 파이프라인에 태스크가 병렬로 있을 때, 여러 코어를 최대한 활용할 수 있도록 각 태스크를 별도의 스레드에 할당했다. 그러나 냉정하게 생각하면 이것은 별로 좋지 않은 전략이었다. 태스크의 수가 적은 경우에는 그다지 영향은 없지만, 태스크의 수가 많아지면 의외의 점에서 실행 성능에 영향을 줄 것 같다는 점을 깨달았다.

향후 개선을 위해 먼저 이 문제에 대해 생각해보자.

■ 캐시의 효과적 활용

여기에서 고려해야 할 것은 메모리 액세스 속도의 문제다. 우리는 평소 프로그램을 작성할 때, 메모리 액세스에 얼마나 시간이 걸리는지 등을 고려하는 일은 별로 없다. 원래 변수가 메모리에 할당된 것인지, CPU 레지스터에 할당하는지조차 많은 경우에는 신경을 쓰지 않는다. 그러나 CPU에 있어서 데이터를 꺼낼 때, 어디에서 가져올지는 하늘과 땅만큼 차이가 있다.

CPU는 레지스터에서 1클럭 단위로 데이터를 가져올 수 있다. 2GHz의 CPU라면 1클럭은 0.5나노초(20억분의 1초)다. 그런데 동일한 데이터가 메인 메모리에 있을 경우에는 외부 버스에 액세스해 느리지만 대용량의 메모리에서 데이터를 찾아 전송해야 한다. 따라서 몇백 배나 훨씬 긴 시간이 걸린다.

그동안 CPU는 필요한 데이터가 없기 때문에 기다려야 한다. 이는 매번 메인 메모리에서 데이터를 검색하고는 CPU가 원래 속도의 몇백 분의 1의 성능 밖에 발휘하지 못하는 셈이 된다.

캐시의 고속화

위와 같은 문제를 해결하기 위해 오래 전부터 CPU에서는 '캐시'라는 구조에서 이 문제를 해결하고 있다.

'캐시'의 영어 철자는 'cache'다. 현금 'cash'와는 조금 다르다. 'cache'라는 원래 프랑스어로 '시렁', '창고'라는 의미가 있다고 한다. 의미가 조금은 변형돼 컴퓨터의 세계에서는 '한 번 꺼낸 데이터, 혹은 자주 액세스하는 데이터를 일시적으로 저장하는 기억 영역'이라는 의미로 사용된다.

구체적으로는 CPU에 직결된, 작지만 고속의 저장 공간을 제공해 메모리에서 가져온 데이터를 이 '캐시 영역'에 저장한다. 다시 동일한 주소에 대한 액세스가 발생한 경우에는 느린 메인 메모리에 액세스하지 않고 캐시 데이터를 사용한다. 이를 통해 메모리 액세스 대기에 의한 성능 저하를 방지하려는 것이다.

다단 캐시 작성

그러나 빠른 캐시는 그만큼 용량을 크게 할 수 없다. 현재 내 수중에 있는 컴퓨터(CPU: Intel Core i7 2620M)는 데이터용과 명령용으로 각각 64K 바이트씩밖에 탑재돼 있지 않다. 이 용량은 2015년 시점의 최신 CPU에서도 바뀐 점은 없다. 그래서 캐시에 반영이 안 된 데이터에 대한 액세스를 최대한 줄이기 위해 현대의 CPU는 캐시를 다단으로 탑재한다(그림 2-49). 예를 들어 Core i7의 경우 64KB는 레벨 1(L1) 캐시이고, 여기에 L1 캐시 정도로 빠른 것은 아니지만, 그것보다 큰 용량의 레벨 2(L2) 캐시가 512KB, 이보다 더 큰 용량 레벨 3(L3) 캐시가 4MB 탑재돼 있다.

많은 프로그램은 같은 주소 데이터에 자주 액세스하는 경향이 있기 때문에, 4M 바이트 캐시가 있으면 상당한 확률로 느린 메인 메모리에 액세스하지 않아도 된다.

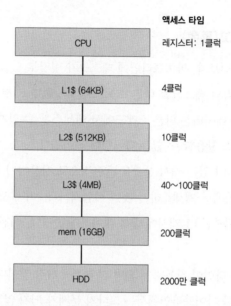

그림 2-49 다단 캐시. 이 클럭 비율은 어디까지나 개략적으로 계산한 것이다.
엑세스 타임은 CPU별로 다르고, 클럭 이외의 요소도 있어 정확한 수치를 표시하기는 힘들다.
'L1$'의 '$'는 '캐시'의 표시로 cache(캐시)와 cash(현금)의 발음이 비슷한 데서 유래한다.

데이터의 갱신 과제

멀티코어 환경에서 L1 캐시는 코어별로 독립적으로 갖고 있고, L2, L3 캐시는 코어끼리 공유하는 경우가 많다.

그런데 캐시는 어디까지나 일시적인 데이터 저장 장소이기 때문에, 데이터 갱신이 발생했을 때 나중에 그것을 참조할 수 있도록 데이터를 메인 메모리에 다시 쓸 필요가 있다. 또 다른 코어가 메모리에 데이터를 덮어쓸 경우 현재 갖고 있는 캐시의 데이터는 오래돼 의미 없는 것이 돼 버린다. 오래된 캐시는 무효화하고 다시 데이터를 로드할 필요가 있다.

이것은 사실 매우 복잡한 문제에서 프로그래밍에 대한 속담에 "컴퓨터 과학의 난제가 두 개 있다. 이는 캐시 무효화 및 변수 네이밍이다(Phil Karlton)."라는 말이 있을 정도다. 여기에서는 그 난제에 발을 들이지는 않을 것이다. 보기 쉽게 보이는 메모리 액세스도 CPU 내부는 매우 복잡한 일이 벌어지고 있다는 것만 소개해 둔다.

파이프라인에 대한 재고(再考)

이야기를 원점으로 돌려보자. 파이프라인에 태스크가 병렬로 있을 때, 여러 코어를 최대한 활용할 수 있도록 각각의 태스크를 다른 스레드에 할당한다고 첫머리에서 말했다. 그러면 파이프라인을 흐르는 데이터는 다른 스레드에서 액세스할 수 있게 된다. 이렇게 되면 빠른 L1 캐시에 대한 액세스 활용할 수 있는 타이밍이 적어진다.

결국 매우 엄격한 제한이 있는 캐시 용량을 효율적으로 사용하기 위해서는, 동일한 데이터는 최대한 동일한 코어에서 액세스하는 것이 바람직하다. 여러 코어에서 동일한 데이터에 액세스를 해 버리면 귀중한 L1 캐시에 중복 데이터가 반영돼, 이전 데이터는 삭제되는 현상이 발생한다.

이 현상은 여러 파이프라인이 작동하게 되면 더욱 두드러질 것이다. 현재 Streem에서 수행할 수 있는 아주 간단한 파이프라인에서는 그다지 문제가 되지 않는 '캐시의 낭비'가 파이프라인이 복잡해지면 표면화될 것으로 생각되기 때문이다.

동일 코어로 움직임은 빠르게

예를 들어 그림 2-50의 (1) 같은 파이프라인을 생각해 보자. 최초의 태스크에서는 표준 입력에서 1줄의 문자열을 읽어 들인다. 읽어 들인 문자열 데이터는 L1 -> L2 -> L3 캐시를 경유해 최종적으로 메인 메모리에 작성하게 된다(그림 2-50의 (2)).

문자열을 대문자로 바꾸는 다음 태스크는 별도의 스레드, 다시 말해 별도의 코어에서 실행된다면, 이 데이터는 해당 코어의 L1 캐시에 타지 않을 것이므로 L2 캐시를 찾으러 나가게 된다. 코어 간에 공유하는 경우가 많은 L2 캐시에 데이터가 남아있기를 기대할 수 있다. 이 경우 L2 캐시를 읽어 들이는 것은 종료돼 있을 것이다. 또는 다른 파이프라인이 동시에 실행된 경우에는 L2 캐시가 가득 차 있을지도 모른다. 이 경우 L3 캐시, 거기도 꽉 차면 메인 메모리에 엑세스하게 된다.

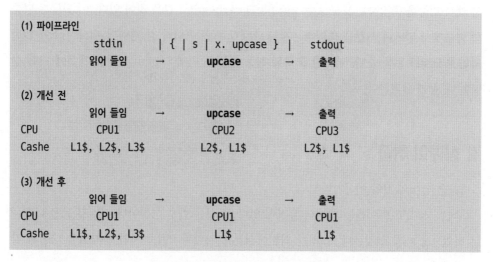

그림 2-50 파이프라인상의 태스크와 캐시

한편 동일한 파이프라인의 태스크를 가능한 한 동일한 코어에 할당하도록 한 경우, 캐시에 대한 액세스는 그림 2-50의 (3)처럼 된다. 같은 코어에 태스크를 실행하는 경우 데이터가 L1 캐시에 남아 있음을 기대할 수 있기 때문에, 캐시가 넘치지 않으면 고속의 L1 캐시에 대한 액세스만으로 해결될 수 있다.

캐시를 의식한다

이처럼 현대의 CPU에서 실행되는 소프트웨어의 실행 성능은 캐시의 활용이 큰 영향을 미친다. 소프트웨어에서 캐시에 대한 액세스는 '투과적'이며, 성능 이외의 점에서 그 존재가 느껴지지 않도록 돼 있다. 하지만 성능에서 큰 차이를 낳는다. 캐시를 활용하지 않는 경우 몇십 배 느려질 수 있다. 21세기의 빠른 소프트웨어 개발에 캐시를 활용하는 것은 중요하다.

그렇다고는 하지만, 보이지 않는 만큼 캐시의 활용은 상당히 어렵다. 또한 스레드가 연관되면 캐시의 상태를 이해하는 것은 인간에게 가능한 영역을 넘어서는 일이 아닐까 생각한다.

어림짐작으로 프로그램을 개선해도 성능 향상으로 잘 이어지지는 않는다.

그런 경우에는 측정이다. 올바른 측정이야말로 성능 향상의 최선의 방법이다. 리눅스에서 캐시 기능을 측정하는 도구로는 oprofile과 cachegrind 같은 것이 있다. 이 도구는 단순히 함수에서 얼마나 시간을 소비하는지를 측정할 뿐만 아니라 각 명령어 캐시 미스에 의한 지연 등도 리포트해 준다. 이러한 도구의 사용 방법은 미래 Streem의 성능 개선에 대해 설명할 때 함께 살펴본다.

■ 심벌의 취급

다음은 언어의 사양 이야기다.

루비는 '심벌Symbol'이라는 데이터 유형이 있다. 이것은 변수 이름이나 식별자 등을 나타내는 타입으로 이름을 갖는다. 그러한 의미에서는 문자열과 비슷하지만 문자열은 다음과 같은 점에서 다르다.

- 같은 이름을 가진 심벌은 1개밖에 없다.
- 그 결과 일치 판정이 빠르다(내용을 체크할 필요가 없다).
- 루비의 문자열 같이 내용을 변경할 수 없다.

루비에서 이 빠른 속도를 이용해 메소드명, 변수명 지정 및 키워드 인수 맵의 키 같은 심벌을 널리 사용하고 있다.

루비의 심벌은 Lisp로부터 물려받은 것이다. 원래 루비 개발 전부터 Lisp의 강한 영향을 받던 나로서는 심벌의 도입은 극히 당연한 일이라고 생각했다.

Lisp의 심벌

1958년에 만들어진 Lisp에서 심벌은 리스트와 함께 Lisp 기본 데이터 타입 중 하나다. 첫 번째 버전의 Lisp에도 심벌이 존재했다고 한다. 그 시대에는 오히려 문자열이 존재하지 않았다. 문자열 타입이 없었던 때는 심벌을 대신 사용했다고 들었다. 심벌은 문자열보다 오래된 데이터 타입이다.

Lisp에서 심벌은 다양한 곳에 사용된다. Lisp에서는 프로그램 자체도 리스트 구조로 표현되지만, 거기에 등장하는 변수 및 함수 이름 등 이름에 관한 것은 모든 심벌로 표현된다(그림 2-51). 심벌 없는 Lisp 등은 생각할 수 없다.

```
; Lisp에 의한 팩토리얼 프로그램
(defun fact (n)
    (if (eq n 1)
        1
      (* n (fact (- n 1)))))
; 밑줄 처리한 부분이 심벌이다.
```

그림 2-51 Lisp 프로그램 중 심벌

초보자의 당혹감

그래서 루비도 심벌을 도입했지만, Lisp를 잘 알지 못하고 루비를 배우는 사람들 중에는 왜 문자열과 심벌이 다른지 이해하기 어려운 사람이 있을 수 있다.

나로서는 기호와 문자열이 다른 것은 너무 당연하므로, 처음엔 무엇에 불만이 있는지 이해할 수 없었다. 그러나 여러 번 같은 불평을 듣고 나서 불만의 이유와 배경을 점차 이해하게 됐다.

즉 내부 데이터를 취하는 방법은 어쨌든, 외부에서 보면 문자열 및 심벌은 같은 '문자의 열로 표현되는 내용'을 가진 존재로 보인다. 그런 관점에서 심벌은 단순히 변경할 수 없는 문자열인데, 왜 적용할 수 있는 작업(메소드)이 압도적으로 적어 불편하게 보이는 것이다. "불편하니까 문자열 같은 메소드를 준비하자."라든가 "문자열과 심벌을 통일하자."는 요청을 여러 번 받았다. 그래서 결국 "아, 문자열과 심벌에 대한 시각이 나와 근본적으로 다르다."라는 사실을 이해할 수 있게 됐다. 이런 '오해' 혹은 '인지의 차이'가 발생하는 것은 루비만큼 강하게 Lisp의 영향을 받지 않은 언어에는 심벌 같은 것이 등장하지 않기 때문이다. 하지만 이들 언어도 내부적으로는 심벌의 기능을 다른 방법으로 지원한다.

다른 언어에서의 심벌

그럼 심벌이 없는 언어는 심벌의 기능을 어떻게 구현할까?

가장 쉬운 방법은 모든 일반 문자열로 대체하는 것이다. 내부 식별자(이름) 관리에도 일반 텍스트를 사용하는 것은 그리 어려운 일이 아니다. 다만 그만큼 성능을 걱정해야 한다.

일반 문자열을 식별자로 사용하는 것의 가장 큰 단점은 비교 문자열의 길이에 비례해 처리 시간이 길어진다는 점이다. 문자열 'abcd'와 'abce'의 차이를 판정하기 위해서는, 한 문자씩 비교하고 네 번째 문자까지 체크해야 한다. 식별자처럼 자주 비교되는 것에 일반 문자열을 사용하면 성능 문제를 일으키기 쉽다.

그래서 파이썬 같은 일부 언어는 심벌을 도입하는 대신 문자열에 특별한 연구를 해 성능 문제를 해결한다.

구체적으로 특정 조건을 충족하는 문자열에 대해서는, 동일한 내용을 갖는 것은 동일한 오브젝트를 반환하게interning 해 내용을 보지 않고 일치 검사를 할 수 있도록 한다.

일정한 조건은 파이썬의 경우 다음 두 가지 중 하나다.

- 일정한 길이(디폴트의 경우 20문자)이하의 문자열 리터럴
- 명시적으로 'intern'한 문자열

한편 루아Lua의 경우 원칙적으로 모든 문자열이 심벌화된다. 즉 동일한 내용을 갖는 문자열은 모두 같은 오브젝트로 취급한다.

이것이 가능한 것은 파이썬과 루아에서 문자열이 불변, 즉 내용을 변경할 수 없기 때문이다. 루비처럼 문자열의 내용을 변경할 수 있는 언어에서는 이러한 선택은 할 수 없다. 어려운 트레이드오프다.

Streem에서의 심벌

이제 Streem의 이야기로 돌아가보자. Streem 같은 언어도 심벌에 해당하는 것이 필요하다. 이것을 어떻게 할지는 언어 설계에 중요한 판단이 된다.

루비처럼 독립된 심벌이라는 데이터 타입을 도입할지, 파이썬 또는 루아 같은 문자열을 사용한 후에 심벌적인 사용 방법을 지원하는 구조를 도입할지, 어느 쪽이 더 좋을까?

사실 Streem의 설계 정책 중 하나가 '그렇게 애착이 없고, 명백한 기술 우위가 없는 경우, 루비와는 다른 선택을 할 것'이라는 내용이었다. Streem 객체가 원칙 변경 불가인 점이나 블록 구조의 표현에 중괄호(⦃⦄)를 사용하는 것도 이 정책 때문이다. 이런 입장으로, 심벌은 루비와는 다른 방식을 채용하고자 한다. 다행히 Streem에서 문자열을 변경할 수 없는 사양으로 정했기 때문에, 파이썬 등과 같이 문자열에 심벌로서의 역할도 부여할 수 있다.

문자열 생성 함수의 수정

구체적으로 어떻게 하는가 하면, Streem 문자열 생성 함수를 수정해 같은 내용의 문자열은 같은 문자열이 되도록 변경한다.

새로운 문자열 생성 단계는 다음과 같다.

1. 문자열 객체를 등록하는 해시 테이블을 준비한다. 해시 테이블은 포인터(const char *)와 길이(size_t)를 키로 문자열 오브젝트(struct strm_string *)를 값으로 한다.
2. 문자열 생성을 위해 전달된 데이터(포인터와 길이)에서 해시 테이블을 검색하고, 이미 등록돼 있으면 해당 문자열 오브젝트를 반환한다.
3. 등록돼 있지 않으면 문자열 오브젝트를 생성하고 해시 테이블에 등록한다.

여기까지는 그다지 어렵지 않다. 실제로 이 절차에 따라 문자열 객체를 생성하는 함수 strm_str_new( )를 그림 2-52에서 보여준다.

주의해야 할 점은 해시 테이블에 khash라는 라이브러리를 사용하는 것이다. 이 khash에서는 헤더 파일을 포함시키는 것만으로도 해시 테이블을 사용할 수 있게 해 준다. 매크로를 활용해 템플릿 타입 같은 것도 실현하고, 임의 타입의 키와 값에도 적용 가능하다.

```c
#include "khash.h"

/* 해시 테이블의 정의 */
KHASH_INIT(sym, struct sym_key,
  struct strm_string*, 1, sym_hash, sym_eq);

/* 심벌을 등록하는 해시 테이블 */
static khash_t(sym) *sym_table;

/* 문자열 오브젝트의 할당 */
static struct strm_string*
strm_str_alloc(const char *p, size_t len)
{
  struct strm_string *str
    = malloc(sizeof(struct strm_string));

  str->ptr = p;
  str->len = len;
  str->type = STRM_OBJ_STRING;

  return str;
}

/* 문자열 오브젝트 생성 함수 */
struct strm_string*
strm_str_new(const char *p, size_t len)
{
  khiter_t k;
  struct sym_key key;
  int ret;

  /* 심벌 테이블 초기화 */
  if (!sym_table) {
    sym_table = kh_init(sym);
  }
  /* 심벌 테이블에 들어 있는가 */
  key.ptr = p;
  key.len = len;
  k = kh_put(sym, sym_table, key, &ret);
```

```
/* 들어 있다: ret == 0 */
/* 들어 있지 않다: k 위치에 삽입 가능 */

if (ret == 0) { /* found */
  /* 찾으면 이를 반환한다 */
  return kh_value(sym_table, k);
}
else {
  /* 없으면 객체를 할당한다 */
  struct strm_string *str;

  /* allocate strm_string */
  if (readonly_data_p(p)) {
    /* ReadOnly 영역이라면 복사는 필요 없음 */
    str = strm_str_alloc(p, len);
  }
  else {
    /* 문자열 데이터를 복사한다 */
    char *buf = malloc(len);
    if (p) {
      memcpy(buf, p, len);
    }
    else {
      memset(buf, 0, len);
    }
    str = strm_str_alloc(buf, len);
  }
  /* 생성한 객체를 테이블에 등록 */
  kh_value(sym_table, k) = str;
  return str;
}
}
```

그림 2-52 심벌 지원 strm_str_new()

스레드 문제

이제 Lua와 마찬가지로 문자열을 심벌처럼 처리할 수 있게 됐다. 동일한 내용을 갖는 문자열은 같은 객체가 되게 했다.

그러나 사실 이것은 불완전하며, 적어도 두 가지 문제가 남아 있다. 첫 번째 문제는 스레드다. 그림 2-52의 프로그램은 심벌 테이블에 대한 참조 및 등록을 포함하지만, 여러 스레드가 동시에 심벌 테이블에 액세스하면 최악의 경우 데이터가 파괴돼 버린다. 이를 위해 배타 제어를 도입하는 등 어떤 방법으로든 스레드를 지원해야 한다. 생각해낸 아이디어는 두 개다. 하나는 심벌 테이블 액세스(구체적으로는 kh_put 호출)를 mutex로 묶는 것이다. lock/ unlock에는 매번 최소 100ns은 걸리지만 오차 범위 내다. 이 방식은 몇 줄만 추가하면 되므로 상당히 쉽게 대응할 수 있다.

다른 아이디어는 심벌 테이블에의 등록을 이벤트 루프가 시작되기 전 아직 멀티스레드 실행에 들어가기 전에만 하는 것이다. 멀티스레드 실행은 심벌 테이블에 등록되지 않는다. 이 방법은 배타 제어가 불필요한 만큼, 멀티스레드 환경에서의 성능 저하가 없거나 적은 상황을 기대할 수 있다.

실제 문제, 심벌이 되는 문자열이 만들어지는 것은 프로그램의 초기화 단계임을 예상할 수 있으므로, 이제 잘 될 것 같은 생각이 든다. 그러나 구현이 다소 복잡할 수 있는 것처럼 문자열에서 심벌 테이블에 등록되지 않는 내용이 존재하기 때문에 이에 대응할 필요가 있다.

두 아이디어를 비교하면 전자의 것이 압도적으로 뛰어나 보인다. 따라서 이번 구현에서는 mutex를 사용하지만, 다음에 말하는 문제에 대한 대처를 감안할 때 향후 다른 아이디어, 특히 후자에 대해서도 검토할 필요가 있다.

심벌 가비지 문제

두 번째 문제는 내가 '심벌 가비지 문제'라고 부르는 것이다. 여기에서는 문자열을 처리할 때마다 모든 문자열을 심벌 테이블에 등록한다. 다양한 종류의 문자열이 등장하면 그만큼 심벌 테이블에 등록된 문자열이 늘어나고, 메모리를 압박할 위험이 있다. 문자열과 심벌이 분리돼 있고, 그런 위험이 많지 않을 것 같은 루비조차도 외부 입력 심벌을 생성해 메모리를 소모하고, 프로그램의 실행을 방해하는 취약성이 발견된다. 따라서 루비는 2014년 1월에 출시된 루비2.2에서 심벌도 가비지 컬렉션의 대상이 됐다. 루비2.2이상에서는 사용되지 않은 심벌은 자동으로 회수된다.

물론 Streem에서도 비슷한 문제가 발생할 위험이 있다. 미래를 위한 대책이 필요하다.

하지만 이 문제는 당장 급하게 처리할 필요가 없는 타입이다. 그래서 여기에서는 생각만 해놓고 앞으로의 과제로 남긴다.

심벌의 GC

그러면 '심벌 가비지 문제'의 향후 대처로 어떤 대책을 생각할 수 있을까?

하나는 루비처럼 심벌도 쓰레기 수집의 대상으로 하는 것이다. 이 경우 심벌 테이블에서 문자열에 대한 참조는 '약한 참조'(참조하지만 가비지 컬렉션의 보호 대상이 되지 않는 참조)로서, 문자열 오브젝트가 회수되는 타이밍에서 심벌 테이블에서 제거되는 것이다.

다른 하나는 파이썬 같은 조건을 충족시키는 것만 심벌 테이블에 등록해 테이블의 비대화를 피하는 것이다. 앞에서 설명한 심벌 테이블에 등록하는 문자열과 그렇지 않은 문자열이 등장하는 방식이다.

그러나 이 방식에는 몇 가지 단점이 있다. 먼저 심벌 테이블에 등록되지 않은 문자열이 존재한다는 사실은 결국 문자열의 내용 비교가 필요한 상황이 자주 발생할 위험이 있다. 그러면 모처럼의 심벌의 장점을 잃어 버리게 된다. 또한 이 방법만으로는 결국은 심벌 테이블의 비대화를 완전히 피할 수는 없다. 사실, 파이썬에서도 명시적으로 등록된 문자열은 가비지 컬렉션 대상으로 한다.

이런 점을 고려하면 향후 '심벌 가비지 문제'에 대한 대처는 심벌의 가비지 컬렉션(GC)으로 대응해야 한다는 것을 알 수 있다.

그러나 현재 Streem은 메모리 관리에 libgc(Boehm-Demers-Weiser's GC)를 사용하기 때문에 동적으로 할당(malloc 한) 영역의 릴리즈에 대해 걱정할 필요가 없다. 그러나 앞에서 말한 약한 참조 등을 구현하기는 어렵다. 심벌의 가비지 컬렉션을 실현하기 위해서는 더 세밀한 제어를 위해 libgc를 버리고 자기 부담의 쓰레기 수집을 구현할 필요가 있기 때문이다.

맺음말

이번에는 캐시 및 메모리 액세스 비용에 대해, 그리고 프로그래밍 언어의 심벌 디자인에 대한 동시 진행으로 설명했다.

메모리 액세스처럼 당연한 듯이 보이는 것조차 평소 보이지 않는 캐시 같은 구조에 의해 지원되는지, 또 해당 캐시 행태에 따라 소프트웨어의 성능이 몇 배 또는 수십 배나 바뀔 가능성이 있다는 것은 흥미로운 점이다.

프로그래밍 언어의 식별자(이름) 처리를 어떻게 할지 같은 얼핏 보기에 하찮게 보이는 것조차 고려해야 할 내용이 많이 있다. 이것도 잘 알려지지 않은 언어 설계의 흥미로운 점이다.

타임머신 칼럼

세대 차이에 의한 인식의 편향

2015년 5월호 게재 내용이다. 현대의 컴퓨터는 우리의 상상 이상으로 복잡하게 돼 있고, 때때로 의외로 동작을 한다. 캐시의 존재에 의한 실효성의 변화는 그중 하나다. 우리들이 사용하는 프로그래밍 모델에서 데이터는 이차원 기억 영역[1]에 있는 파일과 일차원 기억 영역인 힙 또는 변수밖에 보이지 않지만, 실제로는 변수는 레지스터에 할당된 것과 메모리에 할당되어 있는 것이 있어, 외견상으로는 동일하지만, 엑세스 시간은 천양지차다. 또한 메모리에 할당 된 변수와 힙(heap)에 대한 액세스도 캐시를 타고 있는 여부에 따라 액세스 시간이 달라진다. 이 부분을 조심하며 프로그래밍할 수 있는지가 소프트웨어 성능에 크게 영향을 준다.

하지만 현재 Streem의 구현은 효율성을 전혀 고려하지 않은 것도 있고, 성능이라는 관점에서 캐시를 인식하는 단계까지 아직 도달하지 않았다. 이 기사는 Streem을 위한다기보다는, 소프트웨어 성능에 대한 읽을 거리로 받아들여주면 좋겠다. 또 다른 테마인 심벌에 대해 조금 말해 두면, 본문에서도 설명했지만 원래 Lisp에 강한 영향을 받은 나로서는 기호와 문자열 구분은 너무 자명한 것으로 생각해 의문을 가져본 적이 없다. 그러나 Lisp의 내용을 잘 모르는 '젊은' 세대에게는 이 구분이 무의미하게 느껴졌다고 하는 점은 매우 흥미로웠다. 내가 자명하게 생각한 것이 배경에 의존하는 '인식의 편향'의 전형적인 예시였음이 보였기 때문이다. 시대와 배경이 변화하면 상식도 변화한다는 사실을 실감했다.

---

1 보조 기억 영역 – 옮긴이

2-7 추상 구문 트리(AST) 로의 변환

이번에는 Streem의 구문 분석기에 손을 좀 봐서, 그럭저럭 언어로 동작을 할 때가지 끌고 가 보려 한다. 먼저 구문 분석을 해서 그 결과를 추상적 구문 트리로 변환한다. 이를 가상 머신의 기계어로 변환하면 실행 효율을 높일 수 있지만, 우선은 '움직이게' 하는 게 목표다.

Streem 내부 구조는 조금씩 완성돼 왔지만, 아직 언어로 충분히 작동하지 않는다. 그래서 이번에는 구문 분석기를 손을 봐 그럭저럭 언어로 움직이도록 만들어 보려 한다.

그 전에 2-6장을 다시 살펴보자. 2-6장에서는 '심벌'에 대응하기 위해 모든 문자열을 테이블에 등록하고, 같은 내용의 문자열이 같은 오브젝트가 되도록 구현했다.

그 후 몇 가지 실험을 반복했는데, 결과가 별로 좋지 않았다. 모든 문자열 테이블에 등록하면 로드 데이터가 증가함에 따라 소비하는 메모리가 예상보다 커져 버리기 때문이다.

2-6장에서도 설명했듯이 루아가 이런 방식을 채택하기 때문에 그다지 문제가 없을 거라 생각했다. 그러나 역시 믿음보다는 직접 측정하는 것이 중요하다.

새로운 심벌 지원 기법

그래서 새롭게 다음과 같은 지원을 하기로 했다.

먼저 이벤트 루프에 들어가기에 앞서, 단일스레드일 때는 배타 제어에 대해 걱정할 필요가 없기 때문에 문자열 생성 시점에서 심벌 테이블에 등록할 수 있다. 그러나 파이썬의 방법을 참고해 일정한 길이 이상 (우선 64자 이상) 문자열은 심벌 테이블에 등록하지 않는다.

이벤트 루프가 시작하고, 멀티스레드 모드에 들어가면 충돌을 피하기 위해 일반 문자열 생성은 심벌 테이블에 액세스하지 않고 개별적으로 할당한다. 이 경우 동일한 내용의 문자열이지만 다른 오브젝트다.

그러나 어떤 이유로 심벌화한 문자열을 원할 때가 있다. 따라서 명시적으로 심벌화한 문자열을 얻을 수 있는 새로운 함수 'strm_str_intern( )'을 만들었다. 이 함수를 호출하면 심벌 테이블을 배타 제어하면서 이동해 심벌화한 문자열을 반환한다.

이 일련의 변경으로 모든 문자열이 심벌화되지는 않게 됐으므로 문자열의 일치 판정 부분도 변경해야 한다. 지금까지는 객체의 주소 비교만으로 일치 판정을 할 수 있었지만, 앞으로는 심벌화하지 않은 문자열 내용을 비교하게 됐다(그림 2-53). 핵심은 심벌화한 문자열은 STRM_STR_INTERNED 플래그가 설정돼 있다는 점이다.

```c
int
strm_str_eq(strm_string *a, strm_string *b)
{
  /* 주소가 같으면 일치 */
  if (a == b) return TRUE;
  /* 양쪽의 문자열이 심벌화됐다면 */
  if (a->flags & b->flags & STRM_STR_INTERNED) {
    /* 주소가 일치하지 않으면 다른 객체 */
    return FALSE;
  }
  /* 여기부터는 내용의 비교 */
  /* 길이가 다르면 다른 문자열 */
  if (a->len != b->len) return FALSE;
  /* 내용을 비교해 일치하면 같은 문자열로 한다 */
  if (memcmp(a->ptr, b->ptr, a->len) == 0) return TRUE; /* 일치하지 않는다 */
  return FALSE;
}
```

그림 2-53 문자열 비교 함수

구문 해석 액션

그러면 언어 처리의 구현으로 돌아가 보자.

지금까지 'Yacc'를 이용해 문법을 정의하는 방법에 대해 설명했다. Yacc의 정의를 도구에 제공하면 구문 분석을 하는 함수를 생성해 준다.

문법 정의에 '액션'을 추가하는 것으로 문법에 따라 작업을 수행할 수 있다. '액션'은 규칙에 일치할 때 실행되는 코드를 의미한다.

나중에 나오겠지만 액션 부분에서는 '$$'이 규칙이 생성하는 값, '$1' 등은 문법의 n번째 요소가 생성한 값이다. 주의하지 않으면 안 되는 액션은 문법 규칙이 일치하는 순간에 실행되므로, 예상과는 다른 순서로 실행될 가능성이 있다. 이벤트 구동 프로그램이라고 생각하면 좋을지도 모른다.

추상 구문 트리로 변환

다시 말하면 언어 처리의 본질은 액션 부분에 무엇을 쓸지를 정하는 것이다. 어느 정도 복잡한 언어를 다루려고 생각한다면 나름의 액션을 잘 정의해 기술해야 한다.

많은 언어 처리 시스템에서는 이 액션 부분에서 프로그램을 트리 구조로 변환한다. 원래 프로그램은 단순한 텍스트로 구성되지만, 텍스트로 다루기가 어렵기 때문이다.

이러한 프로그램을 트리 구조로 변환한 것을 '추상 구문 트리^{AST, Abstract Syntax Tree}'라고 한다. 예를 들어 Streem으로 'Hello World'에 해당하는 "표준 입력으로부터 읽어 들인 문자열을 표준 출력으로 보낸다."라는 간단한 프로그램에 대한 추상 구문 트리는 그림 2-54 같이 표현된다.

연산자를 갖는 식(op)은 'node_op'라는 노드(절)로 표현되며, 여기에는 세 가지가 있다. 하나는 연산자명으로 op라는 지점에 저장된다. 이번에는 '|'이 연산자명이다. 인수는 두 번째 (lhs)와 세 번째(rhs) 지점에 저장된다. lhs와 rhs는 각각 'left hand side(왼쪽)', 'right hand side(오른쪽)'의 약자다. 연산자 이외의 표현과 문장에 대해서도 해당하는 노드가 준비돼 있다. 예를 들어 함수 호출은 'node_call', if문은 'node_if' 같은 형태다.

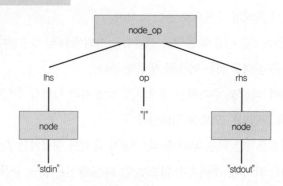

그림 2-54 추상 구문 트리의 예. lhs와 rhs는 각각 'left handside(좌변)'와 'right hand side(우변)'의 약어

구문 트리를 구조체로 표현

이 추상 구문 트리를 표현하는 구조체의 설명은 그림 2-55에 나와 있다.

추상 구문 트리의 노드를 구성하는 구조체는 헤더에 'node_typetype(NODE_HEADER)'라는 공통의 멤버를 갖고 있다. 프로그램 중에서는 node 구조체에 대한 포인터로 취급하고, 필요에 따라 type 값을 보고 캐스트한다. 타입 안전성이라는 의미는 오작동을 하는 프로그램이지만, 동적 타입을 갖는 언어에서는 일반적으로 사용되는 기술이다.

뒤에서는 구문에 따라 노드를 만드는 함수를 정의하고(그림 2-56), 그것을 액션에서 호출한다(그림 2-57). 실제 소스코드는 streem 저장소(https://github.com/matz/streem)의 src 디렉터리에 있는 parse.y(구문 해석 부 yacc 소스코드)와 node.c(노드 생성부)를 참조하길 바란다.

이제 Yacc가 생성한 yyparse 함수를 실행하면 추상 구문 트리를 얻을 수 있다.

```
typedef enum {
  NODE_ARGS,
  NODE_PAIR,
  NODE_VALUE,
  NODE_CFUNC,
  NODE_BLOCK,
```

```
    NODE_IDENT,
    NODE_LET,
    NODE_IF,
    NODE_EMIT,
    NODE_RETURN,
    NODE_BREAK,
    NODE_VAR,
    NODE_CONST,
    NODE_OP,
    NODE_CALL,
    NODE_ARRAY,
    NODE_MAP,
} node_type;

#define NODE_HEADER node_type type

typedef struct {
    NODE_HEADER;
    node_value value;
} node;

typedef struct {
    NODE_HEADER;
    node* recv;
    node* ident;
    node* args;
    node* blk;
} node_call;

// 이하 구조체 정의가 이어진다.
```

그림 2-55 추상 구문 트리의 구조체

```
extern node* node_array_new( );
extern node* node_pair_new(node*, node*);
extern node* node_map_new( );
extern node* node_let_new(node*, node*);
```

```c
extern node* node_op_new(const char*, node*, node*);
extern node* node_block_new(node*, node*);
extern node* node_call_new(node*, node*, node*, node*);
extern node* node_int_new(long);
extern node* node_double_new(double);
extern node* node_string_new(const char*, size_t);
extern node* node_if_new(node*, node*, node*);
extern node* node_emit_new(node*);
extern node* node_return_new(node*);
extern node* node_break_new();
extern node* node_ident_new(node_id);
extern node* node_ident_str(node_id);
extern node* node_nil();
extern node* node_true();
extern node* node_false();

//if문에 해당하는 노드
node*
node_if_new(node* cond, node* then, node* opt_else)
{
  node_if* nif = malloc(sizeof(node_if));
  nif->type = NODE_IF;
  nif->cond = cond;
  nif->then = then;
  nif->opt_else = opt_else;
  return (node*)nif;
}

// 정수 리터럴에 해당하는 노드
node*
node_int_new(long i)
{
  node* np = malloc(sizeof(node));

  np->type = NODE_VALUE;
  np->value.t = NODE_VALUE_INT;
  np->value.v.i = i;
  return np;
```

```
        }

// 같은 모양의 노드를 생성하는 함수 정의가 이어진다
```

그림 2-56 노드 생성 함수(발췌)

```
program   : compstmt
             {  /* 생성된 노드 */
                /* parser_state p에 할당한다 */
                p->lval = $1;
             }
          ;


/* 중략 */


primary0  : lit_number /* lex.l 안에서 노드가 생성된다 */
          | lit_string /* 상동 */
          | identifier
             {
                $$ = node_ident_new($1);
             }
          | '(' expr ')'
             {
                $$ = $2;
             }
          | '[' args ']' /* 리스트 */
             {
                $$ = node_array_of($2);
             }
          | '[' ']' /* 빈 리스트 */
             {
                $$ = node_array_of(NULL);
             }
          | '[' map_args ']' /* 맵 */
             {
                $$ = node_map_of($2);
             }
```

```
    | '[' ':' ']' /* 빈 맵 */
      {
        $$ = node_map_of(NULL);
      }
    | keyword_if condition '{' compstmt '}' opt_else
      {
        $$ = node_if_new($2, $4, $6);
      }
    | keyword_nil
      {
        $$ = node_nil();
      }
    | keyword_true
      {
        $$ = node_true();
      }
    | keyword_false
      {
        $$ = node_false();
      }
    ;
```

그림 2-57 추상 구문 트리를 만드는 액션(발췌)

구문 트리 자체를 실행

문법을 분석한 결과, 추상 구문 트리가 되면 이를 나중에 처리할 수 있다. 처리 절차는 여러 가지가 있고, 언어 처리 시스템마다 다르다(표 2-3). 표에 보면 추상 구문 트리에서 가상 머신의 기계어(관습적으로 바이트코드라고 부르는 경우가 많다)를 생성하는 처리 시스템이 압도적으로 많음을 알 수 있다.

표 2-3 언어 처리 시스템별 추상 구문 트리 처리 지원

언어 처리 시스템	처리
루비1.8	추상 구문 트리를 그래도 실행
루비1.9 이후	가상 기계어를 생성한 후 VM에서 실행
mruby	가상 기계어를 생성. 직접 VM에서도 실행 가능
파이썬	가상 기계어를 생성한 후 VM에서 실행
자바	가상 기계어를 생성

여기에는 이유가 있다. 메모리 액세스의 효율성 등의 측면에서 추상 구문 트리 링크를 따라 실행하는 것보다 한 번 바이트코드를 생성해 VM에서 실행하는 것이 실행 효율이 높기 때문이다. 루비 버전1.9 이후로 성능이 획기적으로 개선한 것도 이 가상 머신의 도입이 큰 역할을 했다.

그래서 Streem에서는 물론 결국에는 VM을 도입할 생각이지만, 가상 머신을 구현하기 위해서는 그만한 노력과 시간이 걸린다. 최대한 빨리 '작동하는' 상태를 달성하기 위해 우선 루비1.8 같은 추상 구문 트리의 직접 실행 함수를 만들기로 했다.

쓸데없는 일이라고 생각할지도 모르지만 실제로 움직여보지 않으면 어떤 이미지인지 떠오르지 않을 경우가 많다. 언어 사양 시행착오를 위해서라도 최대한 빨리 움직이는 상태로 가져가는 것이 중요하다. 또한 무엇보다도 자신이 쓴 프로그램을 실제로 움직여 테스트하는 것이 프로그래머에게 동기 부여의 원천이 된다. 생각하면 20년이 넘는 루비 개발에서도 가장 힘들었던 것은 최초로 작동하기까지 기다렸던 반년 동안의 시간이었던 것 같다.

추상 구문 트리의 트래버스

트래버스traverse는 여기에서 '순회하다'라는 의미다. 구문 분석기는 프로그램의 텍스트를 변환해 추상 구문 트리로 표현하는 구조체의 링크 구조를 하고 있다. 프로그램을 해석을 위해서는 이 링크 구조를 순회할 필요가 있다.

Streem의 추상 구문 트리를 순회하면서 실행하는 함수는 exec.c의 exec_expr( ) 함수다. 이 함수는 하나의 거대한 switch문에서 노드의 종류마다 그에 맞는 처리를 한다. exec_expr 함수는 상당히 크기 때문에(133 행) 그림 2-58에 발췌해 소개한다.

```
/* 추상 구문 트리를 실행하는 함수 */
/* ctx: 컨텍스트 */
/* np: 추상 구문 트리 */
/* val: 실행 결과 */
/* 리턴 값: 0 - 성공, 1 - 실패 */
static int
exec_expr(node_ctx* ctx, node* np, strm_value* val)
{
  int n;

  /* 추상 구문 트리가 NULL이면 실패 */
  if (np == NULL) {
    return 1;
  }

  /* 추상 구문 트리의 타입별로 분기 */
  switch (np->type) {
  /* 변수 액세스 */
  case NODE_IDENT:
    /* 변수명에서 값을 추출한다 */
    *val = strm_var_get(np->value.v.id);
    return 0;
  /* if문 */
  case NODE_IF:
    {
      strm_value v;
      /* np를 node_if에 캐스트한다 */
      node_if* nif = (node_if*)np;
      /* 조건부를 평가(exec_expr를 재귀 호출) */
      n = exec_expr(ctx, nif->cond, &v);
      /* 조건부평가가 실패하면 실패 */
      if (n) return n;
      /* 조건부가 참이라면 */
      if (strm_value_bool(v)) {
        /* then 부분 평가 */
        return exec_expr(ctx, nif->then, val);
      }
      else if (nif->opt_else != NULL) {
```

```
          /* else 부분 평가 */
          return exec_expr(ctx, nif->opt_else, val);
      }
      else {
          /* else 부분이 없다면 null */
          *val = strm_nil_value();
          return 0;
      }
   }
   break;
/* 연산자 식 */
case NODE_OP:
  {
      /* node_op에 캐스트 */
      node_op* nop = (node_op*)np;
      strm_value args[2];
      int i=0;

      /* 좌변을 평가 */
      if (nop->lhs) {
        n = exec_expr(ctx, nop->lhs, &args[i++]);
        if (n) return n;
      }
      /* 우변을 평가 */
      if (nop->rhs) {
        n = exec_expr(ctx, nop->rhs, &args[i++]);
        if (n) return n;
      }
      /* 함수 호출('|' 이라는 이름의 함수 호출) */
      return exec_call(ctx, nop->op, i, args, val);
   }
   break;
/* 함수 호출 */
case NODE_CALL:
   ....
   }
}
```

그림 2-58 exec_expr 함수(발췌)

재귀 호출의 활용

이러한 트리 구조를 순회하는 함수의 구현에는 재귀 호출 사용이 일반적이다. 예를 들어 연산자 식은 다음과 같이 평가한다.

1. 좌변을 재귀 호출로 평가
2. 우변을 재귀 호출로 평가
3. 양쪽의 평가 결과를 인수로 연산자에 해당하는 절차를 호출

다른 수식이나 문장에 대해서도 마찬가지다. 노드 유형마다 처리를 기술할 필요가 있으므로 어떻게 해도 행수가 길어져 버리지만, 패턴의 반복이므로 그다지 복잡하지는 않다.

마찬가지로 트리 구조를 재귀 순회하는 것이 main.c의 dump_node( ) 함수다. 이곳은 디버그용으로 들여쓰기를 사용해 트리 구조를 표시한다. 구성은 exec_expr( )와 비슷하다. dump_node( ) 함수의 발췌를 그림 2-59에서 보여준다. 190페이지의 그림 2-54의 트리 구조를 dump_node( )에 의해 덤프한 것이 그림 2-60이다.

```
/* 추상 구문 트리를 덤프하는 함수 */
/* np: 추상 구문 트리 */
/* indent: 인덴트 레벨 */
static void
dump_node(node* np, int indent) {
  int i;

  /* 지정된 레벨만큼 인덴트를 한다 */
  for (i = 0; i < indent; i++)
    putchar(' ');

  /* NULL이면 NIL을 출력 */
  if (!np) {
    printf('NIL\n');
    return;
  }

  /* 추상 구문 트리의 타입으로 분기 */
```

```
switch (np->type) {
/* if문 */
case NODE_IF:
  {
    /* 타입을 출력 */
    printf('IF:\n');
    /* 조건부의 출력 */
    dump_node(((node_if*)np)->cond, indent+1);
    for (i = 0; i < indent; i++)
      putchar(' ');
    printf('THEN:\n');
    /* then 부분의 출력 */
    dump_node(((node_if*)np)->then, indent+1);
    node* opt_else = ((node_if*)np)->opt_else;
    /* (있다면) else 부분을 출력 */
    if (opt_else != NULL) {
      for (i = 0; i < indent; i++)
        putchar(' ');
      printf('ELSE:\n');
      dump_node(opt_else, indent+1);
    }
  }
  break;
/ * 연산자 식 */
case NODE_OP:
  /* 타입을 출력 */
  printf('OP:\n');
  for (i = 0; i < indent+1; i++)
    putchar(' ');
  /* 연산자명 출력 */
  print_id('op: ', ((node_op*) np)->op);
  /* 좌변을 출력 */
  dump_node(((node_op*) np)->lhs, indent+1);
  /* 우변을 출력 */
  dump_node(((node_op*) np)->rhs, indent+1);
  break;
  /* 중략 */
  ....
```

```
  default:
    /* 모르는 타입(에러) */
    printf('UNKNWON(%d)\n', np->type);
    break;
  }
}
```

그림 2-59 dump_node() 함수(발췌)

```
stdin | stdout

STMTS:
  OP:
    op:  |
    IDENT: stdin
    IDENT: stdout
```

그림 2-60 추상 구문 트리의 덤프 출력

오픈소스류의 개발

이번에 소개한 추상 구문 트리의 생성 및 실행을 하는 부분은 mattn(마츠모토 야스히로)이 보내준 풀 리퀘스트를 기반으로 한다. 2–6장까지 설명한 이벤트 루프 부분에 집중하는 동안 기본적인 부분을 구현해 줬다. 이 또한 오픈소스의 힘이다.

그러나 보내 준 내용을 그대로 채용한 것은 아니다. 함수와 구조체의 이름 변경을 비롯해 대규모로 변경했다. 일반(오픈소스가 아닌) 소프트웨어 개발 경험이 있는 분은 이상하게 생각할지도 모르겠다. 종종 하나의 부분을 여러 사람이 변경하는 것은 '피해야 할 것'이라고도 하며, 사람에 따라서는 '실례'라고 느낄 수도 있을 것 같다. 물론 직접 작성한 코드에 애착을 느끼거나 다른 사람에게 무시당하고 싶지 않다고 생각하는 것은 당연할지도 모른다. 그러나 많은 오픈소스 프로젝트에서 그러한 감정은 그다지 중요시되지 않는다.

오픈소스 프로젝트는 수정을 한 번 보낸 후 사라져버리는 사람도 많고, '소유 의식'과 '담당자 의식'을 너무 존중하면, 진행이 멈춰 버리는 경우가 많다. 원래 오픈소스의 특징인 제삼자가 자유롭게 수정을 보내 저자가 그것을 받아들이는 행위 자체가 저자의 소유 의식이 강하면 불가능한 일이다. 그런 의식을 가진 사람들의 모임인 오픈소스 프로젝트는 소유 의식 같은 '자의식'은 중요시되지 않는 편이 더 자연스러울지도 모른다.

이상적인 실행 시스템

루비1.8을 보면 알 수 있듯이, 이번에 설명한 추상 구문 트리를 순회 처리 시스템은 쉽게 구현할 수 있지만, 성능이 나오지 않는 것이 단점이다. 그 가장 큰 이유는 2-6장에서 설명한 메모리 캐시다.

구조체의 링크를 따라하면 메모리 공간 여기저기에 존재하는 구조체를 쫓아가며 액세스하게 된다. 따라서 캐시 효율면에서는 거의 최악이라고 해도 좋을 것이다.

메모리 캐시를 활용하기 위해서는 일단 접근은 좁은 공간에서 가능한 한 연속적으로 실시하는 것이 이상적이다. 그래서 많은 처리 시스템에서는 추상 구문 트리를 가상 머신의 명령어 라인으로 변환하고, 실제 실행이 명령열을 해석하는 방법을 선택한다.

미래에는 Streem에서도 이러한 방식을 채택할 것이다. Streem의 적용 분야를 생각하면 성능은 무시할 수 없는 요소가 되리라 예상할 수 있기 때문이다. 또한 먼저 실행 시에 기계어를 생성하고, 거기를 실행하는 JIT$^{Just-in-time}$ 컴파일러도 꼭 검토하고 싶다.

그러나 현재는 언어 설계에 집중하는 것이 더 중요하다. 프로그래머의 격언에도 있듯이 '너무 빠른 최적화는 모든 악의 근원'이기 때문이다.

이후의 계획

이제 겨우 Streem 프로그램을 실행한다는 기분이 든다. 그렇지만 아직 함수 정의를 할 수 없으면, 파이프라인 작업도 할 수 없기 때문에 느껴지는 기분뿐이다.

그래서 다음 2-8장에서는 함수 실행부를 구현해 '제대로 된' Streem 프로그램의 실행을 가능하게 하려고 한다. 또한 실행 중에 발생하는 오류에 대처하는 예외 처리에 대해서도 검토하겠다.

맺음말

여기까지 parse.y, node.c, exec.c에서 정의된 바와 같은 함수를 조합하면 '우선 작동하는' 수준의 언어를 쉽게 만들 수 있다. 이번에 설명한 소스코드는 201506이라는 태그를 붙여 두겠다. 여러분도 이 소스코드를 참고해 '자신의 언어'를 만들어 보는 것은 어떨까?

또한 언어 디자인에 대해 여러 가지 생각해 보니 지금 자신이 사용하는 언어가 왜 그렇게 됐는지, 언어 설계자가 무엇을 생각하고 있었는지 그 이유를 생각할 수 있게 되어 즐겁다.

타임머신 칼럼

구문 트리의 구현 방법은 하나만이 아니다

2015년 6월에 실린 내용이다. 이번에는 구문 분석기(프론트엔드)와 코드 생성부(백엔드)를 연결하는 구문 트리의 구현에 대해 설명한다.

구문 트리의 구현, 다시 말해 프론트엔드와 백엔드의 연계 방법은 하나만 있는 게 아니다. 그리고 트리 구조를 써야 하는 것도 아니다. 그중에는 프론트엔드와 백엔드를 분리하지 않고, 구문 분석기에서 직접 코드를 생성하는 컴파일러도 존재한다. 그러나 구문 분석기에서 직접 생성은 최적화가 어려울 수 있으므로 그다지 추천하지는 않는다.

여기서 많은 컴파일러는 구문 분석을 한 프로그램의 구조를 반영한 어떤 데이터 구조를 코드 생성부에 전달하게 된다. 그리고 프로그램을 표현하는 구조로는 트리 구조가 일반적이므로 구문을 반영한 트리 구조, 즉 구문 트리가 자주 사용된다. 구문 트리의 구현 방법은 다양하다. 나와 연관된 언어 처리 시스템에서도, 이번에 해설한 Streem에서도 노드의 종류마다 다른 구조를 이용하며, mruby는 Lisp와 비슷한 cons 셀의 링크를 통해 트리 구조를 만들고 있다. 또한 CRuby에서는 노드를 표현하는 구조체 union을 사용해 노드 유형을 표현한다. 어느 하나가 정답이라는 것은 없다.

덧붙여서 본격적인 컴파일러인 gcc나 clang은 gcc에서는 RTL(Register Transfer Language), clang에서는 LLVM IR(Intermediate Representation)이라는 중간 표현을 사용해 프론트엔드 및 백엔드를 연결하고 있다. 이들이 각각 구문 트리 데이터가 아닌 것은 흥미로운 부분이다.

2-8 지역 변수와 예외 처리

언어로 동작하기 시작한 Streem에 이번에는 2가지 기능을 추가한다. 첫 번째는 지역 변수에서 중첩을 허용할지의 문제, 그리고 '클로저'를 어떻게 구현할 것인가 하는 설계상의 과제가 있다. 두 번째 예외 처리에서는 에러의 무시에 의한 계속적 처리에 대해 검토한다.

2-7장에서 겨우 프로그래밍 언어로 형태를 갖추기 시작한 Streem에 이번에는 '지역 변수' 와 '예외 처리' 를 추가한다.

■ 지역 변수

우선 지역 변수에 대해 생각해 보자. 현대의 프로그래밍 언어에서는 상식 중의 상식이라고 할 지역 변수지만, 예전에는 그렇지도 않았다.

30년 전으로 타임 슬립

예를 들어 30년 전으로 타임 슬립을 했다고 하자. 당시 취미 프로그래머로서 일반적이었던 언어는 베이직으로, 당시의 베이직에는 지역 변수가 없었다. 지역 변수가 존재하지 않은 프로그래밍은 상상하기 어렵겠지만, 모든 변수는 어디에서든 변경이 가능했기 때문에, 어디에서 값이 변경되는지 파악하기가 정말 어려웠다.

당시 젊은 프로그래머들은 모두 베이직으로 프로그래밍하고, 게임 등 상당한 규모의 프로그램을 개발하는 경우도 있었다. 지금 생각해보면 디버그가 가능했다는 게 정말 기적이었다.

지역 변수가 없는 세계

베이직에서는 서브루틴을 다음과 같이 행 번호로 호출했다.

```
gosub 4000
```

인수와 리턴 값 같은 것이 없었기 때문에 전역 변수를 사용해 값을 전달했다. 어떤 변수에 값을 할당해 서브루틴을 호출하면, 계산 결과가 다른 변수에 할당되는 그런 형태였다. 당연히 정보 은폐 등의 고급 기술은 불가능했다. 처리 과정을 함수 등으로 묶어 추상화하는 것도 불가능했다.

더욱이 함수가 없기 때문에 함수의 재귀 호출도 불가능했다.

지역 변수의 도입

지역 변수를 최초로 만든 프로그래밍 언어는 무엇일까, 이에 대해 정확히 조사를 해본 적은 없지만, 최초 도입한 언어가 알골^{Algol}임은 틀림없을 것 같다.

알골은 포트란처럼 그 언어 자체가 현재는 남아있지 않지만, 여기에서 도입된 아이디어가 나중에 많은 언어에 영향을 주고 있다.

지역 변수가 있으면 일련의 처리를 은폐해 함수로 제공할 수 있고, 재귀 호출도 가능하다 (그림 2-61). 아니 배열을 이용해 자기 부담으로 스택을 제공하면 전역 변수를 사용해 억지로 재귀를 수행할 수는 있을 것이다. 사실 지역 변수가 없던 시절의 포트란에서는 이 같은 방법으로 프로그래밍했다고 들은 적이 있다. 하지만 이렇게 하는 것은 정말 말리고 싶다.

```
def fact(n)
  if n == 1
    1
  else
```

```
    n * fact(n-1)
  end
end
```

그림 2-61 재귀 호출

지역 변수의 구현

지역 변수의 구현은 그렇게 어렵지 않다. 구현 기법으로는 예를 들어 함수의 컴파일할 때 지역 변수에 대해 개별 인덱스를 할당해 둔다. 함수 실행 시에는 배열을 준비해 그 인덱스의 옵셋된 위치에 값을 할당하는 방법 등이 고려된다. 이 함수 실행별로 사용하는 배열을 일반적으로 스택이라고 부른다.

주의할 점은 함수의 실행별로 사용하는 지역 변수의 갯수를 파악하고, 스택이 넘치지 않도록 하는 것이다. 스택 오버 플로우는 보안 문제에도 연결되는 중대한 결함이다.

그러면 Streem 처리 시스템에 지역 변수 기능을 추가해 보자. 우선은 구문 해석 부분에서 변수로의 대입과 참조하는 부분을 변경한다.

Streem에 구현

현재 Streem의 구문 해석기는 대입 부분에서는 NODE_LET이라는 노드가, 참조 부분에는 NODE_IDENT라는 노드를 생성한다.

지금까지 NODE_LET은 무시하고, NODE_IDENT는 전역 변수에 액세스했지만, 이것을 좀 수정하겠다. 우선은 NODE_LET에서는 지역 변수를 초기화한다. 앞에서 지역 변수별로 인덱스를 할당한다고 설명했지만, 이 버전의 인터프리터는 효율을 전혀 고려하지 않기로 했기 때문에, 지역 변수에도 해시 테이블을 이용하도록 한다. 이후 가상 머신을 도입할 때 효율에 대대 생각하도록 하자.

NODE_LET에 대한 작업은(혹시 수행되지 않았다면) 해시 테이블의 초기와 대입이 된다.

Streem에서는 지역 변수에서 한 번 대입된 값을 변경하는 것은 불가능하다. 이 때문에 이미 값이 대입된 지역 변수에 재대입을 하려 하면 에러가 발생한다. 물론 이것도 앞으로 가상 머신 도입 시에는 컴파일러 에러로 처리해야 한다.

NODE_IDENT는 지역 변수 테이블을 액세스하고 변수에 값이 있으면 그 값을, 없으면 전역 변수 테이블을 액세스하고, 전역 변수로도 정의가 돼 있지 않다면 에러를 발생시킨다.

Streem에서는 함수 실행 시에는 node_ctx라는 구조체가 전달된다. 이 구조체는 실행 시의 컨텍스트(문맥)를 보존한다. 지역 변수의 구현을 위한 지역 변수 테이블(해시)은 이 구조체에 멤버로 추가된다.

node_ctx는 어디까지나 현재의 노드를 따라 실행하기 위한 구조체이기 때문에, 장래에 가상 머신화 작업 시에는 구조체의 이름에 변경이 있을 거라 생각한다.

중첩된 지역 변수

언어 설계상 판단해야 할 항목 중에 '중첩된 지역 변수의 허용'이라는 항목이 있어, 언어에 따라 판단이 달라진다. 예를 들어 C와 자바에서는 중첩된 지역 변수를 허용하며, 중괄호로 묶은 스코프scope 안에서 선언된 지역 변수는 묶인 스코프 내에서만 유효하다. 다른 스코프에서 같은 이름의 변수를 선언해도 이는 다른 변수로 인식한다(그림 2-62).

```
void
func()
{
  int i = 10; /* i의 적용 스코프는 func 전체  */

  while (i--) {
    int j = 5; /* j의 적용 스코프는 while문 안에서만. */

    printf('i:%d j:%d\n', i, j);
  }

  /* 중괄호 스코프 도입 */
  {
```

```
    double j = 1.5; /* 위의 j와는 다른 변수 */

    printf('new j:%g\n', j);
  }
}
```

그림 2-62 C의 중첩된 스코프

안쪽 스코프에서 바깥 스코프에 선언한 변수와 같은 이름의 변수를 선언해도 상관없다. 이러한 '같은 이름이지만 다른 변수'는 말 그대로 다른 변수이기 때문에 같은 이름인데 타입이 달라도 상관없다. 하지만 코드의 가독성을 떨어트리기 쉽기 때문에 가능한 쓰지 않는 게 좋다.

한편 루비에서 스코프는 클래스 정의 및 메소드 정의에서만 도입되고, C 괄호 같은 일시적인 스코프를 도입하는 구문은 나중에 소개하는 예외를 제외하고 도입하지 않았다. 앞에서도 설명했듯이 중첩된 스코프에 의해 도입될 수 있는, 같은 이름이지만 다른 변수를 쓰는 경우는 루비에서는 있을 수 없다(단지 다른 이름의 변수로 하면 상관없다). 있으면 혼란스러울 뿐이므로 일부러 도입할 필요는 없을 것이라는 게 그 이유다. 특히 루비 같은 동적 타입의 언어는 형태의 불일치에 의한 오류 검출을 기대할 수 없기 때문에 불필요한 혼란은 피해야 한다.

이 점에 대해서는 Streem에도 동일하게 가져가려고 생각한다.

예외로 중첩된 스코프

루비에서는 '예외를 제외하고' 중첩된 스코프는 없다고 했다. 이 '예외'에 대해 이야기해보겠다.

분명히 루비에는 중첩된 스코프를 회피하는 설계를 하고 있다. 하지만 예외로 클로저는 중첩 스코프로 돼 있다. 결국 블록과 익명 함수 중에 등장하는 지역 변수의 스코프는, 클래스와 메소드의 정의 본체가 아닌, 이 블록과 익명 함수의 범위 내에서만 스코프가 된다(그림 2-63).

```
# do부터 end까지의 블록이 스코프가 된다
[1,2,3].each do |i| # i는 블록 내에서만 유효
  sq = i * i       # sq도 블록 내에서만 유효
  p [i, sq]
end

# 익명 함수도 스코프를 도입한다
f = ->(x) { x * x } # x는 블록 내에서만 유효
```

그림 2-63 루비의 중첩된 스코프. p는 인수의 객체를 알기 쉬운 문자열로 표준 출력으로 출력하는 메소드

생각해 보면 이는 당연한 것으로, 루비 블록과 익명 함수는 함수이기 때문에 그 함수에 스코프를 한정한 지역 변수가 필요하다. 그렇지 않으면 전역 변수밖에 없는 서브루틴 시대로의 퇴보가 돼 버린다.

혼란을 줄이기 위한 아이디어로 C나 자바 같은 중첩된 스코프에서 외부의 범위와 같은 이름의 변수는 경고를 해 준다. 그러나 지역 변수의 유효 범위를 한눈에 알 수 없게 된다는 단점도 있어 최선은 아니라는 것이 현실이다. 여기서는 루비의 변수 선언이 없는 사양이 화근이 돼 버렸다(그림 2-64).

```
# 우연히 외부 스코프와 변수명이 겹쳤다
e = 10
[1,2,3].each do |i|
  p i
end

[1,2,3].each do |e|
  p e
end
# -v를 지정하면
# warning: shadowing outer local variable - e
# 라는 경고가 뜬다

# 스코프에서의 변수 반출이 귀찮다.

even = nil # 이 행을 잊어버리면 무척 곤란하다
```

```
[1,2,3].each do |i|
  if i % 2 == 0
    even = i
  end
end
p even # 사전에 초기화하지 않으면 even에 액서스가 불가능하다
# -v를 지정한다면
# warning: assigned but unused variable - even
# 이라는 경고가 뜬다.
```

그림 2-64 루비의 지역 변수의 단점

개인적으로 이 부분은 루비의 설계에서도 마음에 들지 않은 포인트다. 과거 이를 개선하기 위해 여러 아이디어를 검토했다. 그림 2-64의 경고 등은 이를 반영한 것이다. 실은 단순 경고가 아닌, 언어 스코프 설계에 따라 어떻게든 하고 싶었지만 호환성 문제라든가, 언어 사양이 필요 이상으로 복잡해져 버리는 등의 이유로 채용할 수 없었다.

채용하지 않은 규칙에는 지역 변수의 전파Propagation 같은 것이 있다(그림 2-65).

```
[1,2,3].each do |i|
  if i % 2 == 0
    # 여기서 초기화된 변수가
    even = i
  end
end
# 스코프 밖에서 액세스하면 스코프를 올린다
# 결국 외부 스코프에 속하는 지역 변수로 본다.
p even
```

그림 2-65 지역 변수의 전파. 나쁘지 않은 아이디어였지만 구현의 복잡함, 문제는 해결해도 부작용으로
혼란을 유발할 위험성 때문에 주저했다.

■ 클로저

블록에 의한 중첩된 지역 변수가 있다는 것은 블록과 익명 함수에서 외부 스코프의 변수를 참조할 수 있다는 의미다. 그리고 익명 함수는 스코프 밖으로 나가 버린 후에도 살아 있는 경우가 있다.

예를 들어 그림 2-66의 프로그램을 살펴보자. 함수 incdec에서 만들어진 두 개의 익명 함수는 각각 외부의 지역 변수 acc를 참조한다. incdec의 실행이 끝난 후 보통 사라질 지역 변수지만, 익명 함수에서 참조돼 있기 때문에 사라지지 않는다. 이러한 상태를 함수 오브젝트에 외부 스코프의 변수가 '갇혀 있기' 때문에 함수 클로저라고 한다.

```
def incdec
  acc = 0 # '클로저 변수'
  inc = -> {
    acc += 1
    acc
  }
  dec = ->() {
    acc -= 1
    acc
  }
  return [inc,dec]
end

inc, dec = incdec()
p inc.call # => 1   acc가 1 증가
p inc.call # => 2   acc가 1 증가
p dec.call # => 1   acc가 1 감소
p dec.call # => 0   acc가 1 감소
```

그림 2-66 클로저

클로저의 구현

이러한 클로저의 구현은 꽤 복잡하다. 루비의 처리 시스템에서는 함수 오브젝트에 지역 변수의 중첩 관계를 '환경'으로 저장한다. 스코프의 외부 변수에 액세스할 때 외부 환경을 참조하게 된다.

mruby에서 함수 오브젝트(proc)와 환경(env)의 정의를 그림 2-67에 나타냈다.

mruby 가상 머신에는 스코프의 외부를 참조하는 명령인 OP_GETUPVAR와 OP_SETUPVAR가 있다. 양쪽 모두 몇 개의 환경에서 몇 번째 변수를 참조할지를 지정하는 오퍼랜드를 사용한다.

환경은 독립된 루비의 오브젝트에 함수 오브젝트에서 참조되는 동안은 계속 살아 있다. 누구로부터도 참조되지 않는 경우 가비지 컬렉터에 회수된다.

```
struct REnv {
  MRB_OBJECT_HEADER;
  mrb_value *stack;
  mrb_sym mid;
  ptrdiff_t cioff;
};

struct RProc {
  MRB_OBJECT_HEADER;
  union {
    mrb_irep *irep;
    mrb_func_t func;
  } body;
  struct RClass *target_class;
  struct REnv *env;
};
```

그림 2-67 mruby의 클로저 구현

Streem의 클로저

그러나 Streem에는 루비와 다른 점이 있어 클로저를 더 간단하게 구현할 수 있다. 다른 점이란 지역 변수도 고쳐 쓸 수 없다는 점이다. 물론 이는 그림 2–66 같은 상태를 가진 클로저를 만들 수 없지만, 상태 및 부작용은 함수형 프로그래밍에서는 피해야 할 것이기 때문에 그다지 나쁘지 않을 것이다.

Streem의 함수 오브젝트의 정의는 그림 2–68에 나와 있다. 앞서 언급한 바와 같이 Streem은 지역 변수가 바뀔 걱정이 없기 때문에 클로저는 변수 값을 그대로 복사해 오면 된다. 하지만 현재 구현에서는 편의상 외부 환경에 대한 링크를 유지하고 참조할 때마다 링크를 찾아간다. 가상 머신 버전은 성능 향상을 위해 함수 오브젝트를 생성할 때 변수의 값을 복사하게 된다.

```
typedef struct strm_lambda {
  STRM_OBJ_HEADER;
  /* 함수의 body */
  struct node_lambda* body;
  /* 스코프를 유지하는 컨텍스트 */
  struct node_ctx* ctx;
} strm_lambda;
```

그림 2-68 Streem의 클로저 구현

컴파일 시 체크

이번 구현에서는 이미 존재하는 지역 변수에 재할당과 존재하지 않는 지역 변수에 대한 참조를 실행할 때 에러가 발생한다. 그러나 지역 변수에 대입과 참조에서의 에러 발생 여부는 프로그램 코드만을 보고 판단이 가능하며, 원래는 컴파일 에러 처리가 돼야 한다.

런타임 오류는 "실행되지 않으면 감지되지 않는다."라는 불안이 항상 따라다니지만, 컴파일 오류에 그럴 걱정은 없다. 옛날 언어에는 문법 오류에도 실행이 돼 버리는 경우가 있었지만, 현대 언어에서는 대부분 컴파일 시에 이를 체크하며, 이는 프로그래밍 언어의 진화의 역사다. 조만간 이렇게 개선이 있을 예정이다.

■ 예외 처리

이제 지역 변수 다음으로 예외 처리에 대해 생각해 보자.

다양한 작업을 할 때 어떤 이유에서 의도한 대로 진행되지 않을 가능성은 항상 존재한다. 처리의 본론에 집중하고 싶은 마음은 굴뚝이지만, 여전히 이러한 예외적인 경우를 무시할 수 없다.

예를 들어 '파일 열기'라는 간단한 작업을 생각해 보자. 수행할 작업은 "파일 이름을 지정해 파일을 오픈한다."이다. 리눅스 등 유닉스 계 운영체제에서 이 작업은 open이라는 시스템 콜이 맡고 있다.

open 시스템 콜의 형태는 그림 2-69에서 보여주고 있다. flags로 오픈 모드(읽기, 쓰기, 수정)를 지정하지만, 새롭게 파일을 만드는 경우 제3인수로서 파일 모드, 즉 파일의 접근 권한(퍼미션)을 지정한다.

```
int open(const char* path, int flags);
int open(const char* path, ins flags, mode_t mode)
```

그림 2-69 open 시스템 콜

이렇게 간단한 파일의 오픈 처리는 있지만, 그래도 예외 상황이 발생한다. open 시스템 콜이 발생할 수 있는 오류를 표 2-4에 정리했다. EPERM 같은 리눅스 관련 오류도 있지만, 실로 24종류의 예외적인 현상이 발생할 수 있음을 알 수 있다.

물론 대부분의 경우 파일은 무사히 오픈하겠지만, 그렇다고 이 예외를 무시할 수는 없다. 만일 예외적인 상황이 발생했을 경우에 프로그램이 비정상적으로 종료하는 등 곤란한 상황이 발생할 수 있기 때문이다. 편집기를 사용해 파일 이름을 잘못 입력하고, 존재하지 않는 파일을 지정했을 뿐인데 편집기 전체가 비정상적으로 종료해 버리면 파일이 사라져 버리는 눈물 나는 상황도 발생한다.

표 2-4 open에서 발생하는 에러 목록

에러 명	내용
ENAMETOOLONG	파일 이름이 너무 길다
EACCES	파일 접근 권한이 없음
EDQUOT	disk quota(용량 제한)에 도달
EEXIST	파일이 이미 존재함
EFAULT	path가 부정확함
EINTR	수행 도중 인터럽트가 걸림
EINVAL	바르지 않은 플래그를 지정
EISDIR	파일이 아닌 디렉터리를 지정
ELOOP	너무 많은 심벌릭 링크를 만남
EMFILE	프로세스가 파일을 너무 많이 열고 있음
ENFILE	시스템이 파일을 너무 많이 열고 있음
ENODEV	디바이스가 없음
ENOENT	파일이 없음
ENOMEM	(커널 내) 메모리 부족
ENOSPC	디스크가 꽉 찼음
ENOTDIR	패스가 디렉터리가 아님
ENXIO	FIFO를 할 곳이 없다(No such device or address)
EOPNOTSUPP	tmpfile 지원이 안 됨
EOVERFLOW	파일이 너무 큼
EPERM	O_NOATIME의 권한이 없음
EROFS	읽기 전용 디스크에 쓰려고 함
ETXTBSY	실행 중인 프로그램에 쓰기 권한이 없음
EWOULDBLOCK	O_NONBLOCK 지정 시 Block이 되는 상태

프로그램의 실행에는 항상 예외 처리가 발생하므로, 이에 대해 적절하게 처리할 필요가 있다.

그러나 한편으로 예외 사건은 어디까지나 예외이기 때문에 가능한 한 쓰고 싶지 않고, 읽고 싶지 않다는 욕구도 있다. 예외 처리에 묻혀 프로그램 논리의 본질을 읽기 어려워지는 상황은 바람직하지 않다고 생각한다.

프로그래밍 언어에서는 이 예외적 사건을 처리하는 방법이 설계상의 중요한 관심사다.

명시적 에러 체크

C와 최근에는 Go에서도 명시적인 에러 체크를 하게 돼 있다. 예를 들어 실패할 가능성이 있는 함수를 부르면 그 반환 값을 확인하고 성공했는지 여부를 확인하는 것이다. 이 방법의 장점은 언어 사양으로 지원이 불필요하기 때문에 매우 간단하다는 점이다. 또한 나중에 소개하는 '예외'는 암묵적으로 실행을 중단 해 버리므로, 시기에 따라 의외의 사태를 일으킬 위험성이 있다. 예를 들어 실행이 도중에 중단됐기 때문에 데이터 불일치가 발생하거나 메모리 해제가 이뤄지지 않아 메모리 누수가 발생하거나 하는 사태다.

이러한 문제가 발생하지 않는다는 것을 (역시 예외가 있는 언어) C++에는 '예외 안전'이라고 부른다. 그러나 조금 살펴보면 알 수 있듯이, C++에서도 예외 안전을 보장하기는 매우 어렵다. 명시적인 에러 체크는 그런 어려움과 무관하다.

한편, 명시적인 체크는 예외 사례의 처리 로직에 들어간 만큼 정상 처리가 매몰돼 버렸기 때문에 이해하기 어려워지는 단점이 있다. 또한 명시적인 체크를 잊어 버리면, 전제 조건이 성립하지 않은 채 프로그램이 충돌해, 이상을 일으키며 중단되는 것 뿐만 아니라 보안 문제까지 야기하는 위험성도 있다.

Go에서는 함수가 복수의 값을 돌려줄 수 있음을 이용해, 명시적인 체크를 잊어버릴 위험을 낮추고 있지만 그래도 복잡하다는 것은 틀림없다.

'예외'를 발생시킨다.

다소 혼란스럽지만 많은 프로그래밍 언어는 예외 exception 적인 상황이 발생하는 경우, '예외'라는 것을 생성하고 프로그램을 중단시키는 기능을 제공한다. 예외 기능을 제공하는 언어로는 C++, 자바, 루비 등이 있다. 최근 프로그래밍 언어에서는 오히려 명시적인 오류 검사보다 예외 기능이 일반적이라고 생각한다.

예외의 가장 큰 장점은 예외적 사건에 의해 전제 조건이 성립하지 않은 경우(예: 파일이 존재하지 않기 때문에 열 수 없는 등) 자동으로 실행이 중단된다는 점이다. 따라서 전제 조건이 성립하지 않은 채 실행되는 위험이 없고, 그만큼 안전성을 보장할 수 있다.

예외의 단점은 이미 언급한 바와 같이, 이상 사태에 대해 자동으로 중단되므로 예외 안전성의 실현이 어려울 수 있다. 그러나 가비지 컬렉션이 있는 루비 같은 언어에서는 수동으로 리소스를 관리하는 C++ 같은 언어보다 예외 안전성을 유지하기 쉽다. 어려움의 정도는 언어에 따라 달라진다.

스위프트의 옵셔널

애플이 발표한 스위프트^{Swift}는 최근의 언어에 비해 보기 드물게 예외 처리 기능이 없다. 대신 실패할 가능성이 있는 함수는 그 타입이 Optional<T>라는 타입으로 돼 있다. 옵셔널 ^{Optional}은 타입의 임의 값 또는 nil 값을 취하는 타입으로, 많은 함수는 실패하면 nil을 반환하도록 설계돼 있다. 스위프트는 Optional <T>를 T?라고 약어로 표기할 수 있다. 어느 타입이 옵셔널인 경우, 해당 타입의 값은 직접 참조가 불가능하다.

```
var i: Int? = 10;
println(i + 2) // 에러
```

옵셔널 타입으로부터 실제 값을 추출하는 경우, 그 조작을 스위프트에서는 언랩^{unwrap}이라고 부른다. 변수명 뒤에 '!'를 붙이면 값을 추출할 수 있다. 값이 nil인 경우 실행 시 에러가 발생한다.

```
println(i! + 2)
```

nil일 때 취할 값도 지정 가능하다.

```
println((i??5) + 2)
```

나아가서는 let과 if를 조합해 명시적으로 nil 체크도 가능하다.

```
if let i2 = i {
  println(i2 + 2)
}
```

이와 같이 쓴 경우는 i2의 타입은 옵셔널이 아닌, Int가 되므로 더 이상 언랩을 할 필요가 없다.

마지막에 '.'대신에 '?.'을 사용한 메소드를 호출하는 방법을 소개한다. '?.'을 사용하는 경우, 값이 있을 때는 그 메소드를 실행하고, nil의 경우에는 실행하지 않고 nil을 반환한다.

```
var dog? = Dog()
dog!.bark() // nil이면 에러
dog?.bark() // nil이면 nil
```

이와 같이 스위프트에서는 예외 기능을 쓰지 않고, 옵셔널 타입에 의해 예외 상황(에러)에 대응하고 있다. 이 옵셔널 타입은 하스켈Haskell의 메이비Maybe 타입과 오카멜의 옵션Option 타입을 참고해 만든 것 같다. 정적 타입을 잘 이용해 에러 처리를 하는 괜찮은 아이디어라고 생각된다.

에러 무시

그러면 Streem 예외 처리는 어떻게 할지를 생각해 보자. 다른 언어와 달리 Streem에는 명확하게 두 개의 실행 단계가 있다. 즉 파이프라인을 준비하는 초기화 단계와 파이프라인에 데이터가 흘러가는 파이프라인 단계다. 초기화 단계에서 예외 상황이 발생하면 그 이후 실행에 어려움이 발생하기 때문에, 일반적 예외 기능을 이용한다.

한편 파이프라인 단계에서는 대량의 데이터가 흘러가는 것이다. 예를 들어 10GB의 데이터 파일을 읽을 때 그중 하나의 행이 어떤 이유에서 손상 때문이라는 이유로 프로세스가 실패하는 것은 반드시 바람직하지는 않다.

그래서 파이프라인 단계에서 명시적으로 지정하지 않는 이상, 오류가 발생한 데이터에 대해서만 실행을 중단하고, 파이프라인은 다음의 데이터 처리를 계속한다. 이러한 오류 무시에 의한 계속된 처리는 구글에서 개발한 클라우드 데이터 처리 언어 쏘우잴^{Sawzall}에서도 채용된다.

Streem에서의 예외 처리 구현

Streem의 메소드를 구현하는 C 함수는 그림 2-70 같은 프로토타입을 가지며, argc와 argv가 인수를, ret이 메소드의 반환 값을 의미한다. 그리고 함수의 반환 값이 메소드 실행의 성공 또는 실패를 의미하고, 성공하면 0을, 실패하면 그 이외를 반환한다.

```
int exec_plus(node_ctx* ctx, int argc, strm_value* args, strm_value* ret);
```

그림 2-70 Streem 메소드를 구현하는 함수

맺음말

지역 변수도, 예외에 대해서도, 현대의 프로그래밍 언어로는 이제 상식이라고 해도 좋은 기능이다. 그러나 언어 설계라는 관점에서 보면 이런 당연한 기능조차도 설계상의 절충과 과제를 통해 찾아낸 것이다.

언어 설계는 이러한 세세한 부분까지 상세히 검토해 나가는 행위다.

길 것 같지만 짧은 프로그래밍 언어의 역사

2015년 7월호에 실린 칼럼이다. 이번에는 비교적 독립적인 성격의 지역 변수와 예외 처리까지 2개 분량이다.

현대의 프로그래밍에서 지역 변수의 존재는 당연한 것이다. 그러나 불과 30여년 전만해도 지역 변수가 존재하지 않는 프로그래밍 언어가 현역으로 있었다니 놀라운 일이다. 실제로 그 시대를 경험한 나조차 까맣게 잊고 있어 새삼 놀랄 정도여서, 처음부터 '제대로 된' 언어로 프로그래밍을 배운 사람들에게는 놀라운 사실일지도 모르겠다.

역사가 짧은 프로그래밍 세계에서는 그런 경우가 가끔 있다. 아득한 옛날 일을 생각하면 불과 수십 년 전의 일이었거나 역사적인 인물로 생각했는데 생존 중이거나 하는 경우 말이다.

예외 처리에 대해서도 짚어보자. 예외 기능 자체는 아마 Lisp와 그 주변에서 탄생했기 때문에 40년 이상의 긴 역사를 갖고 있지 않나 싶다. 그러나 자바가 일반화되기 전까지는 그다지 널리 사용되지 않았다. 이 부분에 대한 경위는 가비지 컬렉션과 동일하다.

예외 기능에 의해 명시적 오류 처리가 줄어들어 프로그램의 가독성이 좋아지는 장점이 있다. 그러나 프로그램이 예상치 못한 타이밍에 중단될 가능성이 있기 때문에, 의외의 동작이 발생할 수 있다. Go 같은 언어에서는 컨커런트 프로그래밍과 궁합이 나쁘다는 이유로 예외 기능을 도입하지 않고, 반드시 오류 체크를 하는 스타일을 채택하고 있다. Streem 예외 기능은 원칙적으로 "오류가 발생하면 해당 데이터는 버린다."로, 스트리밍 처리의 성질을 잘 이용하고 있다. 단 예상 외의 데이터에 의한 오류면 데이터 부분은 넘어가겠지만, 그로 인한 프로그램의 오류가 무시되고 디버깅이 어려워지는 경우도 있으므로, 여기에는 향후 연구가 더 필요하다.

3장

객체지향 기능 설계

3-1 여러 가지 객체지향

"객체지향 프로그래밍이란 무엇인가?"에 대해서는 다양한 의견이 있고, 현재까지 명확한 정의가 있지는 않다. 이 때문에 20세기 말까지 의견 대립이 많았다. 이번에는 역사를 바탕으로 한 객체지향 이야기를 해 보겠다.

1993 년경, 루비를 만들기 직전의 일이었다. 나는 회사 동료인 이시츠카 케이주石塚圭樹(나중에 루비 이름을 만든 사람)와 함께 책을 내는 기획을 했었다. 이시츠카는 이미 『객체지향 프로그래밍』이라는 책을 아스키ASCII 출판사를 통해 펴냈고, 그 속편에 대해 구상하던 중이었다.

그 기획을 한마디로 표현한다면 '(객체지향 언어를) 만들면서 배우는 객체지향 프로그래밍'이라는 것이었다. 객체지향 프로그래밍의 개념을 언어 처리 시스템을 설계 및 구현하는 과정을 통해 배우면 좀 더 본질적인 이해가 가능하지 않을까 하는 시도였었다.

불행히도 이 기획은 "잘 팔리지 않을 것 같다."는 이유로 거절돼, 햇빛을 볼 수는 없었다. 단 이때 예제로 만들려던 언어가 나중에 루비로 이어진 것은 잘 알려지지 않은 사실이다.

원래 각종 객체지향 언어는 각각 설계자의 의도와 사상을 반영해 개발된다. 그래서 언어를 통해 객체지향 프로그래밍을 배우겠다는 구상 자체는 그렇게 나쁘지 않았다고 생각한다.

모처럼의 기회이기 때문에 다소 페이지 수는 있지만, 20여 년의 시간을 거쳐 '언어를 통해 배우는 객체지향'이라는 주제에 다시 도전해 본다. 우선 '최초의 객체지향 언어'부터 시작한다.

시뮬라의 객체지향

세계 최초의 객체지향 언어는 1967년에 발표한 시뮬라Simula라는 언어다. Simula는 이름에서 연상되듯이 시뮬레이션된 언어로 노르웨이 출신인 올레–요한 달Ole-Johan Dahl과 크리스텐 니가드Kristen Nygaard가 개발했다. 당시 대학 등에서 널리 이용되던 알골을 기반으로 시뮬레이션에 등장하는 엔티티entity를 표현하는 클래스와 개체를 도입했다. 여기에서 말하는 엔티티는, 예를 들어 교통 시뮬레이션이면 신호라든지 자동차라든지 시뮬레이션 대상이 되는 것을 말한다.

시뮬라는 세계 최초의 객체지향 언어라고는 불리지만, 현대에 와서 알려졌다. '객체지향 프로그래밍'이라는 용어는 나중에 소개할 스몰토크 개발자 알란 케이Alan Kay가 '발명'했다고 돼 있다. 사실 시뮬라가 발표된 시점에서는 엄밀히 말하면 객체지향 프로그래밍이라는 호칭은 아직 존재하지 않았던 것이다.

그러나 시뮬라는 클래스, 상속, 객체, 동적 결합, 코루틴coroutine, 가비지 컬렉션 등 현대의 객체지향 언어에서 제공하는 기능을 처음부터 갖고 있었다. 다시 말하면 아직 이름이 붙여지지는 않았지만, 그 이름이 존재하기 전부터 '객체지향 프로그래밍'의 개념은 확실히 존재했다. 우리가 객체지향 언어를 사용할 때, 직접 또는 간접적으로 시뮬라의 영향을 전혀 받지 않는 것은 없다고 단언해도 좋다. 지금부터 50여년 전, 객체지향이라는 용어 이전에 이미 완성된 객체지향 언어인 시뮬라는 어떤 의미에서 프로그래밍 언어 계의 오파츠[1]라고 해도 좋을 것이다.

시뮬라 개발자는 상냥한 사람

시뮬라를 만든 달과 니가드(두 분 모두 2002년에 사망)는 2001년에 '프로그래밍 언어 Simula I와 Simula 67 설계를 통해 객체지향 프로그래밍의 기본적인 아이디어를 만들어낸 것에 대해' 컴퓨터 과학 분야 최고의 상인 튜링 상을 수상했다.

---

1 오파츠(OOPArt, Out-of-place artifact): 당시의 기술로 가공이 불가능한, 상식적으로 있을 수 없는 출토품 등을 일컫는 말

나는 2001년 튜링 상을 수상하기 2개월 전에 덴마크에서 개최된 JAOO^{JAVA Object Oriented} 컨퍼런스에서 크리스텐 니가드 교수를 만난 적이 있다. 매우 상냥한 분으로, 뒷풀이에서 여러 가지 이야기를 해 줬다.

나를 향해 "뭐라구요? 언어를 설계하고 있다구요? 혹시 객체지향 언어입니까? 놀랍네요. 모든 객체지향 언어는 내 손자 같아요."라고 웃고 계셨다.

스몰토크의 객체지향

그런데 시뮬라가 세계 최초의 객체지향 언어라면, 가장 유명하고 영향력 있는 객체지향 언어는 아마도 스몰토크일 것이다. 요새 프로그래머들은 객체지향 언어라고 하면 자바로 생각할지도 모르겠다.

스몰토크는 1970년대 초반부터 제록스 팔로알토 연구소^{PARC, Xerox Palo Alto Research Center}에서 개발 한 객체지향 언어다. 객체지향 프로그래밍이라는 단어 자체가 이 스몰토크 개발 프로젝트에서 태어났다.

스몰토크는 시뮬라의 영향을 받아 탄생했지만 가장 중시했던 점은 '다이나북^{Dynabook}, 즉 아이들도 사용할 수 있는 미래의 컴퓨터 언어'에 있었다.

그래서 아이들도 이해하기 쉽고, 직접적으로 조작할 수 있는 '객체'에 주목하며, 교육용 언어로 당시 대두된 로고^{LOGO}의 영향을 받으면서 '객체에 메시지를 보내 조작한다'는 모델을 중심으로 설계한 것이다. '펜을 올린다', '100걸음 앞으로', '오른쪽으로 120도' 등의 명령으로 구축되는 로고의 터틀 그래픽^{Turtle Graphics}이 '터틀'이라는 개체와 그에 대한 명령이라는 모델로 재구성된 것이었다.

로고를 스몰토크로 표현

터틀 그래픽을 수행하는 로고 프로그램을 그림 3-1에, 이를 스몰토크로 표현한 것을 그림 3-2에 나타냈다.

```
FORWARD 100
RIGHT 120
FORWARD 100
RIGHT 120
FORWARD 100
RIGHT 120
FORWARD 100
```

그림 3-1 로고 작성한 터틀 그래픽

```
Turtle go: 100.
Turtle turn: 120.
Turtle go: 100.
Turtle turn: 120.
Turtle go: 100.
Turtle turn: 120.
Turtle go: 100.
```

그림 3-2 스몰토크로 작성한 터틀 그래픽

스몰토크 문법에 대해서는 약간의 설명이 필요할 것 같다. 'Turtle home' 부분은 'Turtle 오브젝트에 home이라는 메시지 보내기'라는 뜻이다. Turtle 오브젝트는 메시지에 따라 커서의 위치를 홈 위치로 이동시킨다.

인수가 있는 메시지는 뒤에 ':'가 붙는다. 특이한 점은 여러 인수가 있는 경우에는 각각 인수 앞에 메시지가 붙는 곳이다. 예를 들어 만일 go와 동시에 색상을 지정할 수 있는 메시지가 있다고 하면 거리와 동시에 색상을 지정할 필요가 있고, 해당 메시지는 'go:color:' 같이 될 것이다. 실제로 호출은 다음과 같은 느낌이다.

```
obj go: 100 color: #red
```

'#red'는 스몰토크의 심벌 기호다. 이것은 다른 언어의 키워드 인수와 비슷하지만 생략할 수 없고, 순서를 바꿀 수 없다. 'go:color:'라는 하나의 메시지가 분할돼 표기된다고 생각해야 한다. 스몰토크는 제어 구조를 포함한 거의 모든 메시지 전송에 의해 실현되는 것이 특징이다.

루비는 스몰토크의 유사어?

스몰토크는 발표된 연도에 따라 Smalltalk-72, Smalltalk-76, Smalltalk-80이라는 세 가지 버전이 있다. 현재 스몰토크는 마지막 버전인 Smalltalk-80 및 파생 버전을 의미하지만, 버전이 나올 때마다 성인이 쓸 만한 프로그래밍 언어와 환경으로 거듭나고 있다. '어린이를 위한'이라는 그림자는 그 자취를 감추고 있다고 하겠다.

몇 년 전에 스몰토크 개발 책임자였던 알란 케이와 점심을 함께 할 때 "스몰토크는 Lisp의 영향이 강해져 당초의 구상과는 다르게 발전하고 있어."라고 했다. 또 "루비는 Smalltalk-76 시절과 좀 비슷한 것 같아."라는 말도 했다. Smalltalk-76은 제록스 PARC 외에는 공개되지 않아서 자료가 별로 없는 편이다. 어느 부분이 루비와 비슷한지 정확히 파악되지 않지만, 흥미로운 발언이었다.

액터의 객체지향

시뮬라의 시뮬레이션 지향, 스몰토크의 객체지향의 영향을 받아 미국 매사추세츠 공대[MIT]의 칼 휴이트[Carl Hewitt]가 1973년에 고안한 것이 액터 모델이다.

액터 모델은 개별 개체가 주체적으로 계산해 객체 간의 통신은 메시지에 의해 이뤄지는 모델이다. 스몰토크의 메시지 송신은 전송 결과의 회신을 반드시 체크하기 때문에 '동기' 방식이다. 한편 액터의 경우 비동기 방식으로 메시지를 일방적으로 보내고 필요 시 결과는 다른 메시지로 보내게 된다.

액터 모델은 '수백, 수천의 마이크로프로세서로 구성된, 각각 로컬 메모리와 고성능 통신 네트워크에서 통신하는 병렬 컴퓨터가 조만간 등장할 것으로 예측'한 데서 탄생했다. 실제로 1973년부터 보면 '가까운 장래'에 그런 컴퓨터가 탄생한 적이 없어 액터 모델은 당시에 널리 보급되지 못했다. 하지만 40년 이상 지난 현재는 멀티코어 및 클라우드 등의 환경으로 휴이트의 예측이 마침내 현실로 다가오고 있다.

얼랭도 액터 모델

액터 모델을 제공하는 언어도 많아졌다. 한 예로 얼랭은 액터 모델을 따르는 설계 중심의 언어라 해도 좋을 것이다. 액터 모델 자신은 객체지향의 영향을 강하게 받고 탄생한 것임에도 불구하고, 얼랭의 개발자인 조 암스트롱은 예전에 "객체지향 따위는 안 된다."고 발언했다. 그러나 최근 들어 "얼랭의 프로세스는 객체이며, 얼랭이야말로 진정한 객체지향임을 깨달았다."고 40년 만에 휴이트의 액터 모델을 재발견하는 듯한 발언을 해 흥미롭다.

CLOS의 객체지향

LISP는 유연성이 상당히 높은 언어로, 프로그래밍에 있어서 새로운 기능을 실험하는 데 최적의 언어다. 객체지향 프로그래밍에 대해서도 예외없이 시뮬라와 스몰토크에 의해 객체지향 프로그래밍 개념이 발명 된 직후부터 다양한 오브젝트 시스템이 각종 Lisp 처리 시스템에서 실험됐다. 그 오브젝트 시스템의 집대성이 바로 Common Lisp Object System[CLOS]이다.

다른 객체지향 언어와 비교했을 때 CLOS의 특징은 다음과 같다.

- 다중 상속
- 특이 메소드
- 멀티 메소드
- 메소드 결함

객체지향 프로그래밍의 상속은 기존의 클래스에서 기능을 이어받아 기능을 추가, 변경해 새로운 클래스를 만드는 것이다.

루비나 자바 등 많은 언어에서 상속 기능을 계승하는 클래스를 하나밖에 지정할 수 없다. 이것을 단일 상속 또는 단순 상속이라고 한다.

'다중 상속'은 하나가 아니라 여러 클래스에서 상속하는 것이며, CLOS와 C++에서 가능하다. 상속받을 곳을 하나에서 두 개 이상으로 확장하는 것은 자연스럽다. 그러나 실제로는 그렇게 간단한 것이 아니어서, 두 개 이상의 클래스에서 상속할 때 메소드 이름이 충돌하거나 클래스 계층 구조가 간단한 트리 구조에서 네트워크처럼 얽히기도 한다. 자바나 루비는 그런 상황을 피하기 위해 단일 상속을 채용한다.

한편 CLOS에서는 다중 상속을 채용하면서 이 같은 문제를 해결하기 위해 'Mix-in'을 고 안하거나 다른 모순을 해소하는 방법을 도입한다. CLOS의 Mix-in은 다중 상속의 사용에 있어서의 '신사 협정' 같은 것이었지만, 루비에서는 모듈의 include 형태로 언어 기능으로 특별 취급된다.

'특이 메소드'라는 것은 클래스 단위가 아닌 어느 특정 오브젝트에 대한 정의가 돼 있는 메 소드를 말한다. CLOS에서는 인수의 클래스명 대신에 다음 값을 지정한다.

```
(eql 값)
```

이 객체(값)에 고유의 메소드(여기서는 eql이라고 하는 이름)를 정의할 수 있다.

클래스는 독립된 메소드

'멀티 메소드'는 여러 클래스에 속하는 메소드를 의미한다. 많은 객체지향 언어에서 메소 드는 클래스에 소속돼 해당 클래스의 객체에 대해 메소드를 호출하는 형태로 돼 있다. 그러 나 CLOS에서 메소드는 함수에 소속해 그 모든 인수의 클래스에 따라 적절한 메소드가 선 택된다.

이것은 실제 사례를 보지 않으면 이해하기 어려운 개념이다. 우선 CLOS의 메소드 호출은 일반 함수 호출과 외견상으로는 동일하다.

```
(length obj)
```

이는 length라는 함수(여러 메소드를 정리한 함수이므로 제네릭 함수라고 한다)에 소속된 여러 방 법 중 obj의 클래스에 맞는 것이 실행된다. 다른 객체지향 언어로 적어 보면 다음과 같은 의 미로 순서만 달라진다.

```
obj.length()
```

하지만 여러 인수를 취하는 경우에는 좀 달라진다. 예를 들면 다음과 같다.

```
(plus obj1 obj2)
```

덧셈(plus)의 기능을 가진 이와 같은 범용 함수 호출이 있었다고 가정하자. 이때 어떤 메소드가 호출되는지는 모든 인수의 클래스에 의해 결정된다. obj1과 obj2가 정수, 부동 소수점 등 각각의 모든 조합별로 각 메소드 정의를 가질 것이다. 이에 의한 인수의 형태에 따라 분기할 필요가 없어 더 적절한 절차를 선택할 수 있다. C++ 및 자바의 메소드 오버로드와 조금 비슷하지만 멀티 메소드에 의한 선택은 어디까지나 통상의 첫 번째 인수에 의한 메소드 선택과 마찬가지로 동적으로 이뤄진다.

이것은 코페르니쿠스적 전환[2]으로, 객체지향 언어에 종종 나타나는 클래스가 있고 거기에 속하는 메소드가 있다는 구조가 완전히 무너지는 것이다. 대신 클래스와 그것과는 완전히 독립적으로 메소드가 있는 구조다. 이를 객체지향이라고 부를 수 있는가 하는 논의도 있었지만, 다중 메소드는 인수에 따른 분기를 자동화할 수 있으며, 기존의 Lisp와의 정합성도 높아서 Lisp 계열에서 받아들여진 것 같다. 그러나 Lisp 이외의 언어로 다중 메소드를 채용한 경우는 거의 없다. 예외적으로 채용하는 것은 2015년 12월에야 정식 출시된 펄6 정도다.

대규모 메소드 결합

CLOS의 특징 중 마지막은 '메소드 결합'이다. 이는 같은 이름으로 적용 가능한 메소드가 여러 개 있을 경우, 이들을 어떻게 조합해 호출할지에 대한 구조다.

많은 객체지향 언어에서는 메소드 중에 super 같은 이름을 사용해 슈퍼 클래스(상속원) 메소드를 호출할 수 있다. 그러나 CLOS에서는 다중 상속의 문제도 있어 그렇게 간단히 해결될 문제는 아니다. 그래서 CLOS는 메소드 조합 방법도 자유롭게 정의할 수 있도록 했다. 유연성이 있다고 할까?

---

2 코페르니쿠스적 전환: 사고방식이나 견해가 종래와는 달리 크게 변하는 경우를 비유적으로 일컫는 말(네이버 국어사전 참조) - 옮긴이

예를 들어 표준 메소드 결합 방식에서 메소드 호출은 다음과 같은 순서로 이뤄진다.

먼저 호출된 제네릭 함수에 소속된 메소드 중 인수에 적용 가능한 것을 우선순위에 따라 정렬한다. 이 경우 우선순위는 '정수'이며 '정수'는 '수'의 하위 클래스로 본다면 정수를 취하는 메소드 쪽이 수를 취하는 메소드보다 우선순위가 높은(Lisp 사양으로는 '더 구체적인') 것으로 간주해 계산한다.

그리고 우선 ':around'라는 태그가 붙은 메소드를(존재한다면) 구체적인 것부터 순서대로 호출한다. 그림으로 나타낸다면 그림 3-3 같은 순서가 된다.

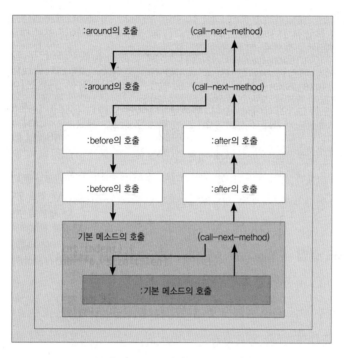

그림 3-3 CLOS의 표준 메소드 결합

around 메소드의 내부는 다음과 같은 형식이다.

```
(call-next-method)
```

이 형식에서 우선순위가 다음인 메소드를 호출시킨다. 더 이상 around 메소드가 없다면 다음 단계로 진행된다.

다음으로 ': before'라는 태그가 붙어 있는 메소드를 구체적인 것부터 순서대로 호출한다(반환 값은 버린다). 그 후 태그가 붙어 있지 않는 메소드 중 가장 구체적인 것을 호출한다. call-next-method로 그 다음 구체적인 메소드를 호출하는 것은 around 방법과 동일하다.

마지막으로 ': after'라는 태그를 가진 메소드를 구체적이지 않은 것부터 순서대로 실행한다(반환 값은 버린다).

after 메소드의 실행이 끝나면 around 메소드의 실행으로 되돌아가 끝까지 실행된다. 최종 반환 값은 가장 구체적인 around 메소드의 값이다.

이 메소드의 결합은 관점 지향 프로그래밍[AOP, aspect-oriented programming]의 기초가 됐다. 실제 자바에 대한 관점 지향 프로그래밍 처리 시스템인 AspectJ의 개발자는, CLOS의 설계자 중 한 명인 그레고르 키잘레[Gregor Kiczale]다.

루비에도 기능을 집어넣다.

CLOS의 객체지향 기능은 오버 스펙으로, 솔직히 대부분의 경우 모든 기능을 사용해볼 기회는 거의 없을 것이다. 그러나 객체지향 프로그래밍의 역사 속에서도 이렇게 깊이 고려하고 대담하게 설계된 언어는 거의 없다. 또한 CLOS가 제공하는 다른 객체지향 언어에는 도입되지 않았던 '색다른' 객체지향 기능은, 어떤 의미로는 사장된 기술이지만 향후의 객체지향 언어의 설계에 도움이 될 기술도 매우 많다. 사실 루비가 제공하는 Mix-in과 특이 메소드, 또 Module#prepend 등의 기능은 CLOS를 참고로 설계했다.

현대에서 CLOS는 그다지 널리 사용되지 않지만 이후 인기가 상승할 가능성이 없는 것은 아니다. 가능성이 없다 하더라도, 거기서 자라난 기능은 새로운 언어에 반영돼 영향을 줄지도 모르는 일이다.

C++의 객체지향

같은 객체지향 언어라고 자칭한다고 해도 상당히 다른 배경을 갖고 있는 것이 C++이다. C++은 C 언어에 객체지향 기능을 추가한 언어로, 객체지향 언어의 대부분이 영향을 받았던 스몰토크의 영향을 놀라울 정도로 받지 않았다. 예를 들어 용어 하나를 봐도 C++에서는 슈퍼 클래스라고 부르지 않고 기본 클래스base class라고 부르며, 서브 클래스가 아닌 파생 클래스derived class라는 용어를 쓴다. 뭔가 문화의 차이가 느껴진다.

2004년에 C++ 설계자인 비야네 스트롭스트룹 교수와 직접 이야기할 기회가 있었다. 2003년 덴마크에서 개최 된 JAOO 컨퍼런스[3]에서 "내가 가르치는 학생들은 C++ 밖에 몰라 루비의 존재조차 모르니 와서 강의를 좀 해 달라."고 부탁했다. 그래서 그가 교수로 근무하는 미국 텍사스 A&M대학에서 강의하게 된 것이다.

그때 C++의 기원에 대해 들을 기회가 있었다. 그가 말하길 "영국 케임브리지대학교 대학원을 다닐 때 논문을 위한 시뮬레이션으로, 학부 시절에 사용한 시뮬라를 사용하고 싶었습니다. 그런데 당시에는 시뮬라가 너무 느려서 쓸 수 없었고, BCPL(C의 전신)을 사용했어요. 후에 영국 AT&T 벨 연구소에 취직하고 쓸모 있게 된 시뮬라를 목표로 'C with Class'라는 언어를 만들었고, 이것이 나중에 C++이 됐어요."라고 했다.

결국 C++은 스몰토크의 영향을 별로 받지 않는 시뮬라의 직계 후손이며, 그것 때문에 스몰토크의 영향을 받은 용어를 일부러 피하는 경향이 있었던 것 같다. 또한 유연성을 위해 성능을 희생한 객체지향 언어가 많은 가운데, 성능을 철저하게 고집하는 면도 스트롭스트룹 교수의 "시뮬라는 느리다."라는 경험에 기인한다는 생각이 들었다.

원래의 C++에서는 예외도 없고, 다중 상속도 없고, 템플릿도 없는 매우 간단한 정적 타입의 객체지향 언어로 다소 실용성이 부족했다. 그러나 그 이후의 발전은 눈부셨고, 지금은 단순한 객체지향 언어를 넘어 템플릿을 활용한 범용 지향 프로그래밍 언어라고 불러도 좋을 존재가 돼 버렸다. 더불어 많은 기능을 가진 복잡한 언어가 됐다.

---

3 JAOO 컨퍼런스는 2001년과 2003년 두 번 참석했는데, 2001년은 앞서 본문에서 소개한 니가드 교수와의 만남도 있었고, 컨퍼런스 기간 중에 9.11 테러 사건이 있어서 기억에 남는 컨퍼런스였다. 또한 루비 보급의 주역인 데이브 토마스(Dave Thomas)를 처음 만난 것도 이때다. 2003년의 경우에는 스트롭스트룹 교수를 만나 대학 강의에 초대된 것과 MVC 모델을 만든 트리베 린스카우그(Trygve Reenskaug)를 만난 게 하이라이트였다

C++은 베이스가 된 C가 목표로 한 구조적 프로그래밍의 연장 선상에 객체지향을 정의하는 언어다. 객체라는 실체와 메시지 전송이라는 모델로 프로그래밍을 표현하려고 한 스몰토크와 쌍벽을 이루는 존재다. 일단 객체지향 논쟁은 두 시각이 서로를 충분히 이해하지 않았기 때문에 발생한 것이 아닐까 생각한다.

자바의 객체지향

시뮬라, 스몰토크, CLOS, C++에 대해 설명했기 때문에, 다른 유명한 객체지향 언어에 대해서는 간단히 설명만 해 두겠다.

자바는 C++적인 객체지향에 조금은 스몰토크에 가까운 프로그래밍 언어다. C++처럼 적극적으로 스몰토크 용어를 피하는 것이 아니라, 슈퍼 클래스라든지 서브 클래스 등의 용어를 채용한다.

객체지향 프로그래밍 언어로 봤을 경우의 특징은 C++과 비슷하면서 Lisp에서 볼 수 있는, 그리고 C++이 성능상의 이유로 피하던 가비지 컬렉션을 적극적으로 도입한 것을 들 수 있다. 또한 인터페이스를 통해 '사양의 다중 상속'을 허락하면서 '구현 다중 상속'은 불허한 금욕적인 자세도 인상적이다.

루비의 객체지향

루비에 대해서도 약간만 언급하겠다. 사상적으로는 루비도 자바와 마찬가지로 C++과 스몰토크의 중간에 있는 언어다. 하지만 자바보다 훨씬 스몰토크에 가깝다. 루비는 C++보다 메시지 지향 색채가 짙어, 루비에 있는 method_missing 같은 기능은 스몰토크의 DoesNotUnderstand 메시지 기능을 그대로 가져온 것이다.

루비는 스몰토크뿐만 아니라 CLOS의 영향도 받고 있어, 특이 메소드와 Mix-in 등의 기능을 차용한다. 그러나 CLOS가 가진 기능에서도 멀티 메소드와 메소드 결합 같은 대담하고 큰 기능은 가져오지 않았다. 왜냐하면 루비는 실험적인 언어가 아니라 실제적인 객체지향 언어라는 목표를 위해 사용자에게 혼란을 주는 기능을 최대한 피하려는 보수적인 설계를 했기 때문이다.

객체지향도 이제 당연시 돼 버렸다?

2015년 11월에 실린 내용이다. 이번 회는 전혀 다른 주제로, 객체지향의 역사와 다양한 관점에 대해 이야기한다. 그리고 Streem 언어는 등장하지 않는다.

객체지향은 그 개념에 대해 꽤 혼란이 있고 많은 사람이 엄격한 정의를 합의하지 않고 논의하는 것이므로, 논의가 수렴되지 못하거나 거친 경향이 있다. 개별 언어와 달리 객체지향이라는 것은 단순한 생각의 지침일뿐이고, 그것도 각각의 언어에 따라 조금씩 달라지기 때문에 배경이 다른 사람과는 좀처럼 이야기가 맞지 않은 것도 당연할지 모른다.

그래도 논의가 진전되지 않으면 성과도 없기 때문에, 가끔씩은 이렇게 내려다 보는 것도 나쁘지 않다고 생각된다. 이번 해설도 가능한 한 어느 하나의 생각을 고집하지 않고 평등하게 취급하도록 노력했다. 무엇보다 다루는 언어 중 하나를 나 자신이 설계한다는 점에서 완전한 평등은 불가능하겠지만, 그래도 언어 설계자보다 언어 마니아로서의 입장을 취하고 집필했다.

최근 몇 년은 객체지향에 대한 논의가 일어나지 않은 것도 사실이다. 최근에는 오히려 함수형 프로그래밍과 객체지향 프로그래밍과의 비교 등의 논의가 더 많아졌다.

이것도 객체지향 프로그래밍이 '당연시'돼 왔기 때문이 아닌가 생각한다.

수십 년 전에 '구조적 프로그래밍'이 매우 화제가 된 시기도 있었지만, 이제는 상식이 돼 버렸고 화젯거리도 아니다. 그런 현상이 객체지향 프로그래밍에도 일어나는 것이다. 오랜 객체지향 프로그래밍 팬으로서는 섭섭한 마음도 있다.

3-2 Streem의 객체지향

3-1장에서는 각종 프로그래밍 언어의 객체지향 기능의 역사 및 시각을 살펴봤다. 이번에는 드디어 Streem의 객체지향 기능을 설계해 본다. 적용하는 데이터의 종류에 따라 적절한 처리를 선택하는 '동적 결합'을 구현한다.

드디어 Streem의 객체지향 기능을 설계한다. 그런데 함수형 언어의 영향이 강한 Streem은 그대로 다른 언어의 객체지향 기능을 가져와도 쉽게 사용할 것 같지는 않다. 우선 Streem의 특징을 검토하고, 그에 맞는 객체지향 기능에 대해 생각해 보자.

Streem에서 동적 결합의 가치

Streem의 가장 중요한 특징은 대부분의 '객체'가 이뮤터블 객체, 즉 업데이트가 불가한 객체라는 것이다. 대부분의 객체지향 프로그래밍에서는 객체의 속성(인스턴스 변수 등)을 다시 작성해 계산을 수행한다. 즉 상태를 오브젝트에 할당해 다루기 쉽게 하려는 의도다. 3-1장에서 설명한 최초의 객체지향 언어 '시뮬라'에서도 시뮬레이션의 상태를 관리하기 위해 객체를 도입하고, 여러 동종 객체의 동작을 함께 정의하는 클래스를 도입했다.

그런데 함수형 언어의 영향을 받은 Streem에서는 값을 나중에 변경할 수 없다. 이는 구조적으로 '상태 관리'를 해야 할 일이 발생하지 않기 때문이다. '상태 관리' 관련 기능이 없고, 또 기능 부재로 인한 부작용만 없다면 전통적인 객체지향의 필요성은 높지 않을 것이다.

그러면 Streem 같은 언어에서는 객체지향 프로그래밍은 전혀 필요가 없을까?

그렇지 않다. 객체지향 프로그래밍의 몇 가지 특징 중 '동적 결합'은 부작용에 상관없이 반길만한 기능이다.

동적 결합은 적용하는 데이터의 종류에 따라 적절한 처리가 선택되는 기능이다. 예를 들어 a라는 변수에 저장된 데이터가 문자열일 경우도, 배열일 경우도 'length'라는 메소드를 호출하면 그 길이를 구할 수 있다. 문자열의 길이를 구하는 처리와 배열의 길이를 구하는 처리는 내부 구현이 완전히 다를 것이다. 그러나 프로그래머는 내부 로직에 신경 쓰지 않고 "길이를 구하고 싶다."는 추상적인 수준에서 사용할 수 있는 것이다. Streem에 객체지향을 도입한다면 무엇보다 이 동적 결합이야말로 필요한 부분이다.

제네릭 함수

여기서 함수형 언어적 성질과 궁합이 잘 맞는 형태로 동적 결합을 사용하기 위해 제네릭 함수Generic fucntion를 도입하기로 한다. 제네릭 함수는 3-1장에서도 설명했지만 Common Lisp 등에서 채용되는 인수의 데이터 유형에 따라 내부 처리를 선택하는 함수다. 즉 데이터의 길이를 구하고 싶은 경우에는 다음과 같이 입력한다.

```
length(a)
```

그러면 a의 데이터 타입에 맞춰 적절한 길이를 구하는 처리(메소드)가 선택된다. Common Lisp에서는 최초 인수뿐만 아니라 모든 인수의 타입에 대해 메소드를 선택하게 돼 있지만, Streem에서는 (대충) 최초의 인수의 타입만으로 메소드를 확정시키려고 생각한다.

제네릭 함수는 함수 호출이라는 형식을 유지하면서, 동적 결합의 실현을 가능하도록 하는 놀라운 아이디어다.

메소드의 정의 방법은 다음과 같다.

```
def length(a:array) {...}
```

이런 형태로 인수의 타입을 지정한다. 이에 의해 만일 length라는 제네릭 함수가 없으면 이를 작성하고, 그 제네릭 함수에 array 타입에 대응하는 메소드를 등록하게 된다. 타입을 생략한 경우는 어떤 타입이라도 대응 가능하다는 의미다.

메소드 정의 자체도 부작용이 있을 수 있어, Streem에서는 최상위 레벨만 메소드와 뒤에 나올 네임스페이스의 정의가 가능토록 했다. 루비에서 가능한 조건부 메소드 정의 같은 것은 허락하지 않는다.

클래스 기능 추가의 부작용을 제한

루비에서는 클래스 이후에 기능 추가가 가능하다. 이것을 이용해 기존의 클래스의 기능을 확장하는 '몽키 패치'라 부르는 테크닉이 널리 쓰인다. '루비 온 레일즈^{Ruby on Rails}'를 사용하는 사람들이 잘 쓰는 'Active Suport'라는 라이브러리는 이 몽키 패치를 이용해 기존 클래스에 여러 가지 편리 기능을 추가했다. 이에 의해 다음처럼 루비와는 상당히 다른 프로그래밍이 가능해진다.

```
2.days.ago
```

하지만 몽키 패치는 편리한 반면 부작용도 있다. 나중에 무제한으로 클래스에 메소드를 추가해 가면 같은 이름으로 각기 다른 동작을 하는 여러 라이브러리가 추가될 수 있다. 그렇게 되면 두 라이브러리를 사용하려고 한 순간에 예상치 못한 문제가 발생한다.

이런 사태를 피하기 위한 구조가 루비2.0에서 도입한 Refinement라는 기능이다. Refinement는 요컨대 어떤 특정 범위에서만 클래스에 메소드를 추가하는 기능이다.

그림 3-4는 Refinement의 사용법을 보여준다.

알겠는가? using으로 지정된 범위 밖에서 클래스는 변경되지 않고 원래 동작을 유지한다. 그러나 using으로 지정된 범위(using이 등장하고 나서 그 파일의 끝까지)는 Refinement가 활성화되고, 추가된 기능이 보이게 된다. 이 전환은 정적이며 동일한 객체에서도 범위 안팎에서는 다르게 동작할 수 있다. 이제 이름의 충돌이나 메소드 추가 부작용 등에 대해 고민하지 않아도 된다.

```ruby
# 원 클래스 foo라는 메소드만 갖고 있음
class Foo
  def foo
    p :foo
  end
end

# Refinement의 단위가 되는 모듈
module FooRefine
  # Foo 클래스를 refine(확장)
  refine Foo do
    # foo 메소드를 확장한다.
    def foo
      p :foo_refine
      # super를 통해 원 메소드를 부를 수 있다
      super
    end

    # 새로운 메소드 추가
    def bar
      p :bar
    end
  end
end

# Foo 클래스 오브젝트를 만든다
f = Foo.new

# Foo 클래스의 foo 메소드를 호출
f.foo # => :foo

# Foo 클래스에서는 bar 메소드는 정의가 안 돼 있음
# foo.bar # Error! 메소드 없음

# using으로 Refinement가 추가된다
using FooRefine

# 여기부터는 확장된 foo와 bar가 유효함
f.foo # => :foo_refine\n:foo
```

```
f.bar # => :bar
```

그림 3-4 루비의 Refinement

구현이 어려웠던 Refinement

아직 조악한 수준이라 향후 기능 확장이 예상되는 Refinement지만, 앞으로 몽키 패치를 대체해 나가게 될 것이다.

Refinement라는 기능은 아직 마이너 기능이어서 유사한 기능을 제공하는 언어는 거의 없다. 자바에 Classbox라는 이름으로 비슷한 기능을 확장한 처리 시스템과 스몰토크의 방언 격인 어떤 언어에서 Selector Namespace라는 이름으로 유사한 기능을 제공하고 있을 뿐이다. 또한 Objective-C의 '카테고리 기능'이나 C#과 스위프트의 '클래스 확장'은 Refinement와 비슷하다고 할 수 있겠다.

만일 이 Refinement를 구현하려고 하면 상당히 어려운 작업이 된다. 정적 타입의 정보를 사용해 실현할 수 있는 C#이나 스위프트와 달리, 루비에서는 모든 것을 실행 시 해결해야 하기 때문이다. 하지만 Refinement 도입을 이유로 성능이 저하되는 것은 막고 싶다. 실제로 Refinement를 루비에 넣고 싶다고 선언하고, 실제로 도입할 때까지 10년 가까이 걸린 것은 효율적인 구현이 떠오르지 않았기 때문이다. 마에다 슈고前田修吾가 효율성 있는 구현을 해 주기까지 그만큼의 시간이 필요했다.

제네릭 함수와 Refinement

그런데 제네릭 함수를 사용하면 Refinement와 동일한 것이 의외로 간단하게 구현될 수 있다.

제네릭 함수는 외부에서 보면 단순한 함수로 처리한다. 그렇다면 Refinement에 해당하는 부분은 범위에 따라 같은 이름으로 다른 함수를 호출하는 것에 해당한다. 이것은 함수 호출 기능이 있는 많은 언어에서 '범위' 또는 '네임스페이스'라는 이름에서 보통은 실현 가능한 것이다.

그래서 Streem에서도 네임스페이스라는 개념을 도입해 Refinement에 해당하는 구현을 한다. Streem의 네임스페이스 문법은 그림 3-5와 같다.

문법 정의만 봐서는 어떤 동작을 하는지 알기 어려울 것이다. 이에 실제의 프로그램 예를 그림 3-6에 나타냈다. 예상되는 동작을 주석으로 기록했다.

```
namespace문   = namespace <이름> {
                   구문...
              }
import문      = import <이름>
def 문        = def <이름>(<이름>[:<이름>],...) {
                 <구문>...
              }
이름          = [A-Za-z_][A-Za-z0-9_]*
```

그림 3-5 Streem의 네임스페이스 문법

```
# namespace문으로 test_ns라는 namespace를 정의
namespace test_ns {
  # import로 다른 네임스페이스를 불러옴
  import development_ns
  # development_ns로 제공되는 함수, 변수가 보임

  # 함수 정의
  def print(message) {
    puts(stderr, message)
  }
}
```

그림 3-6 Streem의 네임스페이스 예

네임스페이스를 사용하면 특정 범위에서만 보이는 함수를 만드는 것은 간단하다. 즉 Refinement 같은 구현이 어려운 기능을 도입하지 않고, 해당 범위에서만 유효한 메소드의 정의(스위프트나 C#의 클래스 확장으로 가능한 것)와 그 범위에 한정된 메소드 동작의 임시 변경이 (Refinement라면 가능한 것) 모두 가능하다는 의미이기도 하다(그림 3-7).

240

```
# 글로벌 함수 foo 정의
def foo(a) {
  # 인수를 문자열화해 출력
  puts(to_s(a))
}

# '클래스 확장'용 네임스페이스
namespace extend {
  # 기존 함수를 오버라이드
  def foo(a:string) {
    puts("foo\n")
    # 오버라이드한 함수를 호출
    super(a)
  }
  # 이 네임스페이스에서만 유효한 함수
  def bar(a) {
    puts("bar\n")
  }
}

import extend
foo("a") # extend의 foo가 호출된다
bar("b") # extend의 bar가 호출된다
```

그림 3-7 제네릭 함수와 네임스페이스에 의한 클래스 확장

이름의 충돌

import문을 사용하면 하나의 네임스페이스에 다른 네임스페이스로 기능을 통합할 수 있다. 그러나 여러 네임스페이스를 import했을 때, 각각의 네임스페이스가 동일한 이름을 가진다면 이름의 충돌이 발생한다. 충돌이 발생하면 어느 쪽을 참조할지 모르기 때문에 모순이 생기는 것이다.

이 모순을 해소하는 방법에는 여러 가지가 있다. 가장 간단한 방법은 오류를 내는 것이다. 즉 충돌이 일어나는 것은 기능적으로 쓰고 있는 것이 많아 위험하므로, 원래 조합해 사용해서는 안 된다는 입장이다.

그리고 import할 때 중복된 이름을 변경해 충돌을 피하는 방법이 있다. 제일 쉬운 방법이지만 명칭이 변경된 함수를 원래의 네임스페이스에서 호출한 경우에 어떻게 처리할지 등 생각할 점도 많아져 구현이 복잡해진다.

이 외에도 충돌한 경우에는 네임스페이스를 명시적으로 지정해 호출하는 방법도 있다. 이름 변경을 할 정도로 복잡한 구현이 되지 않을 것 같지만, 간단하다고도 말할 수도 없다.

이 점을 어떻게 할지에 대해서는 상당히 고민했지만, 당장은 단순하고 알기 쉬움을 우선시해 충돌이 발생하면 오류를 내기로 했다. 루비의 경험에서 생각해봐도 여러 네임스페이스(루비의 경우 모듈)에서 이어진 이름이 충돌해 이를 해소해야 할 상황은 그리 자주 발생하지 않을 거라 생각했기 때문이었다. 향후 오류 이외의 명칭 충돌 해소 방법이 절대적으로 필요 없다고 생각하는 것은 아니다. 충돌 해소를 어떻게든 해야 하는 구체적인 상황이 발생하면 고민해 보겠다.

Streem의 객체

그런데 객체지향 프로그래밍이라면 클래스를 정의하거나 객체를 만들거나, 그에 대한 메소드를 호출하거나 하고 싶은 것이다.

메소드 호출은 제네릭 함수에서 구현하기로 했지만, 클래스와 객체에 대해 어떻게 해야 할까? 지금까지의 설명에서 언급한 바와 같이, 유사한 데이터 구조를 반복해 도입하고 싶지는 않기 때문에 가능하면 새로운 '객체 타입' 같은 구조의 도입은 피하려 한다.

여기에서 다른 언어를 참고해 보자. 루아라는 언어는 테이블이라는 데이터 구조가 있어 객체를 대신한다. 필드 해시를 객체로 활용한다. 또한 자바스크립트는 객체라는 데이터 형이 있지만, 그 실체는 단순한 해시 테이블이다.

이는 곧 기존의 데이터 구조에 수정을 약간 하는 정도로도, 객체에 해당하는 것을 표현할 수 있다는 의미다. Streem에는 배열이 있고, 이것이 일반 언어의 해시 테이블의 역할도 지원한다. 이 배열을 객체로 취급할 것이다.

루아에서 테이블을 객체로 처리하기 위해 메타 테이블이라는 것을 설정한다. 메타 테이블은 객체에 대한 다양한 작업을 저장한 테이블에서 이른바 클래스 역할을 한다.

펄에서는 스칼라형의 데이터 패키지를 bless해 객체로 취급한다. 즉 해당 객체에 대한 작업은 패키지에 포함된 함수가 맡는다는 것이다.

그런데 Streem은 어떻게 할까 고민한 끝에 펄의 방법에 힌트를 얻어 배열을 객체 대용으로 활용하기로 했다. 즉 이렇게 된다.

```
new <이름> [값]
```

이렇게 호출하면 <이름>으로 지정된 네임스페이스로 관련 배열이 클래스로서 할당된다.

```
new Foo [1,2,3]
```

결국 이 방법은 3요소 배열에 Foo라는 이름으로 연결한 네임스페이스를 돌려주는 것이다. 이 배열을 제1인자로 하는 함수 호출을 특별 대우하는 것으로 객체지향 기능을 제공한다.

네임스페이스를 클래스로 활용함으로써 객체지향 기능을 실현하고자 함수 호출 처리를 확장하겠다. 확장된 함수 호출의 처리를 그림 3-8의 흐름도에서 보여준다. 이렇게 하면 함수의 첫 번째 인자가 new로 만들어진 배열인 경우 해당 네임스페이스의 함수가 호출된다.

이걸로 제네릭 함수와 네임스페이스를 사용한 비교적 간단한 객체지향 시스템을 만들 수 있게 됐다.

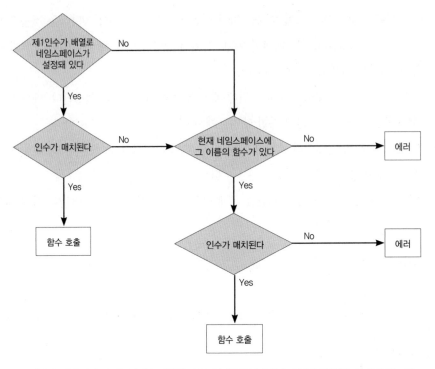

그림 3-8 함수 호출 순서도. '인수 매치'란 인수의 값과 타입이 함수 정의와 일치하는지 체크하는 것

메소드 체인

그렇다고 해도 함수 스타일이 항상 최적이라고 할 수는 없다. 여러 함수 호출을 이어서 하는 스타일은 함수 호출 순서와 프로그램상에 등장하는 순서가 역순으로 되는 경우가 발생한다.

예를 들어 배열 요소 조건(짝수)에 의해 선별하고, 그것을 정렬하고, 중복 요소를 제거하는 처리를 함수 호출 스타일로 작성하면 그림 3-9의 (a)처럼 된다.

수행할 작업의 순서(선별 → 정렬 → 중복 제거)에 대해 함수의 등장 순서가 반대로 돼 있다.

```
(a) 함수 스타일
uniq(sort(filter(ary, {x -> x % 2 == 0})))

(b) 메소드 스타일
ary.filter{x -> x % 2 == 0}.sort.uniq
```

그림 3-9 함수 스타일과 메소드 스타일

그림 3-9의 (b)는 루비와 같은 메소드 호출 스타일이다. 메소드가 등장하는 순서는 실제 순서와 일치하고 알기 쉽게 돼 있다. 또한 '선별하고 정렬해 중복 삭제'처럼 동작을 나열하는 표현에도 부합한다.

다른 언어도 그런 느낌이 많았는지, 어떤 언어에서는 함수 호출을 연쇄적으로 차단할 수 있는 기법을 제공한다. 예를 들어 하스켈에서는 '$', 엘릭시르^Elixir^는 '|>'를 사용한다. 이는 그림 3-10의 (b) 같이 된다.

자, 어떤가? 메소드 호출 스타일과 거의 같은 느낌으로 프로그래밍할 수 있게 되지 않았는가? 이는 표기법으로 매우 유용하기 때문에 Streem에도 도입하겠다. Streem에서는 '$' 대신에 '.'을 사용한다. 그렇게 되면 외관상 보통의 객체지향 언어의 코드처럼 보인다(그림 3-10의 (c))

```
(a) 함수 스타일
uniq(sort(filter(ary, {x -> x % 2 == 0})))

(b) $ 표기법
ary $ filter{x-> x % 2 == 0} $ sort $ uniq

(c) .표기법(Streem에 채용)
ary.filter{x-> x % 2 == 0}.sort.uniq
```

그림 3-10 함수 스타일과 함수 호출의 연쇄 표기법

Lisp-1과 Lisp-2

함수형 언어의 조상이라해도 좋은 Lisp에는 함수 취급에 있어서 두 가지 방식이 있다. 이를 각각 Lisp-1과 Lisp-2라고 한다.

Lisp-1은 Scheme이라는 Lisp의 방언에서 채용된 아이디어로, 함수의 네임스페이스와 변수의 이름 공간에 구분 없이 네임스페이스가 하나밖에 없다(그래서 Lisp-1). Lisp-1에서

```
(print "hello")
```

는 "print라는 이름의 변수에 저장된 함수를, "hello"를 인수로 호출한다."는 의미로 해석돼

```
print
```

는 함수에 대한 참조가 된다.

한편 Lisp-2는 Common Lisp 등에서 채용된 아이디어로, 함수와 네임스페이스가 분리돼 있어 2개(이상)의 네임스페이스가 존재한다. Lisp-2에서는

```
(print "hello")
```

는 "print라는 이름의 함수를, "hello"를 인수로 호출한다."이므로, 표면상의 동작은 Lisp-1과 같다. 하지만 print의 처리 함수는

```
print
```

라는 변수를 참조해도 추출할 수 없게 돼, 특별한 형식을 사용할 필요가 있다. Common Lisp의 경우

```
(function print)
```

또는 이 형식을 줄인 형태인

```
#`print
```

같은 표기법을 사용한다.

Lisp-1과 Lisp-2의 차이는 사소한 것처럼 보일지 모르지만 사실 일장일단이 있다. Lisp-1의 장점은 함수를 값으로 꺼내기 쉽고, 함수형 프로그래밍을 실천하기 쉽다는 점이다. Lisp-1이라면

```
((func args) arg)
```

같은 함수를 반환하는 함수의 반환 값에 인수를 전달해 호출도 간단하고, 이를 사용해 객체지향 시스템 만들기도 용이해진다. Lisp-2에서는 이렇게 안 된다.

한편 Lisp-1에서는 함수 호출에 반드시 함수에 대한 참조를 수반하므로 최적화하기 어렵다는 것은 단점이다. Lisp-2는 이의 정반대다.

이 개념은 Lisp 이외에도 적용시킬 수 있는데, 실제로 자바스크립트나 파이썬은 Lisp-1 방식이며, 루비와 스몰토크는 Lisp-2 방식이다.

Lisp-2를 채용하는 이유는 메소드 호출의 최적화를 위한 것이고, 그만큼 메소드를 객체로 취할 때에는 시간이 약간 더 걸린다(그림 3-11).

```
# Python (Lisp-1)
obj.foo(1)              # 메소드 호출
f = obj.foo             # 메소드 취득
f(1)                    # 메소드 간접 호출

# Ruby (Lisp-2)
obj.foo(1)              # 메소드 호출
obj.foo                 # 메소드 호출(인수 없음)
f = obj.method(:foo)    # 메소드 취득
f.call(1)               # 메소드 간접 호출
```

그림 3-11 파이썬과 루비의 메소드 취득

주의할 점은 Lisp-2인 루비에서 메소드를 취득하기 위해 method 메소드를 사용하는 점과, 꺼낸 메소드 객체를 호출할 때 call 메소드를 사용한다는 것이다.

그림 3-11의 프로그램만 보면 파이썬의 Lisp-1 같은 방법이 더 간단하고 뛰어나 보인다. 그러나 루비에게도 메소드 호출 최적화의 여지가 크고, 실제 메소드 캐시 등이 구현돼 있는 점과 인수가 없는 특성 참조에 보이는 형태의 메소드 호출이 가능하다는 점에 장점이 있다.

그래서 Streem에서는 Lisp-1과 Lisp-2의 중간인, 이른바 Lisp-1.5의 방법으로 생각하고 있다. 즉 함수 이름을 직접 지정했을 때는 함수에 대한 참조를 얻을 수 있고, '.'을 사용한 메소드 체인 형식에서는 인수가 없는 메소드 호출로 간주한다(표 3-1).

또한 '&' 기호를 이용해 함수의 부분 적용을 할 수 있다. 부분 적용이라 함은 함수 인수의 일부를 메꾼 함수다. 조금 이해하기 어려울지도 모르니 실례를 살펴보자.

표 3-1 Streem의 함수 호출

서식 예	의미
func	함수 func을 참조
func()	함수 func의 호출
a.b()	함수 b의 호출(b(a))
a.b	함수 b의 호출(b(a))
&func	func와 같은 의미
&func(1)	함수 func의 부분 적용
&a.b	함수 b의 부분 적용(&b(a))
&a.b(c)	(&a.b)(c) 다시 말해 b(a,c)

예를 들어 두 개의 수를 합하는 plus라는 함수가 있다고 하자.

```
plus(1,2) # => 3
```

이 함수에서는 1과 2를 더해 3을 돌려준다. 자, 여기에서

```
plus5 = &plus(5)
```

라고 하면, plus5에 대입되는 것은 'plus의 최초 인수를 5로 고정한 함수'다. 이 plus5에 인수를 전달하면, 무조건 5가 더해지는 값을 반환한다.

```
plus5(1) # => 6
plus5(9) # => 14
```

이 예에서는 인수를 1개만 고정했지만, 2개 이상 고정도 가능하다.

```
plus12 = &plus(1,2)
plus12() # => 3
plus12(3) # => ERROR ! 인수가 많음
plus123 = &plus(1,2,3)
# ERROR ! 인수가 많음
```

이 형식은 도트 표기법에도 유효하다. 'f = &a.b'는 'f = &b(a)'의 생략 표기이고, 'f(c)'로 호출하면 'a.b(c)', 다시 말하면 'b(a,c)'라는 함수가 호출된다.

맺음말

이번에는 Streem의 객체지향 기능을 설계했다. Common Lisp의 제네릭 함수나 하스켈의 $ 표기법 등 기존 언어의 아이디어를 차용하면서도, 그것을 잘 결합해 독특한 무언가를 설계할 수 있지 않을까? 또한 "언어 설계는 이렇게 하는 것이야."라는 점에서도 어쩌면 참고가 될지도 모르겠다.

이번 부분의 소스코드는 https://github.com/matz/streem에서 '201512'라는 태그를 붙여 둔다. 참고로 구현의 난이도 때문에 '&' 함수의 부분 적용은 아직 작업하지 않았다. 다른 부분도 아직 미완성이다.

더 나은 설계가 있을 것 같다

2015년 12월호에 실린 글이다. 3-1장에서 설명하는 객체지향의 개념과 역사를 본 다음, Streem이라는 함수의 영향을 받은 언어의 객체지향 기능은 어떤 것이어야 하는지 생각해 봤다. 객체지향 프로그래밍은 이미 당연한 것이 돼 버렸지만, Streem 같은 언어에 가장 적합한 객체지향 기능의 디자인에 딱 맞는 것은 없는 것 같다. 이번에는 제네릭 함수와 네임스페이스를 결합한 객체지향 기능을 디자인해 봤다. 우선 유용하다. 하지만 완전히 만족스럽지는 못하다. '&'에 의한 부분 적용의 구현도 불완전하고...이번 설계는 함수형 프로그래밍과 객체지향 프로그래밍이라는 두 마리 토끼를 다 잡았다고 생각된다. 하지만 CLOS의 제네릭 함수처럼 네임스페이스 제어에 의해 Refinement 같은 기능이 구현되는 것은 아니며, 완전한 융합이라고 부를 정도는 아니다. 여전히 불만이 남아 있기 때문에 앞으로 더 좋은 디자인이 실현되면 좋겠다.

3-3 Streem 문법 재검토

여러 가지를 검토하면서 설계한 Streem 문법도 시간을 갖고 들여다 보면, '일단'이라고 생각해 설계했던 문법에 개선 사항이 나오기 시작했다. 문법을 정비하려면 아직 아무도 Streem을 사용하지 않은 지금이 기회인 것 같다. Streem 문법을 재검토해 보자.

이 문서에 대한 샘플 프로그램을 작성해야 하기 때문에 내가 세계에서 처음으로 Streem으로 프로그램을 작성한다고 생각한다. 적어도 현시점에서는 Streem 프로그램을 쓰는 사람은 나밖에 없을 테고, 아직 쓸만한 수준은 아니기 때문이다.

그렇게 Streem에서 프로그램을 작성했는데 개선해야 할 점이 나왔다. 최초로 문법을 설계할 때 별로 고민하지 않았음을 깨닫는 일은 자주 있다.

shift/reduce conflict

우선 첫 번째 개선점은 문법의 모호성이다. Streem 문법은 YACC라는 도구를 위한 표기법(YACC 표기법이라 부르겠다)으로 쓰여져 있고, GNU의 YACC 호환 도구인 bison에서 C로 컴파일된다.

이 원고 집필 직전의 Streem의 문법 정의를 bison으로 체크하면 다음과 같은 경고가 표시된다.

```
8 shift/reduce conflicts
```

이것은 "문법이 모호한 규칙이 8개 있다."는 의미다. 'conflict^{충돌}'는 구문 분석 시 문맥에서, 어떤 기호가 왔을 때 전환할 상태가 여러 개 있는 상태를 말한다. 그 규칙이 종료(reduce)된 것인지, 아직 계속(shift) 적용하는 것인지 모르는 경우 다음과 같이 부른다.

```
shift/reduce conflict
```

하여튼 규칙은 종료됐지만, 전환해야 할 상태가 여러 개 있는 경우에는 다음과 같은 에러가 발생한다.

```
reduce/reduce conflict
```

예를 들어 이런 식이 있다고 하자.

```
expr + expr * expr
```

그러면 이 식을 다음과 같이 해석할 수 있다.

```
(expr + expr) * expr
```

아니면 다음처럼 해석할지 분명하지 않다.

```
expr + (expr * expr)
```

여기서 yacc는 "어떻게 할지 모르겠다."의 의미로 shift/reduce conflict라는 경고를 발생시킨다. 하지만 실제 식에서 산술 이항 연산자는 좌결합이어서 1 + 1 + 1은 (1 + 1) + 1로 해석된다.

또한 연산자는 우선순위가 있는데, "곱셈 연산자(*)는 덧셈 연산자(+)보다 우선순위가 높다."는 규칙이 있어 모호성은 전혀 없다. 여기서 YACC 표기법에 이 규칙을 반영하면 conflict는 없어질 것이다.

bison은 영리하므로 다소의 모호함이 있어도 좋은 의미로 해석해 주는 구문 해석기를 생성해 준다. 그러나 문법에 모호함이 있다면 인간도 혼동을 일으킬 가능성이 있다.

그래서 이번에 conflict가 어디에서 기인하고, 문법의 어디에 모호함이 있는지 알아보겠다. yacc에 -v 옵션을 선택하면 문법을 어떻게 해석했는가 하는 로그를 'y.output'이라는 파일에 출력해 준다.

```
$ LANG=C yacc -v parse.y ⏎
```

⏎ 이 표시에서 줄바꿈

여기에서 yacc는 bison의 별명이지만, bison은 yacc라는 이름으로 작동되면 'yacc 호환 모드'로 동작한다.

bison 모드에서 구문 분석기 소스와 출력 파일의 이름은 표 3-2와 같다.

하나의 프로그램에서 여러 구문 분석기를 쓸 일이 없으면, yacc 모드가 유용하다고 생각하기 때문에 이를 계속 쓰고 있다.

'LANG = C'는 출력되는 로그의 일본어 표기를 종료하기 위해 지정한다. 로그를 볼 때에는 일본어가 유용하지만, 로그 내용을 검색할 때 일일이 '状態じょうたい, 상태'라고 입력하기보다 'State'가 더 손에 익숙하기 때문에 일본어가 없는 편이 낫다. 물론 이는 개인차가 있다.

표 3-2 bison 모드와 yacc 호환 모드

모드	bison 모드*a	yacc 호환 모드
구문 분석기 소스	parse.tab.c	y.tab.c
로그 출력 파일	parse.output	y.output

*a: 소스 파일이 parse.y인 경우

```
State  0 conflicts: 2 shift/reduce
State 11 conflicts: 2 shift/reduce
State 14 conflicts: 2 shift/reduce
State 51 conflicts: 2 shift/reduce
```

그림 3-12 y.output의 경고

```
State 11

    4 decls: decl_list . opt_terms
    6 decl_list: decl_list . terms decl


    ';' shift, and go to state 6
    '\n' shift, and go to state 7

    ';' [reduce using rule 106(opt_terms)]
    '\n' [reduce using rule 106(opt_terms)]
    $default reduce using rule 106(opt_terms)


    opt_terms go to state 50
    terms     go to state 51
    term      go to state 15
```

그림 3-13 conflict가 있는 state

이렇게 생성된 y.output 파일을 살펴보면, 첫 번째로 그림 3-12 같은 경고가 표시된다. 그래서 예를 들어 State 11을 살펴보면 그림 3-13 같이 돼 있다. 참고로 상태를 검색하기 위해서는 정규식 '^ state 11'을 쓰면 편리하다.

그림 3-13을 보면 '\n' 또는 ';'에서 conflict가 일어나는 것을 알 수 있다. 사실 프로그램의 구조로서 선언이 먼저 오고 명령문은 다음에 와야 하지만, 그 사이의 구분자가 되는 '\n'이나 ';'이 어떤 규칙을 적용할지에 대한 모호성이 발생한다. 결국 이것은 구분 기호에 지나지 않기 때문에 뭘로 해도 상관없을 것이라 생각한다.

그러나 역시 찜찜한 기분이 들기 때문에 규칙을 변경하겠다.

선언과 실행문

지금까지의 문법은 예전 C처럼 선언문 다음에 이어서 실행문이 온다는 규칙이었다. 그러나 그러한 규칙에 집착할 이유는 없다. 그래서 지금까지 선언돼 온 다음 내용을 포함하는 최상위 레벨문으로, 최상위 레벨이면 어디든지 둘 수 있도록 한다.

- 메소드 정의

- 네임 스페이스 정의

이것은 메소드 정의 등을 조건문 안이나 다른 메소드 정의 내에 두지 않게 되는 것을 의미하며, 바람직한 방향이다.

새로 도입한 최상위 레벨문에 대한 규칙은 그림 3-14에 나와 있다(액션 제외).

함수를 정의하는 def문은 결국 함수 객체를 변수에 대입하고 있을 뿐이므로 최상위 레벨 문장이 아니라 일반 문장에 위치한다.

이로부터 def문도 method문도 정의 부분이 하나의 식으로 표현할 수 있는 때에는 '= 식'의 형태로 쓸 수 있게 했다. 간결하게 쓰고 싶어서였다. 사실 '='도 없이 정하고 싶었지만, 의문의 충돌이 발생해 고민 끝에 정한 고육지책이다.

```
topstmts : topstmt
         | topstmts terms topstmt
         ;

topstmt  : keyword_namespace identifier '{' topstmts '}'
         | keyword_class identifier '{' topstmts '}'
         | keyword_import identifier
         | keyword_method identifier '(' opt_f_args ')' '{' stmts '}'
         | keyword_method identifier '(' opt_f_args ')' '=' expr
         | stmt
         ;
```

그림 3-14 최상위 레벨문의 규칙

break문의 삭제

문법도 정리해 보자. 현재의 문법은 함수의 실행을 중단시키는 break와 skip이라는 두 예약어가 있지만 기능이 중복되므로 하나를 삭제한다. break는 원래 C의 루프를 중단하는 문장이지만, Streem은 원래 루프가 없다. 그래서 break 쪽을 삭제한다.

이는 낱말 분석기인 lex.l과 구문 분석기의 parse.y에서 break에 관한 부분을 삭제하는 것이다. 원래 break문에 대한 처리는 제대로 동작하지 않았기 때문에 삭제해도 별 문제는 없을 것이다.

하는 김에 skip은 제대로 동작하도록 둔다. skip이 호출되면 예외가 발생해 실행을 중단하도록 하겠다.

if문의 변경

이 기회에 문법에서 고쳐야 할 부분을 정리하겠다.

신경이 쓰였던 것 중 하나는 if문이다. Streem 중 몇 안 되는 제어 구조의 하나인 if문이지만, 수식을 많이 사용하는 프로그램에서는 약간 볼품이 없어 보인다. 예를 들어 유명한 FizzBuzz 프로그램을 이전 문법으로 기술하면 그림 3-15 같이 된다.

```
seq(100) | map{x ->
  if x % 15 == 0 {"FizzBuzz"}
  else if x % 3 == 0 {"Fizz"}
  else if x % 5 == 0 {"Buzz"}
  else {x}
} | stdout
```

그림 3-15 이전 문법에서의 FizzBuzz

고치고 싶은 부분은 두 군데로, 하나는 중괄호({})가 필수적이라는 것, 또 하나는 조건문을 둘러싸는 괄호가 없는 것이다.

이전 문법에서는 중괄호가 필수인 데는 이유가 있었다. 제어 구조에 중괄호를 사용하는 언어, 예를 들어 C에서 발생하는 문제 중에 'dangling else'라는 것이 있다.

```
if (cond1)
  if (cond2)
    statement2
  else
    statement3
```

이런 코드가 있다고 하면 이를 다음과 같이 해석한다.

```
if (cond1) {
  if (cond2)
    statement2
  else
    statement3
}
```

또는 다음과 같이 해석할지 분명하지 못해 충돌이 발생하는 것을 말한다.

```
if (cond1) {
  if (cond2)
    statement2
}
  else
    statement3
```

yacc는 충돌이 발생해도 shift를 우선하는 것으로 "else는 가까운 쪽의 if에 연결된다"는 규칙을 갖지만, 모호성이 있음은 부인할 수 없다.

루비에서는 이것이 싫어 '빗 모양 구문'을 도입하고 있다. 즉 원래 하나밖에 문이 없는 경우와 여러 문장이 있을 때 스타일이 다른 것이 문제이므로 중괄호 등은 사용하지 않고, if 문은 해당 end까지 결정해 버리게 한다. 그러면 if문 전체가 다음과 같은 스타일이 된다.

```
if cond1
  statement1
elsif cond2
  statement2
else
  statement3
end
```

if와 else 등이 빗살처럼 튀어나와 있어 빗 모양 구문이라고 부른다.

한편 펄에서는 괄호 생략을 허용하지 않음으로써 이 문제를 해결한다. 처음에는 Streem도 이 방식을 흉내를 내 중괄호 생략을 허용하지 않았다.

그런데 Streem이 많이 사용하는 함수형 프로그램에서는 if문이 식으로 값을 반환할 경우가 종종 있다. 이때는 오히려 중괄호가 없는 방식이 더 자연스럽게 보인다.

거기서 C 스타일로 돌아와 다시 단문 또는 단일 식에서 괄호 없이 여러 문장을 정리할 때는 중괄호로 둘러싸는 문법으로 변경했다.

이에 따라 조건식 주위를 괄호 안에 있게 했다. 이전 문법에서 조건식 주위의 괄호를 필요 없게 한 것은 Go를 흉내 낸 것이지만, 함수 호출 뒤에 블록이 붙은 Streem은 그 때문에 문법이 복잡하게 돼 버렸다(조건식에서의 함수 호출은 블록을 붙일 수 없도록 식을 위해 두 종류의 독립적인 규칙을 갖고 있었다). 그 당시는 열심히 규칙을 작성했지만, 작성 후 냉정하게 보면 지금까지 노력해 규칙을 복잡하게 만들고도 얻을 수 있는 것은 많지 않아 보였다. 이번 기회에 간단하게 정리하려 한다.

그래서 if문을 변경한 후 문법에 FizzBuzz를 나타낸 것이 그림 3-16이다. 그림 3-15와 비교하면 크진 않지만 더 깔끔한 인상을 준다.

```
seq(100) | map{x->
   if (x % 15 == 0)      "FizzBuzz"
   else if (x % 3 == 0) "Fizz"
   else if (x % 5 == 0) "Buzz"
   else                  x
} | stdout
```

그림 3-16 새로운 문법의 FizzBuzz

약간의 모호성

이번 변경으로 인해 기계에 있어서는 모호하지 않아도 인간은 실수하기 쉬운 조합이 발생했다. 다음과 같은 if문이 있는 경우를 예로 들어보자.

```
if (cond) {print(x)}
```

이 {print(x)}는 print(x)라는 함수 호출을 중괄호로 묶어서 보여주며, 정의 부분으로 print(x)를 갖는 함수 객체, 결국 다음의 식에서 보듯이 인수 부분이 생략된 것처럼 보인다.

```
{->print(x)}
```

이러한 경우에 Streem은 if문 본체 부분의 중괄호를 묶은 것으로 해석한다.

사실 이는 상당히 귀찮은 부분이다. 보통은 이런 경우 문법을 작성하면 사람과 마찬가지로 구문 해석기도 혼란에 빠져 충돌을 일으켜 버린다. 그래서 Streem의 구현은 우선 한번 함수 객체로 간주해 구문 분석을 한 후, if의 본체 부분이라면 그것을 괄호로 구문 트리를 재구성한다.

오른쪽 대입의 추가

수정할 부분이 또 있다.

Streem 프로그램을 쓸 때, 때때로 짜증나는 경우는 파이프라인을 대입할 때다. 다시 말하면 Streem 파이프라인은 '|'로 연결해 왼쪽에서 오른쪽으로 흐른다. 이것을 분기 등을 위해 대입하면 왼쪽에서 오른쪽으로 파이프라인을 만들어 놓고 그것을 대체할 때 왼쪽으로 돌아 대입하게 돼 있어 시선과 의식의 흐름에 역행하는 것이다.

실제 예를 보면서 생각해 보자. 그림 3-17에 있는 식은 (430페이지의 5-5장에서 설명하는) 편차 계산 프로그램이다.

여기서 주목했으면 하는 곳은 그림 3-17에서 (a) 표시가 있는 부분이다. Input으로부터 average( ) 함수를 통해 계산하는 평균 값(의 스트림)을 avs라는 변수에 대입하고 있다. 의식은 input으로부터 average( ), 변수 avs의 순서로 흐르는데, 프로그램의 등장 순서는 avs, input, average( )가 돼 버린다. (b) 표시가 있는 부분도 마찬가지다. 이 의식의 흐름과 기술 순서의 불일치는 미묘한 스트레스를 주게 되고 생산성 저하로 이어진다.

여기에서 '=>'라는 기호를 사용해 왼쪽부터 오른쪽에 대입하는 것으로 했다. 이를 사용하면 그림 3-17의 (a)는 다음과 같다.

```
input | average() => avs
```

이는 의식의 흐름과 기술 순서가 같아진다.

프로그래밍 언어에서 할당이 오른쪽에서 왼쪽인 것은 당연하고, 의식의 흐름과 기술 순서 불일치를 그렇게 걱정하는 것이 '무슨 큰일'이냐고 느끼는 사람도 많을 것이다. 그러나 이런 작은 개선이 쌓이면 언어의 간편한 장점으로 이어질 수 있다.

```
input = fread('result.csv')|map{x->number(x)} # (c)
avs = input | average() # 평균 (a)
sts = input | stdev()    # 표준편차 (b)
zip(avs, sts) | each{x->
  avg = x(0); std = x(1)
  fread('result.csv') | map{x->number(x)}| each {score->
    ss = (score-avg)*10 / std + 50
    print('득점: ', score, '편차 값:', ss)
  }
}
```

그림 3-17 편차 값의 계산

함수 호출의 변경

마지막에 손을 볼 부분은 함수 호출 부분이다.

앞서 언급한 바와 같이 Streem은 가능한 한 루비와는 다른 설계를 하려고 한다.

또한 처음부터 객체지향 언어로 설계한 루비와 달리 Streem에서는 오히려 함수형 프로그래밍을 중시하려고 생각했다. 따라서 메소드 호출을 중심에 두는 루비에 반해 Streem은 어디까지나 함수 호출을 중심으로 할 계획이었다.

260

그러나 객체지향의 편리함, 특히 다형성polymorphism, 폴리모피즘은 유지하고 싶었기 때문에 함수 호출의 제1인자가 소속된 네임스페이스에 의해 호출되는 함수가 결정되는 구조도 도입했다.

각각 이유 있는 판단이었지만, 이 때문에 언어에서 함수의 위치가 약간 흔들려버린 것도 사실이다.

예를 들어 통상 함수형 언어라면 다음과 같은 식은 'number라는 이름이 붙은 함수(객체)를 인수 x로 호출'하는 동작을 의미한다.

```
number(x)
```

한편 현재 Streem에서는 number(x)의 동작은 'x가 어떤 네임스페이스를 갖고, 이 네임스페이스에 number라는 함수가 등록돼 있다면 이것을, 그렇지 않다면 현재의 범위에서 number 라는 이름으로 참조 가능한 객체를 함수로 호출'하는 동작을 의미한다.

약간 호출 규칙이 복잡하지만, 익숙해지면 문제는 없을 것이다.

곤란한 부분은, 이 동작의 경우 호출된 함수의 제네릭한 취급이 불가능하다는 점이다.

그림 3-17의 (c) 부분을 보자. 여기서는 map을 사용해 스트림의 엘리먼트를 수치로 변환한다. map은 함수를 인수로 취급하기 때문에 원래라면 이 부분은 다음과 같이 호출된다.

```
map(number)
```

하지만 현재의 Streem에서는 number(x)라는 함수 호출(처럼 보이는 것)에서, 데이터 변환이 가능한 것은 각각 네임스페이스에 등록된 함수가 실행하고 있다. number라는 이름에서 얻을 수 있는 값(함수)의 제한은 없다. 그 결과 이 같이 number라는 이름으로부터 '각종 데이터에서 수치로 변환을 수행하는 함수' 불러오기는 불가능하며, 다음과 같은 호출 방식도 불가능하게 된다.

```
map(number)
```

이는 별로 반길 일은 아니다. 여기에서는 '이 컨텍스트에서의 함수 호출과 동일한 동작을 하는 객체'를 도입하는 것으로 한다. 네임스페이스에 산재된 함수를 제네릭하게 불러 쓰는 게 가능하기 때문에, 이 객체를 '제네릭 함수 객체'로 부르기로 하겠다.

제네릭 함수 객체를 식별자 앞에 '&'을 붙여 불러오기를 한다.

```
map(&number)
```

따라서 이 식은 다음의 식과 동일한 기능을 갖는다.

```
map{x->number(x)}
```

함수의 직접 호출

또 하나, 함수명과 변수명이 우연히 일치해 충돌하는 경우의 대처를 위해 다형성을 무시하고, 제1인수의 네임스페이스에 관계 없이 함수 객체를 그대로 부르는 방법을 만들었다.

```
func.(x)
```

이처럼 인수의 괄호 앞에 '.'을 붙이면 확실히 함수 객체의 호출이 된다. 반드시 식별자로 지정해야 하는 함수 호출과는 달리, 이 형식에서는 func 부분은 호출 가능한 객체를 돌려주는 임의의 식으로 표기가 가능하다.

Lisp-1과 Lisp-2

이와 같은 함수 호출의 방법에 대한 논의는 Lisp 커뮤니티에서 오래전부터 논의된 것이어서(3-2장에서도 언급했듯이), 크게 나누면 'Lisp-1'과 'Lisp-2'로 부른다.

Lisp-1은 함수와 변수의 네임스페이스가 분리돼 있지 않는 방식이다. 네임스페이스가 1개밖에 없기 때문에 Lisp-1으로도 부른다.

Lisp-1을 채용하는 언어는 스킴^{Scheme}, 자바스크립트, 파이썬이 있다. Lisp 이외에 다른 언어에도 적용 가능한 설계 방침의 이름이지만, 이제 와서 Lisp라는 이름을 붙여 부르는 것은 좀 이상하다.

이들 언어에서는 print(x)라는 함수 호출은 print라는 식을 체크하고, 그 결과로 어떤 함수(또는 호출 가능한 객체)를 인수 x로 호출한다는 의미를 가진다. 함수명에 해당하는 것은 단지 변수의 참조여서 임의의 식을 두는 게 가능하다. 즉 다음과 같은 식이 있다고 하자.

```
((complex_expr)(args1))(args2)
```

- complex_expr을 체크한다.
- 그 결과의 함수를 args1을 인수로 호출한다.
- 그 결과의 함수를 args2를 인수로 호출한다.

로 동작을 할 것이다. 단순한 규칙으로 복잡한 표현도 구현 가능함을 알 수 있다.

Lisp-1은 구조가 간단하며, 여러 가지 구조를 조합해 응용 가능하기 때문에 편리하다. 단순함을 추구한 Lisp의 방언인 스킴에서 채용한 것도 납득이 간다.

Lisp-1은 함수 객체를 호출하는 게 기본 동작이어서, 함수를 빈번히 호출하게 되는 함수형 프로그래밍과 궁합이 잘 맞고, 최근 언어에서도 자주 채용된다.

Lisp-2의 장점과 단점

반면 함수와 변수의 네임스페이스가 분리돼 있는 방식을 Lisp-2라고 부른다. Lisp-2 방식을 채용한 언어는 Common Lisp, 루비, 스몰토크가 있다.

Lisp-2를 채용한 언어에서 print(x)라는 함수 호출은, 어떤 함수 테이블에서 print라는 이름의 함수를 찾아 해당 함수를 인수 x로 호출하는 것을 의미한다. 현재 범위에 print라는 이름의 변수가 있어도 함수와의 네임스페이스는 독립적이기 때문에 관계가 없다.

Lisp-2는 "함수를 이름으로 부른다"라는 생각이 객체지향의 "메시지에 의해 기능(메소드)을 호출한다"는 생각과 딱 맞는다. 원래는 객체지향 언어로 설계된 스몰토크와 루비가

Lisp-2 방식인 것도 납득이 간다. 함수의 탐색이 런타임 중에 완전히 은폐되기 때문에 메소드 캐시와 같은 함수 호출의 고속화를 위한 구조의 내장이 비교적 간단하다는 게 장점이다.

단점으로는 '이 호출로 불릴 수 있는 함수'를 제네릭하게 취급하는 것을 잘 못한다는 점이다. 이를 위해 함수형 프로그래밍을 할 때에는 약간의 작업을 추가한다.

Lisp-1이라면 map(number)로 끝나는 것을 map({x->number(x)})로 작성해야 한다. 원래 앞에서 소개한 것 같은 '제네릭 함수 객체'의 도입에 따라 map(&number) 정도로 간략화가 가능하다. 이렇게 되면 그렇게 큰 단점은 안 될 것 같다.

Streem과 Lisp-2

이미 기술한 바와 같이 Streem은 처음에는, 함수형 프로그래밍으로의 핸들링을 쉽게 하기 위한 기대 때문에 Lisp-1을 채용하려고 했다. 하지만 원래 객체지향 프로그래밍을 좋아하는 나였기 때문에, 이런 저런 다형성을 여러 가지로 고민한 사이에 Lisp-2를 도입해 버렸다.

이번의 개선으로 도입한 제네릭 함수는 이 Lisp-2 방식이면서 Lisp-1처럼 동작시키기 위한 것이었다. 말하자면 Lisp-1.5 정도로 부를 수 있을까?[1]

맺음말

이번에는 Streem의 문법을 고쳐봤다. 의외로 여러 가지 고쳐야 할 점이 있었던 것 같다.

하지만 실제 사용자가 없다면, 여러 가지 시행착오가 가능하다. 루비 같은 수만 명의 사용자를 보유한 경우라면 아무리 사소한 변경이라도 호환성이 맞지 않으면 큰 문제가 발생하기 때문이다.

이후 문법 확장에서는 함수형 언어에서 자주 볼 수 있는 '패턴 매치'라는 기능에 대해 검토할 예정이다.

---

1 초기의 Lisp 처리 시스템에 Lisp1.5라는 것이 있었다는 이야기는 있었으나, 설명이 필요한 농담은 재미없다.

264

언어 설계자는 어떻게 문법을 개선할까?

이 글은 2016년 8월호에 실렸다. 연재가 슬슬 끝에 다가왔기 때문에 문법에 크게 손을 댔지만, 이 책에서는 최종 버전의 문법에 맞게 샘플 프로그램 등을 다시 작성했다.

이 때문에 이번 문법 개선 내용은 '이와 같이 변경한 배경'이라는 정도의 의미 밖에 없다. 비슷한 설명은 2-4장에도 있었다. 연재가 진행되면서 조금씩 문법이 진화해 갔음을 알 수 있다.

여기까지가 잡지 연재의 한계인 것 같다. 원래 연재 기사를 크게 바꿔 다시 쓰고 싶지 않았기 때문에, 이번에는 그대로 게재한다. 언어 설계자가 문법을 설계하거나 개선할 때 어떤 것을 생각하는지를 참고하며 보면 좋지 않을까 싶다.

이번 기사는 잡지 연재의 한계를 느낄 수 있는 부분이 또 하나 있다. 3-2와 3-3장 'Lisp-1과 Lisp-2'의 주제가 완전히 동일하다는 것이다. 원래 이 주제는 내가 가장 좋아하지만 3-2장은 2015년 12월호에서, 이번 3-3장은 2016년 8월호 게재된 내용으로 반년 이상의 차이가 있다. 따라서 주제의 중복에 대해 전혀 의식하지 않았다. 당시에는 책으로 만들 생각을 조금도 하지 않았기 때문이다. 이렇게 책으로 나오는 바람에 같은 주제가 이어서 나올 줄은 몰랐다. 자업자득이다.

3-4 패턴 매치

이번에는 함수형 언어에 자주 보이는 기능인 '패턴 매치'에 대해 설명한다. 패턴 매치가 있으면 어떤 종류의 데이터 구조도 간단하게 처리할 수 있다. 시행착오 끝에 Streem에 구현 가능하게 됐다. 루비에도 이 기능이 있었으면 좋겠다.

패턴 매치라고 하면 우선 정규식을 떠올리지만, 함수형 언어의 패턴 매치도 하는 일은 비슷하다. 즉 값과 패턴이 일치하는지 여부를 확인하는 것과 일치하는 값에서 일부를 추출하는 것이다.

얼랭의 패턴 매치

그러나 함수형 언어에서는 매치의 대상이 되는 것은 문자열이 아닌 데이터 구조다. 예를 들어 패턴 매치를 준비하는 함수형 언어인 얼랭의 예를 살펴 보자(그림 3-18). 정수의 합계를 차례로 더해 나가는 '피보나치 수열'을 구하는 프로그램이다.

얼랭에서는 case문을 사용해 패턴 매치를 한다. 사실은 함수 정의 부분에도 패턴 매치가 가능하지만, 그쪽은 얼랭 교과서에 맡긴다.

case문은 N에서 주어진 수식과 패턴과의 매치를 체크해 매치가 성공하면 '->' 뒤의 명령을 실행한다. 패턴에 변수가 있으면 그 변수에 대입도 할 수 있다.

```
fib(N) ->
  case N of
    1 -> 1;
```

```
  2 -> 2;
  _ -> fib(N-1) + fib(N-2)
end.
```

그림 3-18 얼랭의 패턴 매치(1)

```
len(L) ->
  case L of
    [] -> 0;
    [_|T] -> 1 + len(T)
  end.
```

그림 3-19 얼랭의 패턴 매치(2)

단 그림 3-18의 예는 너무 단순하기 때문에 일반 조건 분기의 차이점이 잘 안 보일 것이다. 조금만 더 복잡한 패턴을 생각해 보자. 목록의 길이를 구하는 len( ) 함수를 얼랭에서 패턴 일치를 사용해 정의하면 그림 3-19 같이 된다.

그림 3-19의 **case**문을 보면 첫 번째 패턴은 [ ], 즉 빈 목록이다. 이것은 L이 빈 리스트와 매치할 때, 리스트의 길이는 0이라는 것을 의미한다.

그 다음 패턴이 좀 이상하다.

[_|T]

이 패턴은 리스트의 첫 번째 항목이 _이며, 나머지가 T일 경우라는 의미다. 리스트가 비어있지 않을 때, 이 패턴에 매치 여부를 체크한다. 얼랭의 패턴 매치에 있어서 '_'는 무엇이든 매치되는 변수이며, 내용에는 상관이 없다. 이것으로 리스트의 첫 번째 항목과 마지막 항목을 따로따로 추출한다. 첫 번째 항목을 제외한 리스트 T의 길이를 len( )으로 구하고, 1을 더하면 리스트의 길이를 구할 수 있다. 이를 실행하면 그림 3-20처럼 계산이 진행된다.

```
len([1,2,3,4]) = len([1|[2,3,4]])
               = 1 + len([2|[3,4]])
               = 1 + 1 + len([3|[4]])
```

```
= 1 + 1 + 1 + len([4|[]])
= 1 + 1 + 1 + 1 + len([])
= 1 + 1 + 1 + 1 + 0
= 4
```

그림 3-20 len의 계산

재귀적 정의와의 세트가 편리

길이는 첫 번째 항목의 길이(1)에 남은 목록의 길이를 더한 것이라는 재귀적 정의에 당황했을지도 모르겠지만, 익숙해지면 이런 당황스러움은 없어진다. 그리고 패턴 매칭과 함수의 재귀 호출의 조합은 이와 같은 재귀 구조를 가진 데이터 구조의 처리에 매우 유용하다. 이것이 많은 함수형 언어가 패턴 매치를 갖추고 있는 이유다.

패턴 매치를 갖춘 함수형 언어로는 이번에 소개한 얼랭 이외에도 다음과 같은 언어가 있다.

- 하스켈
- 오카멜
- 스칼라Scala

실제 문제, 명시적인 함수형 언어라고 이름을 올리는 언어는 대부분 패턴 매치를 지원한다고 보면 된다. 예외로는 옛날부터 존재했던 (최근에는 함수형 언어로 취급되지 않은) Lisp와 그 직계 자손인 클로저 정도다.

'꼬리 재귀' 최적화

여담이지만 그림 3-19의 재귀 호출 함수는 리스트가 길면 호출 스택을 다 써버리게 된다. 이 문제를 해결하기 위해 함수를 꼬리 재귀화하는 테크닉을 쓸 수 있다.

꼬리 재귀는 함수 실행 마지막에 자기 자신으로의 함수 호출을 의미한다. 이 형태의 재귀 함수 호출은 간단하게 루프로 가능하다고 알려져 있어, 루프를 사용한다면 호출 스택을 낭비할 일이 없고, 함수 호출도 생략이 가능하다. 재귀 호출을 하더라도 그림 3-19처럼 1 +

Len(T) 같은 구조를 한다면, 마지막 실행은 '+' 함수여서 꼬리 재귀가 되지 않는다.

여기서 그림 3-21처럼 바꿔 작성하면 꼬리 재귀가 된다. 그림 3-21의 프로그램은 얼랭에서는 인수의 수가 다르면 다른 함수로 취급하는 성질을 이용한다. 하지만 다른 언어에서도 두 번째 인수를 함수 이름으로 바꾸기만 하면 된다. 이것은 재귀 함수를 꼬리 재귀로 바꾸기 위한 간단한 방법이 된다.

```
len(L) -> Len(L, 0).
Len(L, Acc) ->
  case L of
    [] -> Acc;
    [_|T] -> len(T, Acc+1)
  end.
```

그림 3-21 얼랭의 패턴 매치(꼬리 재귀 버전)

■ Streem의 패턴 매치

그러면 Streem의 패턴 매치는 어떻게 구현해야 할지 생각해 봐야 한다.

도중에 여러 가지 시행착오를 했던 점을 이야기하면 좀 지겨울지 모르겠으나, 2016년 5월경에 잠깐 함수의 인수가 {x -> print(x)}에서 {|x| print(x)}로 된 것은 이 시행착오의 영향이다. 내가 잠깐 고친 것을 무심코 체크인하는 바람에 전 세계에 공개해 버렸다. 나중에 도쿄 루비 회의 발표에서도 이 문법을 사용해 설명했다.

이와 같은 시행착오를 거쳐 결정한 Streem의 패턴 매치의 문법은 다음과 같다.

case, if에 의한 패턴

먼저 함수 객체 인수 부분에 패턴을 쓸 수 있도록 했다. 패턴을 넣기 위해 예약어 'case'를 앞에 둔다.

```
case 패턴 -> 실행문
```

또 그림 3-22 같이 case를 여러 개 사용해 복수 패턴 지정도 가능하다. 그리고 어디에도 매치가 되지 않을 때의 처리를 위한 else도 가능하다.

```
foo = {
  case 1,x -> print(x+1)
  case 2,x -> print(x*2)
  else -> print('else')
}
```

그림 3-22 복수의 case와 else

패턴 매치를 포함한 함수 호출은 보통의 함수와 동일하다. 그림 3-23 같이 호출된 뒤 패턴 매치를 해 매치가 되면 '->' 다음 문장을 실행한다.

```
foo(1,2) # => 3(2+1이기 때문)
foo(2,1) # => 2(1*2이기 때문)
foo(1) # => else(매치 안됨)
```

그림 3-23 패턴 매치의 실행 예

정렬된 패턴이 여러 개 일치하는 경우도 먼저 매치하는 것만이 선택된다. 매치하는 패턴이 존재하지 않으면 예외가 발생한다.

case에서는 if에 의한 조건식을 붙일 수 있다(그림 3-24). 이 조건식을 '가드'라고 부른다. 패턴이 매치됐더라도 이 가드를 통과하지 못한다면 매치 성공이라고 할 수 없다.

```
sign = {
  case 0 -> print('0')
  case x if x > 0 -> print('+')
  case x if x < 0 -> print('-')
}
sign(0)  # => '0'
```

```
sign(10) # => '+'
sign(-1) # => '-'
```

그림 3-24 if로 '가드'를 만들 수 있다.

match에 의한 패턴 매치

함수 호출을 하지 않고 직접 패턴 매치를 하는 경우는 match 함수를 사용할 수 있다. match 함수를 사용한 패턴 매치는 그림 3-25와 같다. match 함수의 실체는 인수로 주어지는 함수 객체를 호출만 하지만, Streem의 문법과는 제법 잘 맞는다. 다른 언어의 패턴 매치 구문과 도 매우 비슷하며, 실제로 거의 동일한 동작을 한다.

```
match(1,2) {
  case 1,x -> print(x+1)
  case 2,x -> print(x*2)
  else -> print('else')
}
```

그림 3-25 match 함수

Streem의 패턴 매치 구문을 사용해 그림 3-18의 프로그램을 다시 작성하면 그림 3-26 같이 된다.

```
fib = {
  case 1 -> 1
  case 2 -> 2
  case n -> fib(n-1) + fib(n-2)
}
```

그림 3-26 그림 3-18의 패턴 매치를 Streem으로 기술한 것

■ 패턴 매치 구문

패턴 매치의 개략적인 내용을 설명했으니 이제 상세 내용에 대해 생각해 보자.

패턴 매치는 값과 패턴을 비교해 매치하는지 여부를 판단하는 것이다. 그래서 패턴에는 표 3-3 같은 종류가 있다.

표 3-3 패턴의 종류

종류	예	성공 시 동작
변수	foo	종속 변수화
문자열	foo	문자열의 일치
수치	42	수치의 일치
배열	[1,a]	배열의 각 요소 매치
구조체	[kw:a]	구조체(이름있는 배열) 매치

변수 패턴

우선 '변수' 패턴이다. 변수는 Streem의 식별자로, 영문자(알파벳)로 시작해 영숫자가 이어지는 것이다. 단 Streem의 예약어는 변수가 될 수 없다. 변수는 임의의 식에 매치한다.

변수는 '종속 변수bounded valiable'와 '자유 변수free variable'가 있다. 대입 및 패턴 매치에 의해 값이 결정된 변수를 '종속 변수'라고 하며, 아직 결정이 되지 않은 변수를 '자유 변수'라고 한다. 자유 변수에 대한 패턴 매치는 매치할 값과의 종속이 발생해 버려 항상 성공한다. 종속 변수에 대한 매치는 매치할 값과 종속된 값과 일치하는 경우 성공이다.

실제 사용 예를 보도록 하자. 그림 3-27은 패턴 매치를 사용해 일치 판정을 하는 함수다.

```
same = {
  case x,x -> true # comparison in match
  case _,_ -> false # fallback
}

print(same(1,1)) # => true
print(same(1,2)) # => false
```

```
print(same([1],[1])) # => true
print(same([1],[2])) # => false
```

그림 3-27 패턴 매치에 의한 일치 판정

same 함수 중의 패턴 매치로 변수 x가 2회 등장하기 때문에, 이 2개의 값이 일치할 경우에 매치된다.

와일드카드 패턴

변수 매치에는 예외가 있는데, _라는 변수는 결코 종속 변수화하지 않는다는 것이다. 이는 동일한 변수를 여러 번 매치시킬 수 있다는 의미이기도 하다. 그러면 뭔가 값이 있을 것 같아 매치를 시키고 싶지만 그 내용에는 관심이 없을 때, 우선 두는 변수로 _를 사용할 수 있다. 이 동작에서 _를 '플레이스 홀더(Place holder 변수)' 또는 무엇이든 다 매치하기 때문에 '와일드카드 변수'라고 부르기도 한다.

그림 3-27의 same 함수의 정의에도 다음과 같은 패턴이 등장한다.

```
_,_
```

이는 구체적인 변수와는 달리 _는 무엇이든 매치가 되기 때문에, 첫 번째와 두 번째에 대한 값이 다르더라도 매치가 된다.

종속 상태가 아니라는 것은 값을 추출할 수 없다는 의미다. 예를 들어 매치하더라도, _ 변수의 값은 참조할 수 없다. 미정의 변수와 동일한 취급을 하며, 에러를 발생시킨다.

리터럴 패턴

변수가 정렬만 돼 있다면, 패턴 매치는 일반 함수 인수와 거의 차이가 없다. 차이는 변수뿐만 아니라 '리터럴literal'을 직접 정렬을 했다는 점이다.

리터럴은 구체적인 값이다. 패턴 안에 문자열이나 숫자가 등장하면 그 값 자체와 일치하면 성공이다. Streem 패턴 매치에 등장하는 리터럴은 문자열, 숫자, true, false, nil이다.

배열은 요소로 패턴을 포함하기 때문에 리터럴과는 다르게 취급된다.

배열 패턴

배열 패턴은 배열에 대해 매치하는 패턴이다. 기본 배열 패턴은 다음과 같다.

```
[패턴, 패턴...]
```

이는 대괄호([ ]) 사이에 쉼표를 구분자로 해 정렬한 것이다. 배열의 매치는 다음의 조건이 성립하면 매치가 성공이다.

1. 매치에 대응하는 값이 배열
2. 패턴의 수와 배열 요소가 매치
3. 모든 패턴의 매치 성공

배열 패턴 매치의 예는 그림 3-28과 같다.

```
match([1,2,3]) {                          # 배열 [1,2,3]에 대한 매치
  case [a]         -> print(1)            # 1 array 배열에 매치
  case [a,b]       -> print(2)            # 2 array 배열에 매치
  case [1.5,b,c]   -> print(1.5)          # 첫 항목이 1.5인 3 array 배열에 매치
  case [a,'b',c]   -> print('b')          # 두 번째 요소가 'b'인 3 array 배열에 매치
  case [a,b,c]     -> print(3)            # 임의의 3 array 배열에 매치
  case _           -> print('any')        # 배열이 아닌 경우를 포함한 매치
}
```

그림 3-28 배열 패턴 매치

배열의 매치는 재귀적인 구조여서, 배열의 배열 등의 패턴도 작성 가능하다.

```
[[a,b],[c,d]]
```

예를 들어 이 패턴은 2개의 요소가 각각 2 array 배열에 매치하는 패턴이다. 이 매치가 성공하면 각각의 요소 값이 a,b,c,d라는 변수에 종속된다.

이 패턴을 다음과 같이 고쳐보자.

```
[[a,b],[a,b]]
```

이 패턴은 2개의 배열의 각 요소가 동일한 배열, 예를 들어 다음과 같은 배열만 매치하게 된다.

```
[[1,2],[1,2]]
```

길이를 알 수 없는 가변 배열 패턴

패턴을 요소로 지닌 배열 매치 외에 길이를 알 수 없는 배열로부터 그 일부를 추출하는 방법도 제공한다. 배열 요소의 패턴으로 '* 변수'라는 것을 추가하면, 매치의 나머지 요소를 배열로 변수에 종속시켜, 결국 그림 3-29처럼 된다.

```
match([1,2,3]) {
  case [a,*b] ->
    print(a) # => 1 (최초의 요소)
    print(b) # => [2,3] (나머지)
}
```

그림 3-29 길이를 알 수 없는 가변 배열 패턴

길이를 알 수 없는 배열 '* 변수'는 배열 패턴 중 임의의 장소에 한 번만 나온다. 결국 앞에서의 예와 동일하게 끝에 와도 된다. [*a,b] 같이 앞에 와도, [a, *b, c]처럼 가운데에 와도 된다. 하지만 [a, *b, c, *d]처럼 같은 레벨에 여러 번 나와 버리면 매치 범위를 파악할 수 없기 때문에 문법 에러가 발생한다.

앞에 나왔던 얼랭의 [H|T]라는 패턴은 Streem에서는 [H, *T]가 된다. 실제로는 Streem에서 구현이 배열이고, 얼랭에서는 링크 리스트이기 때문에 내부 처리는 다르지만, 앞 요소와 나머지의 요소에 패턴을 매치하는 동작은 동일하다.

구조체 패턴

Streem에서는 배열의 요소에 각각 이름을 붙인다. 이른바 '라벨 부착 배열'이지만, 여기서는 이를 '구조체'라고 부른다.

구조체도 패턴 매치의 대상이 된다. 구조체 패턴은 다음과 같은 문법을 따른다.

```
[라벨:패턴, ...]
```

구조체 패턴은 지정한 라벨의 패턴이 모두 해당하는 값에 매치할 때 전체 매치가 된다.

기본 규칙은 간단하지만 구현을 위해서는 코너 케이스[1]에 대해 고려할 필요가 있다.

처음 고려할 사항은 구조체의 구현은 배열 요소에 라벨을 붙인 것이기 때문에 명확한 순서가 있다. 패턴에 지정된 라벨과 배열의 라벨의 순서가 틀리면 매치로 봐야 할지 결정할 필요가 있다.

사용하는 느낌을 고려한다면, 순서는 고려하지 않는 편이 좋아 보인다. 구조체로 사용하는 데이터 구조에 각 요소의 순번까지 고려할 일이 드물기도 하고, 순번 고려를 하지 않으려고 라벨을 붙였기 때문이다.

다음에 고려할 점은 구조체를 매치하기 위해 모든 라벨이 일치할 필요가 있을지, 일부만 일치해도 매치 성공으로 볼지를 정하는 것이다.

이것도 사용하는 느낌을 생각해 보자.

---

1 코너 케이스는 여러 가지 변수와 환경의 복합적인 상호작용으로 발생하는 문제다. 예를 들어 fixnum이라는 변수의 값으로 128을 입력했을 때, A 기계에서 테스트했을 때는 정상 작동하지만 B 기계에서는 오류가 발생한다면 코너 케이스라고 할 수 있다. 같은 장치에서라도 시간이나 다른 환경에 따라 오류가 발생하기도 하고, 정상작동 하기도 한다면 이것도 코너 케이스다. 특히 멀티코어 프로그래밍에서 만나기 쉬운 오류일 것이다. 코너 케이스는 오류가 발생하는 상황을 재현하기가 쉽지 않아 디버그와 테스트가 어렵다 (출처 https://bakyeono.net/post/2015-05-02-edge-case-corner-case.html). - 옮긴이

완전 매치를 강제하면 구조체에 요소가 추가됐을 때 모든 패턴을 다시 작성해야 한다. 그러나 불완전 매치를 허용하면 구조체로부터 일부의 요소만 추출하기 위해 패턴 매치를 사용하는 게 가능하다. 여기는 불완전 매치를 허용하는 쪽이 좋겠다.

마지막으로 구조체의 라벨은 사실 중복을 허용한다. 같은 구조체에 여러 개의 같은 라벨이 부여된 경우, 패턴 매치는 어떻게 해야 좋을까? 예를 들어 다음과 같은 구조체가 있다고 하자.

```
[a:1,b:2,a:3]
```

a라는 라벨에 대응하는 패턴은 1과 매치하는 게 좋을까? 아니면 3과 매치하는 게 좋을까? 내가 생각한 것은 다음 두 가지 방법이다.

1. 항상 최초 라벨에만 매치한다.
2. 라벨 등장순으로 매치한다.

1안은 상당히 단순해서 구현도 간단하고 동작도 쉽게 예상 가능한 게 이점이다. 하지만 여러 개 값 중 첫 번째만 패턴 매치로 취할 수 있다.

```
[a:x, a:y]
```

2안은 이와 같은 패턴이 있다면 a라는 라벨이 붙어있는 첫 패턴은 처음의 a의 값(1)에 매치하고, 또 a 라벨이 붙어있는 패턴이 온다면 두 번째 a의 값(3)에 매치한다.

2안의 '더할 나위 없는' 느낌은 환영할만하지만, 이번에는 간단한 1안을 채택하겠다. 과거의 경험에서 보면, 2안은 바람직하지 않은 결과를 가져올 가능성이 많을 것 같기 때문이다. 하나의 구조체에 같은 이름의 레이블이 여러 개 사용되는 것 같은 예외 처리에 비용을 들여도 그만큼 장점이 없을뿐더러, 거동 예측의 어려움에 사용자들이 혼란에 빠지는 경우가 있다.

이러한 사양을 바탕으로 구조 패턴 매치의 예를 그림 3-30에 나타냈다. 이 구조체 패턴 일치를 사용하면 CSV에서 읽어 온 데이터에서 일부를 추출해 표시하는 것을 그림 3-31 같이 쉽게 할 수 있다.

```
match([a:1,b:2,c:3,a:4]) {    # 구조체(라벨이 붙은 배열)와 매치
  case [a:a, c:c, a:x] ->     # b는 사용되지 않아도 매치
                              # a는 처음 것만 사용되기 때문에 x도 1이 된다
                              # 라벨의 순서는 고려하지 않는다
    print([a,c,x])            # => [1,3,1]
}
```

그림 3-30 구조체 패턴 매치

```
# 다음과 같은 csv 파일(voters.csv)이 있다
# name,address,age
# 마츠모토 유키히로, 시마네현 마츠에시, 51
# 마츠모토 타쿠토, 시마네현 마츠에시, 19
# 마츠모토 보치, 시마네현 마츠에시, 4
# 마츠모토 타마, 시마네현 마츠에시, 1

# voters.csv에서 선거권이 있는 사람들을 선택 표시
fread('voters.csv')|csv()|each{
  # 2016년부터 18세 이상이 선거권 있음
  case name:name, age:age if age>=18 ->
    print(name) # 유권자명 표시
  else ->          # 선거권이 없다면 아무것도 하지 않는다
}
```

그림 3-31 csv 파일 읽기와 데이터 추출

구조체 패턴에도 길이를 알 수 없는 배열이 적용 가능하다.

단 구조 패턴은 요소의 순서를 고려하지 않기 때문에 '* 변수'가 등장할 수 있는 부분은 끝 부분에 한한다. 이 경우 '* 변수'에는 이미 라벨에 지정된 이외의 값을 모은 구조체(라벨 배열)가 할당된다.

그러면 예제를 보면서 생각해 보자.

```
match([a:1,b:2,c:3]) {
  case [a:x,*z] -> print(x,z)
}
```

이 코드의 출력 결과는 어떻게 될까? 정답은 다음과 같다.

```
1 [b:2, c:3]
```

결국 a:x라는 패턴에 의해 변수 x에, 라벨 a에 대응한 값인 1이, 그리고 라벨 a 이외 요소를 모은 구조체가 z로 대입이 돼 버린다.

이제 다음 문제다. 구조체로부터 길이를 알 수 없는 배열을 추출할 때, 같은 이름의 라벨이 여러 개 존재한다면 어떻게 동작을 해야 할까? 중복된 라벨이 지정될 때와 지정이 안 될 때를 각각 생각해 보자.

구체적인 프로그램은 다음과 같다.

```
중복된 라벨이 지정된 경우
match([a:1,b:2,a:3]) {
  case [a:x,*z] -> print(z)
}

중복된 라벨 지정이 안 된 경우
match([a:1,b:2,a:3]) {
  case [b:x,*z] -> print(z)
}
```

이는 각각 무엇이 출력되는가에 대한 문제다.

모처럼의 기회이므로 메모에 패턴을 열거하면서 어떻게 동작하면 좋을지 생각해 보자. 사용하는 느낌이나 구현의 복잡성 등 고려해야 하는 요소는 얼마든지 있다.

자기 나름대로의 생각이 정리되면 최신 Streem을 다운로드 및 컴파일하고, 앞의 프로그램에 어떤 일이 발생하는지 살펴보자. 여러분의 결론과 같은 동작을 했는가?

이 내용을 단순히 읽기만 하지 않고 생각할 시간을 가졌다면, 그 활동이야말로 언어 디자이너가 매일 하는, 언어 디자인 활동이다.

언젠가 언어 디자인을 해보고 싶다고 생각하는 독자가 한 명이라도 있다면 좋겠다고 생각한다.

네임스페이스 패턴

Streem의 객체지향 기능(3-2장)에서 설명했듯이, Streem의 모든 값은 그 값에 적용할 수 있는 기능을 유지하는 '네임스페이스'를 보유한다. Streem의 네임스페이스는 다른 언어의 클래스와 같은 것으로, 그 값의 '타입'을 표현한다고 생각된다.

그 타입을 확인하기 위해 사용할 수 있는 것이 네임스페이스 패턴이다. 네임스페이스 패턴은 다른 패턴 뒤에 '@ 네임스페이스명' 형태로 표기한다.

```
str@string
```

예를 들어 위와 같은 패턴은 대응하는 값이 string 네임스페이스를 가질(결국 문자열의) 때 매치가 성공해서 변수 str에 해당 문자열을 대입한다.

네임스페이스 패턴에는 다음과 같은 또 하나의 표기법이 있다.

```
[@네임스페이스명 값,...]
```

이것은 배열(나아가서는 구조체) 표기의 최초에 '@네임스페이스명'을 뒀다. 의미는 다음 표기법과 바뀌지 않았다.

```
[값,...]@네임스페이스명
```

다음은 해당 배열이 네임스페이스가 적용된 특별한 배열이라는 점을 명시하기 위한 표기다.

```
new namespace [배열]
```

이렇게 만들어진 객체는 다음과 같이 매치한다고 기억해 주기를 바란다.

```
[@namespace 배열 패턴]
```

맺음말

이번에는 Streem에 새롭게 도입한 패턴 매치에 대해 설명했다. 또한 패턴 매치의 동작을 디자인하는 과정에서 언어 디자이너가 가진 생각의 일부를 소개할 수 있었다.

타임머신 칼럼

Streem에 최적의 패턴 매치 기능

2016년 9월호에 실린 글이다. 이번에는 함수형 언어의 대부분이 탑재한 패턴 매치 기능을 설계 및 구현을 했다. 패턴 매치는 정말로 원했던 기능이었다. 특히 파이프라인을 통해 온 데이터를 패턴에 따라 분리해서 처리하는 것은 Streem이 추구하는 스트리밍 프로그램에 대한 최적의 처리라 생각한다. Streem의 패턴 매치 활약이 매우 기대된다.

사실 루비에도 패턴 매치 기능을 도입하고 싶지만, 기존 문법과의 충돌이나 기능적인 제한이 있어 지금까지 실현을 못했다. 루비는 과거에도 좋겠다고 생각했던 기능이 오랜 시행착오를 거쳐 겨우 도입된 사례가 많이 있기 때문에(예: Refinement) 패턴 매치도 향후 도입은 가능할 것 같다.

잡지 연재와 출판 책의 게재 순서 차이로, CSV 읽기 기능은 5-3장에서 나온다.

4장

Streem 객체 구현

4-1 소켓 프로그래밍

지금까지 개발에 의해 Streem은 언어로 '우선 동작하는' 정도까지 성장시켰다. 이번에는 언어 처리 시스템은 잠시 놔두고 네트워크 프로그래밍에 대해 살펴보도록 하자. 소켓을 사용한 네트워크 통신 기능을 Streem에 추가한다.

지금 네트워크는 공기 같은 존재다. 최근은 컴퓨터를 단일로 사용하는 경우는 거의 없다. 많은 어플리케이션이 네트워크 접속을 전제로 서비스를 제공한다. 출장 등에서 비행기를 탈 때 비행기 모드로 네트워크와 격리되면, 일상적으로 이용하던 애플리케이션 중 얼마나 많은 것이 네트워크 연결을 필요로 했을지 실감하게 된다.

이런 이유는 아니지만 Streem에서도 네트워크를 경유해 통신이 가능하도록 기능을 부여해 보자. 이는 Streem의 확장 기능에 대한 좋은 예제도 될 것이다.

Streem의 소켓 API

우선 Streem으로 소켓을 사용하는 프로그램을 살펴보자. 그림 4-1은 Streem에서의 네트워크 서버의 구현 예시로, 그림 4-2는 클라이언트 부분을 구현한 것이다.

```
01 # Simple echo server port 8007
02 tcp_server(8007) | {s -> s | s}
```

그림 4-1 Streem에서의 네트워크 서버 구현 예

```
01 s = tcp_socket('localhost', 8007)
02 stdin | s
03 s | stdout
```

그림 4-2 Streem에서의 네트워크 클라이언트 구현 예

Streem 네트워크 서버

그러면 우선 그림 4-1의 프로그램을 살펴보자. 첫 번째 행은 단순 설명이다. '포트 8007에서 대기하는 echo 서버'라고 적혀 있다. 프로그램 전체가 2줄밖에 없기 때문에 네트워크 서버는 실질적으로 한 줄로 쓸 수 있다.

네트워크 접속은 '호스트명'과 '포트(번호, 또는 서비스)'에 의해 지정된다. 이 서버를 기동하면 지정된 호스트명과 포트 번호(8007)로 이 서버에 접속이 가능하다.

'tcp_server(8007)'라는 것이 서버를 생성하는 함수다. 이 함수는 서버 소켓을 만들고, 대기하다가 클라이언트의 접속이 들어오면 이에 대한 소켓을 만들어 파이프라인에 흘려보내는 동작을 한다.

다음의 '{s -> s | s}'라는 것은 함수 리터럴이다. Streem에서는 함수를 파이프라인에 연결하면, 파이프라인을 탈 수 있는 각 요소를 인수로 해서 해당 함수를 호출한다. 이번 함수는 클라이언트에 접속하는 소켓을 인수로 해서 이를 파이프라인에 연결한다. 's | s'라는 것은 얼핏 보면 무슨 역할을 하는지 잘 모르겠지만, '클라이언트 소켓에서의 입력을 그대로 돌려주는' 동작을 한다. 소켓은 입력과 출력 모두가 가능한 이중 접속인 점에 주목하기 바란다.

일반적인 서버는 입력한 정보를 가공해 이를 돌려주는, 좀 복잡한 처리를 하기 마련이다.

Streem 네트워크 클라이언트

그림 4-2의 클라이언트 프로그램도 간단하다. 첫 번째 행의 'tcp_socket('localhost', 8007)'로 호스트 localhost의 포트 8007에 접속하는 소켓을 생성하고 변수 s에 대입한다.

두 번째 행에서는 표준 입력(stdin)로부터 받은 입력 데이터를 소켓에 흘려보낸다. 이후에 네트워크 서버에 데이터를 전송한다.

세 번째 행에서는 네트워크 서버로부터 받은 데이터를 표준 출력(stdout) 한다. 이 프로그램을 그림 4-1의 echo 서버에 연결하면, 네트워크 통신을 하면서 키보드로부터 입력한 문자열 그대로 돌려주는(네트워크가 없는 상태의 cat과 동일한) 동작을 한다.

소켓을 연결한 네트워크 프로그래밍도, Streem을 사용하면 상당히 간단하게 구현 가능함을 알 수 있다.

Streem의 기능 확장

그러면 이번에는 소켓 기능이 Streem에서 어떻게 구현되는지 살펴보자. 우선 Streem에 함수를 추가하는 것부터 시작한다.

그림 4-1과 그림 4-2의 프로그램에서 봤듯이, 소켓 기능은 두 함수를 Streem에 추가해 구현한다. Streem 함수 정의를 추가하려면 그림 4-3 같이 한다(설명의 사정상 실제 소스를 약간 가공함). 이번에 설명하는 실제 C 코드는 Streem 소스코드의 socket.c 파일에서 볼 수 있다.

Streem에서는 C로 구현하는 글로벌 함수를 다음과 같은 순서로 정의한다.

우선 C 함수 포인터에서 함수 객체를 만든다. 거기에는 strm_cfunc_value( ) 함수를 사용한다. strm_cfunc_value( )로 등록하는 함수는 반환 값이 int 타입이며 네 개의 인수가 필요하다. 첫 번째 인수(strm_state *)가 메소드 호출 컨텍스트, 두 번째(int)가 Streem 함수에 주어진 인수의 수, 세 번째 인수를 포함하는 배열, 네 번째가 Streem 함수의 반환 값을 저장하는 장소다. 이 함수 자신의 반환 값은 함수 실행의 성공 또는 실패를 나타내는 것으로, 함수가 성공했을 때는 STRM_OK (= 0), 실패했을 때는 STRM_NG (= 1)을 반환한다.

다음으로는 함수 객체를 전역 변수에 대입한다. 글로벌 변수의 정의는 strm_var_def( ) 함수를 사용한다. 초기화를 위한 함수 strm_socket_init( )는 인터프리터 초기화 함수 node_init( )에서 호출된다. 새로운 기능을 추가한 후에는 초기화를 위한 함수를 node_init( )에서 호출해야 한다.

```
int tcp_server(strm_state*, int, strm_value*, strm_value*);
int tcp_socket(strm_state*, int, strm_value*, strm_value*);

void
strm_socket_init(strm_state* state)
{
  strm_var_def('tcp_server', strm_cfunc_value(tcp_server));
  strm_var_def('tcp_socket', strm_cfunc_value(tcp_socket));
}
```

그림 4-3 Streem으로의 함수 정의 추가

소켓이란

원래 유닉스^{UNIX} 계열 OS의 소켓은 어떤 것인지를 설명한다.

소켓은 네트워크 접속 통로를 위한 'OS객체'다. 소켓이 발명된 것은 4.2BSD로부터라고 한다.

소켓은 파일 디스크립터라고 부르는 정수로 식별한다. 이것은 **open** 시스템 콜로 오픈한 파일과 동일한 식별자다. 그리고 파일 디스크립터는 일반적인 작업으로 read(읽기), write(쓰기), select(대기), close(종료) 등의 처리를 할 수 있다.

그러나 생각해 보면 디스크의 파일에 연결된 파일 디스크립터와 네트워크 접속된 소켓에 연결되는 파일 디스크립터에서 읽고 쓰기 등의 처리가 동일할 리가 없다. 즉 함수는 내부적으로 파일 디스크립터의 종류에 따라 적절한 처리를 자동으로 선택한다는 얘기다.

이러한 대상의 종류에 따라 자동 분기는 일종의 객체지향이며, 그런 의미에서 사실 유닉스는 객체지향 OS였던 것이다. 놀라운 일이다.

클라이언트 소켓

소켓의 사용법은 그리 어렵지 않다. 하지만 C에서 소켓 프로그래밍은 (세부적으로 지정한 만큼) 단계가 많아진다. 우선 대략적인 순서를 설명하겠다.

먼저 클라이언트 측에서 소켓 통신 절차는 다음과 같다.

1. 접속 대상 정보 취득
2. 소켓 생성
3. 접속
4. 입출력

우선 접속할 대상(서버)을 지정한다. 네트워크 연결은 호스트와 포트의 조합으로 지정한다. TCP/IP 연결에서 호스트는 IP 주소로 표현된다. 때때로 보이는 '192.168.0.1' 또는 '127.0.0.1' 같은 네 가지(255 이하) 숫자의 조합으로 표현된 것이 IP 주소다. 원래의 TCP/IP 주소는 32비트(4바이트)로 표현되고, IP 주소는 각 바이트를 10진수로 표현한 것이었다.

그러나 IPv4 주소가 고갈되는 현재, 주소에 128비트를 사용하는 IPv6가 등장하고 있다.

IPv4 시절은 호스트 이름을 IP 주소를 얻으려면 gethostbyname( ) 함수를 사용했지만, 최근에는 IPv4와 IPv6를 구분할 수 있는 getaddrinfo( ) 함수 사용을 권장한다.

getaddrinfo( ) 함수를 이용하면 주소, 포트, 소켓 유형의 정보를 얻을 수 있다. 그러고는 그것을 이용해 socket( ) 시스템 호출로 소켓을 생성하고, connect( ) 시스템 콜 서버에 연결하기만 하면 된다.

연결 후에는 일반 파일 기술자로 동작하기 때문에 read( )와 write( )를 사용해 데이터를 읽고 쓸 수 있다. 소켓의 데이터 읽기 및 쓰기는 recv(읽기), send(쓰기)라는 시스템 호출도 있지만, 이번에는 사용하지 않고 다음에 기회가 있으면 설명하겠다.

소켓 사용법(클라이언트)

그러면 Streem의 소켓 기능 구현을 보면서, C에 있어서 소켓 프로그래밍의 실제를 보도록 하자.

그림 4-4는 Streem의 tcp_socket 함수의 구현이다. 설명을 위해 Win32 대응 코드는 삭제했다.

```
static int
tcp_socket(strm_state* state, int argc, strm_value* args, strm_value *ret)
{
  struct addrinfo hints;
  struct addrinfo *result, *rp;
  int sock, s;
  const char *service;
  char buf[12];
  strm_string* host;

  if (argc != 2) {
    return STRM_NG;
  }
  host = strm_value_str(args[0]);
  if (strm_int_p(args[1])) {
    /* 문자열화한 포트번호 지정 */
     sprintf(buf, '%d', (int)strm_value_int(args[1]));
    service = buf;
  }
  else {
    strm_string* str = strm_value_str(args[1]);
    service = str->ptr;
  }

  memset(&hints, 0, sizeof(struct addrinfo));
  hints.ai_family = AF_UNSPEC; /* Allow IPv4 or IPv6 */ ← hints 지정
  hints.ai_socktype = SOCK_STREAM;
  s = getaddrinfo(host->ptr, service, &hints, &result); ← getaddrinfo( ) 함수

  if (s != 0) { /* getaddrinfo 실패 시 */
    /* 에러 사유를 gai_strerror( )로 찾음 */
    node_raise(state, gai_strerror(s));
    return STRM_NG;
  }

  /* addrinfo를 가져와 접속한다 */
  for (rp = result; rp != NULL; rp = rp->ai_next) {     ↓ socket( ) 함수
    sock = socket(rp->ai_family, rp->ai_socktype, rp->ai_protocol);
    if (sock == -1) continue; /* 실패 시 다음 시도 */
```

```
    /* connect해 본다 */
    if (connect(sock, rp->ai_addr, rp->ai_addrlen) != -1) ← connect( ) 함수
      break; /* 성공 시 루프 탈출 */
    close(sock); /* 소켓 종료 후 다시 시도 */
    }
    /* 결과의 addrinfo를 free시킴 */
    freeaddrinfo(result);

    if (rp == NULL) { /* 링크가 전부 실패 시 */
      node_raise(state, 'socket error: connect');
      return STRM_NG;
  }
  /* socket을 strm_io객체로 래핑해 반환 */
  *ret = strm_ptr_value(strm_io_new(sock, STRM_IO_READ|STRM_IO_WRITE|STRM_IO_
FLUSH));
  return STRM_OK;
}
```

그림 4-4 tcp_socket 함수

우선 1단계로 연결된 정보를 가져온다. 정보 취득에는 getaddrinfo( ) 함수를 사용한다. getaddrinfo( )는 호스트, 서비스, 힌트[hints], 결과의 네 가지 인수를 취한다.

첫 번째 인수인 '호스트'는 호스트 이름을 전달한다. 이때 '127.0.0.1'(IPv4) 또는 '::1'(IPv6) 이나 IP 주소의 문자열 표현을 전달할 수 있다.

'서비스'는 서비스 이름을 전달하지만 이름이 주어진 경우에는 '/etc/services'에 등록된 서비스 이름에서 포트 번호를 검색한다. '8007' 같은 숫자로 이뤄진 문자열이 전달된 경우에 는 해당 번호의 포트를 사용한다. 호스트와 서비스 중 하나가 NULL이어도 상관없지만, 모두 NULL이면 정보를 얻을 수 없기 때문에 오류가 발생한다.

'힌트'는 정보를 얻을 수 있는 힌트가 되는 addrinfo 구조를 전달한다. 특히 지정이 없으 면 NULL을 넘겨도 상관없지만, 이번에는 IPv4에서도 IPv6에서도 상관없다는 의미에서 ai_ family에 AF_UNSPEC을, UDP 연결이 아닌 TCP 연결을 검색한다는 의미에서 ai_socktype 에 SOCK_STREAM을 지정한다.

sockaddinfo( )는 데이터 취득에 성공하면 0이 아닌 값을 반환한다. 어떤 이유로 오류가 발생한 경우, gai_strerror( ) 함수에서 오류의 이유를 나타내는 문자열을 얻을 수 있다.

getaddrinfo( )가 성공하면 '결과'에 포인터를 건네 준 변수에 addrinfo 구조체가 할당돼 되돌아온다. 검색 결과가 여러 개인 경우에는 addrinfo 구조가 링크 목록에 돼 있기 때문에 처음부터 순서대로 시도할 수 있다.

결과적으로 돌아온 addrinfo 구조는 freeaddrinfo( ) 함수를 사용해 free를 해줄 필요가 있다.

정보를 취득했다면 이후 소켓 연결은 간단하다. socket( ) 시스템 호출에서 소켓을 만들고, connect( ) 시스템 콜 서버에 연결한다. socket( )도 connect( )도 호출에 필요한 모든 정보는 addrinfo 구조체에 포함돼 있다.

connect 시스템 콜이 성공하면 서버와의 연결이 설정된 것이다. 나머지는 일반 파일 디스크립터의 read와 write를 사용해 읽고 쓸 수 있다. 주의해야 할 점은, 소켓은 같은 파일 디스크립터에서 읽기도 쓰기도 할 수 있다는 것이다. 이러한 양방향 통신이 가능한 특성을 '전이중Full Duplex'라고 한다.

전이중 통신을 하는 경우에는 통신 종료 시에 섣불리 close를 해 버리면 읽기와 쓰기의 통신 경로가 동시에 닫혀 버리게 된다. 이러한 이중의 파일 디스크립터를 한쪽 통신 경로만 닫기 위해 shutdown 시스템 콜이 있다.

Streem도 소켓에 대응하기 위해 I/O 처리를 조금 변경해 양방향 통신의 경우, 먼저 shutdown 시스템 콜을 부르게 하고 있다. 물론 전이중하지 않은 파일 디스크립터에 대해 shutdown 시스템 콜을 호출하면 오류가 발생한다. 그러나 특별히 해가 없기 때문에 무시해도 될 정도다.

서버 소켓

이번에는 서버 측 소켓 사용법을 보도록 하자. 서버 측의 소켓 통신의 순서는 다음과 같다.

1. 접속할 곳의 정보 취득
2. 소켓 생성

3. listen/bind

4. accept

5. 입출력

'접속 대상 정보 취득' 부분은 클라이언트 소켓과 마찬가지로 getaddrinfo( )를 사용한다. 다만 IPv6 및 IPv4 모두 지원 등을 고려하지 않으면 getaddrinfo( )를 쓰지 않게 되기 때문에, 직접 socket( ) 시스템 호출과 bind( ) 시스템 호출을 불러도 상관은 없다.

서버로 대기하기 위해서는 listen 시스템 호출에서 대기 큐의 길이를 지정하고, bind 시스템 호출에서 서버로 등록한다.

등록된 서버 소켓에 accept 시스템 콜을 호출하면 클라이언트와 연결된 새로운 소켓(파일 디스크립터)을 반환한다. 주의해야 할 점은 클라이언트 측과 달리 서버 소켓은 입출력의 대상이 아니라 클라이언트의 연결 대기 소켓이라는 점입니다.

클라이언트와 연결된 소켓은 일반적으로 읽고 쓸 수 있는 소켓이기 때문에, 보통 read/write로 통신할 수 있다.

소켓 사용법(서버)

서버 소켓은 연결 순서가 클라이언트 소켓과 조금 다르기 때문에, 서버를 제공하는 Streem 함수 tcp_server의 구현도 tcp_client는 상당히 다르다.

그리고 보니 Streem 태스크를 만드는 방법도 아직 제대로 설명하지 못했기 때문에, 이것에 대해서도 설명하겠다.

그림 4-5는 tcp_server 함수의 구현을 보여준다. 이 함수는 소켓을 생성하고, 해당 소켓에 연결을 기다리는 태스크를 생성할 때까지를 나타낸다.

tcp_server 함수의 구현은 그림 4-4의 tcp_socket 함수의 구현과 그다지 다르지 않다. 차이점은 다음과 같다.

```
struct socket_data {
  int sock;
```

```
    strm_state *state;
};

static int
tcp_server(strm_state* state, int argc, strm_value* args, strm_value *ret)
{
  struct addrinfo hints;
  struct addrinfo *result, *rp;
  int sock, s;
  const char *service;
  char buf[12];
  struct socket_data *sd;
  strm_task *task;

  if (argc != 1) {
    return STRM_NG;
  }
  if (strm_int_p(args[0])) {
    sprintf(buf, '%d', (int)strm_value_int(args[0]));
    service = buf;
  }
  else {
    volatile strm_string* str = strm_value_str(args[0]);
    service = str->ptr;
  }

  memset(&hints, 0, sizeof(struct addrinfo));
  hints.ai_family = AF_UNSPEC; /* Allow IPv4 or IPv6 */
  hints.ai_socktype = SOCK_STREAM;/* Datagram socket */
  hints.ai_flags = AI_PASSIVE; /* For wildcard IP address */
  hints.ai_protocol = 0; /* Any protocol */
  s = getaddrinfo(NULL, service, &hints, &result); ← getaddrinfo() 함수
  if (s != 0) {
    node_raise(state, gai_strerror(s));
    return STRM_NG;
  }

  for (rp = result; rp != NULL; rp = rp->ai_next) {
    sock = socket(rp->ai_family, rp->ai_socktype, rp->ai_protocol);
```

```
    if (sock == -1) continue;

    if (bind(sock, rp->ai_addr, rp->ai_addrlen) == 0) ← bind() 함수
      break; /* Success */
    close(sock);
  }

  if (rp == NULL) {
    node_raise(state, 'socket error: bind');
    return STRM_NG;
  }
  freeaddrinfo(result);

  if (listen(sock, 5) < 0) { ← listen() 함수
    close(sock);
    node_raise(state, 'socket error: listen');
    return STRM_NG;
  }

  /* 태스크 생성 */
  /* 태스크 데이터 할당과 초기화 */
  sd = malloc(sizeof(struct socket_data));
  sd->sock = sock;
  sd->state = state;
  /* strm_task_new로 태스크 생성 */
  /* strm_task_new(태스크 타입, 태스크 함수, 종료 함수, 데이터) */
  task = strm_task_new(strm_producer, server_accept, server_close, (void*)sd);
  /* 반환 값으로 태스크 객체를 만들어 대입 */
  *ret = strm_task_value(task);
  return STRM_OK;
}
```

그림 4-5 tcp_server 함수

먼저 대상 호스트를 지정하는 클라이언트 측과 비교해 보면, 서버 측은 모든 호스트로부터의 접속을 받아들이기 때문에 호스트 지정 부분이 없다. 또한 힌트로 **AI_PASSIVE**를 지정해 어떤 주소의 연결도 허용하는지 명시적으로 지정한다.

서버 소켓에서 connect 시스템 콜 대신에 bind 시스템 콜을 사용한다. connect가 '연결하라'는 명령이었던 반면, bind는 '연결을 기다려라'라는 명령이다.

또한 bind 후에는 listen 시스템 콜을 호출한다. listen 인수는 대기 큐의 길이다. 옛날부터 '우선 listen에는 5를 지정하라'는 가르침에 따라 이번에는 5를 지정한다. 하지만 20년 전의 이야기라서 별로 근거가 있는 것도 아닌듯하고, 현대의 높은 트래픽이 예상되는 환경에서 더 큰 수를 지정하는 편이 좋을지도 모르겠다.

태스크 생성

tcp_server의 마지막 부분에서 태스크를 생성한다. 먼저 태스크에 사용할 데이터를 할당해 이를 초기화한다.

그리고 strm_task_new 함수를 호출해 새 태스크를 만든다. strm_task_new 함수의 인수는 네 개이며, 태스크 종류, 작업 함수, 종료 함수, 그리고 작업 데이터다. 작업 종류는 (표 1)의 3 종류 중 하나를 지정한다. 이번에는 accept한 클라이언트 소켓을 '생성'하는 작업이기 때문에 생산자로 취급되며, strm_producer을 지정한다.

표 4-1 태스크의 종류

종류	의미
strm_producer	생산자(입력은 없고 출력은 있음)
strm_filter	가공자(입력도 있고 출력도 있음)
strm_consumer	소비자(입력은 있고 출력은 없음)

태스크 함수는 실제 태스크를 수행하는 함수로, 종료 함수는 태스크 종료 시 호출되는 함수다. 이번에는 server_accept과 server_close를 지정하지만, 이들 내용에 대해서는 나중에 설명하겠다.

서버 소켓의 accept부터 그 뒷부분을 담당하는 것이 server_accept 함수(그리고 거기에서 불리는 accept_cb 함수)다(그림 4-6). 서버 소켓 클라이언트에서 연결이 오면 서버 소켓 '읽기 대기' 상태가 된다. 그래서 read( ) 대신에 accept( )를 부르면 클라이언트와 연결된 소켓을 얻을 수 있다.

server_accept 함수에서는 태스크 데이터를 꺼내 strm_io_start_read 함수를 호출하고, 소켓 파일 디스크립터의 읽기에 대해 오픈한 상태로 대기한다. 클라이언트 소켓으로부터 연결 요청이 오면, 콜백으로 지정한 accept_cb 함수가 호출된다.

accept_cb 함수는 accept 시스템 콜을 부르고, 얻은 소켓을 strm_io로 래핑해 emit하고 있다. 이제 파이프라인의 다음 작업에 소켓을 전달한다. strm_io_emit 함수는 제3인수로 지정했던 파일 디스크립터에 대해 입력이 있으면, 제4인수로 지정한 콜백을 호출한다. 여기에서는 콜백에 accept_cb 자신을 지정하기 때문에 전체적으로 '서버 소켓에 입력할 때마다 accept_cb를 부르는 루프'가 구성된다.

```c
static void
accept_cb(strm_task* task, strm_value data)
{
  struct socket_data *sd = task->data;
  struct sockaddr_in writer_addr;
  socklen_t writer_len;
  int sock;

  writer_len = sizeof(writer_addr);
  sock = accept(sd->sock, (struct sockaddr *)&writer_addr, &writer_len);
  if (sock < 0) {
    close(sock);
    if (sd->state->task)
      strm_task_close(sd->state->task);
    node_raise(sd->state, "socket error: listen");
    return;
  }

#ifdef _WIN32
  sock = _open_osfhandle(sock, 0);
#endif
  strm_io_emit(task, strm_ptr_value(strm_io_new(sock, STRM_IO_READ|STRM_IO_
WRITE|STRM_IO_FLUSH)),
               sd->sock, accept_cb);
}
```

```
static void
server_accept(strm_task* task, strm_value data)
{
  struct socket_data *sd = task->data;

  strm_io_start_read(task, sd->sock, accept_cb);
}
```

그림 4-6 server_accept 함수

맺음말

이번에는 Streem 소켓 통신 기능을 추가했다. 네트워크를 통해 통신할 수 있는 것으로 Streem의 응용 범위가 넓어질 것이다.

이번 소켓 대응도 mattn(마츠모토 야스히로)이 보내 주신 풀 리퀘스트를 기반으로 한다. 항상 고마움을 느낀다.

타임머신 칼럼

Streem 개발 커뮤니티에 꼭 참가를

2015년 8월에 실린 글이다. Streem에서도 소켓 통신을 할 수 있게 됐다.

네트워크 통신이 가능하게 된 것이 나쁘지는 않지만, 이번 해설은 소켓의 사용법에 초점을 둔 것이 아니라 소켓을 Streem에 어떻게 구현했는지 설명한다. 이는 소켓 프로그래밍 학습에 별로 도움이 되지 않는 것 같기도 하다. 작성할 때는 "좋은 해설서를 써야지."라는 의지로 작성했는데 말이다.

그러나 다시 생각해 보면 앞으로 누군가가 Streem에 기능을 추가하려고 할 때, Streem C API를 사용하는 것에 대해서는 도움이 될 것 같은 생각이 든다. 앞으로 Streem의 개발에 적극적으로 참여하는 사람이 나와 주면 좋겠지만. 커뮤니티에서 협력해 개발하는 것이야말로 오픈소스 소프트웨어 개발의 묘미이며, 큰 즐거움이다.

4-2 기본 데이터 구조

프로그래밍에서 데이터 구조는 중요하다. 프로그래밍 언어는 처음부터 몇 개의 데이터 구조 제공을 통해 프로그래밍을 지원한다. 이번에는 각종 프로그래밍 언어의 데이터 구조를 조사해 Streem 설계에 반영한다.

대부분의 프로그래밍 언어는 기본 데이터 구조를 갖고 있다. 여기서 말하는 기본은 언어 처리 시스템에 처음부터 포함돼 라이브러리 등을 로드하지 않고 사용할 수 있다는 의미다.

어떤 데이터 구조를 포함시킬지는 언어 설계자와 처리 시스템 작성자의 판단에 따라가겠지만, 그 판단은 언어의 성격을 좌우한다. 이번에는 몇몇 언어의 기본 데이터 구조와 거기에서 엿볼 수 있는 디자인 결정에 대해 살펴보겠다. 그리고 이번 설계 언어 Streem의 내장 데이터 구조를 어떻게 할지에 대해 고찰한다.

■ C의 기본 데이터 구조

우선 C의 기본 데이터 구조에 대해 살펴본다. C를 선택한 이유는 두 가지가 있다. 하나는 현대에서 널리 사용되는 프로그래밍 언어에서 C 및 C++은 기본 데이터 구조가 다른 언어와 상당히 차이가 있어 매우 특징적이다. 다른 하나는 해설하는 나 자신이 가장 오래 사용하는 언어가 C이기 때문이다.

C의 기본 데이터 구조를 표 4-2에 표시했다.

표 4-2 C의 기본 데이터 구조

타입	종류	해설	그룹
char	정수	문자(8비트 정수)	정수
short	정수	짧은 정수	
int	정수	정수	
long	정수	긴 정수	
long long	정수	제일 긴 정수	
enum	열거형	실체는 정수	
float	부동소수점 수	단정도(single precision)	부동소수점 수
double	부동소수점 수	배정도(double precision)	
*	포인터	실체는 주소값	주소값
[]	배열	실체는 주소값	
struct	구조체	–	구조체
union	유니온	–	

C의 기본 데이터 구조는 크게 네 그룹으로 나눌 수 있다.

처음 그룹은 정수 그룹이다. C의 정수는 그 크기에 따라 종류를 나눈다. C의 정수는 사양 상 크기가 고정돼 있지 않고 다음의 형태만 정해져 있다.

```
char ≤ short ≤ int ≤ long ≤ long long
```

특수한 컴퓨터에서는 모든 정수형이 64비트 고정형인 것도 있다고는 하지만, 현대의 컴퓨 터와 OS에서 자주 쓰이는 조합은 표 4-3에 정리했다. CPU의 아키텍처가 32비트와 64비트 로 나눠져 있고, 64비트는 또 2종류로 나뉜다.

표 4-3 C의 정수형 크기

아키텍처	32비트	64비트	
char	8	8	8
short	16	16	16
int	32	32	32
long	32	32	64
long long	32	64	64

정수형의 '보너스'적인 존재로 열거형인 enum이 있다. 이것은 '이름'을 표현하는 데이터 타입이지만, 이 실체도 단순 정수다.

포인터로 연산이 가능

다음 그룹은 부동소수점 수 그룹이다. C의 규격에서는 정해지지 않은 것이지만, 현재 실용화된 거의 모든 컴퓨터에서는 IEEE754라는 부동소수점 형식이 사용되며, 단정도는 32비트, 배정도는 64비트 크기로 돼 있다.

제3그룹은 주소다. 메모리상에서 어느 지점을 표현하는 것이 주소이며, 데이터 열을 표현한 것이 배열이다. 배열은 메모리 할당용이며, 포인터는 메모리 조작용이라고 생각하면 거의 틀림이 없다. 포인터가 필요한 부분에 배열을 넘기면 자동적으로 포인터로 변환된다.

C의 포인터의 특이점은 정수와 비슷한 연산이 가능하다는 점이다. C 프로그래머는 당연하다고 생각하겠지만 포인터에 정수를 더하거나, 포인터 차이를 구하는 것이 가능한 부분은 다른 언어에서는 거의 없는 특징이다.

C의 기본 데이터 구조로, 마지막 그룹은 구조체 그룹이다. 구조체는 struct로 정의되는 '데이터 덩어리'다. 배열은 같은 종류의 데이터 모음이지만, 구조체는 임의의 데이터 모음이 되겠다. 구조체에 포함되는 각 데이터(멤버)에는 이름이 붙어 있다. 프로그램상에서는 보이지 않지만, 메모리 액세스의 상황에 따라 데이터와 데이터 사이에는 패딩^{padding}이 들어갈 가능성이 있다.

변화무쌍 '유니온'

이번 분류에서는 유니온도 구조체 그룹에 포함시켰다. union의 정의는 구조체에 비슷하지만 구조체가 데이터 정렬을 정의한다. 반면 유니온은 같은 메모리 영역에 대한 복수 타입의 해석을 정의한다.

유니온은 그렇게 자주 쓰이지는 않기 때문에 대체 어디에 쓰는지 의문을 갖는 사람들이 많을 것이다. 유니온이 사용되는 방법은 여러 개가 있으나, 전형적인 것은 다음 3종류다.

- 최대 크기 확보
- 조건부 구조체 정의
- 메모리 해석의 조건

'최대 크기 확보'는, 복수의 데이터 타입이 존재할 때, 어떤 타입이 와도 할당 가능한 충분한 크기를 확보하는 것을 의미한다.

예를 들어 CRuby에서는 각종 객체를 할당 가능한 메모리 관리를 위한 배열에, '객체를 표현하는 구조체의 유니온 배열'을 사용한다. 실제로 이용할 때는 객체의 타입에 맞춰 배열 요소의 포인터를 그 객체를 표현하는 구조체에 대한 포인터로 캐스트(형 변환)한다.

'조건부 구조체 정의'는 조건에 따라 구조체의 정의가 변화하는 것을 말한다. 이는 구체적인 예를 보지 않으면 잘 와닿지 않을 것 같다. 또 CRuby의 이야기를 하자면 CRuby의 문자열String은 메모리 소비량 절감을 위해 문자열 크기가 일정 값 이하인 경우 구조체 내부에 문자열 정보를 할당하고, 그 이상의 경우에는 별도로 할당한 메모리 영역에 문자열 정보를 포함시키도록 한다.

결국 문자열을 표현하는 구조체struct RSting의 정의가, 문자열의 길이라는 조건의 변화를 의미한다. 이를 구현하기 위해 struct RString의 정의는 그림 4-7처럼 표현한다(좀 단순화시킨 버전이다).

```
#define RSTRING_EMBED_LEN_MAX ((int)((sizeof(VALUE)*3)/sizeof(char)-1))
struct RString {
  struct RBasic basic;
  union {
    struct {
      long len;
      char *ptr;
      long capa;
    } heap;
    char ary[RSTRING_EMBED_LEN_MAX + 1];
  } as;
};
```

그림 4-7 struct RString

문자열 정보가 포함됐는지 여부는 basic.flags 부분을 보면 확인할 수 있게 돼 있다. 포함된 경우에는 as.ary에 액세스, 그 이외의 경우에는 as.heap에 액세스해 조건부 정의를 구현한다.

마지막 '메모리 해석 작업'은 타입 정보를 회피하고, 실제 메모리 데이터에 직접 액세스하는 것을 의미한다. CPU가 멀티 바이트로 이뤄진 정수를 저장하는 바이트 순서를 '바이트 오더Byte Order' 또는 '엔디언Endianness'이라고 한다. 예를 들어 32비트 정수를 구성하는 4바이트를 처음부터 a, b, c, d로 명명하는 경우 'a, b, c, d'의 순서로 저장하는 방식을 '빅 엔디언', 'd, c, b, a' 순서의 방식을 '리틀 엔디언'이라고 한다.

일반적으로는 빅 엔디언이 자연스럽게 보이지만, 실제 CPU가 채용하는 바이트 순서는 리틀 엔디언이 압도적으로 많다. 리틀 엔디언을 채용하는 대표적인 CPU는 인텔 x86이고 빅 엔디안을 사용하는 대표적인 CPU는 SPARC다. 그림 4-8의 프로그램은 유니온을 사용해 실행 중인 CPU 바이트 순서를 판별한다.[1]

---

1 이 프로그램은 리틀 엔디언이 아닌 것은 빅 엔디언으로 판정하지만, 굉장히 오래된 CPU에는 'b a, d, c' 같은 '미들 엔디언' 형식도 있기 때문에 엄밀하게 말하면 틀린 판정을 한다고 할 수 있다. 그러나 빅 엔디언조차 멸종 위기라서 그렇게 신경 쓸 일은 없을 것 같다.

```c
#include <stdio.h>
#include <stdint.h>

int
little_endian()
{
  union {
    /* 정확한 크기를 맞추기 위해
       char, int가 아니라
       uint32_t(32비트),
       uint8_t(8비트)를 사용한다 */
    uint32_t i;
    uint8_t c[4];
  } u;

  u.i = 0xa0b0c0d0;
  return u.c[0] == 0xd0;
}

int
main()
{
  if (little_endian())
    puts("little endian");
  else
    puts("big endian");
  return 0;
}
```

그림 4-8 엔디언 판정 프로그램

데이터 구조로 보는 C의 성격

C의 기본 데이터를 훑어 봤는데 뭔가 이상한 점이 없었는가?

C의 기본 데이터 구조의 특징 중 하나는, 정수를 표현하는 타입이 1바이트(8비트)부터 8바이트(64바이트)까지 각종 크기의 정수 타입이 구비돼 있다는 점이다. 그리고 같은 크기에도 부호가 붙은 것과 붙지 않는 것이 있다. 또 하나의 특징은 이미 서술한 바와 같이, 포인터(주소)에 대한 정수와 동일한 연산이 허용된다는 점이다.

이와 같은 특징을 포함해 C의 기본 데이터 구조는 원시 CPU의 기능을 반영한다. 대부분의 CPU는 각종 크기의 정수 연산을 하는 명령을 구비하고 있고, 부동소수점 수를 다루는 기능을 갖고 있다.

대부분 CPU에서는 데이터 타입이 아닌 어떤 명령을 사용하는지에 따라, 데이터(바이트, 또는 바이트 열)가 어떤 의미를 갖는지 결정된다. 포인터도 CPU 레벨에서는 주소를 표현하는 정수에 지나지 않아, 정수형이라면 정수 연산이 가능한 것도 그렇게 놀라운 일이 아니다.

유니온에 대해서도 메모리 영역에 대한 해석을 변경하는 것뿐이어서, 얼핏 복잡해 보이는 처리도 결국은 원시 CPU 동작의 입장에서 생각한다면 자연스럽다.

이로부터 알 수 있는 것은 프로그래밍 언어로서 C는, 어느 정도의 이식성과 타입 체크를 더한 다음 CPU의 동작을 직접 조작할 수 있는 언어라는 것이다.

C는 본래 당시에는 하드웨어별 어셈블러로 개발된 OS를, 이식 가능한 고급 언어로 기술하기 위한 언어다. 이 성질이 기본 데이터 구조에도 반영됐다.

■ 루비의 기본 데이터 구조

다음은 루비의 기본 데이터 구조에 대해 알아본다. C와 비교하면 루비의 데이터 구조는 상당히 많아서, 대표적인 내용만 발췌해 표 4-4에 정리했다.

표 4-4 루비의 기본 데이터 구조(발췌)

클래스	종류	설명
Fixnum	정수	31비트 정수 또는 63비트 정수
Bignum	정수	다중정수
Float	부동소수점 수	배정도만 지원
String	문자열	
Regexp	정규표현	/abc$/ 등
Array	배열	
Hash	해시	연상배열(Associative Array)이라고도 함
Range	범위	1..2 등
Proc	클로저	블록이라고도 함
Object	객체	인스턴스 변수를 갖고 있음
Symbol	심벌	식별자를 표현하는 타입

　　C와 비교하면 원시 CPU가 취급하는 데이터 구조는 자취를 감추고, 더 높은 추상도의 데이터 구조가 눈에 띈다. 이 부분이 언어 성격의 차이라고 볼 수 있겠다.

　　정규표현식이 기본 데이터에 포함된 점은, 루비가 원래 텍스트 처리에 주안점을 둔 스크립트 언어로 탄생한 것을 반영한다. 최근 루비는 웹 애플리케이션 개발 언어로 인지되는 경우가 많고, 정규표현식을 필두로 텍스트 처리 관련 요구는 점점 줄어들고 있다. 탄생 이래 20여 년 사이에 언어의 사용패턴에 변화가 일어난 것은 흥미롭다.

정수형은 하나만 있어야 했다

　　루비의 기본 데이터 구조에서 개인적으로 반성하는 점은, Fixnum과 Bignum의 구별이다.

　　이들 데이터 구조는 양쪽 모두 정수를 표현한다. 구현에 있어서는 Fixnum은 레퍼런스(포인터)에 직접 포함되는 정수이며, 객체 할당을 위한 메모리를 소비하지 않는 장점이 있다. 한편 Bignum은 힙heap에 할당된 객체이며 메모리를 소비하지만 표현 가능한 정수의 범위가 제한이 없다(그림 4-9)

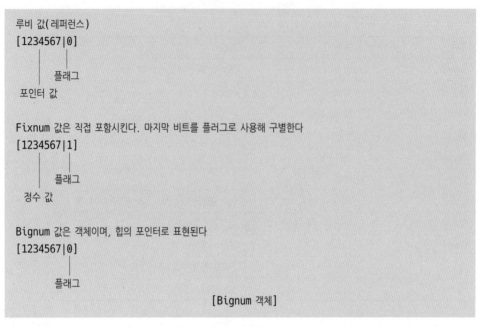

루비 값(레퍼런스)

[1234567|0]
    | |
    | 플래그
포인터 값

Fixnum 값은 직접 포함시킨다. 마지막 비트를 플러그로 사용해 구별한다

[1234567|1]
     |
     플래그
 정수 값

Bignum 값은 객체이며, 힙의 포인터로 표현된다

[1234567|0]
     |
     플래그

                    [Bignum 객체]

그림 4-9 Fixnum과 Bignum. 루비 값은 C의 포인터로 구현된다. 거의 모든 OS에서의 포인터 값은 4 또는 8의 배수이기 때문에 끝의 2, 3비트는 0이 된다. 끝의 비트는 플래그로 사용되며, 0의 경우에는 포인터를 의미한다.

    CRuby에서는 루비 값의 표현을 태그 포인터라는 방법으로 구현한다. 일반 객체는 힙에 할당된 구조체로 표현된 값은 구조체에 대한 포인터로 구현된다. 그러나 CRuby를 구현하는 C에서 포인터로 사용되는 주소와 정수가 상호변환할 수 있는지를 이용해 작은 정수를 포인터 값에 직접 포함한다.

    구체적으로는 CPU의 메모리 액세스 관계에서 포인터 값이 4 또는 8의 배수이며, 정수로 변환할 때 끝에 2, 3비트가 항상 0임을 이용한다. 그 끝에 1비트 플래그로 사용하고, 나머지 비트 정수 값을 저장한다. 결과적으로 포인터와 같은 크기의 정수보다도 1비트 작은 크기의 정수(32비트 아키텍처라면 31비트, 64비트 아키텍처라면 63비트)는 Fixnum으로 값에 직접 포함된다.

    Fixnum의 범위를 초과하는 정수는 힙에 Bignum 객체를 할당하고 저장한다.

    엄밀히 말하면 Bignum은 모든 크기의 정수를 표현할 수 있지만, 연산 결과가 Fixnum으로 표현할 수 있는 범위 내에 있으면 자동으로 Fixnum으로 변환하도록 돼 있기 때문에, 결과적으로 값의 범위에서 분담하는 것이다.

이는 의미의 관점에서 보면 Fixnum도 Bignum도 표현하는 것은 정수라는 존재다. 단지 구현의 사정으로 일정 범위 이내의 것을 Fixnum에서, 그 이상은 Bignum으로 표현한다.

이 정수의 분담 기능은 원래 Lisp에서 구현되던 것으로, 클래스 이름을 포함해 Lisp에서 상속한다. 그러나 구현의 사정에 의한 분류가 구현하는 이들에게는 매우 의미 있는 일이지만, 언어 사용자에 있어서는 별로 중요하지 않다. 중요하지 않은 이 구별이 언어 사양에 '누락된' 모습은 별로 좋은 모습이 아니다.

부동소수점은 하나로 돼 있다

예를 들어 루비2.0의 64비트 아키텍처에서는 Float 중 일정 범위가 Fixnum과 마찬가지로 레퍼런스 삽입 최적화가 돼 있다. 즉 같은 Float 클래스도 어떤 것은 레퍼런스 포함 값이고, 어떤 것은 힙에 할당된 객체가 될 것이다. 그러나 이 차이는 내부적으로만 진행되므로 사용자가 신경 쓸 것은 없다. 지금 생각하면 Fixnum과 Bignum의 구별도 마찬가지로 정수를 표현하는 클래스만을 준비하고, 구현의 전환은 사용자에게 보이지 않는 형태로 처리했어야 한다고 생각한다.

더 추상도가 높다는 점에서 루아 등 일부 언어에서는 정수와 부동 소수점 수의 구별조차 중단하고, Number라는 하나의 형태로 대응한다. 부동소수점 수란 오차가 발생할 수 있음을 감안할 때, 약간 주저하는 바는 있지만 하나의 방향성은 있다고 생각한다.

또 하나 Lisp에서 계승한 심벌에 대해 반성해야 할 점이 있다. 2-6장에서 이미 언급한 바와 같이 기호와 문자열의 구분은 지금에 와서는 오래된 방식이다. 효율성과 구현을 이유로 비슷하지만 다른 데이터 구조를 도입하는 것은 '트렌디'한 것이 아니라고 생각한다.

이러한 "제대로 동작한다면 구분은 필요 없다."는 루비의 설계 사상의 하나로, '빅 클래스 주의'[2]라고 불리기도 한다.

---

2 원문은 「大クラス主義」로 저자도 영어 번역을 어떻게 할지 고민하는 트윗을 남겼다(https://twitter.com/yukihiro_matz/status/745173456187072512). – 옮긴이

오카멜의 기본 데이터 구조

이러한 '구분'이 필요한 언어 설계의 예로 오카멜을 살펴보자. 오카멜이 함수형으로 유명한 언어로서 최근에는 효율과 성능 면에서 (해외) 금융 분야에서 이용되고 있다. 같은 함수형 언어로 분류되는 하스켈과 비교하면 정적 타입과 강력한 타입 추론의 점에서 비슷하지만, 암묵적 지연 평가가 없고, 하려고 한다면 부작용이 있는 조작도 가능하다는 점에서 더 캐주얼하다고 할 수 있겠다.

개인적으로는 하스켈보다 오카멜을 선호하기도 하지만, 이것은 오카멜이 더 뛰어나다는 뜻이 아니라 어디까지나 개인 취향이다.

오카멜은 루비와는 반대로, 적극적으로 구분을 장려하기 위해 비슷하지만 조금 다른 데이터 구조를 여럿 제공한다(표 4-5).

표 4-5 오카멜의 유사 데이터 구조

타입	의미	설명
'a list	리스트	선형 리스트
'a array	배열	O(1) 액세스, 수정 가능
'a * 'b	더블	복수 값을 모은 것
{name: 'a}	레코드	구조체와 같은 것

오카멜의 리스트는 다음과 같이 표현된다.

```
[값; 값]
```

리스트의 앞에 값을 추가할 때는 :: 연산자를 사용한다.

```
0 :: [1; 2]
=> [0; 1; 2]
```

리스트는 선형 리스트라는 데이터 구조로 구현한다. 요소에 액세스하는 시간은 길이에 비례해 소요되며, 비교적 저렴한 비용으로 앞단에 요소를 추가할 수 있다(그림 4-10).

한편 배열은 값의 목록이다. 배열 n번째 요소에 대한 액세스는 n의 크기에 관계없이 가능하다. 그러나 요소를 추가하려면 배열 전체를 복사해야 한다.

명시적 타입 선언이 없는 루비 등과는 달리 정적형 언어인 오카멜에서는 배열이나 리스트의 모든 요소는 컴파일할 때 결정하는 공통 타입이 필요하다. 튜플(또는 레코드)은 여러 타입의 값을 모아 구성하기 위해 존재한다. 간단하게 말하면 각각 다른 형태를 갖는 복수의 형태를 모은 것이 튜플이며, 각각의 값에 이름을 붙인 것이 레코드가 된다.

```
[1; 2]
  [ 1 ] -> [ 2 ] -> NULL
  값을 포함하는 셀의 연결 목록

0 :: [1; 2]
  [ 0 ] -> [ 1 ] -> [ 2 ] -> NULL
  0을 포함한 셀을 기존 목록에 연결
```

그림 4-10 오카멜의 목록

액세스 비용이나 형태에 따라서 여러 데이터 구조를 구분하는 것이 오카멜의 특징이다. 루비의 큰 클래스 주의와는 다르지만 정적 타입의 혜택을 누리고, 효율적인 프로그램을 작성하는 효과적인 방법이라고 생각했다. 또한 오카멜의 탄생 시기(1996년, 부모뻘인 캐멜^{Caml}은 1985년)를 감안할 때, 이런 사상은 자연스러운 것 같다.

■ Streem의 기초 데이터

자, 그림 이를 바탕으로 Streem의 기본 데이터 구조에 대해 생각해 보자.

우선 숫자에 대해 생각해 보자. Streem 시스템 프로그래밍 언어로 설계돼 있지 않기 때문에, C처럼 CPU가 취급하는 각종 크기의 정수를 직접 취급할 필요는 없다. 오히려 구분에 대해 생각하지 않아도 문제없도록 정리하는 것이 좋다. 그래서 숫자는 모두 Number라는 형태로 표현하고, 효율성을 위해 내부적으로 정수와 부동소수점 숫자를 구분하도록 하자.

C에서 문자열은 문자 타입(8비트 정수)의 배열로 취급됐지만, 문자열이 중요한 데이터 형식이 될 것으로 예상되는 Streem에서는 루비와 마찬가지로 전용의 문자열 타입을 도입하려 한다. 루비와 동일한 문자열 조작 메소드(향후 단계적으로)도 정비 예정이다. 그러나 무엇보다 함수형 언어의 영향을 받은 Streem에서 문자열은 불변 객체(갱신 불가)이므로, 문자열 재작성 같은 기능은 제공하지 않는다. 기호 및 문자열에 대해서도 이미 언급했듯이 구분하지 않는다. 내부적으로는 전용 테이블에 등록된(인턴화[intern]) 문자열을 기호로 사용할 수 있다.

고민되는 것은 배열이다. 여러 값을 모아 정리한 데이터 구조는 루비에서도 배열, 해시, 객체 등 몇 개를 제공한다. 오카멜은 더 많은 데이터 구조를 갖고 있다. 물론 사용하는 경우에 따라 구분하지만, 지금까지의 흐름에서 보면 사용자가 명시적으로 '구분'해야 하는 사태는 피하고 싶다.

Streem의 목록은 '불필요'

여러 값을 모아 정리하는 데이터 구조에는 액세스 패턴에 의한 구분(정수 인덱스에 의한 배열과 이름을 키로 하는 해시), 액세스 비용에 의한 구분(O(n)의 목록과 O(1)의 배열 해시), 타입에 따른 구분(단일형의 목록 배열과 여러 타입을 갖는 튜플)이 있다(표 4-6).

표 4-6 여러 타입을 모아 정리하는 데이터 구조

데이터 구조	액세스 비용	타입	설명
목록	O(n)	단일	첫 번째 요소 추가 시는 O(1)
배열	O(1)	단일	요소 추가 시는 복제를 해야하므로 O(n)이 됨
해시	O(1)	단일	부작용을 전체로 한 데이터 구조
레코드	O(1)	복수	구조체에 해당(루비에서는 객체)
튜플	O(1)	복수	구현상으로는 배열에 해당

*a : 정적 타입 언어인 경우

'구분'을 줄이고 싶은 Streem으로서, 이 중 어느 것을 선택하고 어떤 것을 버려야 할까?

우선 해시부터 생각해 보면, 해시라는 데이터 구조는 업데이트가 없으면 의미가 없다. 따라서 원칙적으로 업데이트 부작용이 없는 Streem에 해시는 필요가 없다. 해시 해당 요소

에 라벨을 붙이는 기능으로 대체 가능하다. 라벨이 붙은 레코드(루비에서는 객체)의 대체도 될 수 있다.

배열과 목록의 차이를 살펴보자. 배열과 목록은 여러 값을 모아 정리하는 동작은 동일하지만, 내부 구현이 다르기 때문에 액세스 비용이 다르다. 그러나 구현 문제 때문에 구분을 요구하지는 않는다는 설계 방침에 따라, 여기에서 그 구별을 남기고 싶지는 않다.

설계 방침은 두 가지가 있다. 어느 하나를 포기하고 데이터 구조도 통일해 버리는 방법과 다른 하나는 내부적으로 데이터 구조를 구분하고, 사용자에게 가능한 한 그것을 보이지 않는 방법이다.

여기에서는 루비를 예로 들어 보자. 루비는 공개 전의 최초 시기를 제외하고는 데이터 구조가 배열밖에 없어서, 기본 데이터 구조로 목록을 제공하지 않는다. 하지만 루비에 목록이 없다고 해서 실행 비용이 늘어났다는 이야기는 들어본 적이 없다. 물론 이전에 액세스 비용의 문제가 발행한 적이 있긴 했지만, 이것이 중대한 문제로 발전된 적은 없었다고 생각해도 좋을 것이다.

실은 앞으로 필요할지 몰라 Streem에 목록을 구현해 놓았지만, 이번에 고민을 한 결과 목록이 그렇게 필요치 않을 것이라는 결론에 도달했다. 소스코드의 단순화를 위해 이 부분의 코드를 정리하는 것으로 하자.

Streem 의 기타 데이타 구조

수치, 문자열, 배열에 대해서는 이미 설명했다. Streem에는 그 외의 데이터 구조로 부울 값, 클로저, I/O, 태스크가 있다. 아마 앞으로 필요에 따라 추가하겠지만, 그 경우에서도 가능한 '구분'은 필요 없도록 '하나의 동작에는 하나의 데이터 구조(타입) 이라는 방침을 철저히 지키려고 한다.

이번 변경 사항

이번에는 데이터 구조에 대해 해설과 고찰을 주안점으로 삼았기 때문에, Streem 처리 시스템에 손을 댄 부분은 그렇게 많지 않다.

변경 사항은 정수와 부동소수점 수의 통일화, 개발 도중에 방치했던 목록의 구현과 정리, 배열의 문자열화 루틴의 개선 정도다. 이 시점에서의 변경 사항에 대한 소스코드는 '201510'이라는 태그를 붙여 뒀다.

맺음말

이번에는 처음부터 내장된 기본 데이터 구조부터 그 언어의 성질을 읽어 풀어내는 것을 시도했다. C와 루비에서는 기본 데이터 구조가 놀라울 정도로 당초의 설계 목적을 반영하고 있어 흥미로웠다. 또한 언어의 기본 데이터 구조에 있어서 '구분'이 적으면 적을수록 더 뛰어나다는 사실을 알게 됐다.

또한 이 고찰에 기초해 Streem의 기본 데이터 구조에 대해 살펴봤다. 이를 통해 구분이 적고 사용하기 쉬운 언어에 어느 정도 접근했다고 생각한다. 이후에는 이어서 Streem의 개선에 매진할 생각이다.

타임머신 칼럼

루비에서도 실수가 있었다

2015년 10월호에 실린 글이다. 설명의 정황상 책에서는 2015년 9월호 게재분보다 이번 내용을 먼저 해설하는 게 좋겠다고 생각했다.

이번에는 각종 언어(C, 루비, 오카멜)가 제공하는 기본적인 데이터 타입에 대해 훑어본 후, 이들을 참고해 Streem의 기본 데이터 타입을 설계하는 흐름으로 해설했다.

프로그래밍 언어를 구성하는 요소로 가장 눈에 띄는 것은 문법이지만, 실제 언어의 성질은 데이터 타입과 라이브러리에 의해 좌우된다. 아무리 훌륭한 문법을 가진 언어라도, 데이터 타입과 라이브러리가 받쳐주지 않으면 살아남을 수 없다.

이번 해설에서는 각기 다른 포커스를 가진 언어(시스템 프로그래밍 언어로서 C, 스크립트 언어로서 루비, 함수형 프로그래밍 언어로서 오카멜) 각각의 기본 데이터 타입이 어떻게 사상을 반영하는지를 맛보기로 설명한다. 언어 디자인을 하는 데 참고가 될지도 모르겠다.

이번에는 또한 루비의 Fixnum과 Bignum의 구별에 대해 기술했다. 원고 집필 시부터 1년 이상 경과한 2016년 12월에 배포된(이 칼럼을 쓸 때에는 아직 배포 전임) 루비2.4에서는 드디어 Fixnum과 Bignum이 Integer(정수)로 통일됐다. 루비 정도로 널리 쓰이는 언어가 되면, 이전 버전과의 호환성 때문에 과거 디자인의 '실수'가 있더라도 고치기가 쉽지 않다. 하지만 이 'Integer 통합'은 비교적 순탄하게 진행되지 않았나 생각된다.

4-3 객체 표현과 NaN Boxing

4-2장의 객체지향 기능의 설계에 이어서 이번에는 언어처리 시스템의 데이터 핸들링 방법을 개선하는 테크닉에 대해 배워보자. V7이라는 자바스크립트 처리 시스템을 참고해 'NaN Boxing'이라 부르는 테크닉을 구현하겠다.

어느 날 V7이라는 자바스크립트의 처리 시스템을 만나게 됐다. V8은 구글 크롬^{Google Chrome}에 내장된, 그리고 node.js의 코어가 되는 자바스크립트 처리 시스템이지만, V7은 처음 들었다. 조사해 보니 임베디드를 위한 컴팩트한 자바스크립트 처리 시스템(구현은 파일당 17000 라인 정도)이며, 실행 속도도 빠른(JIT가 없는 처리 시스템으로 가장 빠른) 것이라고 한다.

언어 처리 시스템의 구현을 들여다 보는 것이 취미인 나로서는, 시간을 들여 이를 조사해 봤다. 여러 가지 재미있는 내용이 있었지만, 가장 흥미로웠던 부분은 객체 표현의 구현이었다.

'NaN Boxing'이라 부르는 테크닉은 실은 mruby에서도 컴파일 옵션으로 이용 가능하며, V7에서는 mruby보다는 좀 세련된 것 같다. 이에 대해서는 좀 더 조사할 필요가 있다.

클린 룸 설계

그런데 V7은 GPL2와 상용 듀얼 라이선스다. GPL2 라이선스로 대응이 어려운 경우에는, 제작자와 연락해 유상으로 상용 라이선스를 취득할 수 있는 것 같다. 오픈소스화는 하고 싶지만, 무임 승차는 피하고 싶다는 의도 같으며 이해는 간다. 또한 V7이 목표로 하는 같은 임베디드 영역에서는 라이선스 불안 없이 이용하기 위해 상용 라이선스를 취득하려는 사람(기업)도 나름대로 있을 것이다.

하지만 이번에는 V7을 내장하고 싶지 않고, Streem에서 단지 참고만 하려는 것이기 때문에 상용 라이선스까지 취득할 필요는 없다. 그렇지만 GPL2와 Streem의 MIT 라이선스가 만나면 모순이 발생하기 때문에, 그대로 복사해서 사용해서는 안 된다.

그래서 (사이비)클린 룸 설계를 사용해 개발하겠다. 클린 룸 설계는 소프트웨어의 리버스 엔지니어링 기법 중 하나이며, 해석하는 팀과 구현하는 팀을 격리해 저작권이나 기업 기밀에 저촉되는 일 없이 별도의 구현을 하는 방법이다. 이번에는 GPL이 전파되는 것을 방지하기 위해 V7 소스코드를 해석하면서 해설(본 기사)을 집필하고, 그 정보를 기초로 Streem을 개발하는 방식을 채용한다. 그래도 한 명이 이 작업을 하면 완전 격리는 불가능하므로 '사이비' 클린 룸 설계라고 표현했다.

레퍼런스의 표현 기법

우선 V7과 Streem 같은 언어 처리 시스템에서 객체가 어떻게 표현되는지를 소개해 두겠다.

CPython(C로 구현한 파이썬)처럼, 몇 개의 처리 시스템에서 객체의 참조는 구조체에 대한 포인터로 표현한다. 이 단순 포인터를 이용해 구조체의 액세스 속도는 가장 빨라지고, 메모리 낭비도 없다. 단 정수 등 빈번히 사용되는 값에 대해서도 모두 구조체를 할당해야 하므로, 대량의 객체 할당에 문제가 생길 수 있다.

이 점을 개량하는 기법으로 'Tagged Pointer 기법'이란 것이 있다. 이는 포인터를 정수로 변환할 때, 제일 아래 2비트부터 3비트가 항상 '0'인(많은 OS에서 구현되는) 것을 이용하는 방법이다. 이 비트에 타입 정보를 담아 정수 등의 일부 값을 참조에 직접 포함시킨다(그림 4-11). 처리 시스템으로서는 Emacs Lisp와 CRuby가 이를 채용하고 있다.

Tagged Pointer 기법에 의해 포인터만 썼을 때와 메모리 효율은 같지만, 자주 사용되는 정수 및 불린boolean 값 등을 포함시켜 전체 메모리 효율이 향상된다. 거꾸로 포함된 값을 꺼내 쓰려면 약간의 비트 연산이 필요하지만 이는 그렇게 큰 비용이 드는 것은 아니다.

```
포인터 비트 표현              의미
[...0000 0000]    →    false
[...0000 0100]    →    nil
[...0000 0010]    →    true
[...0000 0110]    →    undef
[...xxxx xxx1]    →    정수
[...xxxx x000]    →    통상의 포인터(8바이트 경계)
```

그림 4-11 Tagged Pointer 기법(루비의 경우)

현재 Streem에서는 구조체로 표현

mruby, Streem, 루아 등에서는 객체의 표현에 구조체를 사용한다. 현재 Streem에서는
'strm_value'라는 타입을 정의한다. 이의 실체도 구조체로 그림 4-12 같이 정의된다.

```
typedef struct {
  enum strm_value_type type;
  union {
    long i;
    void *p;
    double f;
  } val;
} strm_value;
```

그림 4-12 객체 참조인 strm_value의 정의

이 구조체에 포인터와 정수, 부동소수점 수 등의 할당이 가능하다. 덧붙여 C 언어의 union
에서는 복수의 타입을 하나의 필드로 묶을 수 있다.

구조체 기법의 최대 장점은 구현의 간단함과 높은 이식성이다. 구조체 기법은 (단순 포인
트 법과 마찬가지로) CPU와 OS에 어떤 사전 조건도 없다. C 컴파일러가 제공하는 환경이라
면 어디서나 구현이 가능하다. 게다가 단순 포인터 법이 갖는 정수 객체의 대용량 할당 문
제도 회피 가능하다.

단점은 메모리 효율이다. mruby에서 정의된 `mrb_value` 구조체는 64비트 CPU에서의 크기가 16바이트, 32비트 CPU에서는 12바이트다. 객체 표현에 포인터를 사용한다면 그 크기는 각각 64비트 CPU에서는 8바이트, 32비트 CPU에서는 4바이트가 되므로 낭비인 것은 분명하다. 구현의 간단함과 이식성 이외의 장점은 보이지 않는다. 하지만 상황에 따라, 예를 들어 임베디드를 포함한 모든 환경에의 이식성을 목표로 하는 mruby 같은 구현에서는 이식성은 양보할 수 있는 조건이 된다.

객체 표현에서 최후의 기법은 V7에서 채용하는 NaN Boxing이다. 이것은 부동소수점 수의 구조를 이용해 64비트의 크기에서 객체를 표현하는 테크닉이다.

IEEE754

C의 규격에서는 부동소수점 수 표현에 대한 어떤 규정도 하고 있지 않다. 하지만 현재 대부분의 컴퓨터에서는 부동소수점 수의 표현으로 IEEE754라고 부르는 포맷을 채용한다. 내가 알고 있는 한 IEEE754 포맷을 따르지 않는 컴퓨터는 VAX라는 미니 컴퓨터가 있지만, 워낙 오래된 기종이고 이젠 현역에서 활용되고 있지는 않다. 이후 일부 범용 기기에서도 독자적인 부동소수점 수 표현을 사용한다고 들은 적은 있다.

여기에서 설명할 NaN Boxing은 IEEE754 포맷을 이용(악용)해 구현한다. 우선 포맷부터 설명하겠다.

IEEE754에서 정의되는 부동소수점 수는 그 정밀도에 따라 여러 개가 정의된다(표 4-7).

표 4-7 IEEE부동소수점 수의 종류

정밀도	타입명	크기	부호수/지수부/가수부 비트 길이
단정도	float	4바이트	1/8/23
배정도	double	8바이트	1/11/52
4배정도	long double	16바이트	1/15/112

각 타입은 데이터를 대입할 비트의 폭만 달라질 뿐 거의 동일한 구조를 가지며, 이번 주제인 NaN Boxing에서 사용하는 double을 중심으로 설명한다.

부동소수점 수는 부호부, 지수부, 가수부라는 3개의 부분으로 구성된다(그림 4-13). 최상위 비트부터 각 비트의 크기만큼 잘라 부호를 뺀 정수로 해석한 것을 a, b, c라고 했을 때, 부동소수점 수는 다음과 같은 의미를 갖는다(double의 경우).

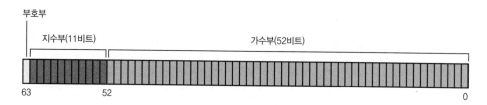

그림 4-13 IEEE 부동소수점 수 포맷

```
(-1)^a*2^(b-1023)*(1+c/2^51)
```

결국 이 식의 의미는 부호부가 1인 경우는 음수, 0일때는 양수가 되며, 가수부는 1023 옵셋을 더해 부호를 붙여 정수를 표현하고, 지수부는 소수점 이하의 수를 2진수로 표현한 것이다.

이 식에 따라 2.5를 IEEE754 double로 표현하면 정수整數이므로 부호는 0이 되고, 2.5를 정수부가 1이 되도록 변환하면 다음과 같다.

```
1.25 * 2^1
```

이 식에서 가수는 1.25, 지수는 1이 된다. 가수부는 소수점 앞의 1을 뺀 0.25가 되고, 비트 표현은 2진으로 표현하면 다음과 같다.

```
01000000 ( 이하 44비트는 계속 0)
```

여기서 지수부는 1023의 옵셋을 더해 1024, 비트 표현은 다음과 같이 된다.

```
100000000000
```

이를 최상위 비트부터 부호부, 지수부, 가수부순으로 연결하면 16진수로 다음의 수가 나온다.

```
0x4004000000000000
```

이 값을 출력하는 프로그램이 그림 4-14에 나타나 있다. 앞에서 기술한 union은 같은 비트 패턴을 다른 타입으로 해석이 가능하기 때문에 이런 프로그램에는 딱 맞다.

```c
#include <stdio.h>
#include <stdint.h>

int
main()
{
  union {
    double f;
    uint64_t i;
  } u;
  u.f = 2.5;
  printf("0x%lx\n", u.i);
  return 0;
}
```

그림 4-14 IEEE754 double의 16진수 출력 프로그램

특수한 부동소수점 수

IEEE754에는 두 개의 특수한 값이 있다.[1] 하나는 무한대Infinity이고, 또 하나는 비수非數, NaN, Not a Number이다. 무한대는 어떤 값을 0으로 나누는 경우의 결과 등 수학상 무한대를 보여주는 값으로 음수, 양수 2개의 값으로 나뉜다. 무한대의 IEEE754적인 표현은 지수부가 2047이며 가수부가 0이 된다. 음/양은 부호 비트가 결정한다.

---

1 정확히는 '비정규화 수'라고 불리는 또 하나의 특별한 값(그룹)도 존재하지만, 이번에는 다루지 않는다.

318

NaN은 예를 들어 0/0 이나 ∞ + (−∞) 같이 수학적으로는 의미 없는 결과나 음수의 평방근[平方根] 같은 실수의 범위로 표현 불가능한 값을 나타내기 위해 사용된다. NaN의 IEEE754 식 표현은 지수부는 무한대(∞)와 동일한 2047(비트 표현으로 11111111111)이며, 가수부는 0 이외의 경우가 된다.

NaN Boxing

이 NaN을 활용해 부동소수점 수 객체의 표현에 돌려쓰는[流用] 것이 NaN Boxing이다.

이미 설명한 바와 같이 NaN은 지수부의 비트가 전부 1이고, 가수부는 0이 아닌 값이 오기 때문에 252−1, 결국 4503599627370495 비트 패턴이 된다. 이 정도 크기의 공간이 있다면 여러 가지 값을 넣을 수 있다. NaN의 빈 자리[free bit]를 찾아 집어넣는[Boxing]다고 해서 NaN Boxing이라고 한다.

하지만 V7에서 객체 표현으로 사용하는 타입은, 의외로 부동소수점 수가 아닌 64비트 정수(`uint64_t`)다. 이를 '`v7_val_t`'라는 이름으로 typedef하고 있다.

벤치마크를 해본 적은 없지만 추측하건대 부동소수점 수가 아닌, 정수를 사용한 이유는 아마 정수 쪽이 더 속도가 빠르기 때문이 아닐까 싶다. 함수 호출의 인수와 리턴 값으로 값을 받을 때 부동소수점 수는 특별 취급을 하는 CPU가 있어, 그런 경우에는 정수가 약간 효율이 좋을 가능성이 있다. NaN Boxing에서 비트 패턴도 전달되는 경우, 부동소수점 수 자체를 객체 표현에 사용할 필요는 없다.

V7에서는 64비트를 부호부(1비트), 지수부(11비트), 가수부(52비트) 각각을 다음과 같이 해석한다.

우선 부호부는 V7을 시작으로 많은 NaN Boxing의 구현에서는 부호부를 쓰지 않는다. V7에서는 항상 1로 세팅한다. 가수부는 NaN의 정의에 의해 모두 1로 세팅한다. 실제 값은 남은 52비트의 영역에 할당하게 된다.

이 가수부 52비트 중에 앞의 4비트를 객체의 타입을 나타내는 플래그로 사용한다(표 4-8). 그리고 남은 48비트(6바이트)를 사용해 각종 객체를 표현한다.

표 4-8 V7 값의 종류

종류	플래그	설명
OBJECT	0b1111	객체
FOREIGN	0x1110	외부 포인터
UNDEFINED	0x1101	JavaScript의 undefined
BOOLEAN	0x1100	불린 값
NAN	0x1011	NaN(부동소수점 수)
STRING_I	0x1010	인라인 문자열(길이<5)
STRING_5	0x1001	인라인 문자열(길이=5)
STRING_O	0x1000	문자열(GC대상)
STRING_F	0x0111	외부 문자열
STRING_C	0x0110	문자열 체크
FUNCTION	0x0101	자바스크립트 함수
CFUNCTION	0x0100	C 함수
GETSETTER	0x0011	getter+setter
REGEXP	0x0010	정규표현
NOVALUE	0x0001	배열용의 미초기화 값
INFINITY	0x0000	무한대(부동소수점 수)

정리하면 v7_val_t의 64 비트 중 부호부+지수부+가수부의 앞 4비트, 합계 16비트가 객체 종류를 나타내는 태그가 되며, 남은 48비트에 다른 표현하고 싶은 값을 할당한다.

불린 값 등의 입력 방법

그럼 구체적으로 값을 할당해 보자.

가장 간단한 불린 값부터 살펴보자. V7에서 불린 값(참 또는 거짓)을 생성하는 함수 v7_create_boolean( )의 정의는 그림 4-15 같이 된다.

```
v7_val_t v7_create_boolean(int v) {
  return (!!v) | V7_TAG_BOOLEAN;
} ↑ !!v가 0이 아니면 1, 0이면 0
```

그림 4-15 v7_create_boolean()

V7_TAG_BOOLEAN은 BOOLEAN(불린 값)을 나타내는 태그(부호부+지수부+플래그)다. 위에서 서술한 것 같이 값 부분에는 48비트가 있지만, 여기서는 true가 1, false는 0이라고 사용된다.

자바스크립트에서는 존재하지 않지만, 예를 들어 루비의 심벌 같은 값을 표현하는 것에서도 같은 방법을 사용한다. 결국 심벌에 대응하는 정수(48비트 이내)와 그 태그의 조합으로 객체 표현을 하는 것이다.

정수의 할당 방법

실은 자바스크립트에는 정수가 없지만(숫자는 모두 부동소수점 수로 표현한다), 우선 일반론적으로 NaN Boxing에서 정수의 할당 방법을 설명하겠다. 타입 표현으로 사용되는 것이 부호부, 지수부를 합해 16비트, 값을 표현하는 데 사용되는 것이 48비트여서 이 48비트에 정수를 집어넣는다.

가장 간단한 방법은 32비트 정수를 채용하는 것이다. 48비트 중 16비트는 낭비로 볼 수 있겠지만, 32비트 CPU 시대에는 대부분의 계산이 32비트로 수행되기 때문에, 실질적으로 문제는 거의 없을 것이다. 많은 CPU에서는 48비트라는 어중간한 크기보다도 32비트 정수의 연산 쪽이 더 효율적이기 때문에 그 점도 장점이 된다.

다른 방법으로 48비트 전체를 정수 표현에 활용하는 것도 가능하다. 하지만 이 경우 계산은 64비트 정수로 하므로, 오버플로를 염두에 둬야 할 필요가 있어 핸들링이 약간 복잡해질 가능성이 있다.

부동수소점 수의 경우

노파심에서 하는 말이지만 NaN Boxing은 부동소수점 수의 사용되지 않은 비트 패턴에 값을 집어넣는 테크닉이기 때문에, 부동소수점 수는 가공할 필요가 없다. 하지만 부동소수점 수를 표현하는 타입은 double, 객체 표현의 실체는 64비트 부호 없는 정수이기 때문에 변환은 필요하게 된다. 하는 방법은 그림 4-14와 동일하게 부동소수점 수를 union에 할당하고, 정수로 추출한다.

포인터를 채우는 방법

여러 가지 값을 할당하는 것 중에 가장 문제가 되는 것이 포인터다. 32비트 아키텍처상에서는 포인터의 크기도 32비트여서 48비트 내에 할당하는 것은 문제가 되지 않는다. 하지만 64비트 아키텍처에서는 포인터 크기도 64비트이기 때문에 48비트를 넘어 버린다.

하지만 다행인 점은 대부분의 OS에서는 포인터에 64비트를 전체로 쓰지 않고, 48비트 정도로 자를 수 있는 범위의 값만 쓴다는 것이다. 생각해 보면 48비트라면 256TB의 메모리 공간에 액세스가 가능하기 때문에 당분간 이 때문에 곤란한 경우는 없을 것이다.

아쉽게도 일부 OS(솔라리스^{Solaris} 등)에서는 NaN Boxing이 태그에 사용하는 상위 16비트의 영역도 포인터를 쓰기 때문에 이 테크닉은 쓸 수 없게 된다. 옛날부터 조금은 독특했던 솔라리스를 사용하는 사람들은 이제 거의 없기 때문에 문제가 되지 않을지도 모르지만, NaN Boxing은 역시 이식성이 최대 약점이 된다.

포인터가 48비트의 범위로 저장된다면, 그 후는 불린 값과 마찬가지로 TAG와의 조합으로 채우는 게 가능하다.

문자열을 채우는 방법

V7은 문자열의 표현에 있어서 상당한 연구가 있었다. 문자열은 상당히 자주 등장하는 객체이기 때문에, 효율성을 확보하기 위한 것일지도 모르겠다. 표 4-8을 보면 전부 16종밖에 없는 값의 종류에서 5개도 문자열을 위한 것임을 알 수 있다.

우선은 STRING_I와 STRING_5다. 값을 표현하기 위한 비트는 48비트도 있기 때문에, 길이가 6바이트의 범위에 담을 수 있는 문자열은 값이 그대로 채워진다. 자바스크립트는 문자열을 바꿀 수 없기 때문에 이 방법을 쓸 수 있다. 루비에서는 문자열 변경이 가능하기 때문에 이 방법을 쓸 수 없다. 한편 Streem은 문자열을 포함한 객체는 변경 불가이기 때문에 사용 가능하다.

```
(a) 1~4바이트의 경우
v7_val_t
[v7_TAG_STRING_I|길이|1바이트|2바이트|3바이트|4바이트|NUL]
        16비트       8비트   8비트   8비트   8비트   8비트   8비트

(b) 5바이트의 경우
v7_val_t
[v7_TAG_STRING_5|1바이트|2바이트|3바이트|4바이트|5바이트|NUL]
        16비트       8비트   8비트   8비트   8비트   8비트   8비트
```

그림 4-16 인라인 문자열

C 언어의 문자열과의 정합성 때문일까? V7에서는 문자열의 끝에 반드시 NUL('\0')을 붙인다. 그래서 최대 채울 수 있는 바이트 수는 5다.

1~4바이트까지의 문자열은 STRING_I로 표현한다(그림 4-16(a)). 5바이트에서는 바이트 수를 채울 공간이 부족하기 때문에 특별한 태그를 사용한다(그림 6(b)).

나머지 3종류에서 STRING_F는 밖에서 주어지는 V7의 GC(가비지 컬렉션)에서는 관리되지 않는 문자열이다. 예를 들어 C의 문자열을 래핑Wrapping한 것이 STRING_F가 된다. 이들 문자열은 GC의 대상이 아니기 때문에 그대로 포인터로 핸들링된다.

문자열과 GC

STRING_O는 owned, 결국 V7이 메모리 영역을 관리하기 위한 문자열이다. 문자열은 VM이 관리하는 영역에 할당된다. 메모리 영역이 부족하면 GC가 시작되고, 문자열용 메모리 영역이 회수된다.

V7은 문자열에 대해 슬라이드 압축을 채용한다. 다시 말하면 회수된 문자열이 있던 공간을 뒤로부터 슬라이드시켜 그 공간을 채워버린다(그림 4-17). 하지만 슬라이드에 의한 이동 전의 문자열에 대한 참조(주소)를 슬라이드 후의 주소로 수정하지 않으면 데이터가 깨져 버린다.

```
[foo|bar|baz|quux|....]
     |      /
[foo|baz|............]
```

그림 4-17 슬라이드 압축. "foo"와 "baz"만 살아남게 된다.

V7에서는 이를 위해 `STRING_C`를 사용한다. 얼핏 보면 무슨 일을 하는지 잘 파악이 안 되는 복잡함을 가졌지만, 개략적으로 다음과 같은 순서로 진행된다(그림 4-18)

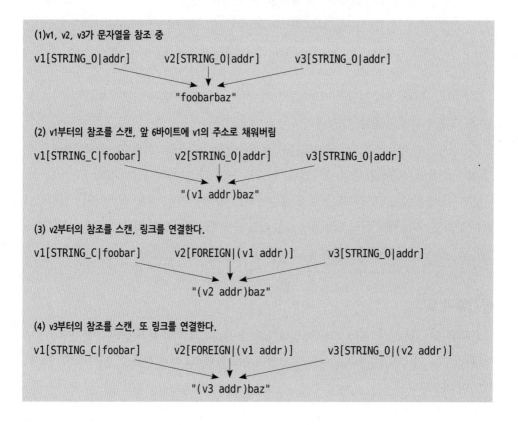

```
(1)v1, v2, v3가 문자열을 참조 중
v1[STRING_O|addr]      v2[STRING_O|addr]      v3[STRING_O|addr]
              ↘         ↓          ↙
                   "foobarbaz"

(2) v1부터의 참조를 스캔, 앞 6바이트에 v1의 주소로 채워버림
v1[STRING_C|foobar]      v2[STRING_O|addr]      v3[STRING_O|addr]
              ↘         ↓          ↙
                   "(v1 addr)baz"

(3) v2부터의 참조를 스캔, 링크를 연결한다.
v1[STRING_C|foobar]      v2[FOREIGN|(v1 addr)]      v3[STRING_O|addr]
              ↘         ↓          ↙
                   "(v2 addr)baz"

(4) v3부터의 참조를 스캔, 또 링크를 연결한다.
v1[STRING_C|foobar]      v2[FOREIGN|(v1 addr)]      v3[STRING_O|(v2 addr)]
              ↘         ↓          ↙
                   "(v3 addr)baz"
```

324

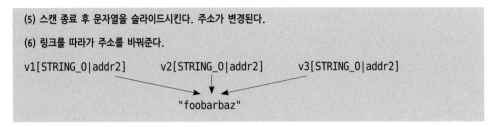

그림 4-18 문자열의 GC순서

우선 GC에서 '살아 있는' 문자열을 판별하는 마크 단계에서 아직 마크되지 않은 문자열에 대한 참조 v를 발견하면 다음과 같이 처리한다.

1. 문자열에 마크를 한다.
2. 문자열의 앞 6바이트를 v에 채워 넣는다
3. v의 태그를 STRING_C로 한다
4. v의 주소를 문자열에 작성한다.

마크된 문자열로의 참조 v2를 발견하면 다음과 같이 처리한다.

1. 마크된 문자열에 채워 넣었던 주소를 v2에 채워 넣는다
2. v2의 태그를 FOREIGN으로 한다
3. v2의 주소를 문자열에 채워 넣는다.

이를 반복하면 마크 단계가 종료되는 시점에서 '살아 있는' 모든 문자열은 다음과 같은 상태가 된다.

- 마크돼 있다.
- 그 객체로의 모든 참조가 링크 리스트가 돼 있다.
- 링크 리스트 끝에는 주소로 치환된 부분의 문자열 정보가 있다.

V7의 소스코드를 읽어보면 이 주변의 처리에 CPU가 리틀 엔디언[2]이 아니면 문제를 일으

---

2 2바이트 이상의 수치 데이터를 기록할 때 최하위 바이트부터 기록하는 방식. 최상위 바이트부터 기록하는 방식은 빅 엔디언이라고 부른다.

킬 것 같은 코드가 보인다. 최근에는 x86도 ARM도 대부분 리틀 엔디언이어서 그렇게 신경 쓰지 않아도 될 것 같기도 하다.

이후로는 문자열 영역을 순서대로 스캔해 문자열에 마크가 돼 있으면 슬라이드를 시켜 영역을 채우고, 링크를 따라가 모든 참조의 주소를 갱신하는 흐름을 반복한다.

뭔가 지루한 처리를 하지만, 여기에는 이유가 있다. 구현의 단순함을 생각하면 슬라이드 압축 등을 생각하지 않고, 문자 영역을 그대로 malloc(할당)하고, 사용이 끝나면 free(해방)하면 될 것 같지만, 일반적으로 malloc은 작은 영역을 많이 할당하면 메모리가 낭비돼 버리는 경우가 많다고 알려져 있다. 또한 문자열의 주소가 분산되기 때문에 작업셋(액세스하는 주소 범위)이 커져 캐시가 잘 듣지 않게 되는 경우도 생각할 수 있다. 실행 효율을 생각한다면 이 복잡함도 나름 채산성이 맞다고 V7를 만든 이는 생각했을 것이다.

Streem에서의 Nan Boxing 채용

여기서 정리한 V7의 NaN Boxing의 구현을 참고해 Streem에도 NaN Boxing을 도입해 보겠다.

우선 객체 표현을 위한 타입 strm_value를 uint64_t로 바꾼다. 또한 객체의 종류를 표현하기 위해 표 4-9의 태그를 준비했다. 현시점에서는 12종류밖에 없지만(최대 15종류), 앞으로 필요에 따라 늘어날 수도 있다.

표 4-9 Streem의 값 종류

종류	설명
BOOL	참 거짓
INT	정수
ARRAY	배열
STRUCT	멤버 이름이 있는 배열
OBJECT	new로 생성된 배열
FOREIGN	외부 포인터
STRING_I	문자열(1~5바이트)
STRING_6	문자열(6바이트)

STRING_O	문자열(GC 관리 대상)
STRING_F	문자열(GC 관리 아님)
CFUNC	C 함수

문자열은 V7과 동일한 테크닉을 이용해 6바이트 이내의 문자열은 `strm_value`에 채워 넣는다. Streem은 원래부터 끝에 NUL을 할당하지 않았기 때문에 48비트(6바이트)를 최대한 활용이 가능하다.

단 문자열의 슬라이드 압축은 당장은 도입하지 않기로 했다. 제대로 벤치마크를 해 병목 지점이 어디인지를 파악한 후에 작업하려고 한다.

GC의 구현

지금까지 Streem에서는 Bohem GC 라이브러리라는 C/C++용 GC 라이브러리를 썼기 때문에 독자적인 GC 구현 작업이 필요 없었다.

NaN Boxing을 채용하면 포인터 값이 그대로 보이지 않게 되기 때문에 Bohem GC가 동작하지 않는다. Streem 독자의 GC를 도입할 필요가 있을 것 같다. 이번에는 마크 앤 스윕 Mark and Sweep 방식의 상당히 간단한 GC를 만들었다. Streem의 언어 특성을 살린 GC는 나중에 설계 및 개발을 하기로 하자.

맺음말

이번에는 객체 표현 테크닉인 NaN Boxing에 대해 빠른 속도를 자랑하는 자바스크립트 처리 시스템 V7의 코드를 리딩하면서 배웠다. 또한 해당 테크닉을 Streem에 도입해 봤다. 이 지식은 독자가 독자적 언어를 설계하고, 그 처리 시스템을 개발할 때도 도움이 된다. 루비에 이은 세계적인 언어가 독자 중에서 만들어진다면 그 이상 기쁜 일이 없겠다.

GC의 구현은 아직 '의지'가 부족하다

2016년 1월호에 실린 기사다. 이번에는 컴팩트한 자바스크립트 엔진인 V7의 구현부터 NaN Boxing 의 구현법을 배운다. 부동소수점 수에 포인터를 시작으로 하는 값을 채워 넣는 NaN Boxing은 상당 히 재미있는 '해킹'이다. 이번 해설은 NaN Boxing의 구현에 관련한 자료로 그 나름대로 의미가 있다 고 생각한다.

여기서 고백할 게 있다. 본문에서는 "마크 앤 스윕 방식의 상당히 심플한 GC를 만들었다."고 썼는데, 실제로는 만들지 못했다. 물론 처음부터 거짓말을 할 생각은 전혀 없었고, 원고 작성 시점에서는 진짜 구현을 하려고 했으나 시간과 의지의 관계로 구현하지 못했다.

이전에 mruby의 GC를 구현할 때는 지루한 회의 사이 자투리 시간에 구현했기 때문에 이번에도 되 리라 생각했지만, 의지가 좀 부족했던 것 같다. 결국 이 칼럼을 쓰는 지금도, Streem에는 전혀 GC가 구현돼 있지 않은 상태다. 정말 할 말이 없다.

4-4 가비지 컬렉션

4-3장에서는 Streem의 객체 표현 방식을 개선해 'NaN Boxing'을 채용했다. 변경에 맞춰 메모리 관리 방식도 새롭게 할 필요가 있다. 이 기회에 메모리 관리, 특히 GC(가비지 컬렉션)의 알고리즘에 대해 설명하고, Streem에서의 구현에 대해 살펴보자

자바와 루비 같은 언어에서는 프로그램 실행 중에 객체를 많이 만든다. 컴퓨터 입장에서 보면 객체는 데이터가 들어있는 메모리 영역에 지나지 않는다. 이것이 프로그램 언어의 시각에서 보면 객체가 되는 것이다.

같은 객체지향 언어라도 C++ 같은 언어에서는, 이 객체가 점유하는 메모리 영역을 사람이 수동으로 관리한다. C 같은 객체지향 이전의 언어에서도 수동으로 관리하는 점과 동일하다.

C에서는 `malloc()`이라는 함수를 사용해 메모리 영역을 직접 할당하고, C++에서는 new를 써서 객체를 힙 영역에 할당한다. 이 절차는 OS에 어느 정도 덩어리로서 메모리 영역의 분할을 요구하고, 이를 분할해 돌려준다. 매번 OS에서 직접 분할받는 것은 효율이 좋지 않기 때문이다.

이 절차에 따라 할당된 메모리 영역이 필요 없게 되면, free(C)라든가 delete(C++)를 사용해 그 영역이 더이상 필요 없음을 프로그래머가 시스템에 알려준다. 시스템은 일정 단위로 사용하지 않는 메모리 영역을 OS에 돌려준다. 하지만 이 "사용하지 않게 됐다."는 것이 여러 가지 문제의 원인이 됐다.

메모리 영역을 자동으로 반환

아직 이용 중인 메모리 영역을 갑자기 반환해 버리면, 반환된 영역은 다른 목적으로 재이용돼 버린다. 나중에 액세스해 보면, 해당 내용이 바뀌어 버릴 가능성이 있는 것이다. 이는 프로그램의 오동작을 일으키고, 비정상 종료까지 이어지기도 한다.

거꾸로 '아직 사용 중'이라고 생각되는 메모리 영역을 시스템에 반환하지 않는다고 하면, 또는 사용이 끝나도 반환하는 것을 잊어버렸다고 하면 이것도 문제가 된다. 실제로는 액세스되지 않는 영역이 계속 남아서 메모리가 낭비된다. 그래서 결국에는 성능 저하와 비정상 종료를 일으키기도 한다. 원래 대량으로 할당된 작은 자원을 사람이 하나하나 관리한다는 것은 상당히 고통스러운 작업이다.

이 메모리 관리, 특히 메모리 영역의 반환을 자동화하려는 것이 GC다. GC는 실은 오래전부터 있었던 기술로, 1960년대부터 연구돼 논문으로도 많이 채택됐다. 대학 연구실에서만 오래 사용됐지만, 일반 프로그래머가 사용하게 된 것은 1990년대 자바의 등장으로 봐도 좋겠다. 그 이전에는 아는 사람만 아는 기술이었다.

이 자동화가 범상치 않은 것이다. 또한 GC라는 기술이 일반화되기 전, 자바가 등장해 막 주목을 받게 될 때는 부정적인 시각도 많았다. "GC를 신뢰할 수 없다."라든지 "할당된 메모리 영역은 사람이 명시적으로 (마음을 담아) 반환해야 할 것이다."라든지 "GC는 사람의 수작업보다 더 느리기 때문에 채용하지 않겠다." 등의 의견이 많았다.

하지만 시간이 지나고 자바의 보급에 맞춰 이런 목소리도 점차 줄어들었다. GC의 기술도 발전해 사람이 직접 메모리 관리를 하는 것보다 오류가 훨씬 적어졌고, 많은 경우에 성능도 나쁘지 않았음을 증명했기 때문이라 생각된다.

물론 디바이스 임베디드의 하드 리얼타임 시스템 등 GC 기술의 적용이 어려운 영역은 아직 남아 있다. 하지만 이런 예외를 제외하면, GC는 이제 없어서는 안 될 기능이 돼 버렸다.

트레이스 방식과 레퍼런스 카운트 방식

GC에는 2대 방식으로 트레이스trace 방식과 레퍼런스 카운트 방식이라는 게 있으며, 이 둘은 극과 극의 관계다.

트레이스 방식은 루트^{root}라 부르는 곳부터 시작해 재귀적으로 참조된 객체를 따라가는(트레이스하는) 방식이다. 트레이스 방식 중에는 트레이스하면서 '살아 있는' 객체에 마크를 하고, 마지막에 마크되지 않은(죽어있는) 객체를 회수하는 '마크 앤 스윕' 방식과, 트레이스에 의해 판별된 '살아 있는' 객체를 다른 영역에 복사하고, 남겨진 객체를 구 영역별로 모아서 삭제하는 '복사^{Copy}' 방식 등이 있다.

트레이스 방식의 좋은 점은 루트부터 간접적으로 참조되는 '살아 있는' 객체를 확실히 검출 가능하다는 점이다. 거꾸로 결점은 객체가 많아지면 GC에 필요한 처리 시간이 길어지는 점이다.

마크 앤 스윕 방식

'마크 앤 스윕' 방식은 초창기에 개발된 알고리즘이다. 원리는 상당히 간단해 루트부터 참조 가능한 객체에 재귀적인 마크를 해 놓고, 나중에 마크가 돼 있지 않는 객체를 가비지로 회수한다.

우선 프로그램의 실행에 맞춰어 객체가 할당된다(그림 4-19의 (1)). 객체는 다른 객체를 참조할 때도 있다.

GC가 시작되면 루트부터 참조 가능한 객체에 '마크' 처리를 한다(그림 4-19의 (2)). 마크는 객체 내부의 플래그로 구현되는 경우가 많다. 여기서는 마크 처리한 객체는 검은색으로 표시했다.

마크 처리한 객체에서 참조되는 객체에도 마크 처리를 한다(그림 4-19의 (3)). 이런 과정을 반복해 루트에서 간접적으로 참조 가능한 모든 객체가 마크 처리된다. 여기까지를 '마크 단계'라고 부른다. 마크 단계가 종료되는 시점에서 마크 처리한 객체는 '살아남게' 된다.

모든 객체를 순서대로 스캔해 마크 처리가 돼 있지 않은 객체를 회수한다(그림 4-19의 (4)). 이를 '스윕 상태'라고 부른다. 다음 번의 GC를 위해 스캔하면서 살아남은 객체에 처리된 마크를 모두 삭제한다.

마크 앤 스윕 방식의 변형으로 스윕 대신에 '살아 있는' 객체를 채워가는 '마크 앤 컴팩트'라는 알고리즘도 있다.

그림 4-19에 마크 앤 스윕 알고리즘의 개략을 정리했다.

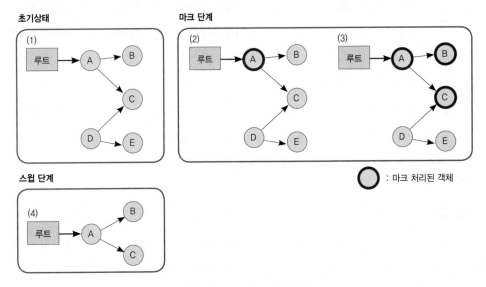

그림 4-19 마크 앤 스윕 알고리즘

마크 앤 스윕 방식과 그 파생 방식에서 처리 시간은 '살아 있는 객체의 수'와 '모든 객체수'의 합에 비례한다. 그 결과 대량의 객체가 할당되고, 그중 일부만 살아남는 경우 스윕이 대량으로 죽은 객체를 스캔할 필요가 있기 때문에, 필요 이상 시간이 걸리는 결점이 있다.

복사 방식

'복사' 방식은 이런 결점을 보완하는 것을 목표로 만든 알고리즘이다.

복사 방식은 루트에서 참조되는 객체를 다른 공간에 복사해 놓는다. 그리고 그 복사된 객체로부터 참조되는 객체를 재귀적으로 복사한다.

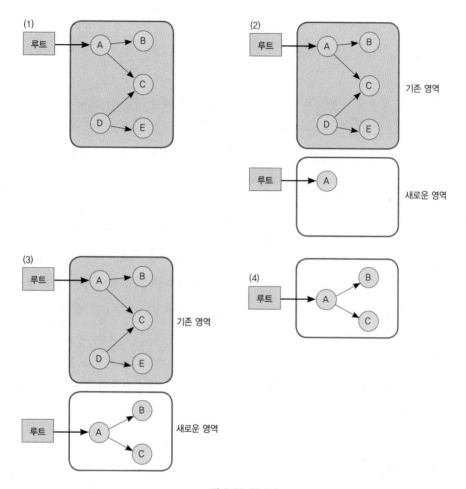

그림 4-20 복사법

그림 4-20(1)은 GC 개시 전의 메모리 상태다. 이것은 그림 4-19(2)과 동일하다.

다음으로 현재 공간과는 별도 공간의 메모리 영역(새로운 영역)을 준비한다. 그리고 루트에서 참조 가능한 객체를 새로운 영역으로 복사한다(그림 4-20(2)).

복사된 객체에서 참조되는 객체도 고구마 뿌리처럼 새로운 영역으로 복사해 간다(그림 4-20(3)). 복사가 종료되면 '살아 있는' 객체는 모두 새로운 영역으로 이동하고, '죽은' 객체는 이전 영역에 남아 있다.

이때 이전 영역을 삭제하면 죽은 객체가 점유하던 영역이 한 번에 정리된다(그림 4-20(4)). 개별 객체의 스캔 작업은 필요 없게 된다. 다음에 수행할 때 GC에서는 이 새로운 영역이 이전 영역이 된다.

그림 4-20을 보면 복사 방식은 마크 앤 스윕의 스윕 단계에 해당하는 부분이 없음을 알 수 있다. 마크 앤 스윕 방식에 있어서 대량으로 객체를 할당하고, 대부분이 바로 '죽어버린' 상태로 되는 경우에는 스윕 단계의 비용을 무시할 수 없게 된다. 복사 방식에서는 이 비용이 들지 않는다. 하지만 마크를 붙이는 방식보다 객체를 복사하는 쪽이 비용이 더 높기 때문에, 거꾸로 '살아 있는' 객체의 비율이 많은 쪽에서는 조금 불리하게 된다.

이 알고리즘의 또 하나의 장점에는 '국소성局所性'이 있다. 복사 방식에서는 참조되는 객체에서 순서대로 새로운 공간에 복사하기 때문에, 관계가 가까운 객체가 메모리 공간적으로도 가깝게 배치될 가능성이 높아진다. 이를 국소성이라 부른다. 국소성이 높은 경우 메모리 캐시 등이 효과적으로 동작하기가 쉬워진다. 프로그램 실행 성능의 향상을 기대할 수 있다.

복사 방식의 결점은 메모리 효율이 나쁘다는 점이다. 복사 중 일시적이라고는 해도 이전, 신규 두 개의 같은 크기 영역을 준비할 필요가 있으며, 최대 메모리 소비량의 절반밖에 활용을 못 한다. 이 메모리 공간의 낭비를 줄이기 위해 영역을 더 잘게 분할하는 복사 방식의 파생 방식도 존재한다.

GC의 성능 지표

트레이스 방식의 기본적인 알고리즘은 크게 나눠, 앞서 기술한 마크 앤 스윕, 복사 방식 그리고 그 파생방식이다.

GC는 프로그램의 처리의 본질과는 무관하기 때문에, 이를 위해 소비된 시간이 짧으면 짧을수록 좋다. 하지만 앞에서 기술한 기본적인 알고리즘은 성능이라는 점에서는 과제가 조금 남아 있다.

GC의 성능에는 2가지 지표로 측정되는데, 하나는 'GC실행 시간' 그리고 또 하나는 '정지 시간'이다.

GC실행 시간은 GC처리 그 자체의 성능이다. 결국 애플리케이션의 실행 시간 전체 중에, GC에 의해 소비되는 시간을 GC 실행 시간이라고 정의한다.

한편 정지 시간은 애플리케이션의 처리가 중단되고, GC가 실행될 때 처리가 중단되는 시간을 말한다. 특히 최악의 상황에서의 정지 시간(최대 정지 시간)은 중요한 지표가 된다.

정지 시간이 중요한 이유는, 이 시간이 길어지면 애플리케이션의 응답성에 문제가 발생하기 때문이다. 예를 들어 웹서비스에서 1000명이 액세스한다고 가정하면, 999명이 접속할 때는 100밀리초에 결과가 보여지지만, 운이 나쁜 1명은 GC 때문에 결과를 보는 데 10분 정도 걸리는 상황은 그렇게 바람직하지 못하다. 만일 로봇을 제어하는 소프트웨어에서 로봇이 걸어가는 도중에 갑자기 GC 작업이 걸려 1초 동안 정지된다면 로봇은 가다가 쓰러질 것이다.

보조적 GC 기법

여기서 GC의 성능을 개선하기 위해, 기본 알고리즘에 조합해 사용하는 타입의 기법이 몇 가지 알려져 있다. 이번에는 그중 대표적인 '세대별 GC^{Generational GC}'와 '인크리멘틸 GC'에 대해 설명하겠다.

세대별 GC

세대별 GC는 프로그램 실행 중에 GC를 위해 소비되는 시간을 단축하는 것을 목표로 하는 기법이다.

세대별 GC의 기본 아이디어는 일반적인 프로그램에서는 '객체의 대부분을 짧은 시간에 가비지화하고, 어느 정도 긴 시간 살아남은 객체는 더 긴 수명을 유지함'이다. 수명이 긴 것이 아무래도 살아남기 쉽고, 짧은 것이 더 빨리 필요 없게 된다고 가정하면, 할당된 후부터 시간이 얼마 지나지 않은 '젊은' 객체를 중점적으로 스캔한다.

이렇게 하면 모든 객체를 스캔할 필요 없이 많은 가비지를 회수할 수 있다는 예상이 가능하다.

세대별 GC에서는 막 생성된 젊은 '신세대'와 계속 살아남아 있는 '이전 세대'로 객체를 분류한다. 구현에 따라서는 복수의 세대로도 분류하는 경우도 있다.

바로 '죽어 버릴' 가능성이 높은 신세대 객체만을 스캔 후 회수하는 것을 마이너 GC라고 부른다. 마이너 GC의 구체적인 회수 순서는 다음과 같다.

먼저 루트부터 통상 스캔을 시작해 '살아 있는' 객체를 찾는다. 이 알고리즘은 마크 앤 스윕 방식이든 복사 방식이던 상관없지만, 많은 세대별 GC의 구현에서는 복사 방식을 채용한다. 주목할 점은 스캔 도중에 이전 세대 영역에 속하는 객체가 등장하면, 거기는 스캔을 하지 않는다는 점이다. 이로부터 스캔하는 객체의 수가 대폭 줄어든다.

살아남은 객체는 이전 세대에 소속된다. 구체적으로는 복사 방식의 경우는 복사될 곳을 이전 세대를 위한 영역으로 만들고, 마크 앤 스윕 방식에서는 객체에 어떤 플래그를 붙이는 형태가 될 것이다.

이전 세대의 참조를 기록

이때 문제가 되는 것은 이전 세대 영역에서 신세대 영역으로의 참조다. 신세대 영역밖에 스캔하지 않는다면 그대로 이전 세대로부터 신세대 영역으로의 참조는 체크되지 않는다. 이 때문에 이전 세대 영역에서만 참조되지 않는 젊은 객체는 잘못해 '죽은' 것으로 간주돼 버린다. 여기서 세대별 GC에서는 객체의 갱신을 감시한다. 이전 세대 영역에서 신세대 영역으로의 참조가 발생하면 리멤버드 셋remembered set이라는 테이블에 등록한다. 마이너 GC에서는 이 리멤버드 셋도 루트에 포함된다.

세대별 GC가 올바로 동작하기 위해서는 리멤버드 셋의 내용을 항상 최신으로 갱신해둘 필요가 있다. 여기서 이전 세대영역으로부터 신세대 영역으로의 참조가 발생한 순간에, 그 참조를 기록하는 루틴을 객체를 갱신하는 모든 장소에 채워 넣는다. 이 참조를 기록하는 루틴을 라이트 배리어write barrier라고 부른다.

이전 세대 영역에 속하는 객체는 일반적으로 수명이 길지만, 반드시 '죽지 않는' 것은 아니다. 프로그램의 실행에 따라 이전 세대 영역에 속한 '죽어있는' 객체도 증가하게 된다. 이 죽어있는 이전 세대 객체가 메모리를 쓸데없이 점유하는 상황을 회피하기 위해, 가끔 이전 세대 영역도 포함해 모든 영역을 스캔하는 GC를 수행한다. 이 모든 영역을 스캔하는 GC를 풀 GC, 또는 메이저 GC라 부른다.

세대별 GC는 GC를 위해 스캔하는 객체의 수를 감소시키고, GC 실행 시간을 단축하는 효과가 있다. 하지만 메이저 GC가 있기 때문에 최대 정지 시간은 개선되지 않는다.

인크리멘탈 GC

방금 로봇의 예에서도 알 수 있듯이, 리얼타임 성격이 강한 프로그램에서는 GC의 성능보다 최대 정지 시간이 짧아지는 것을 더 중시한다.

이러한 리얼타임의 특성이 강한 프로그램에서는 GC에 의한 중단 시간이 예측 가능해야 할 필요가 있다. 예를 들어 "최악의 경우에도 10밀리초 내에 완료한다." 등의 조건이 붙어야 한다는 의미다.

보통의 GC 알고리즘에서는 이러한 내용의 개런티가 불가능하다. GC에 의한 정지 시간은 객체의 수와 상태에 의존하기 때문이다. 여기서 리얼타임의 특성을 유지하는 데는 GC가 완전히 끝나기를 기다리지 않고, 처리를 세분화해 조금씩 실행시키도록 한다. 이를 인크리멘탈 GC라고 부른다.

인크리멘탈 GC에서는 GC 처리가 조금씩 진행되기 때문에, 처리 도중 프로그램 본체의 실행이 진행되며, 참조가 바뀌어 버린다. 이미 스캔이 끝나 마크가 종료된 객체가 수정돼 새로운 객체를 참조하게 돼 버릴 경우, 이 새로운 객체는 마크의 대상에서 제외돼 다시 '살아있는' 상태지만 회수가 돼 버린다.

이런 문제를 피하기 위해 세대별 GC와 동일한 라이트 배리어를 사용한다. 이미 마크된 객체에서 참조가 바뀐 경우, 라이트 배리어에 따라 새롭게 참조된 객체가 스캔의 시작점이 되도록 등록된다.

인크리멘탈 GC는 처리를 세분화해 실행하기 때문에, 중단 시간을 일정 시간 이내로 좁히는 동작을 한다. 한편 처리 중단을 위한 비용이 필요하므로, GC에 들어가는 시간의 총합은 커지는 경향이 있다. 이는 트레이드오프 관계다.

레퍼런스 카운트 방식

트레이스 법에서 GC의 또 하나의 분류인 레퍼런스 카운트 법은 각 객체에 자신에 대한 레퍼런스 카운트(피참조수)를 기록해 놓는 것이다. 참조가 증감할 때마다 그 수를 변경한다 (그림 4-21).

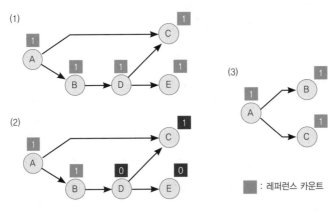

그림 4-21 레퍼런스 카운트 방식

피참조수를 증감시키는 타이밍은 변수로의 대입과 객체 내용의 갱신, 함수의 종료(지역 변수에서 참조가 없어지는) 등이다. 그래서 피참조수가 0이 된 객체는 어디서도 이를 참조하지 않는 것이 분명하기 때문에 해당 메모리 영역을 회수한다.

레퍼런스 카운트 방법의 최대 장점은 객체의 회수를 국소적으로 판단 가능하다는 데 있다. 루트에서 모든 객체를 따라가지 않으면, 객체의 생사를 알 수 없는 트레이스 법과는 달라서, 참조가 없어져 버린 순간 객체의 사망을 판단할 수 있다. 또한 개별 객체 단위로 회수하기 때문에, 다른 알고리즘과 비교해 GC를 위한 정지 시간이 짧은(경우가 많다) 것도 장점이다.

한편 결점도 있다. 레퍼런스 카운트의 최대 결점은, 순환 참조를 갖는 객체는 회수가 불가능하다는 점이다. 상호 참조하는 객체는 해당 그룹 전체가 다른 외부에서의 참조가 없어져 가비지가 돼 버려도 피참조수가 0이 되지 않는다. 결과적으로 이들 객체는 영원히 회수되지 않는다.

다른 결점으로 참조의 증감 시에 정확히 레퍼런스 카운트도 맞춰 증감시킬 필요가 있어, 이를 한 번 놓쳐 버리면 원인을 찾기 어려운 메모리 트러블이 발생할 수 있다는 점이다.

마지막으로 레퍼런스 카운트 관리는 병렬 처리와 궁합이 좋지 않다. 동시에 복수의 스레드가 레퍼런스 카운트를 증감시키면, 레퍼런스 카운트 값의 부정합이 발생하는 (결과적으로 메모리 트러블의 원인이 되는) 가능성이 있다. 이를 회피하기 위한 레퍼런스 카운트는 배타 조작이 필요하지만, 빈번히 발생하는 참조의 조작 때마다 락을 거는 비용도 무시할 수는 없다.

Streem에서의 GC

지금까지 Streem은 Bohem GC라는 C와 C++ 프로그램에서의 자동 GC를 추가하는 편리한 라이브러리를 이용해 왔다. 이것은 일반적으로 malloc과 new로 할당된 객체(메모리 영역)를, 프로그래머가 하나하나 free/delete하지 않아도 사용하지 않게 된 것을 자동적으로 검출해 스스로 회수해주는 훌륭한 것이다. 하지만 Bohem GC에서는 포인터를 변경하지 않으면 안 된다는 제한이 있어, 4-3절에서 도입한 NaN Boxing과는 양립할 수가 없다.

여기서 Bohem GC를 포기하고 독자적으로 GC를 구현할 필요가 생겼다. 독자적으로 구현한다면 GC의 구현에 큰 영향을 주는 Streem의 특징을 살리고 싶은 부분이 있다.

하나의 특징은 범용 언어와는 다른, Streem에서는 이벤트 루프 개시 후에는 실행이 태스크 단위로 독립된다는 점이다. 태스크 실행 중에 생성된 데이터는, 명시적으로 emit된 것 (과 거기에서부터 재귀적으로 참조돼 있는 것) 이외는 다른 태스크에서 참조된 것은 없다. 이로부터 emit로 다른 태스크에 '수출'된 데이터조차 마크를 한다면, 태스크 종료 시에 이때까지 만들었던 데이터가 한순간에 삭제돼 태스크 단위로 GC가 가능하게 된다. 결국 세대별 GC와 동일하게 모든 객체를 스캔하지 않아도 되며, GC의 실행 시간 단축을 할 수 있게 된다.

옛 것에서 새로운 것으로의 참조가 없다.

또 하나의 특징은 Streem의 대부분 데이터 구조가 갱신 불가능이라는 점이다. 데이터 구조가 변경 불가능이 되면, GC 측면에서는 다행인 부분이 몇 가지 있다.

우선 객체가 갱신 불가능하기 때문에 그 객체에서 참조된 것은 객체가 생성 시에 이미 존재해야 한다. 다시 말하면 옛 객체는 새로운 객체를 참조할 수 없기 때문에, 순환 참조가 발생하지 않는다. 이미 설명했듯이 순환 참조에 대응할 수 없는 것이 레퍼런스 카운트 방식의 결점인데, 갱신 불가능 객체는 이 결점을 극복할 수 있다.

또한 옛 객체가 새로운 객체를 참조하지 않게 된다면, 세대별 GC를 구현하는 경우에도 라이트 배리어가 필요 없게 된다.

더욱이 복사 방식을 구현하는 경우에도 장점이 있다. 객체가 갱신 가능할 때, 객체와 그 복사본은 엄밀히 구별된다. 어떤 객체를 갱신해도 복사본은 갱신되지 않기 때문이다. 하지만 갱신이 금지되는 경우에는(명시적으로 포인터 값 등으로 구별되지 않는 한) 오리지널과 복사본의 구별이 필요 없다. 보통 복사 방식의 GC에서는 모든 참조를 복사한 새로운 객체를 가리키고 있기 때문에 갱신할 필요가 있다. 하지만 객체가 갱신 불가능인 경우에는 기존 레퍼런스는 수정되지 않고, 복사본을 만드는 것만으로 복사 방식을 구현 가능하다(복사본 수가 많지 않다는 전제하에서).

GC의 구현

이렇게 말해도 한 번에 복잡한 것을 만들려고 하면 실패 가능성이 높기 때문에, 이번에는 다음과 같은 전략으로 구현한다.

Streem의 실행은 기본적으로 태스크 단위로 잘게 잘라 수행된다. 이 하나의 태스크 실행 시에 GC를 수행한다.

태스크를 실행 중에 태스크에서 태스크로 데이터가 전달될 때(결국 emit될 때), 전달받은 데이터는 이 태스크의 바깥으로부터 참조 가능하게 되므로, 이 데이터에 '살아있다'는 마크를 붙인다. 데이터가 배열로 다른 객체를 참조한다면, 여기에도 재귀적인 마크를 붙인다. 그 후 전역 변수로부터 참조되는 데이터에도 (재귀적으로) 마크를 붙인다.

Streem에서는 전역 변수도 수정불가이기 때문에, 한번 참조된 객체는 프로그램이 종료될 때까지 '계속 살아 있는' 상태가 된다.

하나의 태스크의 실행이 종료되면 그 태스크 실행 중에 할당된 데이터 중에서 '살아 있는' 마크가 붙어있지 않은 것을 한 번에 삭제한다. 다음 태스크를 시작하기 전에 '살아 있는' 마크는 클리어해 둔다.

GC 구현의 미래

이번에 구현한 GC 기능은 기본적이라 아직 개선의 여지가 있다. 여기서는 이후 개선에 대한 구상에 대해 설명하겠다.

Streem의 각 태스크는 별도 스레드로 동작하지만, 여러 개 스레드에서 하나의 데이터 구조에 액세스하는 경우에는 락이 필요하게 되는 등, 문제가 발생할 여지가 있어, 실행성능적으로도 패널티가 있다. 여기서 스레드별로 미리 일정 메모리 영역을 할당받아 두고, 데이터 할당은 이 메모리 영역을 사용하게 한다. 이 영역은 다른 스레드로부터 액세스가 될 수 없기 때문에 별도 배타 제어는 필요 없게 된다.

emit로 데이터를 전달한 태스크가 별도 스레드로 동작할 때는, 데이터를 재귀적으로 해당 스레드의 메모리 영역에 복사한다. 이미 설명한 바와 같이 Streem 같은 데이터 갱신 불능이어서 공간이동하는 객체가 한정적인 경우에는 간단히 복사 방식이 구현 가능하다.

결과적으로, 이 GC의 구현은 마크 앤 스윕 방법을 조합한 것이다.

또한 태스크 처리 종료마다 처리 중에 생성된 데이터에 대해 GC를 수행하는 것은 세대별 GC의 일종으로도 생각할 수 있겠다.

아직 구상 중이지만 Streem의 언어 사양의 특질을 이용하면, 종래 범용 언어보다 효율적인 GC가 구현 가능할 것 같다. 계속해 연구하고 싶은 부분이다.

맺음말

GC의 이론과 구현의 상세에 대해서는 『ガベージコレクションのアルゴリズムと実装』 (Shuwa System, 2010)과 『가비지 컬렉션을 기반으로 한 메모리 관리 기법』(에이콘출판, 2016) 등의 책을 참조하기 바란다. 새로운 세계가 여러분에게 열릴지도 모른다.

Streem의 언어 사양이 GC에 주는 영향은 상당히 흥미로운 포인트다. 원래는 병렬 실행만 생각해서, GC에 대한 부분은 전혀 고려하지 않고 설계한 것이 언어 사양이지만, 생각지도 못한 부분에 영향이 나타난 것이다.

4-5 락 프리 알고리즘

컨커런트 프로그래밍에 있어서 예상하지 못했던 결과를 내는 것을 막기 위해 배타 처리는 상당히 중요하다. 하지만 락을 하는 것으로 실행 성능은 떨어지는 결점이 있다. 성능에 영향을 주는 락을 하지 않은 데이터 구조와 알고리즘을 '락 프리(lock free)'라고 부른다. 이번에는 락 프리가 무엇인지를 시작으로 그 구현까지 설명하도록 하겠다.

우선 컨커런트 실행 환경에 있어 의도대로 동작을 하는 것(스레드 세이프)의 중요성에 대해 설명한다.

예를 들어 그림 4-22 같은 간단한 큐의 구현을 과제로 하겠다. 구조는 간단하다. struct queue라는 데이터 구조는 head와 tail이라는 2개의 링크를 갖고, 데이터 추가는 tail에서, 추출은 head에서 수행되는, 먼저 들어간 것이 먼저 나오는FIFO 큐를 구현한다.

```c
#include <stdio.h>
#include <stdlib.h>

struct queue_node {
  void* v;
  struct queue_node* next;
};

struct queue {
  struct queue_node* head;
  struct queue_node* tail;
  //a
};
```

```c
struct queue*
queue_new( )
{
  struct queue* q;

  q = (struct queue*)malloc(sizeof(struct queue));

  if (q == NULL) {
    return NULL;
  }
  /* Sentinel node */
  q->head = (struct queue_node*)malloc(sizeof(struct queue_node));
  q->tail = q->head;
  q->head->next = NULL;
  //b
  return q;
}

int
queue_add(struct queue* q, void* v)
{
  struct queue_node *n;
  struct queue_node *node = (struct queue_node*)malloc(sizeof(struct
queue_node));

  node->v = v;
  node->next = NULL;
  //c
  q->tail->next = node; ←(1)
  q->tail = node;       ←(2)
  //c
  return 1;
}

void*
queue_get(struct queue* q)
{
  struct queue_node *n;
```

```
    void *val;

  n = q->head;
  if (n->next == NULL) {
    return NULL;
  }
  //c
  q->head = n->next;
  val = (void*)n->next->v;
  //c
  free(n);
  return val;
}
```

그림 4-22 큐의 구현(버전 1)

제공하는 API는 표 4−10에 나와있는 3개로, 이는 앞으로 해설할 버전에서도 바뀌지는 않는다.

표 4-10 큐의 API

API	기능
struct queue* queue_new()	큐의 작성 기능
int queue_add(struct queue* q, void* v)	큐의 추가 기능
void* queue_get(struct queue* q)	큐의 추출 기능

컨커런트 실행의 함정

이렇게 구현한 간단한 큐를 복수의 스레드를 사용하는 컨커런트 환경에서 실행하면 생각 지도 못한 문제가 발생한다.

컨커런트에서 실행하면 동일한 데이터 구조에 동시 참조 및 갱신이 실행될 가능성이 있다. 그렇게 되면 데이터 구조가 깨지거나 데이터 손실이 발생할 가능성이 있다. 예를 들어 다음 과 같은 시나리오다. 그림 4−22의 프로그램을 보면서 생각해 보자.

1. 스레드 A와 스레드B가 동시에 큐를 쓴다.

2. 스레드 A가 큐 끝의(q->tail) 노드의 next에 새로운 노드를 링크하고, q->tail을 새로운 노드를 가리키도록 수정한다(그림 4-22의 (1)과 (2)의 부분).

3. 이 타이밍에 스레드 B도 동시에 노드를 추가하려고 하면, 운이 나쁘면 스레드 A가 수정한 q->tail->next를 스레드 B가 위에 덮어 쓴다.

4. 그 후 스레드A, B의 순서로 q->tail의 수정이 일어나면, A가 추가한 노드는 잃어버리게 된다. 스레드B, A의 순서라면 링크의 부정합이 발생해 head부터 tail로의 링크가 끊겨, 그 이후 큐에 추가한 요소는 꺼낼 수 없게 된다.

이는 하나의 예이지만, 그 외의 것도 여러 가지 문제가 발생할 가능성이 있다. 하지만 미묘한 타이밍에 의존해 문제가 발생하기 때문에, 100회 테스트해 1회 오류가 발생할 정도로 검출하기 어려운 디버깅이 되기가 쉽다.

이와 같은 버그를 프로그래머들이 양자역학의 불확정성 원리의 제창자인 하이젠베르그에 빗대어 '하이젠버그'[1]라고 부르고 있다. 메모리 버그와 쌍벽을 이루는, 원인을 발견하기 정말 어려운 버그다.

배타 제어의 도입

이러한 문제를 회피하기 위한 가장 간단한 방법은 락의 도입이다. POSIX에서 정의되는 pthread 라이브러리에는 배타 제어를 위한 락인 pthread_mutext_t라는 데이터 타입이 정의돼 있다. 'mutex와 상호 배타$^{mutual exclusive}$'의 줄임말이다. 이 mutex를 사용하면 큐의 조작을 배타 제어할 수 있다. 수정은 간단하다.

우선 struct queue 구조체에 pthread_mutex_t의 멤버 lock을 추가한다(그림 4-22의 //a 위치). 큐를 초기화하는 queue_new() 함수에는 다음과 같은 락의 초기화 처리를 추가한다(그림 4-22의 //b 위치).

---

1 2-1장의 '하이젠버그' 참조 - 옮긴이

```
pthread_mutex_init(&lock, NULL);
```

quue_add( )와 queue_get( )의 함수 중, 참조와 갱신을 배타적으로 실행할 필요가 있는 부분을 다음과 같이 둘러싼다(그림 4-22의 //c 위치).

```
pthread_mutex_lock(&lock)
pthread_mutex_unlock(&lock)
```

도중에 return 등으로 빠져나오는 경우에도 언락[Unlock]을 잊어버리지 않도록 한다.

그 외의 부분은 그림 4-22의 프로그램과 공통 부분이기 때문에 프로그램 전체는 소개하지 않겠다.

이처럼 일관성 유지를 위해 동시에 액세스되는 것을 피해야 하는 영역을 mutex로 보호하는 것으로, 데이터 구조를 스레드 세이프 가능하다. 일단 락을 걸면 다른 스레드가 같은 영역을 실행하기 위해 락을 걸려고 한 시점에서 실행이 정지되고, 언락이 될 때까지 기다리게된다. 따라서 락과 언락으로 둘러싸인 영역에는 실행 가능한 스레드는 한 번에 하나뿐이고, 동시 실행의 문제는 발생하지 않게 된다.

락의 문제

mutex 락을 사용한 배타 제어는 원 프로그램에 대해 큰 변경 없이 스레드 대응이 가능하다는 이점이 있다.

하지만 어떤 스레드가 락을 거는 사이, 다른 스레드는 락이 해제되길 기다릴 수 밖에 없다.[2] 멀티스레드 프로그래밍을 사용하는 컨커런트 실행의 목적은, 가능한 병렬로 동작해 성능을 올리려는 것이기 때문에, 대기에 의한 정지는 그렇게 바람직하지는 않을 것이다. 특히 빈번히 액세스되는 데이터 구조에서는 배타 제어의 대기에 의한 손실이 우려된다.

여기서 대기가 없도록[wait free] 락이 없는 컨커런트 실행이 가능한 구조가 락 프리다.

---

2 정확히는 pthread_mutex_trylock()이라는 락이 걸려있는지 체크하는 함수는 존재하지만, 이것만으로 락 프리 조작이 가능하진 않기 때문에 사용하기가 불안하다.

락 프리

락 프리^{lock free}는 문자 그대로 락을 사용하지 않는 것을 의미한다. 배타 제어를 위한 락을 사용하지 않고, 복수의 스레드로부터 액세스를 모순 없이 처리 가능할까 의문을 품는 사람도 있을지도 모르겠다.

락 프리한 데이터 구조는 '아토믹^{atomic}' 조작이라는 마법에 의해 컨커런트 실행을 구현한다. 아토믹은 원자력이라는 의미가 아니다. '아톰'에 '더 이상 나눌 수 없는 것'이라는 의미가 있기 때문에, 처리 중에 인터럽트 등에 의해 중간에 끊어지는 처리 상태가 관측되지 않은 상황을 보증한다는 것을 아토믹이라고 한다.

아토믹한 처리는 도중에 끊어지는 일 없이 처리 전체가 성공인지, 전제조건이 성립되지 못해 실패인지 둘 중 하나다. 그렇다고 해도 컨커런트 처리에 익숙하지 않는 사람(나도 이에 익숙하지 못하다)에게는 이런 것조차도 보증되지 않는 것인지 놀라울 따름이다.

컴퓨터에 있어서 분할 불가능한 조작이라는 것은 의외로 많지 않다. CPU에서 하나의 명령은 아토믹으로 실행될 것 같지만, 실은 최근 CPU에서는 기계어의 1 명령도 내부적으로는 복수의 'μ op'라는 작은 명령군으로 분할돼 대부분은 최적화된 후에 실행된다. 결국 하나의 기계어 명령도 엄밀히 말하면, 아토믹이라 할 수는 없다. 이는 보통의 방법에서는 어떻게 하더라도 아토믹한 조작은 불가능한 이유다.

CPU가 아토믹 명령을 갖춘다

하지만 아토믹은 컨커런트 환경에 있어 상당히 중요하다. 스레드 조작 라이브러리 등에서도(예를 들어 mutex 구현에) 반드시 아토믹한 조작이 사용된다. 이를 위해 현대의 대부분 CPU는 아토믹인 것을 보증하는 명령을 갖춰 놓고 있다. 이런 대표적인 명령이 compare and swap^{CAS}라는 것이다.

CAS는 3개의 인수를 취한다.

```
CAS(a,b,c)
```

a는 주소, b와 c는 정수값이다. 이는 "a 주소가 b일 경우에는 c로 치환하고 참을 돌려준다. 그렇지 않으면 거짓을 돌려준다."라는 동작을 한다. 결국 CAS를 사용하면 어떤 주소의 데이터를 읽어 들인 후, 그 값을 가공해 새로운 값으로 돌려줄 때까지 해당 주소는 다른 스레드에 의해 갱신되지 못하는 것을 확인할 수 있다.

원래 C 언어에는 이와 같은 명령이 없지만, 최근 GCC(ver 4.1이후)에는 확장 명령으로서 다음과 같은 명령이 추가돼 CAS 사용이 가능하다.

```
__sync_bool_compare_and_swap( )
```

그리고 이 CAS 명령의 사용으로 락 프리 데이터 구조 구축이 가능하다.

락 프리 큐

이 CAS 명령을 사용한 락 프르 데이터 구조의 구현을 보기 위해 그림 4-22의 프로그램과 API 호환이 되는 락 프리 큐의 구현을 그림 4-23에서 보여준다.

```c
#include <stdio.h>
#include <stdlib.h>

struct queue_node {
  void* v;
  struct queue_node* next;
};

struct queue {
  struct queue_node* head;
  struct queue_node* tail;
};

struct queue*
queue_new( )
{
  struct queue* q;
```

```
    q = (struct queue*)malloc(sizeof(struct queue));
    if (q == NULL) {
      return NULL;
    }
    /* Sentinel node */
    q->head = (struct queue_node*)malloc(sizeof(struct queue_node));
    q->tail = q->head;
    q->head->next = NULL;
    return q;
}

int
queue_add(struct queue* q, void* v)
{
  struct queue_node *n;
  struct queue_node *node = (struct queue_node*)malloc(sizeof(struct
queue_node));

  node->v = v;
  node->next = NULL;
  while (1) {
    /* tail을 갱신한다 */
    n = q->tail;
    /* tail->next는 NULL일 가능성이 있다. 그렇다면 node를 추가해 다음으로 */
    if (__sync_bool_compare_and_swap(&(n->next), NULL, node)) {
      break;
    }
    /* 실패(다른 스레드가 갱신해버림)했기 때문에 q->tail의 수정을 테스트해 본다 */
    else {
      __sync_bool_compare_and_swap(&(q->tail), n, n->next);
    }
  }
  /* q->tail을 갱신한다 */
  __sync_bool_compare_and_swap(&(q->tail), n, node);
  return 1;
}

void*
```

```
queue_get(struct queue* q)
{
  struct queue_node *n;
  void *val;

  while (1) {
    /* q->head->next를 추출한다 */
    n = q->head;
    /* 큐가 비어 있으면 NULL을 돌려준다 */
    if (n->next == NULL) {
      return NULL;
    }
    /* q->head의 갱신 */
    if (__sync_bool_compare_and_swap(&(q->head), n, n->next)) {
      break;
    }
  }
  /* 값을 추출 */
  val = (void *) n->next->v;
  /* 사용하지 않게 된 노드의 반환 */
  free(n);
  return val;
}
```

그림 4-23 큐의 구현(버전 3), 락 프리 구조를 활용한 예

그림 4-23의 프로그램을 보면 흥미로운 점이 몇 가지 있다. 하나는 구조체의 정의가 그림 4-22와 그림 4-23에서 완전히 다르다는 점이다. 락 프리 큐에서는 pthread_mutex 같은 락을 추가할 필요가 없다.

또 하나는 구조체 멤버의 갱신에 CAS를 사용한다는 점이다. 이미 설명한 바와 같이 CAS에서는 갱신해야 할 주소의 '현재 있어야 할 값'과 '새로운 값'을 지정한다. 혹시 '현재 있어야 할 값'과 실제 주소의 내용이 다른 경우가 있다면, 그것은 다른 스레드가 값을 바꿔 버려서이기 때문에 다시 갱신을 시도하게 된다.

실제로 queue_add( )와 queue_get( )의 정의를 비교해 보자. 그림 4-22의 프로그램에서는(도중에 다른 스레드에 의한 갱신을 고려하지 않기 때문에) 단순하게 대입에 따라 갱신한다. 한편 그림 4-23의 프로그램에서는 CAS에 따라 갱신이 성공할 때까지 반복하는 루프 형태로 수행한다.

처리 순서의 보증

5-2장에서는 "순서는 그렇게 중요하지 않기 때문에 전체로 하나의 큐를 준비하고, 거기에 데이터를 처리하는 태스크를 집어 넣는다."라고 설명한다.

하지만 실제로 그와 같은 구조를 만들어 동작을 시켜보니 상당히 간단한 케이스에서는 정상적으로 동작했지만, 어느 정도 복잡하게 되면 기대 결과와 다른 동작이 눈에 띄었다.

하나는 암묵적인 순서를 기대한 처리가 생각보다 많았다는 점이다. 예를 들어 한동안 앞에서 설명했던 CSV^{comma separated value}의 처리인데, "최초 행에 문자열 필드만 있는 경우 이 필드는 필드명으로 본다."는 기능을 갖는다. 하지만 여기에서 순서가 보증된다는 의미는, '최초 행'이 올바르게 주어진 경우에 한한다. 그 이후의 행에서는 순서가 그렇게 문제를 일으키지는 않을 것이다.

또 파일 입출력에 있어서도 많은 경우, 행의 순서가 변하지 않는다는 암묵적인 기대를 하고 있다. 예를 들어 읽어 들인 문자열을 대문자로 바꾸는 필터를 Streem에 기술한다고 하면, 읽어 들인 파일의 행이 전후가 바뀌는 것은 그렇게 바람직하지는 않을 것이다.

여기서 순서를 보증하기 위해 큐 사용 방법을 변경해 봤다. 구체적으로는 순서가 보존되는 데이터 큐를 스트림별로 할당하고, 태스크의 실행을 예약하는 스트림을 유지하는 큐를 전역으로 준비했다.

emit를 하면 데이터와 이를 처리하는 함수를 스트림별로 큐에, 실행 대기를 하는 스트림을 전역 큐에 추가한다(그림 4-24)

정리하면 strm_emit( )는 다음과 같은 순서로 데이터를 다음 스트림에 대해 emit한다.

1. 다음 스트림의 큐에 태스크(함수, 데이터 모음)를 추가한다.
2. 다음 스트림을 전역 큐에 추가하고, 태스크 실행을 예약한다.

352

3. func이 지정된 경우 자기 스트림 큐에 태스크를 추가하고, 우선도가 낮은 큐에 스트림 추가하고 태스크 실행을 예약한다.

```
void
strm_emit(strm_stream* strm, strm_value data, strm_callback func)
{
  /* data가 nil이 아닌 경우 queue에 추가 */
  if (!strm_nil_p(data)) {
    /* dst: 하위 스트림 */
    strm_stream* dst = strm->dst;
    /* 하위 스트림의 큐에 함수와 데이터를 유지하는 strm_task를 추가 */
    strm_queue_add(dst->queue, strm_task_new(dst->start_func, data));
    /* 하위 스트림에서의 태스크 실행을 예약하기 위한 큐에 추가 */
    strm_queue_add(queue, dst);
  }
  /* func이 지정되면 이것도 큐에 추가 */
  if (func) {
    /* data에 의미는 없기 때문에 nil 지정 */
    strm_queue_add(strm->queue, strm_task_new(func, strm_nil_value()));
    /* 우선도가 낮은 큐(prod_queue)에 스트림을 추가 */
    strm_queue_add(prod_queue, strm);
  }
}
```

그림 4-24 새로운 큐를 사용하는 emit

우선도가 낮는 큐가 필요한 이유는 생산자의 실행이 빈번하면 큐가 길어지게 돼, 메모리 공간의 낭비가 발생하기 때문이다. 이렇게 하면 생산자 실행의 우선도는 내려가게 된다.

앞으로는 조금 다른 방법으로 흐름 제어를 할 생각이다.

배타 제어

또 하나 실제 실행해 보니 발생했던 문제는 배타 제어였다. 같은 스트림에 속하는 태스크가 여러 개로 동시에 실행되면, 데이터의 경합이 일어날 가능성이 있다. 개개의 태스크는 스레드 세이프가 돼 있지 않기 때문이다.

지금까지의 구현에는 스트림이 실행되는 작업 스레드를 고정하는 방법으로, 같은 스트림의 태스크가 동시 실행되지 않도록 했다. 하지만 CPU 코어의 유효 활용이라는 관점에서, 작업 스레드의 고정은 그렇게 바람직하지 않은 방법이다. 여기서 작업 스레드별로 처리 루프를 구현하는 대대적인 변경을 하게 됐다(그림 4-25).

```c
static void*
task_loop(void *data)
{
  strm_stream* strm;

  for (;;) {
    /* 큐에서 스트림을 추출 */
    strm = strm_queue_get(queue);
    /* 큐가 비어 있으면 우선도가 낮은 큐에서 추출 */
    if (!strm) {
      strm = strm_queue_get(prod_queue);
    }
    if (strm) {
      /* strm->excl을 플래그로 배타 제어 */
      if (strm_atomic_cas(strm->excl, 0, 1)) {
        struct strm_task* t;

        /* 스트림별로 큐에 있는 태스크를 전부 정리 */
        while ((t = strm_queue_get(strm->queue)) != NULL) {
          /* 태스크 실행 */
          task_exec(strm, t);
        }
        /* 플래그를 내린다 */
        strm_atomic_cas(strm->excl, 1, 0);
      }
    }
    /* 스트림이 전부 닫혔으면 루프 종료 */
    if (stream_count == 0) {
      break;
    }
  }
}
```

```
  return NULL;
}
```

그림 4-25 수정한 작업 스레드 루프

루프 처리의 순서는 다음과 같다.

1. 큐에서 스트림을 추출한다.
2. 스트림이 태스크 실행 중이 아니라면 플래그(strm->excl)를 세워 두기 때문에, 현시
   점에서는 쌓여 있는 모든 태스크를 실행한다.
3. 스트림이 태스크를 실행 중이라면(플래그를 세워져 있으면) 그대로 건너뛴다.

복수의 태스크가 큐에 등록되는 타이밍에는, 플래그를 세워둬 무시되는 스트림이 발생하
지만, 어떻게든 태스크의 실행을 스케줄링하는 것이 목적이기 때문에 문제는 없다. 플래그
가 세워됐다는 것은 해당 스트림에 대한 처리가 실시 중이라는 것으로, 실시 중이면, 큐에 쌓
여 있는 태스크를 모두 실행하기 때문이다.

그래도 효율이 떨어지는 것은 확실하기 때문에, 좀 더 나은 구현 방법은 없는지 이후에 검
토하도록 하자.

그림 4-25의 함수에서 다음과 같은 함수를 호출한다.

```
strm_atomic_cas( )
```

이는 GCC의 다음과 같은 함수를 호출하는 매크로다.

```
__sync_bool_compare_and_swap( )
```

나 자신이 이 확장 명령의 이름을 전혀 기억을 못하기 때문에 만든 고육책이다. 그림 4-25
에서 strm_atomic_cas( )를 사용하는 부분은 스레드 세이프한 플래그 사용 방법의 전형적
인 예가 된다.

락 프리 연산

GCC가 버전 4.1 이후에 제공하는 아토믹 연산은 CAS뿐만이 아니다. Streem에서는 이와 같은 연산을 묶어서 atomic.h라는 헤더로 제공했다. 그림 4-26에서 현재는 GCC의 확장 명령을 이용한 매크로로만 제공한다. 앞으로 다른 컴파일러(예를 들어 Visual C++)를 지원할 때는 이 헤더를 변경하는 것으로 대응이 가능할 것이다.

```
#define strm_atomic_cas(a,b,c) __sync_bool_compare_and_swap(&(a),(b),(c))
#define strm_atomic_add(a,b) __sync_fetch_and_add(&(a),(b))
#define strm_atomic_sub(a,b) __sync_fetch_and_sub(&(a),(b))
#define strm_atomic_inc(a) __sync_fetch_and_add(&(a),1)
#define strm_atomic_dec(a) __sync_fetch_and_sub(&(a),1)
#define strm_atomic_or(a,b) __sync_fetch_and_or(&(a),(b))
#define strm_atomic_and(a,b) __sync_fetch_and_and(&(a),(b))
```

그림 4-26 atomic.h

모처럼 사용하게 된 락 프리 연산이기 때문에 Streem 처리 시스템의 몇 군데에서도 이를 이용했다.

우선은 스트림 처리의 종료 검출을 위해 활성 중인 스트림의 수를 카운트하는 변수 stream_count의 증감에 strm_atomic_inc( )와 strm_atomic_dec( )을 사용한다. 보통 인크리먼트 연산자로는 아토믹에 대한 보증이 없기 때문에, 타이밍에 따라 올바른 카운트가 안 될 가능성이 있다. strm_atomic 시리즈라면 이런 걱정은 없다.

stream_count가 0이 됐다는 것은, 더이상 처리할 스트림이 존재하지 않는다는 의미다. 이때는 안심하고 이벤트 루프를 종료할 수 있다.

스트림의 생존 관리를 위한 피참조수(레퍼런스 카운트)의 유지에도, 동일한 strm_atommic_inc와 dec를 사용한다. '혼합' 등으로 스트림이 여러 개 상위 스트림으로부터 참조되는 경우에는 상위의 모든 스트림이 종료되는 경우, 하위 스트림을 '닫는' 것이 가능하다. 이를 위해 스트림별로 몇 군데에 참조되는지를 카운트한다. 스트림이 결합될 때 레퍼런스 카운트를 감소시킨다. 0이 되면 '닫는' 처리를 한다.

나중에는 스트림 요소 개수를 카운트하는 count( )에도 쓸 수 있을 것 같다. 하지만 현재 태스크 처리는 배타 제어가 실행되고 있어, 아토믹의 보증은 필요 없다고 생각돼 손을 대고 있지는 않고 있다.

맺음말

아토믹 명령과 이에 기초한 데이터 구조는, 멀티코어를 유효하게 활용할 수 있다는 장점이 있다. 이번에는 락 프리 데이터 구조의 원리와 구현에 대해 설명했다.

락 프리 알고리즘에도 문제가 있었다

2016년 5월호에 실린 글이다. 이번에도 참회다. 물론 락 프리 알고리즘의 설명 자체는 문제가 없다. 하지만 이번에 해설한 코드에는 몇 가지 문제가 있다. 그래서 이 코드를 여러분들이 유용(流用)하는 것을 권장하지는 않는다. 최초 문제는 ABA다. 이번 락 프리 알고리즘은 조작 중 데이터가 변경되지 않은 것을 확인하기 위해 다음 전략을 채용했다. CAS를 사용해 이번 작업 전의 값과 일치하지 않으면, 다른 스레드가 인터럽트해 조작했다고 판단해 다시 한번 더 처리하는 방법이다. 대략 다음과 같은 순서다.

1. 스레드1: 이전 값을 보존하고, 갱신 처리를 개시
2. 스레드2: 인터럽트 및 갱신을 하고, 처리 완료
3. 스레드1: 이전 값이 변경됐는지를 확인하고, 변경됐다면 다시 갱신 처리

그런데 스레드2가 수정한 예전 값이 free() 후 malloc()으로 재이용되는 이유로, 갱신돼 새로워져야 할 값이 아직 '예전 값'일 가능성은 낮지만 0은 아니다. 이러한 경우에 락 프리 알고리즘은 인터럽트를 검출할 수 없다.

이것이 ABA 문제다. ABA 문제가 발생하면 다른 스레드에서의 갱신이 검출되지 않고, 데이터의 일관성은 깨지는 경우가 있다. ABA 문제는 락 프리 스택에서 빈번히 발생하지만, 큐에서도 발생하지 말라는 법은 없다. 이 문제의 해결 방법은 몇 가지가 있는데, 그중 하나는 해저드 포인터(Hazard Pointer)라는 데이터 구조를 사용하는 것이다. 해저드 포인터는 아직 사용되는 값의 반환을 지연하기 위한 데이터 구조로, 값이 참조되는 사이에는 주소가 재이용되지 않기 때문에 값이 충돌할 일은 없다. 다른 방법으로는 가비지 컬렉션을 사용하는 것이다. 가비지 컬렉션에서도 이용 중인 포인터는 다시 쓸 수 없기 때문에 ABA 문제를 회피할 수 있게 된다.

이 ABA 문제 때문인지 현시점에서 명확히 밝혀지지는 않았지만, 이번에 소개한 코드를 높은 부하에서 돌려보면, 데이터가 어이없이 깨지는 일이 발생한다. 이것도 이 코드의 유용을 권하지 않는 이유다.

5장

스트림 프로그래밍의 강화

5-1 파이프라인 프로그래밍

한동안 언어 처리 시스템의 구현 이야기를 했다면, 이번부터는 라이브러리의 강화에 대해 이야기할까 한다. 이번에는 Streem에서 CSV로 데이터의 처리와 벽돌 깨기 게임의 구현을 생각해 본다. 거기에서 필요한 상태를 관리하기 위한 '내장 데이터베이스'도 구현한다.

Streem의 특징인 파이프라인 프로그래밍은, 통상 프로그래밍 스타일과는 상당히 다르다. 파이프라인 프로그래밍의 스타일에 대해 이전에 간단히 해설했지만, 이번 회에서는 좀 더 구체적으로, 여러 가지 타입의 처리를 파이프라인이라면 어떻게 작성해야 할지 생각해 본다. 파이프라인 프로그래밍이라는 의외의 세계가 보일지도 모르겠다.

이전에 태스크의 파이프라인을 구성할 때의 대표적인 패턴에 대해 해설했는데, 소개한 패턴은 다음과 같다.

- 생산자, 소비자 패턴
- 라운드 로빈 패턴
- 브로드캐스트 패턴
- 집약 패턴
- 요구, 응답 패턴

하지만 각 경우의 구체적인 프로그램에 대해서는 깊게 이야기하지 않았기 때문에 잘 와닿지는 않았을 거라 생각한다. 이번에 좀 더 깊게 들어가 보자

데이터 집계

Streem이 가장 잘 하는 처리는 집계 처리다. 데이터를 읽어 들이고, 조건에 맞는 것을 선택하고, 데이터를 가공하고, 데이터를 카운트하는 처리 모두 쉽게 파이프라인에서 조합이 가능하다.

여기에서는 예로 CSV 데이터를 대상으로 몇 가지 간단한 집계 처리를 해 보자.

먼저 그림 5-1에서와 같이 CSV 데이터가 있다고 하자. 이것은 프로그래밍 언어와 출시 연도, 저자 이름의 목록이다.

```
year,name,designer
1995,Ruby,Yukihiro Matsumoto
1987,Perl,Larry Wall
1991,Python,Guido van Rossum
1995,PHP,Rasmus Lerdorf
1959,LISP,John McCarthy
1972,Smalltalk,Alan Kay
1990,Haskell,Simon Peyton Jones
1995,JavaScript,Brendan Eich
1995,Java,James Gosling
1993,Lua,Roberto Ierusalimschy
1987,Erlang,Joe Armstrong
2007,Clojure,Rich Hickey
2003,Scala,Martin Odersky
2012,Elixir,José Valim
```

그림 5-1 프로그래밍 언어 목록

이 목록에서 21세기에 출시된 언어를 선택하려고 한다. 2001년 이후 출시된 언어를 표시하는 Streem 프로그램은 그림 5-2와 같다.

```
fread('lang.csv')|csv()|filter{x->x.year>2000}|stdout
```

그림 5-2 21세기에 만들어진 언어를 고르는 Streem 프로그램

이 목록에서 21세기에 태어난 언어는 클로저, 스칼라, 엘릭시르 3개지만, 마음 같아선 Streem도 추가하고 싶다. 하지만 아직 제대로 쓸모가 있는 수준에 도달하지 않기 때문에 올리지는 않았다.

20세기 태생의 언어는 일부 있을 것이다. 이 목록의 수는 적어서 사람이 직접 세어도 큰 차이 없지만, 더 훨씬 큰 CSV 데이터라면 의미가 있을 것이다. 요소의 수를 계산하려면 count( ) 함수를 사용한다(그림 5-3).

```
fread('lang.csv')|csv()|filter{x->x.year<2001}|count()|stdout
```

그림 5-3 20세기에 만들어진 언어의 수를 카운트하는 Streem 프로그램

이 리스트 중에 20세기에 만들어진 언어는 11개다. 역시 이런 건 매우 간단한 처리다.

웹서비스와 파이프라인

하지만 Streem은 별도로 데이터 집계 전용 언어는 아니다. CSV 집계 외에도 다른 용도로 파이프라인 프로그래밍 적용이 가능하다. 예를 들어 웹 기술의 적용에 대해 생각해보자.

현대 소프트웨어의 많은 웹 기술을 사용해 구축한다. CD나 DVD 등에서 PC에 설치하는 소프트웨어는 현저히 줄어들고, 브라우저에서 접근하는 방식이 대부분이다. 기업용 소프트웨어조차 웹 기술을 사용해 개발한다.

한편 스마트폰에서는 브라우저에서 소프트웨어를 쓰지는 않는다.[1] 스마트폰은 앱을 설치한다. 하지만 이 앱조차 HTTP를 사용해 서버 측 API에서 정보를 검색하는 것이 일반적이다.

즉 설치되는 응용 프로그램이든, 브라우저에서 액세스되는 서버 측 소프트웨어든 현대 소프트웨어의 대부분은 웹 기술과 항상 연관이 있다.

---

1 최초의 아이폰에서는 모든 프로그램이 앱이 아닌 브라우저를 경유했던 적이 있었다. 앱의 등장으로 PC와는 정반대의 변화가 일어난 것은 재미있는 현상이다.

HTTP 의 소프트웨어 구성

HTTP^{Hyper Test Transfer Protocol}를 중심으로 한 소프트웨어의 구성은 그림 5-4와 같다

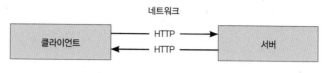

그림 5-4 HTTP의 소프트웨어 구성

우선 클라이언트는 서버에 요청(리퀘스트)을 보낸다. 서버는 해당 요청에 따라 처리하고, 그 결과(응답)를 클라이언트에 보낸다. 정확히 이야기하면 여러 가지 예외적인 패턴도 존재하지만, HTTP의 기본이 요청-응답으로 이뤄진 간단한 패턴이다

HTTP 요청은 표 5-1과 같은 종류가 있으며, 요청 유형을 표시할 수 있다. HTTP를 통한 API 액세스를 생각할 경우에는 서버를 데이터베이스로 간주해 표 5-2 같은 대응이 바람직하다고 한다. 이러한 데이터베이스에 대한 CREATE, READ, UPDATE, DELETE하는 작업을 첫 글자를 따서 CRUD라고 한다.

표 5-1 HTTP 리퀘스트 타입

종류	의미	사용 목적
GET	취득	페이지 정보의 취득
PUT	갱신	파일의 업로드 등
POST	작성	Body 내 form 정보 있음
DELETE	삭제	리소스 삭제
HEAD	헤더	헤더 정보만 취득

표 5-2 DB 엑세스에서의 HTTP 리퀘스트

DB 액세스	의미	리퀘스트 타입
CREATE	작성	POST
READ	취득	GET
UPDATE	갱신	PUT
DELETE	삭제	DELETE

서버 사이드 아키텍처

그림 5-4의 HTTP를 구성하는 소프트웨어 중 서버 사이드에 주목해 보자. 서버 사이드의 소프트웨어 구성은 그림 5-5와 같다. 클라이언트의 접속 관리, HTTP 리퀘스트의 구문 해석, 프로세스 관리 등은 주로 HTTP 서버가 맡고 있다. 서버 사이드 소프트웨어는 그 해석이 끝난 정보를 받아 처리하고, 그 결과를 HTTP 서버에 돌려준다. 그러면 HTTP 서버 쪽에서 HTTP 응답을 만들어 클라이언트로 보내준다.

그림 5-5 서버 사이드 소프트웨어 구성

즉 서버 사이드 프로그램 레벨에서 보면 HTTP 요청 정보를 수신하고 처리해, 그 결과를 HTTP 응답으로 반환하는 처리를 한다. 이 처리를 파이프라인에서 작성할 수 있다.

구체적인 예로 간단한 ToDo 애플리케이션을 생각해 보자. 인증 등은 HTTP 서버에서 실행되며, 서버 측 소프트웨어는 '출력', '작성', '편집', '삭제'라는 네 가지 처리를 받아들인다.

이 처리는 앞에서 이야기한 CRUD에 따라 각각 GET, POST, PUT, DELETE의 요청 타입으로 받아들인다. 코드는 그림 5-6과 같이 된다. 그림 5-6은 Streem 코드지만, HTTP를 지원하는 라이브러리 등이 아직 완성되지 않았기 때문에 어디까지나 장래 예상도로 생각해 주면 좋겠다.

```
db = kvs()
http_request() | map{req ->
  if (req.type == "GET") {           # 출력
    emit : ok
  }
  else if (req.type == "POST") {  # 작성
    db.put(req.todo_id, [req.title, req.due])
    emit : ok
  }
  else if (req.type == "PUT") {    # 편집
    db.put(req.todo_id, [req.title, req.due])
    emit : ok
  }
  else if (req.type == "DELETE") {# 삭제
    db.put(req.todo_id, nil)
    emit [:ok, req.user]
  }
  else {                           # 기타(에러)
    emit : error
  }
} | render() | http_response()
```

그림 5-6 Streem에서의 서버 사이드 소프트웨어

그림 5-6은 클라이언트에 보내는 데이터를 만드는 render( )의 내용이 표시되지 않았다. 하지만 상태(성공 또는 실패)와 유저 ID로부터 보여줘야 할 내용의 HTML(API의 경우는 JSON이 될지도 모르겠다)을 구축하는 순서를 생각해 주면 좋겠다.

render( )가 만드는 결과(출력용 데이터)가 http_response( )에 전달되고, 이는 다시 HTTP 서버로 보내진다.

그림 5-6의 프로그램은 어디까지나 가상의 코드지만,[2] 이 예를 통해 일반적인 프로그래밍을 파이프라인으로 표현하는 방법에 대해 이미지화가 가능하지 않을까 생각한다.

---

2 Streem의 주변 라이브러리가 빈약해 전혀 실용적이지 못한 것은 부끄럽기 그지없다.

비디오 게임의 예

또 한 가지 파이프라인으로 기술하기 어려울 것 같은 예를 생각해 보자. '벽돌 깨기' 같은 간단한 게임을 만든다고 하자.

아쉽지만 현재의 Streem으로는 비디오 게임을 만들 수준은 아니다. 여기서는 가상으로 실시간 키 입력과 그래픽 출력 라이브러리가 존재한다고 생각하고 진행하겠다.

비디오 게임을 파이프라인으로 기술하기 위해서는 어떻게 해야 할까? 여러 가지 방법이 있겠지만, 여기서는 그림 5-7 같이 3개의 파이프라인을 만들어 적용해 봤다.

제1 파이프라인은 유저로부터 입력 값을 받아, 패들paddle의 위치를 갱신하는 역할을 한다.

제2 파이프라인은 정기적으로 호출되며, 각각의 물체(공의 위치 및 블록의 상태)를 갱신한다

제3 파이프라인은 갱신한 결과를 그래픽으로 출력한다.

```
# 갱신 빈도(매초 30회)
fps = 30
# 갱신 간격
tick = 1/fps*1000
# 플레이 공간을 나타내는 메모리 데이터베이스
board = kvs()
kvs.put(:paddle_x, 0)
kvs.put(:ball_x, 0)
kvs.put(:ball_y, 0)
kvs.put(:ball_x_vec, 1)
kvs.put(:ball_y_vec, 1)
kvs.put(:num_balls, 5)

key_event() | each{x ->
  if (x == "LEFT") {
    board.update(:paddle_x, {x -> x-1})
  }
  else (if x == "RIGHT") {
    board.update(:paddle_x, {x -> x+1})
  }
}
```

```
timer_tick(tick) | each{x ->
  # 공의 위치 갱신
  x_vec = board.get(:ball_x_vec)
  y_vec = board.get(:ball_y_vec)
  x = board.update(:ball_x, {x -> x + x_vec})
  y = board.update(:ball_y, {y -> y + y_vec})

  # 충돌 판정
  if (x == 0) { # 공이 제일 아래에 왔다
    if (ball_hit_paddle()) {
      board.update(:ball_x_vec, {x -> -x})
      board.update(:ball_y_vec, {y -> -y})
    }
    else { # 떨어졌다
      n = board.update(:num_balls, {n -> n-1})
      if n == 0 {
        game_over()
      }
    }
  }
  else if (ball_hit_block()) {
    erase_block()
  }
}

timer_tick(tick) | each{x ->
  # 그래픽스 출력
  display_board()
}
```

그림 5-7 벽돌 깨기

이와 같이 파이프라인을 분할하면 하나하나가 단순함을 유지할 수 있고, 가독성 및 유지
보수성이 높아진다.

이 구현의 키가 되는 것은 여러 개의 파이프라인으로 처리를 분할하는 것과, 플레이 공간
상태를 인메모리 데이터베이스에 할당한다는 점이다.

이뮤터빌리티와 상태

Streem의 큰 특징은 데이터 구조가 변하지 않는다^{Immutable}는 것이지만, 프로그램을 작성하게 되면 이것은 이것대로 상당히 불편하다.

순수 함수형 언어인 하스켈에서는 '모나드^{monad}'라는 구조를 사용해 상태 변경 같은 부작용을 수반하는 처리를 관리한다. 하지만 솔직히 이는 쓰기가 쉽지는 않다.

같은 데이터 구조가 변경 불가능한 언어라도, 얼랭이라는 액터 기반의 언어에서는 상태를 2종류의 방법으로 관리한다. 하나는 독립적으로 동작하는 프로세스 상태를 봉쇄함으로써 상태의 변경이나 제거는 해당 프로세스와의 메시지 교환으로 수행하는 것이다. 이 방식은 상당히 좋은 아이디어지만, Streem 같은 명시적인 프로세스(또는 스레드)가 없는 언어에서는 사용하기 어렵다.

또 하나의 방법은 ETS와 Mnesia 같은 얼랭의 언어 처리 시스템에 내장된 데이터베이스를 사용하는 것이다. 결국 일반적은 데이터 구조는 변경 불가능하지만, 데이터베이스와 같은 상태를 보존하기 위한 전용 데이터 구조는 변경을 허용하는 어프로치다.

이것은 일반적인 프로그래밍만 했던 사람들도 이해하기 어렵지 않은 부분이다. 실제 여기까지의 예제도 ToDo와 벽돌 깨기에서는 데이터베이스를 사용해 변경 가능한 상태를 구현했다.

내장 DB의 kvs 도입

이를 도입하려면 Streem에는 내장 데이터베이스가 필요하다. 클로저라는 언어도 원칙적으로 데이터 구조가 변경 불가능하지만, STM$^{Software\ Transactional\ Memory}$이라는 방식을 사용해 갱신 가능한 상태를 구현하고 있다. 트랜잭션은 데이터베이스의 일관성을 유지시키는 방법이지만, 클로저는 이를 데이터 구조의 일관성 유지에 사용하고 있다.

Streem 처리 시스템에 내장 데이터베이스의 구체적인 사양에 대해서는 아직 검토할 여지가 남아있으나, 일단 간단하게 'kvs'라는 이름의 데이터베이스를 만들어 봤다.

kvs는 간단한 key-value-store다. 사양은 표 5-3에 나와 있다.

표 5-3 kvs 사양

API	동작
db = kvs( )	메모리 DB 오픈
db.put(key, val)	데이터 설정
db.get(key)	데이터 취득
db.update(key, f)	데이터 갱신
db.txn(f)	트랜잭션
db.close( )	DB 종료

update는 설명이 필요할 것 같다. update는 키와 함수를 인수로 취한다. 함수는 이전 값을 인수로 받아, 반환하는 값이 새로운 값이 된다.

txn 함수는 트랜잭션을 개시하고, 인수로 받은 함수를 실행한다. 이 함수는 트랜잭션을 나타내는 객체를 받는다. 트랜잭션은 db와 동일한 동작을 하고, 갱신은 트랜잭션 종료 시 데이터베이스에 반영된다. 트랜잭션 개시 이후에 데이터베이스가 갱신되고, 모순이 발생할 경우 그 시점까지의 갱신 내용은 파기되고, 트랜잭션 함수가 처음부터 다시 실행된다. 트랜잭션 함수 실행 중에 에러가 발생한 경우에는, 트랜잭션 중 에러 시점까지의 변경은 파기되고 예외를 발생시킨다.

kvs의 구현

그럼 실제로 kvs를 구현해 보자. 계속 반복해온 것이지만, 우선 동작하는 구현이 중요하다. 여기에서는 성능 등은 고려하지 않고, 가능한 빨리 사양을 맞추도록 구현한다. 물론 그 구현 결과는 사용 중에 성능상의 문제점이나 개선사항이 발견된 것이다. 이때에는 제대로 측정하고, 무엇이 문제인가 밝혀가며 개선해야 한다. 설계, 구현, 측정, 개선은 소프트웨어 개발의 철칙이다.

kvs의 구현에 있어서도 최단 시간을 목표로 한다. 다행히 Streem의 구현은 이미 메모리에 키 밸류 데이터베이스(라고 하지만 단순한 해시 테이블)인 khash를 채용하고 있다. 당분간은 이것을 이용해 kvs를 구현해 보자.

khash

Khash는 C 언어에 대한 해시 테이블 라이브러리이며. MIT 라이센스로 제공되고 있다. khash의 가장 큰 특징은 헤더 파일로만 이뤄진 것이다. khash를 사용하려면 헤더 파일 'khash.h'를 포함해 사용하는 해시 테이블을 매크로를 이용해 선언한다. 액세스에 대한 함수도 매크로를 통해 정의된다. 예를 들어 kvs에서 사용하는 Streem 문자열에서 임의의 Streem 데이터의 해시 테이블은 그림 5-8 같이 정의한다. 매크로 KHASH_INIT이 해시 테이블을 정의하는 매크로다. 여섯 개의 인수가 필요한 매크로이며, 각 인수의 의미는 표 5-4 와 같다.

표 5-4 KHASH_INIT의 인수

순서	이름	의미
1	name	해시 테이블 이름
2	khkey_t	키 타입
3	khval_t	밸류 타입
4	kh_is_map	맵(1), 셋(0)
5	hash_func	키 밸류 함수
6	hash_equal	키 비교 함수

```
#include "strm.h"
#include "khash.h"

KHASH_INIT(kvs, strm_string, strm_value, 1,
kh_int64_hash_func, kh_int64_hash_equal);
```

그림 5-8 kvs의 해시 테이블 정의

해시 테이블 이름은 해시 테이블 구조의 이름에 사용한다. 해시 테이블은 'khash_t(이름)' 의 형태로 액세스한다. 그림 5-8에서 정의된 해시 테이블에 액세스하는 프로그램은 그림 5-9 같이 된다.

```
int
main()
{
  int ret, is_missing;
  khiter_t k;
  strm_string key = strm_str_intern("foo", 3);
  strm_string key2 = strm_str_intern("bar", 3);
  khash_t(kvs) *h = kh_init(kvs);

  /* kh_put으로 보존 위치 취득 */
  k = kh_put(kvs, h, key, &ret);
  /* kh_value()으로 대입해 실제로 보존 */
  kh_value(h, k) = strm_int_value(10);
  /* kh_get로 참조 위치 취득 */
  k = kh_get(kvs, h, key2);
  /* 값이 없다면 k는 kh_end(최종 위치)에 */
  /* 값이 있다면 kh_value()로 값을 추출한다 */
  is_missing = (k == kh_end(h));
  /* kh_begin()에서kh_end()까지 반복해 */
  /* 모든 요소를 찾는 게 가능하다. 비어있는 위치도 있기 때문에 */
  /* 요소에 액세스하기 전에 kh_exist()로 체크한다 */
  for (k = kh_begin(h); k != kh_end(h); k++)
    if (kh_exist(h, k))
      kh_value(h, k) = strm_int_value(1);
  /* 해시 테이블의 파기는 kh_destroy()로 */
  kh_destroy(kvs, h);
  return 0;
}
```

그림 5-9 해시 테이블 액세스

khash는 헤더 파일로만 사용할 수 있어 매우 편리하기 때문에, C로 프로그램을 개발할 기회가 있으면, 추천하는 라이브러리다. API가 독특해서 약간 익숙해질 필요가 있다.

khash 에 의한 kvs의 구현

지금까지 잘 따라 왔다면(가장 간단한 것이라면) 키 밸류 데이터베이스를 만드는 것은 간단하다. kvs의 초기 구현 중에 어떻게 만들었는지 알 수 있는 부분을 그림 5-10에 발췌했다.

```
struct strm_kvs {
  STRM_PTR_HEADER;
  khash_t(kvs) *kv;
};

static khash_t(kvs)*
get_kvs(int argc, strm_value* args)
{
  struct strm_kvs *k;

  if (argc == 0) return NULL;
  k = (struct strm_kvs*)strm_value_ptr(args[0], STRM_PTR_KVS);
  return k->kv;
}

static int
kvs_get(strm_task* task, int argc, strm_value* args, strm_value* ret) {
  khash_t(kvs)* kv = get_kvs(argc, args);
  strm_string key = strm_str_intern_str(strm_to_str(args[1]));
  khiter_t i;

  i = kh_get(kvs, kv, key);
  if (i == kh_end(kv)) {
    *ret = strm_nil_value();
  }
  else {
    *ret = kh_value(kv, i);
  }
  return STRM_OK;
}

static int
kvs_close(strm_task* task, int argc, strm_value* args, strm_value* ret) {
```

```
  khash_t(kvs)* kv = get_kvs(argc, args);
  kh_destroy(kvs, kv);
  return STRM_OK;
}

static strm_state* kvs_ns;

static int
kvs_new(strm_task* task, int argc, strm_value* args, strm_value* ret) {
  struct strm_kvs *k = malloc(sizeof(struct strm_kvs));

  if (!k) return STRM_NG;
  k->ns = kvs_ns;
  k->type = STRM_PTR_KVS;
  k->kv = kh_init(kvs);
  *ret = strm_ptr_value(k);
  return STRM_OK;
}

void
strm_kvs_init(strm_state* state) {
  kvs_ns = strm_ns_new(NULL);
  strm_var_def(kvs_ns, "get", strm_cfunc_value(kvs_get));
  strm_var_def(kvs_ns, "put", strm_cfunc_value(kvs_put));
  strm_var_def(kvs_ns, "update", strm_cfunc_value(kvs_update));
  strm_var_def(kvs_ns, "txn", strm_cfunc_value(kvs_txn));
  strm_var_def(kvs_ns, "close", strm_cfunc_value(kvs_close));
  strm_var_def(state, "kvs", strm_cfunc_value(kvs_new));
}
```

그림 5-10 kvs의 초기 구현(발췌)

ns 멤버에 strm_state 구조체로 표현되는 네임스페이스가 할당돼 있어, 객체지향 언어에
서의 클래스 역할을 하는 점만 주의하면, 그렇게 어려운 내용은 아닐 것이다.

배타 제어

하지만 이 간단한 구현은 그렇게 실용적이지 못하다. 멀티스레드, 멀티태스크적인 언어인 Streem에서는 필수인 베타 제어가 수행되지 않기 때문이다.

예를 들어 해시 테이블의 내용을 바꾸는 도중 다른 스레드가 이를 읽는다면, 있지도 않은 데이터를 읽어 들일 가능성이 있다. 내용 작성에 경합이 발생한다면 데이터 구조가 깨질 위험성도 있다.

이와 같은 사태를 막으려면, 이를 위한 배타 제어가 필요하다. 여러 방법 중 이번에 쓸 방법으로 하나는 락, 또 하나는 트랜잭션이다.

락에 의한 배타 제어

락에 의한 배타 제어는 비교적 간단하다. 해시 테이블별로 pthread_mutex라는 락을 준비해 놓고, 공유된 데이터 구조(여기서는 해시 테이블)로의 액세스 전후로 다음과 같은 함수를 실행시키기만 하면 된다.

```
pthread_mutex_lock()
pthread_mutex_unlock()
```

이것으로 적어도 데이터가 깨져 버리는 사태는 막을 수 있을 것이다.

트랜잭션의 구현

하지만 해시 테이블 같은 일종의 데이터베이스의 경우, 락에 의한 보호도 충분하지 못한 경우가 있다.

복수의 스레드가 동시에 데이터베이스 등에 write를 하려 하면, 데이터베이스 자체는 깨지지 않지만, 데이터의 일관성이 유지되지 못하는 경우가 있기 때문이다. 예를 들어 은행계좌 A에서 B로 이체를 하는 경우, 도중에 다른 이체가 실행됐다고 해서 원래 이체를 하려는 금액이 사라져 버리면 정말 큰 문제다.

이와 같은 문제를 막기 위해 데이터베이스는 트랜잭션이라는 기법을 채용한다. 트랜잭션은 성공해 일련의 상태를 변경할지, 충돌해 재실행할지, 실패해서 상태를 트랜잭션 이전의 상태로 보존할지 등으로 결과값을 보장한다.

kvs에서는 txn 함수를 이용해 트랜잭션을 구현한다. txn 함수는 트랜잭션을 개시하고, 인수로 전달받은 함수에 트랜잭션 객체를 인수로 전달한다. 트랜잭션 객체는 보통의 kvs 데이타베이스와 동일하게 동작하고, 트랜잭션 종료 시(조작이 성공한다면) 데이터베이스에 기록한다.

트랜잭션의 구현은 상당히 복잡하기 때문에 지면관계상 설명은 못할 것 같다. github.com/matz/streem에 있는 소스코드 src/kvs.c를 참조하길 바란다.

맺음말

이번에는 Streem의 파이프라인 프로그래밍에 대해 배웠다. 또한 상태 변화의 구현에 중요한 kvs 데이터베이스를 구현했다. 이렇게 해서 조금씩 Streem을 실용화 단계로 한발 더 가까워졌고, 이를 연재에 연동해 개발하는 것은 나에겐 또다른 묘미다.

당연히 있어야 할 기능은 역시 필요하다

2016년 3월호에 게재한 글이다. 이번에는 Streem의 특징인 파이프라인 프로그래밍 스타일로, 구체적으로 어떻게 프로그램을 작성할지 살펴봤다.

Streem이 많은 영향을 받은 함수형 프로그래밍에서도 마찬가지지만, 이 스타일을 사용해 간결하게 기술 가능한 영역은 분명히 있다. 해설서 등에서는 이 영역의 문제를 거론하며 "이렇게 간결하게 해결 가능하다."라고 소개한다.

하지만 우리들이 프로그래머로서 일상적으로 부딪히는 문제의 대부분은 이와 같이 간결하게 해결되지는 않는다. 아니 해결 자체는 가능하겠지만, 간결하게 해결하는 것은 또 다른 문제다. 익숙하지 않은 이들에게 많은 문제는 직접적으로 해결 불가능하다고 느껴질 수도 있다. 하지만 대상 영역마다 다른 언어로 바꿔 쓰는 것도 (주로 정신적) 비용이 많이 들어간다.

Streem은 범용 언어가 아닌 파이프라인 프로그래밍 전용 언어이므로, 그런 염려는 낮다. 하지만 이것 하나로 가능한 범위는 넓을수록 좋다는 것은 당연하다.

여기서 Streem으로 다양한 프로그램을 개발한다고 가정하고, 여러 가지를 고찰해 봤다. 그 고찰 결과가 인메모리 데이터베이스인 kvs다. 언어 사양에 수정 가능한 변수가 있다면 간단히 구현 가능하도록 데이터베이스를 도입하는 것은 좀 지나치다는 느낌도 들었다. 하지만 클로저를 보면 이것도 이 나름대로 의미가 있지 않을까라는 생각이 들었다.

이번 샘플 프로그램에 등장하는 함수군에서는 kvs를 제외하면, http_request()라든가 key_event() 라든가 timer_tick() 등 아직 실제로 제공되지 않은 함수가 많이 있다. Streem에서 실용 레벨로 사용되기 위해서는 이런 지원 함수를 아주 많이 만들어 놓아야 하지 않을까? 이후 남은 연재에서는 이와 같은 함수의 검토와 구현에 대해 계속 이어가겠다.

5-2 파이프라인 구성 요소

5-1장에서는 파이프라인 프로그래밍에 대해 설명하고, 중요 구성 요소로 kvs를 개발했다. 이번에도 파이프라인 프로그래밍의 실천에 필요한 구성 요소에 대해 더 검토해 보고, 필요한 툴을 갖추려고 한다. 개념을 정리해 구현을 대폭적으로 고쳐본다

지금까지 Streem을 개발해 오면서, '일단' 붙였던 이름이 상황에 맞지 않는 것이 많아 신경이 쓰였다.

예를 들어 strm_task라는 중요한 구조체의 이름에서, Streem의 언어 레벨에는 '태스크'라는 개념이 일단 등장하지 않는다. 이 '태스크'가 무엇을 나타내는지는 나 자신도 생각해내지 못했다. 구현과 개념에 분리되는 것 같았고, 위화감마저 들었다.

몇 개월을 계속 이 위화감에 대해 고민했다. 여기에서 파이프라인 프로그래밍을 완주하기 위해 한 번쯤은 개념을 정리할 필요가 있다고 생각됐다.

파이프라인의 구성 요소

여기서 Streem의 파이프라인에 등장하는 구성 요소를 재구성해 보겠다. 중요한 요소로는 다음에 나오는 4가지가 있다.

- 파이프라인
- 스트림
- 태스크
- 작업자

이 중 가장 중요한 개념은 스트림이다. 스트림은 데이터의 흐름을 구성하는 '처리'다. 스트림에는 데이터를 생성하는 '생산자^{Producer}', 입력으로 받은 데이터를 가공하는 '필터', 그리고 데이터를 받아 소비하는 '소비자^{Consumer}'의 3종류가 있다. 프로그래밍 모델로는 스트림을 결합한 것도 스트림이 되지만, 처리 시스템 레벨에서는 strm_stream이라는 구조체로 하나의 처리를 표현한다.

생산자부터 소비자까지 하나로 이어지는 스트림을 파이프라인이라고 부른다. 아직 Streem의 처리 시스템에서 파이프라인을 다루는 부분은 아직 존재하지 않기 때문에, 어디까지나 개념상 존재한다고 생각해 주면 좋겠다.

스트림에서 데이터 한 개 분량의 처리를 담당하는 것이 태스크다. Streem 처리 시스템에서 태스크에 의한 처리는 각각 한 개씩의 C 함수로 표현된다. 스트림이 데이터를 다음 단계에 emit할 때마다, 태스크 구조체를 실행 큐에 추가해 실행 예약을 한다.

작업자는 태스크를 실행하는 스레드를 말한다. Streem처리 시스템에서는 탑재된 CPU의 수 만큼 작업자가 생성된다. 작업자는 큐의 제일 앞부터 하나씩 태스크를 추출해 실행한다.

global renaming

그럼 개념 정리가 됐기 때문에 여기에 대응해 소스코드 쪽도 변화를 주겠다. Streem의 구현의 구조체명, 함수명, 변수명 등에 대해서는 표 5-5 같이 변경한다.

표 5-5 명칭 변경

종류	원래 명칭	변경한 명칭
타입	strm_task	strm_stream
변수	task	strm
구조체	strm_thread	strm_worker

실은 core.c와 queue.c에서 구현된 이벤트 처리 내에서는 strm_task와 비슷한 이름이 있지만, 실제와는 무관한 strm_queue_task라는 이름의 구조체가 사용되고 있고, 이것이 이번 개념정리 후의 태스크에 해당하는 것이다. 이것은 이것대로 큰 폭으로 수정했지만, 이 점에 대해서는 나중에 설명하겠다.

일반적으로 소스코드에 등장하는 명칭을 큰 폭으로 변경하면 호환성을 잃게 된다. 이 때문에 특히 오픈소스 소프트웨어인 경우에는 상당한 곤란을 겪는다.

루비도 개발 초기에 대대적인 명칭 변경이 있었다. 이는 다른 라이브러리 등과 명칭이 중복되지 않게 하기 위해 'rb_'라는 프리픽스를 붙였는데, 벌써 20년 전의 일이지만 당시 유저 수가 많지 않았음에도 불구하고 작동하지 않는 라이브러리가 속출했던 아찔한 기억이 있다.

Streem의 경우 실용화까지는 아직 부족해 아무도 사용하지 않는 것과 원래 확장용 API가 제공되지 않기 때문에 아직은 부담없이 변경이 가능하다. 나중에 구현의 질을 더 높이기 위해 대담한 변경이 일어나지 않을까 생각된다.

디버그용 strm_p() 추가

그리고 또 하나의 기능을 확장해 보자.

앞서 NaN Boxing을 도입한 이래, Streem 객체는 모두 64비트 정수로 표현이 가능하게 됐다. NaN Boxing은 실행 효율은 좋지만 안의 내용을 모르기 때문에 디버그할 때는 많이 번거롭다. 여기에 디버거로부터 객체의 내부를 표시해 주는 함수 strm_p( )를 신설했다.

stem_p( )의 구현은 간단하다(그림 5-11). strm_str_cstr( ) 함수로 C의 문자열 포인터를 추출하고, fputs( )로 표준 출력만 하면 된다.

```
strm_value
strm_p(strm_value val)
{
  char buf[7];
  strm_string str = strm_to_str(val);
  const char* p = strm_str_cstr(str, buf);
  fputs(p, stdout);
  fputs("\n", stdout);
  return val;
}
```

그림 5-11 객체 내부를 표시하는 함수 strm_p()

strm_str_cstr( ) 함수의 buf 인수에 대해 조금 설명이 필요할 것 같다. Streem의 NaN Boxing에서는 6문자 이하의 짧은 문자열을 strm_value에 직접 입력하고 있어서, 문자열 포인터 추출이 불가능하다. 여기서 이와 같은 문자열 내용을 복사하기 위해 buf 영역이 필요하다. 입력된 문자열은 최대 6문자(바이트)여서, 끝의 NUL 문자를 더해 buf 크기는 최대 7 바이트가 필요하게 된다.

더욱이 객체별로 문자 표현을 사용자 지정할 수 있는 구조도 마련했다. namespace가 설정된 객체가 to_str( ) 함수를 갖고 있는 경우, 그 반환 값을 문자열 표현으로 사용할 수 있도록 했다.

파이프라인 구성 부품

5-1장에서 파이프라인 프로그래밍 패턴은 다음과 같은 3가지 종류가 있었다.

- 생산자로부터의 데이터를 필터에서 가공해 소비자에서 출력
- 생산자로부터의 데이터를 필터에서 가공해 데이터베이스kvs에 작성
- 일정시간별로 처리를 해 데이터베이스로부터 읽어 들인 데이터 출력

표 5-6 Streem의 생산자

이름	동작
stdin	표준 입력
fread()	파일 읽기
tcp_server()	소켓 접속
tcp_socket()	소켓 읽기
seq()	일정 범위의 정수
rand()	난수열
tick()	일정 시간별 이벤트

표 5-7 Streem의 소비자

이름	동작
stdout	표준 출력
stderr	표준 에러 출력
fwrite()	파일 쓰기
tcp_socket()	소켓 출력
each()	반복

표 5-8 Streem의 필터

함수명	동작
map()	함수 적용 결과로 치환
filter()	조건에 맞는 것을 선별
count()	요소의 개수를 구한다
sum()	요소의 합계를 구한다
csv()	csv 문자열을 배열로 변환
flatmap()	배열 전개를 하는 map(신설)
split()	문자열의 분할(신설)
reduce()	합성곱(신설)
reduce_by_key()	키별 합성곱(신설)

지금까지 등장했던 생산자는 표 5-6, 소비자는 표 5-7에 정리했다.

뒤에 기존 필터와 이번에 신설된 필터를 표 5-8에 정리했다. 물론 이 필터로는 할 수 있는 게 제한되기 때문에 필터는 앞으로 계속 추가 예정이다.

새로 만든 필터 중에 reduce( )라는 것이 있다. reduce( )는 스트림의 요소를 합성곱을 시키는 함수로 다음과 같은 형태로 호출한다.

```
reduce(b){x,y->...}
```

우선 상위 스트림의 요소(e1, e2....)가 주어지면, 먼저 함수가 b를 첫 번째 인수, e1을 두 번째 인수로 호출한다. 그 결과를 r1이라고 하면, 다음 요소(e2)에 대해서는 r1이 첫 번째 인수, e2가 두 번째 인수로 함수가 호출된다. 이후 같은 패턴으로 반복되고, 마지막에 결과가 출력돼 다음 스트림으로 전달된다.

reduce( )를 사용하면 팩토리얼의 계산은 그림 5-12 같이 된다. 다른 언어에서 사용되는 재귀호출 방식과는 사뭇 다른 형태를 갖는다.

```
seq(6)|reduce{x,y->x*y}|stdout
```

그림 5-12 reduce에 의한 팩토리얼 계산

또한 sum( ) 함수도 reduce( )를 사용해 그림 5-13 같이 정의가 가능하다. 이와 같이 정의된 sum( )은 상위에서 받은 데이터의 합계를 하위로 전달하는 필터 스트림을 돌려준다.

```
def sum() {
  reduce(0) {x,y -> x+y}
}
```

그림 5-13 reduce를 사용한 sum()의 정의

합성곱으로 단어 카운트 구현

reduce의 파생으로 키 값에 대해 집계하는 reduce_by_key( )도 필요하게 됐다. 이는 파이프라인 프로그래밍에 있어서 'Hello World'라고 해도 과언이 아닐 단어 카운트에 사용된다. Streem의 단어 카운트를 그림 5-14에 표현했다.

```
stdin
| flatmap{s->s.split(" ")}
| map{x -> [x, 1]}
| reduce_by_key{k, x, y->x+y}
| stdout
```

그림 5-14 Streem에 의한 단어 카운트

그림 5-14에서는 stdin에서 입력된 각 행을 다음과 같이 단어별로 분할한다.

```
flatmap{s->s.split(" ")}
```

문자열에 split 함수를 적용하면, 인수로 받은 구분자를 기준으로 문자를 분할해 배열로 돌려준다. flatmap은 함수로부터 받은 배열을 스트림 요소에 전개시킨다. 그 결과 상위로부터 다음과 같이 2줄의 문장을 입력하면,

```
this is my pen
my name is yukihiro
```

다음에서 보듯이 8개의 데이터를 하위로 전달하게 된다.

```
this
is
my
pen
my
name
is
yukihiro
```

또한 그림 5-14에서는 flatmap을 설명하려고 했기 때문에 사용하지는 않았지만, 간편성을 위해 split(" ")만으로 flatmap{s->s.split(" ")}과 거의 동일한 동작을 하는 split( ) 함수를 정의하고 있다.

다음 단계에서 map은 단어 열을 다음과 같은 배열로 변환한다.

```
[단어,1]
```

마지막으로 reduce_by_key( )는 2요소 배열의 스트림으로, 첫 번째 요소별로 제2요소를 reduce한다. 그 결과 원래 2행의 입력은 다음과 같이 변환된다.

```
[this,1]
[is,2]
[my,2]
[pen,1]
[name,1]
[yukihiro,1]
```

이를 stdout으로 출력하면 단어 카운트가 된다.

스트림의 분기와 합류

지금까지 소개한 예의 대부분에서 스트림으로 구성된 파이프라인은 생산자로부터 필터를
경유해 소비자에게까지 가는 단일 패스였다.

하지만 스트림의 구성 패턴은 이렇게 단일 패스만 있지는 않다(그림 5-15).

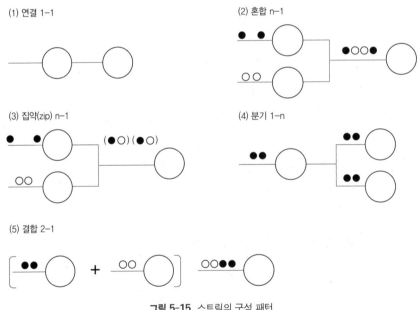

(1) 연결 1-1

(2) 혼합 n-1

(3) 집약(zip) n-1

(4) 분기 1-n

(5) 결합 2-1

그림 5-15 스트림의 구성 패턴

그림 5-5의 (1)의 연결은 '|' 연산자를 사용해 2개의 스트림의 입력과 출력을 연결하는 것이다. 지금까지 등장한 기본 형태의 스트림 구성이다.

혼합은 여러 개의 스트림의 내용을 하나로 모으는 것이다. 데이터가 들어온 순서로 '섞어서' 다음 스트림에 전달한다. 구체적으로는 a와 b라는 2개의 스트림이 있다고 하면, 이 내용을 다음 스트림에 전달하는 경우에는

```
a | stdout
b | stdout
```

이라고만 하면, 그림 5-15의 (2)에 결합하는 스트림 구축이 된다.

그림 5-15의 (3)번 집약은 여러 개의 스트림 요소를 어떤 점으로 모은다는 면에서는 혼합과 동일하지만, 동작이 좀 다르다. 각각의 스트림에서 요소를 그대로 받는 것이 아니라, 각각의 원 조합을 유지해 배열 형태로 받는다.

집약은 지퍼^{zipper}가 물린 결합처럼 보인다고 해서 zip이라는 함수를 사용한다.

seq( )에서 1부터 시작되는 스트림, fread(path)에서 마지막 내용의 스트림을 얻은 경우, 이 두 개의 스트림을 집약한 스트림을 얻기 위해는 다음과 같이 zip 함수를 사용한다.

```
zip(seq(), fread(path))
```

그러면 각 행에 다음과 같은 형태로 데이터가 주어져 행 번호와 행의 조합을 얻는다.

```
[수식, 행]
```

이것은 'cat -n' 명령어와 비슷하다.

seq( ) 함수가 정수를 순서대로 생성하는 것과, 파일을 읽는 것과는 실행되는 페이스에 차이가 있을 것이다. 여기서도 각 스트림 요소가 순서대로 조합된다.

그림 5-15의 (4)번 분배는, 상위에서 들어온 데이터를 여러 개의 스트림에 전달하는 것이다. a라는 스트림에서 들어온 데이터를 b와 c라는 스트림에 전달하는 경우

```
a | b
a | c
```

라고 한다. 이 경우 b와 c에는 동일한 데이터가 전달된다.

마지막으로 그림 5-15의 (5)번 결합은 두개 의 스트림을 순서대로 연결하는 것이다. a와 b 두 개의 스트림을 결합하면 a의 스트림의 모든 데이터가 하위로 전달된 후, b라는 스트림에서 전달된 데이터를 하위로 전달한다. 스트림을 결합하는 경우 '+' 연산자를 사용한다. 예를 들어

```
(a + b) | stdout
```

이라고 하면, a의 내용에 이어서 b의 내용이 출력된다. 유닉스의 cat 명령어가, 여러 개의 파일 내용을 이어서 출력해 주는 것과 동일한 기능이라 생각해도 될 것이다.

흐름 제어가 필요

여기에서 어려운 점이 하나 있다. 예를 들어 zip의 경우 입력 스트림이 여러 개가 있어, 각각 데이터를 생성하는 페이스가 다르다. seq( )와 rand( ) 같이 가벼운 계산만 하는 생산자가 상위에 있을 경우에는 다음 단계로 데이터가 원활하게 전달될 것이다. 한편 소켓처럼 언제 데이터를 보내주는지에 따르는 생산자도 있다.

하지만 zip 자신은 상위로부터 모든 데이터가 갖춰지지 않으면 처리가 시작되지 않는다. 이 때문에 상위에서 페이스가 다른 조합이 있으면, 페이스가 빠른 상위에서 데이터가 축적된다(메모리 소비와 비슷하다). 이와 같은 사태를 피하기 위해서는 데이터의 흐름 제어가 필요하다.

생산자를 비우선으로

흐름 제어의 구현 방법은 여러 개가 있지만, 이번에도 지금까지와 마찬가지로 생산자 스트림의 우선순위를 낮추는 방법으로 구현하고자 한다.

파이프라인을 흐르는 데이터가 너무 많기 때문에, 하위의 처리가 따라가지 못해 흐름 제어가 필요하다. 때문에 하위 처리의 우선순위를 생산자보다 위에 둠으로써 흐름 제어를 해보겠다. 단 비동기적 프로그램의 움직임을 예상하는 것은 곤란하다. zip 같은 합류를 수반하는 스트림에 대해서는, 이 우선순위 방식이 정말 잘 동작하는지 약간의 불안감이 있다. 여기서 우선 실제 동작을 해 보고, 결과를 측정하고 나서 문제가 있다면 확인해 보겠다.

5-1장까지의 Streem의 구현에서 실행 큐에는 우선도가 있어서, 생산자의 우선순위를 낮췄다. 이번에는 생산자 전용 큐를 설정했다. 큐에서 추출하는 순서를 보통 큐 → 생산자 큐로 하는 방법으로, 생산자의 우선도를 낮췄다.

분배 시의 체류는 고려하지 않는다

실은 동일한 문제가 하위에서도 발생한다. 분배에 따라 여러 개의 하위에 데이터를 전달할 때, 각각 하위 스트림의 데이터 처리 속도가 다르면, 느린 스트림 앞에 데이터가 쌓여 버린다. 하지만 분배가 상위 스트림이 필터이고, 생산자가 아닐 경우에는 위에서 설명한 우선순위 조정의 효과는 없어진다.

여러 가지를 검토한 결과, 하위 측의 문제는 그렇게 심각하지는 않다고 생각해 이번에는 대응하지 않는 것으로 했다.

20년간 루비의 개발에서 배운 지혜 중 하나는, 언어 처리 시스템의 경우, 이용되는 국면을 한정하는 것은 곤란함을 일으켰다. 발생할 가능성이 있는 문제는 반드시 발생하며, 더군다나 생각한 것보다 더 심각한 사태가 되는 경우가 많았다. Streem에서도 몇 가지 이런 문제에 대처해야할 날이 올 것이다. 그때까지 현명한 해결책을 생각해 둘 필요가 있겠다.

기존의 큐는 메모리를 배려했다

흐름 제어를 구현하기 위해 Streem의 이벤트 처리 코어 부분인 이벤트 루프 부분을 대대적으로 수정한다.

지금까지 구성도를 그림 5-16에 나타냈다.

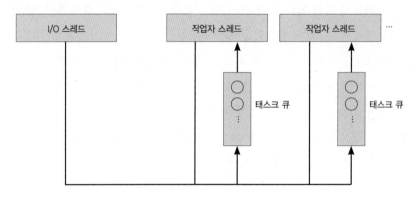

그림 5-16 지금까지의 이벤트 처리 아키텍처

이 구성의 특징은 작업자 스레드별로 태스크 큐를 갖는 것으로, 같은 파이프라인의 처리는 같은 작업자 스레드에서 실행하는 것을 목적으로 한다. 여기에는 몇 가지 장점이 있는데, 첫 번째는 스트림에 속하는 태스크가 여러 개의 스레드를 실행할 우려가 없기 때문에 배타 제어를 신경 쓸 필요가 없다. 더욱이 태스크가 순차적으로 처리되기 때문에 처리 속도의 문제로 인해 데이터의 전후가 바뀔 우려가 없다는 것이 큰 장점이다. 마지막으로 일련의 태스크가 같은 스레드에서 실행되는 것으로, 캐쉬가 공유돼 메모리 액세스 효율이 높아진다는 점도 있다.

하지만 한편으론 파이프라인의 수가 적은 경우에는, 멀티코어 환경에서도 결국 다중코어의 활용을 할 수 없고, 성능이 제대로 나오지 못할 위험성도 있다.

결국 캐시 활용에 따른 성능상의 장점과, 멀티코어를 100% 활용할 수 없는 성능상의 단점이 공존하는 형태다. 이를 종합적으로 생각해보면 단점이 좀 더 위에 있는 것 같다. 또한 순서의 보증에 대해서도 스트림 처리에 있어서 순서는 문제가 되는 경우는 별로 없기 때문에 장점은 많지 않을 것 같다.

코어 활용을 우선시하는 변경

여기서 그림 5-17 같이 새로운 구성을 생각해 보자.

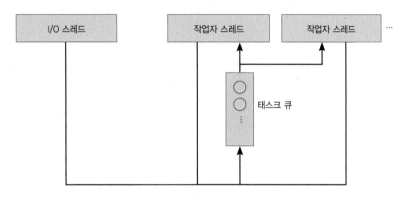

그림 5-17 새로운 이벤트 처리 아키텍처

큐를 공유하고 있어 비어 있는 작업자 스레드가 태스크를 받아오게 돼, 코어 활용률을 높일 수 있다. 같은 파이프라인에 속하는 태스크가 다른 스레드에 실행되면, 1차 캐시의 공유가 불가능할 가능성이 있다. 하지만 2차 캐시와 3차 캐시에 올라갈 가능성이 상당히 높기 때문에 이는 신경 쓰지 않아도 된다. 다시 그림 5-17에서는 흐름 제어를 위한 생산자 큐가 생략돼 있다.

하지만 그림 5-17의 구성 그대로는 약간의 문제가 있다. 우선 동일 스트림에 속한 태스크 사이에서 배타 제어가 필요한 경우가 상당히 자주 발생한다. 지금까지 소개한 필터 중에도 스트림 상태가 존재하는 count( ), sum( ), reduce( ) 등은 배타 제어가 필요하다.

이런 경우를 위해 각 작업자 스레드에도 개별 큐를 준비해 둔다. 큐에서 추출한 태스크에 속하는 스트림이 배타 제어가 필요한 경우라면, 동시 실행에서 일관성을 잃지 않기 위해 현재 실행 중인 태스크를 종료 후, 이어서 태스크를 실행 가능하도록 한다. 결국 태스크를 실행 중인 작업자 개별 큐에 이어서 태스크를 추가한다.

태스크 큐 구현 개선

이벤트 처리의 효율을 높이기 위해 큐의 구현을 조금 바꾸겠다. 지금까지의 구현은 락과 조건 변수의 조합이었다. 이것은 바르게 동작하는 것은 보증하지만, 성능에 대해서는 상당히 문제가 있다.

멀티스레드 환경의 데이터 구조는, 제대로 처리를 하지 않으면 정확한 결과가 나오지 않는다. 예를 들어 어떤 스레드가 데이터를 수정하는 도중 다른 스레드가 데이터를 읽어 들이는 경우, 실제로 읽어 들이게 되는 것은 다음 중 하나일 것이다.

- 운이 좋으면 정확한 데이터
- 수정 도중 일관성이 없는 데이터
- 수정한 데이터와 관계없는 가비지 데이터

하지만 상황에 따라, 타이밍에 따라 발생의 예측이 불가능하다. 대부분의 경우 잘 동작하다가 가끔 실패하는 경우는 악성 버그로 분류된다.

이와 같은 사태를 피하기 위해서 보통, 멀티스레드 환경에서 공유된 데이터 구조는 배타 제어를 할 필요가 있다. 구체적으로는 스레드 간에서 공유된 데이터를 액세스하는 경우에는, 그 직전에 락을 걸고 액세스가 끝나면 락을 해제한다. 다른 스레드가 데이터를 액세스할 때에도 락을 걸도록 하고 있으나, 다른 스레드가 액세스 중에서 락을 걸어버리는 경우에는 락이 해제될 때까지 실행이 정지된다.

실행이 정지된다는 것은 처리가 밀린다는 의미다. Streem 같이 코어 수만큼 작업자 스레드가 생성되는 아키텍처에서는, 멀티코어를 충분히 활용하지 못하는 경우도 발생한다. 이는 정말 아깝지 않은가?

이런 사태를 피하기 위해 락에 의한 보호를 쓰지 않은 락 프리 데이터 구조가 고안되고 있다. 락 프리는 복수의 스레드가 어떤 타이밍에서 액세스해도 파괴되지 않는 알고리즘을 채용한 데이터 구조다.

내 자신이 생각해도 구현이 불가능할 것 같기 때문에 기존의 것을 이용하도록 하겠다. 깃 허브에서 검색한 결과 github:supermartian/lockfree-queue를 찾아냈다. 이 락 프리 큐를 대대적으로 수정해 사용하겠다.

Compare and Swap

스레드를 고려하지 않은 '보통'의 프로그래밍에서는, 데이터를 갱신할 때 우선 읽어 들이고, 그것을 가공해 결과를 돌려주는 순서를 밟는다. 하지만 읽어 들인 후 가공할 때까지 다른 스레드가 해당 데이터에 액세스하거나 수정하면, 부정합이 일어날 가능성이 있다. 이런 상황을 막기 위해 데이터 참조와 갱신을 같이 실행하는 것이 락 프리 알고리즘의 기본이다.

이 같은 갱신 조건을 'Compare and Swap^{CAS}'라고 부른다. CAS는 메모리 위치, 값1, 값2라는 3개의 인수를 취한다. 이 메모리 위치의 내용을 값1과 비교하고, 같으면 해당 메모리 위치에 값2를 할당한다. CAS는 CPU의 1명령으로 실현돼, 그 조작 중에 다른 스레드가 실행되는 일이 없음이 보증된다. 이와 같은 조작을 '아토믹'이라고 부른다.

원래 C 언어에는 CAS를 실현하는 명령은 존재하지 않기 때문에, 이 명령을 호출하는 어셈블러가 필요하다. 하지만 다행히 GCC4.1부터는 CAS를 구현하는 확장 기능이 다음과 같이 제공된다.

```
__sync_bool_compare_and_swap( )
```

맺음말

이번에는 파이프라인 처리의 개념 정리와 구현의 개선 작업을 했다. 멀티스레드 환경에서의 프로그래밍은 고려할 점이 많고, 상당히 고민스러운 작업이다. 다음에는 이 구현 개선에 대해서도 설명하겠다(이 책에서는 4-5장의 타임머신 칼럼 참조).

타이밍에 의존하는 버그는 정말 골치 아프다

2016년 4월호에 실린 글이다. 파이프라인의 구성 요소로 reduce, reduce_by_key, zip 등의 함수를 새로 만들었다. 또한 락 프리 큐에 대해서도 조금 다룬다.

잡지에는 4-5장 전에 이번 내용을 소개했기 때문에, 이 책을 읽는 이들 중에 이번 내용에 위화감을 느끼는 사람도 있을 수 있다. 하지만 4-5장의 타임머신 칼럼에서 말했듯이, 이 락 프리 큐는 부하가 높은 경우에 발생하는 버그를 해결하지 못해 결국에는 채용하지 않았다(코드는 남아 있지만, 컴파일 시에 플래그(flag)로 락을 이용하는 큐를 사용하도록 한다).

타이밍에 의존하는 비결정적 버그는 정말 디버그 시에 골치 아프다. 정말 열심히 도전했지만, 시간과 노력의 한계가 와서 포기하고 말았다. 언젠가 다시 도전하겠다.

5-3 CSV 처리 기능

Streem 같은 파이프라인 처리를 하는 경우에, 입력원이 되는 데이터 형식으로 가장 많이 사용되는 것은 아마 CSV가 아닐까 싶다. 여기서 CSV에 의한 데이터 입력 기능에 대한 개발의 순서를 따라가며 해설하도록 한다. '표준'이 없는 CSV의 처리는 상당히 귀찮다.

CSV^{Comma-Separate Values}는 표 형식의 데이터를 표현하기 위해 널리 사용되는 형식이다. 특히 Excel등의 프로그램에서의 데이터를 다른 소프트웨어에서도 쓸 수 있도록 하기 위해서는 CSV 같은 간단한 텍스트 형식이 가장 확실하다.

하지만 한편으로 CSV에는 각 프로그램이 제각각 대응하고 있어 정해진 표준이 없다. 일단 IEFT^{Internet Engineering Task Force}가 RFC4180으로 문서화하고 있으나 어디까지나 '참조용 Informational'이고, 엄밀히 규격이라고 말할 수는 없다. 더욱이 RFC4180에 따르지 않는 CSV 데이터가 워낙 많아, 표준을 따르지 않는다고 무시할 수는 없는 것이 현실이다.

이번에는 이 CSV에 의한 데이터 입력을 Streem에 추가한다.

RFC4180

RFC4180에 정의된 CSV데이터 형식은 대체로 다음과 같은 규칙을 따른다.

첫 번째로 파일은 하나 이상의 레코드로 구성된다. 레코드는 CRLF^{Carrage Return / Line Feed}로 구분되는 '행'이다. CRLF를 C 언어적으로 표기한다면 '\r\n'이 된다.

레코드는 하나 이상의 필드로 구성된다. 필드는 콤마(,)로 구분한다. 마지막 필드의 뒤에는 콤마가 붙지 않는다. RFC4180에서 각 레코드는 같은 수의 필드를 포함한다고 정의돼 있다.

필드는 큰따옴표(")에 싸여있다. 단 필드가 콤마, 큰따옴표, 줄바꿈 문자를 포함하는 경우에는 반드시 큰따옴표 처리를 한다. 큰따옴표로 둘러싸인 필드 내 데이터에서 큰따옴표를 표현하기 위해서는 큰따옴표를 두 번 연속("")으로 표기해, 둘러싸는 큰따옴표와 구분한다.

CSV는 옵션으로 헤더를 가질 수 있다. 헤더의 유무는 외부에서 지정하고, 존재하는 경우에는 앞의 레코드를 구성하는 각 필드의 문자열이 해당하는 필드의 이름이 된다.

CSV 변형

이미 설명했듯이 어디까지나 참조용인 RFC4180은 'CSV 규격'이 아닌 '최소한의 CSV로서의 기준'의 완만한 합의 같은 것이다.

또한 RFC4180 책정 전부터 CSV를 해석하는 소프트웨어는 여러 개 개발돼 있었기 때문에, CSV의 해석에도 많은 수의 변형이 있다. 예를 들면 다음과 같다.

- 레코드 구분은 CRLF뿐만 아니라 LF를 허용하는 것도 있다.
- 필드 구분은 콤마뿐만 아니라 스페이스에 의한 구분도 허용하는 것이 있다.
- 큰따옴표의 이스케이프 처리는 2중으로 겹쳐 입력하지만, 백슬래시(\)를 앞에 붙이는 스타일의 이스케이프 처리를 허용하는 것도 있다.
- 필드 수는 RFC4180에서는 모든 레코드에서 동일하지만, 다른 경우의 대응은 처리 시스템별로 다르다. 에러를 발생시키는 것이 있고, 많으면 무시하고, 부족하면 끝에 빈 문자 필드를 붙여 처리하는 시스템도 있다.
- 빈 줄이 CSV 파일 내에 들어있는 경우 그 행을 무시하는 처리 시스템이 있고, 필드 수 0인 레코드로 처리하는 시스템도 있다.
- CSV 데이터 중에 코멘트를 허용하는 시스템도 있다.
- RFC4180에 필드 데이터 타입에 관련 기재는 없지만(모두 문자열로 취급), 처리 시스템에 따라 모두 숫자로 구성된 필드를 수치로 자동 변환한다.

CSV 형식의 데이터가 대량으로 존재하기 때문에 이들의 변형도 무시할 수 없고, 많은 CSV 함수는 대량 옵션을 가진 경우도 많다.

단 이번에는 옵션에 그렇게 매달리지는 않을 것이며, "대부분의 경우 문제없이 잘 돌아간다." 정도를 목표로 한다. 이후 필요에 따라 기능강화를 할 예정이다.

깃허브 연구

스스로 처음부터 CSV를 해석하는 함수를 작성해도 좋지만, 오픈소스 소프트웨어를 개발하기 때문에 타인의 결과물을 좀 빌리기로 하자.

인터넷에 공개된 CSV 해석 루틴을 검색하고, 조건에 맞는 것을 찾아봤다. 못 찾으면 포기하고 자기 제작을 할 참이었다.

CSV 루틴 검색을 위한 조건은 다음과 같다

- Streem에 내장하기 쉬울 것 같은 코드가 C로 기술돼 있을 것
- 나중에 고치기 쉬울 것 같은, 가독성이 좋을 것
- 전역 변수를 쓰지 않는 등 스레드 세이프의 특성을 가질 것
- Streem과 조합해 쓰는 데 문제가 없는 라이선스. 가능하면 MIT

이 조건을 만족하는 라이브러리가 있을까? 우선 깃허브에서 검색했다. 최근에는 소스코드가 깃허브에 집약돼 있어 더 좋아졌다.

깃허브의 검색 창에 다음과 같이 입력한다

```
csv language : C
```

'language:C'는 구현 언어의 지정 부분이다. 이 부분은 유저가 지정하는 게 아니라 깃허브가 소스의 정보로부터 추측한 것이어서, 가끔은 잘못된 결과가 나올 때가 있다. 하지만 잘못된 결과가 나오는 경우는 복수의 언어로 작성된 프로젝트로, 이번 검색처럼 단일 기능의 경우에는 거의 없을 것이다.

이 조건으로 검색해 보니 601개의 리퍼지토리가 검색됐다(2019년 5월 기준). 상당한 수다. 이 중에는 라이선스가 명시되지 않은 것도 있어서 우선 여기에서는 제외시킨다. 다른 조건

에 맞는 것이 없다면, 저작자에 메시지를 보내 교섭하게 되지만, 처음부터 라이선스가 명시된 것이 여러 가지로 편하다.

이것을 이 조건에 맞는지를 기준으로 범위를 좁혀 들어간다. 가장 많은 것이 GPL로 제공되는 libcvs의 래퍼다. 이번에는 libcvs 정도의 기능이 필요치 않기 때문에 이는 제외한다. 다음으로 전역 변수가 많이 쓰이고 있어, 스레드 실행이 기본인 Streem과 궁합이 좋지 않은 것도 제외한다.

그렇게 해서 남은 것 중에 가장 궁합이 잘 맞는 것이 'semitrivial/csv_parse'라는 리퍼지토리였다. 전역 변수를 사용하지 않고, 상당히 간단해 쓸데없는 기능이 없다. 그리고 가독성이 좋아 수정 작업도 어렵지 않을 것 같다. 더욱이 라이선스가 Streem과 동일한 MIT 라이선스여서 고맙기 그지없다. 이를 기반으로 개발을 진행해 보자.

라이선스

깃허브에는 라이선스가 명시되지 않은 리퍼지토리가 많이 있다. 이번에는 MIT 라이선스의 소스코드를 찾을 수 있었지만, 라이선스가 명시되지 않은 경우는 어떻게 하면 될까?

내가 권하는 방법은 직접 만든이에게 문의를 하는 것이다. 깃허브의 리퍼지토리 이슈로 질문을 해도 괜찮고, 대부분의 경우 만든이의 메일 주소가 등록돼 있다.

"제 소프트웨어에 당신의 코드를 사용하고 싶습니다만, 라이선스가 명시되지 않아 어떻게 해야 할지 모르겠습니다. 어떤 라이선스로 하실지 정해 주실 수 있겠습니까? 저로서는 MIT 라이선스면 좋을 것 같습니다. 그럴 경우 당신에게 크레디트(공헌의 표시)는 어떻게 해 드리면 좋겠습니까?" 등의 내용으로 메일을 보내자. 아마도 특별한 경우가 아니라면 긍정적인 반응을 보일 가능성이 높다.

깃허브에 소스를 공개하려는 사람치고, 자기 코드에 흥미를 가진 사람이 보낸 연락을 싫어하는 사람은 거의 없다. 하지만 사용자가 이미 있는 소프트웨어의 라이선스를 자신의 사정으로 변경하라는 등의 요구는 통하지 않을 것이다. 그럴 때는 상대방의 입장이 돼 생각해 볼필요가 있다. 그런 의미에서는 섣불리 라이선스가 명시돼 있는 것보다, 명시되지 않은 것에 라이선스를 새롭게 붙이는 쪽이(답변을 못 받을 리스크가 있어도) 더 전망이 있을지도 모르겠다.

실은 이번에 채용한 'semitrivial/csv_parse'는 이 원고 집필 중에 리퍼지토리가 삭제돼 버렸다. 이미 코드는 로컬로 복사해 놓아 작업에는 문제가 없으나, 원 코드 출처 명기 등이 어려워져 나중에 문제가 될 가능성이 조금 있다.

그래서 원작자에게 메일을 보냈는데 바로 답장이 왔다. "그렇게 중요한 코드라 생각하지 못하고 삭제를 해 버렸습니다. 쓰실 거라면 복구하겠습니다. 흥미를 가져주셔서 감사합니다."라는 메시지였다. 바로 복구한 리퍼지토리에 감사의 마음을 담아 포크한 후에 별 하나를 눌러줬다.

이런 교류가 오픈소스를 개발하는 맛이 아닐까 생각한다.

csv_parser

오리지널 csv_parser는 그림 5-18에서와 같이 단 2개의 함수로 돼 있다. parse_csv 함수에서 문자열의 CSV 코드를 해석하고, 필드로 분할한 문자열의 배열을 돌려준다. 이 배열의 사용이 끝나면 free_csv_line 함수로 메모리를 풀어준다.

```
char **parse_csv(const char *line);
void free_csv_line(char **parsed);
```

그림 5-18 csv_parser가 제공하는 함수

구현은 약 145라인으로 돼 있다. 코드의 가독성도 나쁘지 않아 개조하기는 좋을 것 같다. 하지만 Streem에 내장하기에는 몇 가지 변경해야 할 점이 있다. 첫 번째는 문자열의 표현이다. csv_parser는 끝에 NUL(\0)을 두는 C의 문자열 방식을 취해 C 문자열의 배열을 돌려준다. 하지만 Streem은 독자적인 객체를 갖고 있어, Streem 문자열(strm_string)을 취해 Streem 문자열을 포함한 Streem 배열(strm_array)을 돌려줘야 한다.

우선 여기부터 바꿔보자. NUL 문자가 도중에 포함돼 있어도 동작해야 한다. NUL로 끝나는 문자열인 C 문자열(char*)에서 데이터를 받는 부분을 모두 Streem 문자열(strm_string*)로 치환한다. 또한 '문자열이 NUL이 아닌 동안'이라는 조건의 루프를 '문자열의 길이만'이라는 조건으로 바꿔준다.

데이터를 돌려주는 부분에서도 malloc으로 메모리 공간을 할당하는 부분을 Streem의 객체 할당(배열은 strm_ary_new와 문자열은 strm_str_value)으로 바꿔준다.

마지막으로 오리지널은 마지막 줄바꿈에 대해 처리해 주지 않고 있어, 마지막 줄바꿈(CR 또는 LF) 문자가 있는 경우에는 이를 삭제하도록 하자.

메모리 관리에 대해서는 Streem이 갖고 있는 가비지 컬렉션 기능에 맡기겠다. 그림 5-18 의 free_csv_line 함수는 삭제한다.

Streem 배열

이것으로 Streem에 (일단은) CSV 기능을 추가해 그림 5-19 같은 코드가 동작하게 됐다.

```
fread("sample.csv")|csv()|stdout
```

그림 5-19 CSV를 읽어 들이는 Streem 샘플

하지만 현시점에서는 배열의 내용을 출력하는 기능이 없기 때문에, CSV를 읽어 들여 stdout으로 출력해도 배열로 변환된 레코드가 다음 메시지로밖에 표시되지 않는다.

```
[...]
```

이것으로는 배열이 주어졌다는 것은 알 수 있지만, 배열의 내용이 전혀 없기 때문에 정상 동작을 한 것인지 확인이 불가능하다.

이러면 안 되기 때문에 이번을 계기로 배열을 표시하는 기능을 구현한다.

배열의 표시는 상당히 귀찮은 작업이다. 배열이 재귀적 데이터 구조로 배열 자신을 포함한 다른 데이터를 요소로 갖는 경우도 그렇고, 문자열의 경우 배열의 요소인지 아닌지에 따라 표현하는 방법이 바뀐다.

어떤 이야기인가 하면, 'abc\n'이라는 문자열이 있다고 하고, 이를 출력하면 a,b,c 그리고 줄바꿈 문자순으로 출력되게 된다. 이것이 배열 요소가 되는 경우 다음과 같이 출력돼야 한다.

```
["abc\n"]
```

결국 배열 요소로서의 문자열은 큰따옴표에 싸여 표시되며, 이 때 특수문자를 이스케이프 표기 변환하는 작업 등이 필요하다.

코드에 대해서는 value.c에 있는 strm_inspect 함수를 참조했지만, 처리는 대체로 다음과 같은 순서로 돼 있다.

- 기존의 문자열 변환 함수(strm_to_str 함수)와는 별도로, 사람이 읽기 쉽게 가공하는 문자열 변환 함수(strm_inspect 함수)를 준비한다.
- 배열의 문자열 변환은 strm_inspect 함수를 사용한다. strm_inspect 함수는 각 데이터 타입에 대해 다음과 같은 문자열 변환 처리를 실행한다.
- 정수, 부동소수점 수에 대해서는 그대로 문자열 변환을 한다. 문자열은 큰따옴표로 싸여 표시되며, 특수문자(\t, \r, \n, \e)는 이스케이프 표기, 컨트롤 문자는 수치 표기를 한다.
- 배열에 대해서는 "["의 뒤에 각 요소를 strm_inspect로 문자열 변환한 것을 ","을 구분자로 해 나열하고, 마지막에 "]"를 붙인다.

그 결과 사람이 읽을 수 있는 형식으로 배열을 출력하게 됐다. 예를 들어 다음과 같은 행을 읽어 들인다고 하자.

```
마츠모토, 남성, 50 \r\n
```

그러면 다음과 같이 출력된다.

```
["마츠모토","남성",  "50"]
```

CSV 사양

이것으로 일단 CSV 데이터를 읽어 들일 수 있게 됐지만, 아직 완벽하지는 못하다.

앞에서 기술한 것 같은 CSV의 애매한 사양에 대해 Streem의 CSV 해석 기능이 어떻게 동작하는지 검토하고, 결정할 필요가 있다.

다시 한번 CSV의 사양에 대해 정리해 보자.

- 레코드 구분
- 필드 구분
- 필드 수
- 따옴표 이스케이프
- 코멘트
- 필드 타입
- 헤더

이에 대해 옵션 없이 표 5-9처럼 정하도록 하겠다. 옵션에 따라, 여러가지 상황에 대응하는(상황에 따라 코드가 복잡해지는) 것보다도, 심플함과 명쾌함을 우선으로 선택한 것이다.

표 5-9 Streem의 CSV 기능 대응

기능	애매함	결정 결과
레코드 구분자	LF,CRLF	LF(끝에 CR이 있으면 삭제)
필드 구분자	콤마 또는 tab	콤마만 인정
필드 수	에러 또는 필드 개수	에러
따옴표 이스케이프	큰따옴표 또는 '\'	큰따옴표
코멘드	#, // 등	없음
필드 타입	문자열, 수치, 날짜	수치만 자동 변환
헤더	외부에서 지정	제일 첫 번째 열이 모두 문자열이라면 헤더

앞으로는 이들 중의 일부는 옵션화해 대응할 필요가 발생할지도 모르겠지만, 일단은 이렇게 결정한다.

CSV의 태스크화

이제 이쯤에서 오리지널 csv_parser로부터 대대적인 수정을 시작하겠다.

우선 사전준비로 csv( ) 함수가 전용 태스크를 돌려주도록 하겠다. 방식은 4-1장의 소켓에서 설명한 서버 소켓과 동일한 구현이 될 것이다.

먼저 태스크 사이에 공유될 데이터를 유지하기 위한 구조체를 만든다. 이를 csv_data 구조체로 이름 붙인다(그림 5-20). 구조체 멤버의 의미는 나중에 설명하겠다.

```
struct csv_data {
  strm_array *headers;
  enum csv_type *types;
  strm_string *prev;
  int n;
};
```

그림 5-20 csv_data 구조체

그리고 csv 함수는 그림 5-21처럼 된다. csv_data 구조체를 초기화하고 태스크를 만들기만 한다.

여기서 파이프라인의 상위에서 데이터가 흘러 들어올 때, csv_accept 함수가 실행된다. 그 부분도 4-1장의 tcp_server 함수와 동일하다. csv_accept 함수 정의의 일부가 그림 5-22 같이 된다. 상위에서 주어지는 데이터가 제2 인수가 된다. 또한 방금 초기화했던 csv_data 구조체는 'task->data'라는 타입으로 얻어진다. 단 이것은 'void*'라는 타입으로 대입되기 때문에, 캐스트로 원래 구조체로의 포인터로 되돌릴 필요가 있다.

```
static int
csv(strm_state* state, int argc, strm_value* args, strm_value* ret) {
  strm_task *task;
  struct csv_data *cd = malloc(sizeo f(struct csv_data));

  if (!cd) return STRM_NG;
  cd->headers = NULL;
  cd->types = NULL;
```

```
  cd->prev = NULL;
  cd->n = 0;

  task = strm_task_new(strm_filter, csv_accept, NULL, (void*)cd);
  *ret = strm_task_value(task);
  return STRM_OK;
}
```

그림 5-21 csv 함수

```
static void
csv_accept(strm_task* task, strm_value data) {
  strm_string *line = strm_value_str(data);
  struct csv_data *cd = task->data;
  ...
}
```

그림 5-22 csv_accept 함수의 일부

필드 수 체크

여기까지 왔다면 다음으로는 표 5-9에 있는 것과 같은 사양을 순서대로 추가하면 된다.

우선은 필드 수 체크부터 시작하자. CSV의 각 레코드가 갖는 필드의 수가 다른 경우, 에러가 발생한다. 이전에 설명한 바와 같이 Streem의 파이프라인 처리에 있어서 에러는 해당 데이터를 무시하는 것으로 하게 돼 있어, 조건을 만족하지 못하는 경우에는 거기서 그냥 return해 버린다. 예를 들어 필드 수 체크 시에는 그림 5-23의 코드를 추가한다.

```
if (cd->n > 0 && fieldcnt != cd->n)
  return;
cd->n = fieldcnt;
```

그림 5-23 csv_accept 함수 필드 수 체크

'cd->n'은 0으로 초기화돼 있기 때문에 csv_accpet의 첫 번째 실행 시에는 0이 된다. 이 첫 번째 실행 시에 cd->n을 이번 필드 수로 초기화해 다음 번 체크에 준비하게 된다. 이것으로 처음 레코드와 다른 필드 수의 레코드는 전부 무시할 수 있게 된다.

잘 생각해보면 "이것은 편리할 것 같아"라고 생각해 결정한, '단순한 무시'라는 정책이지만 실용상에는 문제가 없다. 하지만 프로그램 개발 중에 버그가 있을 경우, 어디에 문제가 있는지 찾는 것은 예상보다 훨씬 괴로운 작업이 된다. 이를 위해 적어도 개발 모드에서는 에러 메시지를 뿌릴 수 있도록 하는 게 좋다. 머지않아 또 에러 처리에 대해 변경할 가능성이 있을 거라 생각된다.

행 잇기

CSV의 사양에서는 문자열 중에 특별한 의미를 갖는 문자를 포함해도 상관 없도록 돼 있다. 예를 들어 콤마와 이스케이프된 큰따옴표와 줄바꿈 문자다.

하지만 현재 Streem의 CSV 처리에서는, 파일을 읽어 들이는 시점에서 이미 행으로 분할된 데이터가 상위에서 전달된다. 이 때문에 문자열에 줄바꿈 문자가 포함되는 경우, 하나의 레코드일 것 같은 데이터가 여러 개로 분할돼 전달된다.

여기에서 문자열이 따옴표 중에 끝나 버린다면(결국 입력이 따옴표 안에 줄바꿈 문자가 와버린 문자열 이라면), 이를 csv_data 구조체 안에 보존해 두고 다음 실행 시 전달된, 다음의 데이터와 결합해 하나의 레코드로 만들고 해석하는 방식의 코드를 추가한다(그림 5-24). 여기서는 문자열이 따옴표 안에서 종료되면, 필드 수를 세어주는 count_field 함수가 -1을 돌려주는 것을 활용한다.

```
if (cd->prev) {
  strm_string *str = strm_str_new(NULL, cd->prev->len+line->len+1);

  tmp = (char*)str->ptr;
  memcpy(tmp, cd->prev->ptr, cd->prev->len); *(tmp+cd->prev->len) = '\n';
  memcpy(tmp+cd->prev->len+1, line->ptr, line->len); line = str;
  cd->prev = NULL;
}
```

```
fieldcnt = count_fields(line);
if (fieldcnt == -1) {
  cd->prev = line;
  return;
}
```

그림 5-24 행 잇기 처리

앞의 행(cd->prev)이 존재하지 않는 경우, 우선 앞의 행과 현재의 행과 결합한다. 이 결합 처리의 부분이 매끄럽지는 않아서 이 부분은 앞으로 어떻게 해야 할 것 같다.

필드 타입

현재 필드는 모두 문자열로 취급하고 있으나, 수치로 표현할 필요가 있을 경우 자동으로 수치 변환하는 쪽이 편리하다. 여기서 필드를 구성하는 문자열이 모두 숫자인 경우에는 정수, "."를 사이에 낀 두 개의 문자열인 경우에는 부동소수점 수로 자동 변환하도록 했다. 이는 골라낸 필드를 문자열로 하는 부분을 csv_value 함수로 다시 골라내어, 내용에 맞는 정수 또는 부동소수점 수로 변환하는 처리를 추가하도록 구현했다. 또한 타입 정보를 csv_data의 types 멤버로 기억해 놓고, 필드의 타입에 맞지 않는 경우는 에러로 처리하며, 이 때는 해당 레코드를 건너뛰게 했다.

헤더 처리

이 세상의 많은 CSV 데이터는 첫 행에 헤더가 존재한다. 이 헤더를 적절히 처리하는 기능을 추가해 보자.

R이라는 언어의 data.table 라이브러리에는 fread라는 CSV 데이터를 읽어 들이는 함수가 있지만, 이는 파일 첫 행의 각 필드가 모두 문자열일 경우에 이는 헤더로 보도록 한다. 이를 본떠 같은 조건이 성립할 때는 첫 행은 헤더로 인식하고 건너뛰게 한다.

404

하지만 그냥 건너뛰는 것만으로는 헤더 정보를 유실하는 것이 되므로 좀 아깝다는 생각이 들지 않는가?

그래서 헤더에 주어진 CSV 데이터를 해석한 결과, 헤더에 지정된 필드명을 갖는 맵을 돌려주도록 한다.

원래 Streem의 문법에는 루비 등의 해시와 비슷한 맵이라는 데이터 타입이 내장돼 있다. 하지만 데이터가 변경 불가이기 때문에 해시에는 큰 의미는 없어서, 문법적으로는 명시했지만 구현은 하지 않고 있었다.

하지만 이번을 계기로 맵을 '배열 요소에 이름이 붙어있는 배열'로 재정의하려고 생각했다. 이것은 그렇게 독특한 데이터 타입은 아니며, 파이썬에도 '네임드 튜플Named Tuple'로 도입되고 있다. R에서도 비슷한 기능이 있다.

여기서 배열을 나타내는 구조체(strm_array*)에 headers라는 멤버를 추가해, 이 구조체의 이름 정보가 있는 경우에 이를 strm_inspect 함수로 요소별로 표시하도록 했다. 액세스도 이름으로 하려고 했지만, 이는 시간 관계상 나중으로 미루겠다.

그 결과 헤더가 있는 CSV 파일은 그림 5-25 같이 해석된다.

```
■ 입력
이름,출신
matz,돗토리
junko,야마구치

■ 출력
[이름:"matz"  ,출신:"돗토리"]
[이름:"junko"  ,출신:"야마구치"]
```

그림 5-25 CSV 헤더의 정리

오동작

타입과 헤더를 지원하는 기능을 넣고 csv 해석을 이제 좀 똑똑하게 만들었지만, 실제로 CSV 데이터를 읽게 해 보니 썩 맘에 들지 않는 경우가 몇 개 발견됐다.

하나는 타입의 부정합에 의한 데이터의 건너뛰기다. 특히 CSV의 기능을 확인하기 위한 테스트 데이터에서는 각 필드의 타입이 정리돼 있지 않는 것이 꽤 있어서, 타입에 맞지 않는 레코드는 자동적으로 건너뛰어 버린다. 사양대로라고 해도, 사양을 생각하지 않는다면 결과에 상당히 놀라게 된다. 좀 더 실용적인 CSV 데이터는 대부분의 타입이 정리돼 있을 것이기 때문에, 그렇게 문제는 되지 않으리라 생각된다.

또 하나는 헤더다. CSV 데이터에는 헤더가 없고, 이미 모든 필드가 문자열인 경우가 그 나름대로 있다는 것을 알았다. 현재의 구현에서는 이 정당한 레코드를 헤더로 인식해 첫 줄을 건너뛰어 버린다. 이는 상당히 심각한 문제여서 옵션으로 헤더의 유무를 지정하는 방법을 둔다거나, 헤더의 판정 조건을 좀 더 강화를 하든지 해서 실용성을 강화해야 할 것 같다.

이번 구현에서 처음으로 깨달았지만, CSV의 해석은 상당히 심오한 분야여서 이번 한 번으로 완성했다고 말할 수는 없다. 특히 앞의 문제는 상당히 심각해서 좀 더 수정할 필요가 있을 것 같다.

맺음말

이번에는 소스코드를 보지 않으면 이해가 어려울지도 모르겠다. https://github.com/matz/streem.git에 있는 소스코드를 옆에 놓고 src/csv.c를 보면서 읽으면, 이해에 도움이 될 것이다. 이번에 설명하는 시점의 소스코드는 '201509' 태그를 붙여 놓았다.

타임머신 칼럼

CSV 처리는 이전에 만들어 놓았던 것이다

2015년 9월호에 실린 글이다. Streem의 언어로서 기본적인 부분은 대부분 완성했고, 이후는 기능 추가와 완성도 및 성능 개선에 주안점을 뒀다. 처음 손댄 부분은 데이터 처리 언어로는 기본이 되는 CSV를 읽어 들이는 기능의 구현이었다. 눈치챘을지 모르겠지만, 이번 회는 다른 회에 비해 게재 시기가 오래됐지만, 책의 구성상 문제로 이 위치에 둔 것이다. 원래는 훨씬 앞에 등장했다. 이번 회에서 설명한 배열과 맵을 동일시하는 것은 (시간상에는 뒤가 되는) 3-2장에서 해설하는 Streem의 객체지향 기능의 기반이 되고 있다. 혹시 이 책을 다시 읽게 된다면 시간순으로 다시 읽어보면 또 다른 재미가 있을 것이다.

5-4 시간 표현

이번에는 시간 표현과 그 조작의 구현에 대해 설명한다. 국제 규격에 기초해 시각을 표현하자. 타임 존도 대응해 시각의 더하기 및 빼기도 가능하게 했다. 유닉스 표준 API가 이에 충실하지는 않기 때문에, 설계와 구현에 어려움이 많았다.

이번에는 시간 표현과 그 조작의 구현에 대해 생각해 보자. 스트림 타입 데이터 처리에 있어서도, 시간 조작은 나름대로 자주 발생한다.

예를 들어 도쿄의 강수량 데이터에서 그래프를 그리는 태스크를 생각해 보자. 몇 년, 몇 월, 며칠에 몇 밀리미터의 비가 내렸다는 CSV 데이터를 읽어 들여, 이를 그래프로 그리는 것이다.

좀 더 나아가서는 월별, 연별의 평균을 계산하는 등의 처리가 필요할 수도 있다. 이렇게 되면 '시간'을 데이터로 취급하는 것이 필요하게 된다.

시간(또는 시각)은 대부분의 경우 2016-06-01 같이 문자열 표현이 사용된다. 하지만 문자열 대로라면, 크기 비교 정도 이외에는 경과일 수 계산 등의 작업은 쉽지가 없다. 프로그래밍에 있어서도, 시간을 시간으로 취급하고 싶은 것은 자연적 욕구다.

시간과 시각

그런데 '시간'이라는 단어는 여러 가지 의미로 사용된다. 시간의 길이(예: 이 원고를 작성하는 데 걸린 시간은 2주였다)로도 사용되며, 어떤 순간의 시간적 위치를 나타내는 경우에도 사용된다(예: 지금 시간은 2016년 5월 1일 오전 10시다). 이렇게 애매한 표현은 때때로 곤란함을 초래한다. 여기에서는 앞으로 어떤 특정 시간적인 위치를 '시각時刻'이라고 부르겠다. 영어로 표현한 다면 'time stamp'가 되겠다.

한편 시간의 길이는 'duration'이라고 한다. 적절한 단어가 생각나지 않지만, 억지로 적는 다면 '시간 간격'이라든가 '지속 시간'이 되겠다. 그런데 이 의미를 한정시켜 '시간'이라는 말을 쓰는 사람도 있는 것 같다. 한자로는 '시時'와 '간間'이어서 용어로는 적절할지 모르겠지만, 경우에 따라서는 이것도 혼란을 초래할 수 있겠다는 생각이 든다.

시각의 문자열 표현

사람은 시각을 표현하는 데 다양한 방법을 사용한다. 특히 날짜의 표현은 문화에 상당히 의존적이다. 예를 들어 일본에서는 다음과 같은 형태로 표현한다.

> 2016년 5월 1일

하지만 미국에서는 다음과 같이 쓰는 경우가 많다.

> May 1 2016

또 유럽에서는 다른 순서로 쓰기도 한다.

> 1 May 2016

이런 상황은 혼란의 원인이 되기 때문에 시각의 표현 방법을 규정하는 국제 규격이 있다. 이것이 ISO8601이다.

ISO8601에서는 기본 형식과 확장 형식으로 날짜를 표현한다.

> 20160501(기본 형식)

> 2016-05-01(확장 형식)

경과시간^{duration}을 포함하는 경우에는 다음과 같이 표현한다.

```
20160501T100000+0900
```

```
2016-05-01T10:00:00+09:00
```

기본 형식은 수치와 구별이 구별되지 않기 때문에, 실제 시각표현에는 확장 형식 쪽이 많이 사용되는 편이다.

시각의 표현 방법

ISO8601을 사용하면 시각을 문자열로 표현 가능하지만, 문자열 표현 그대로는 프로그램으로 쓰기가 어렵다. 여기서 시각 데이터 타입의 도입을 생각할 수 있지만, 시각을 어떻게 표현하는 게 적절할까?

시간이라는 것은 과거부터 미래로의 1차원적인 흐름이기 때문에, 수치로 표현하는 것이 적절하겠다. 많은 시스템에서 시각은, 원점이 되는 어떤 특정의 시각(에포크^{epoch}라고 부른다)으로부터 경과 시간에 따라 시각을 표현한다.

리눅스를 포함한 많은 유닉스 시스템에서는 1970년 1월 1일 00:00(UTC)을 에포크로 한다. 경과 시간은 초에 따라 표현한다. 결국 **2016-05-01T10:00Z**는 에포크인 **1970-01-01T00:00Z**부터 경과된 시간을 초로 표현한 **1462096800**로 표현된다. 예를 들어 현재 시각을 추출하는 시스템 콜 time(2)는 다음과 같은 API다.

```
time_t t = time(NULL);
```

t에는 에포크에서 경과된 초가 정수로 주어진다. 하지만 항상 초 단위로 커뮤니케이션하는 법은 없으며, 1초 이하의 정보를 추출할 필요가 있는 경우도 있다.

유닉스에서도 이를 생각했던 것일까? 새로운 시스템 콜인 gettimeofday(2)가 추가됐으며, 단위는 초 이하의 시각이 마이크로초 단위로 주어진다.

```
struct timeval tv;
gettimeofday(&tv, NULL);
tv.tv_sec; // => 초수(秒数)
tv.tv_usec; // => 마이크로초
```

마이크로초인데 usec가 좀 이상하게 보일지도 모르겠다. 이는 마이크로(100만분의 1)를 의미하는 그리스 문자 μ(뮤)와 알파벳 u가 비슷하게 보여 이렇게 이름을 붙였다고 한다.

그 후 더욱 더 세밀한 시각 단위가 필요하다고 생각했던 것일까? POSIX.1-2008에서는 더 새로운 시스템 콜인 clock_gettime(2)가 추가됐다.

```
struct timespec tp;
clock_gettime(CLOCK_REALTIME,&tp)
tp.tv_sec; // => 초수
tp.tv_nsec; // => 나노초
```

clock_gettime(2)의 1초 미만의 부분은 마이크로초가 아닌 나노초 단위다.

유닉스에서는 1970년 1월 1일부터의의 초 단위 시각을 표현하지만, 모든 시스템에서 같은 표현을 쓰지는 않는다. 예를 들어 Windows NT에서는 에포크를 1601년 1월1일로, 경과 시간을 초 단위가 아니라 100나노초 단위로 표현한다.

시각 타입 구조체

그러면 바로 시각을 표현하는 데이터 타입을 Streem에 추가해 보자. 이전에 kvs의 구현 등에서 수행한 것과 기본적으로 구조는 동일하다.

우선은 시각을 표현하는 구조체를 그림 5-26 같이 정의한다.

```
struct strm_time {
  STRM_AUX_HEADER;
  struct timeval tv;
  int utc_offset;
};
```

그림 5-26 시각형 구조체

메소드를 갖는 구조체의 첫 부분에는 다음과 같은 매크로를 배치한다.

```
STRM_AUX_HEADER;
```

실제로 시각을 표현하는 타입으로 'struct timeval'을, 시차를 표현하는 정수로 'utc_offset'을 준비하고 있다. struct timeval은 그림 5-27 같은 정의의 구조체로, 마이크로초의 시각이 표현 가능하다.

```
struct timeval {
  time_t        tv_sec;  /* seconds */
  suseconds_t tv_usec; /* microseconds */
};
```

그림 5-27 struct timeval의 정의

struct_timeval의 채용에 관련해 man 페이지에서는 그림 5-28 같은 신경이 쓰이는 내용이 있었다. '비추천'이라는 것은 말 그대로 사용하지 않는 것이 좋다는 의미다. obsolete는 '오래되다'는 의미로 '폐지 예정'에 가까운 뉘앙스가 있다.

```
POSIX.1-2008 marks gettimeofday() as obsolete, recommending the use of
clock_ gettime(2) instead.
```

번역: POSIX.1-2008에 의하면 gettimeofday( )는 비추천으로, 대신에 clock_gettime(2)의 이용을 추천한다.

그림 5-28 gettimeofday의 man 페이지

그래서 clock_gettime( )의 채택을 신중히 해야겠다고 생각해 조사를 했는데, Mac OS에서는 아직 clock_gettime( )이 아직 구현돼 있지 않다고 한다. POSIX.1-2008이라는 몇 년 전의 규격에서 정의된 것을 미구현했다는 사실을 어떻게 봐야 할지를 생각했지만, 이식성을 생각한다면 없는 것은 어쩔 수 없다. gettimeofday( )를 그대로 쓰기로 하자.

시각의 UTC로부터 시차를 초 단위로 표현하는 것이 utc_offcet이다. 예를 들어 일본은 UTC보다 9시간 앞서고 있어 일본 시간을 나타내는 시간의 utc_offset은 다음과 같다.

```
9×60×60 = 32400
```

원리주의적인 입장에서 보면 시각 타입에 시차 정보는 필요치 않다. 어느 순간을 표현하는 시각에서 시차는 의미가 없다. 일본에서의 오후 9시는 UTC의 정오가 되며, 이는 표현은 다르지만 같은 시각을 의미한다. 시각 정보는 이를 문자열 표현으로 변환할 때 필요한 것이다. 만일 어떤 시각이 9시라는 정보는, 그 타임 존의 정보 없이는 의미가 없다. 하지만 시각에는 출신 정보가 있는데, 예를 들어 2016-05-01T10:00:00+09:00이라는 표현에서 만들어지는 시각에 디폴트로 타임 존에 표시되면 좋겠다는 생각이 드는 것은 당연하다. 이에 타임 존을 지정해서 생성된 시각 데이터에는 시차 정보를 집어 넣어 표시의 디폴트로 하도록 했다.

UTC

지금까지 UTC라는 말을 설명 없이 써 왔지만, 여기서 한번 제대로 설명을 하겠다. UTC^{Coordinated Universal Time}은 시각의 원점이다. 첫 글자를 따서 CUT라고 하지 않는 데에는 심오한 이유가 있다고 한다. 규격 제정 시 이 용어의 정식 명칭에 대해 영어의 Coordinated Universal Time과 프랑스어의 Temps Universel Coordonne 사이에 심한 줄다리기가 있었고, 결국 어느 쪽도 아닌 UTC가 채용됐다는 이야기를 들은 적이 있다 .

예전에는 시각의 원점이 영국의 그리니치 천문대의 이름을 따서 GMT^{Greenwich Mean Time}라고 불렀다. 천문계 측에 사용되는 GMT 대신에 더 정확함을 추구하는 UTC는 세슘 133이 91억 9263만 1770회 진동하는 시간을 1초 단위로 원자 시계로 계측해 구한 것이다. 지구의 자전 속도의 흔들림에 의해 GMT와 UTC 간에 미묘한 차이가 발생한다. 이를 보정하기 위해 드물게 '윤초'가 삽입된다.

윤초는 상당히 귀찮은 문제로, 예를 들어 2012년 7월 1일에는 윤초 삽입 문제로 광범위한 장애가 발생했다.

시간 타입 데이터의 생성

그러면 시간 타입 데이터 생성을 생각해 보자. 그림 5-29는 현재 시각을 생성하는 now( ) 함수의 구현이다. now( )는 생략 가능한 인수가 하나 있으며, 지정되면 타임 존을 의미한다 (표 5-10).

표 5-10 타임 존 지정 표기

표기	의미
Z	UTC
+09:00	UTC+9시간
+0900	UTC+9시간(생략형)
+900	UTC+9시간(생략형)
−09:00	UTC−9시간
−0900	UTC−9시간(생략형)
−900	UTC−9시간(생략형)

```
static int
time_now(strm_stream* strm, int argc, strm_value* args, strm_value* ret)
{
  struct timeval tv;
  int utc_offset;

  switch (argc) {
  case 0:
    utc_offset = time_localoffset();
    break;
  case 1:                      /* timezone */
    {
      strm_string str = strm_value_str(args[0]);
      utc_offset = parse_tz(strm_str_ptr(str),strm_str_len(str));
      if (utc_offset == TZ_FAIL) {
        strm_raise(strm, "wrong timezeone");
        return STRM_NG;
      }
```

```
    }
    break;
  default:
    strm_raise(strm, "wrong # of arguments");
    return STRM_NG;
  }
  gettimeofday(&tv, NULL);
  return time_alloc(&tv, utc_offset, ret);
}
```

그림 5-29 now의 구현

타임 존의 지정 방법에는 예를 들어 일본 표준시로 'JST' 같은 생략형을 쓰는 것과 'Asia/Tokyo'처럼 도시명을 사용하는 방법도 있다. 하지만 Japan Standard Time과 Jamaica Standard Time이 있다고 한다면 혼동이 발생할 수 있으며, 세계 각지의 도시명의 테이블이 필요하다. 이를 위해 이번에는 여기에 대한 대응은 하지 않도록 하겠다.

time_now( )가 하는 일은 단순히 인수를 처리하고, gettimeofday(2)로 현재 시각을 취득해 time_alloc( )을 호출하는 것뿐이다.

그림 5-30에서 보듯이 time_alloc( )의 구현도 전혀 어렵지 않다. 통상의 Streem 객체의 초기화(type과 ns의 설정)를 한 후, 주어진 struct timeval의 tv_usec을 정규화하고, 음수와 1초를 넘기는 값은 버리도록 조정하는 것뿐이다.

```
static int
time_alloc(struct timeval* tv, int utc_offset, strm_value* ret)
{
  struct strm_time* t = malloc(sizeof(struct strm_time));

  if (!t) return STRM_NG;
  t->type = STRM_PTR_AUX;
  t->ns = time_ns;
  while (tv->tv_usec < 0) {
    tv->tv_sec--;
    tv->tv_usec += 1000000;
  }
```

```
  while (tv->tv_usec >= 1000000) {
    tv->tv_sec++;
    tv->tv_usec -= 1000000;
  }
  memcpy(&t->tv, tv, sizeof(struct timeval));
  t->utc_offset = utc_offset;
  *ret = strm_ptr_value(t);
  return STRM_OK;
}
```

그림 5-30 time_alloc()의 구현

시차 구하는 방법

실제로 구현 시에 어려웠던 부분은 앞에서 언급한 부분이 아닌, 로컬 타임과 UTC의 시차를 구하는 함수인 time_localoffset()의 구현이었다.

처음에는 로컬 타입으로 '1970-01-01T00:00:00'에 대응하는 시각을 구하면 시차가 구해질 수 있지 않을까 하는 아이디어가 있었다. 하지만 트위터에서 "1970년과 현재의 시차가 다른 경우가 있다."는 지적을 받았다.[1]

일본에서는 통상 타임 존의 변화가 없기 때문에 잊기 쉽지만, 서머타임을 도입한 국가가 많고, 최근에는 북한이 자국의 타임존을 +9:00에서 +8:30로 바꾼 사례가 있다. 실은 일본에서도 1948년부터 1952년까지 서머타임이 도입된 적이 있다고 한다. 1970년 1월 시점의 시차에는 대응이 불가능한 경우가 많이 있었다.

그러면 이를 어떻게 해야 되는지 고민했는데, 다시 트위터를 통해 gmtime(3)과 mkrime(3)을 사용하면 간단히 해결되는 방법을 배울 수 있었다.[2] 140문자 이내의 코드로 작성되는 것을 보고 놀랐다.

---

1   https://twitter.com/nalsh/status/717021969758040064

2   https://twitter.com/unak/status/717026294337122304

트위터를 통해 배운 코드를 기반으로 약간 수정한 것이 그림 5-31이 되겠다. 엄밀히 말하면 그림 5-31의 코드에서는 프로그램 실시 중에 타임 존이 변화한 경우의 대응은 불가능하다. 하지만 여기에서는 신경 쓰지 않기로 하자. 앞으로 세계를 무대로 활약하는 어떤 이의 디바이스에 Streem을 동작시키고 싶은 니즈가 발생하면 생각해 보겠다고 했지만, 국가에 따라서는 윈터타임과 서머타임의 교체는 연 2회 발생하기 때문에 이 타이밍으로 프로그램이 실행하는 경우가 충분히 있을 수 있기 때문에, 대응하지 않으면 안 되겠다.

```c
static int
time_localoffset()
{
  static int localoffset = 1;

  if (localoffset == 1) {
    time_t now;
    struct tm gm;
    double d;

    now = time(NULL);
    gmtime_r(&now, &gm);
    d = difftime(now, mktime(&gm));
    localoffset = d;
  }
  return localoffset;
}
```

그림 5-31 로컬 타임의 시차를 구하는 방법

이 코드의 핵심은 gmtime(3)의 사용 방식에 있다. gmtime(3)은 time_t로 표현되는 초 단위의 현재 시각을, UTC 날짜와 시간 표현으로 분할한 struct tm으로 변환하는 함수다. 로컬 타임에서 struct tm으로 변환하는 함수는 localtime(3)이다(_r이 붙어있는 것은 스레드 세이프 버전). 그리고 mktime(3)은 struct tm에서 time_t로 변환하는 localtime(3)을 거꾸로 수행하는 함수다.

416

그럼 gmtime(3)을 사용해 UTC로 표현한 날짜를 mktime(3)을 사용해 로컬 타임 time_t로 변환하면, 시차가 반영된 시각이 구해진다. 이후에는 difftime(3)을 써서 차이를 구하면 초 단위의 시차를 구할 수 있다.

유닉스의 시간 함수는 초 단위, 마이크로초 단위, 나노초 단위 등이 혼재돼 있어, 플랫폼에 따라 사용할 수 있기도 하고 할 수 없기도 해 시차의 취급이 그렇게 충실하지 않다. 이 때문에 솔직히 그렇게 사용하기 쉽지는 않지만, 이렇게 지혜를 짜내어 기능을 조합해 보면, 의외로 결과가 나오게 된다.

시각 조작의 구현

다음에는 시각 타입의 메소드를 정의하겠다. 우선 정의할 메소드는 표 5–11의 4가지다.

표 5-11 시각 타입의 메소드

이름	기능	비고
+	시각 더하기	시각 + 수치(sec) –〉 시각
–	시각 빼기	[시각 – 시각] 또는 [시각 – 수치(sec)]
number	부동소수점 수로의 변환	에포크에서의 초 수를 부동소수점으로 변환
string	문자열로의 변환	생략 가능한 인수로 타임 존을 취함

주의할 점은 빼기 메소드 타입이다. 시각에서 시각을 빼면 경과 시간을 구할 수 있다. 이를 어떤 타입으로 표현할지는 고민되는 문제다. 방법으로는 duration을 표현하는 데이터 타입을 도입하는 방식과, 경과한 초 시간을 수치(부동소수점 수)로 표현하는 방식이 있다.

부동소수점 수를 채용한 경우 염려되는 것은 시각 정보를 표현할 수 없을지도 모른다는 점이다. struct timeval의 크기는 64비트, 부동소수점 수도 크기는 64비트지만, 부동소수점 수에 실질적인 수치 표현에 사용하는 것은 가수부 52비트뿐이다. 원래 마이크로초 시간은 최대 100만 미만이며, 20비트로 표현이 가능하다. 이 때문에 초 시간부가 32비트로 표현 가능한 2038년까지는 이것으로 어떻게든 버틸 수 있을 것이다.

간결함을 중시하기 때문에 이번은 시각끼리의 빼기 연산은 결과를 부동소수점 수로 표현하도록 했다.

이후 주의해야 할 점은 빼기는 시각끼리뿐만 아니라, 시각과 수치의 빼기도 가능하게 하는 것과 문자열 변환 함수 string( )은 생략 가능한 인수로 포맷을 취해, 시각을 임의의 타임 존으로 표현 가능하게 하는 것이 아닐까?

임의의 타임 존 시각 표시

임의의 타임 존에서의 시각 표시에도 조금 연구가 더 필요해 소개하겠다. 어느 시각으로부터 임의의 타임 존을 반영한 시간 표현(struct tm)을 얻는 방법은 명확하지 않다. 유닉스의 시간 함수는 UTC와 로컬 타임 중 어느 것을 다룰지 같은 것밖에 설계돼 있지 않기 때문이다.

하지만 보기에는 어렵게 보이는 처리도, 조금만 연구하면 실현 가능하다. 수초 단위인 시각을 나타내는 time_t과 UTC에서의(초 단위의)시차 utc_offcet로부터, 해당 타임 존에서의 struct tm을 얻는 함수 get_tm의 구현을 그림 5-32에 나타냈다.

```
static void
get_tm(time_t t, int utc_offset, struct tm* tm)
{
  t += utc_offset;
  gmtime_r(&t, tm);
}
```

그림 5-32 임의의 타임 존의 tm을 얻는 함수

구현이 상당히 단순하기 때문에 맥이 빠질지도 모르겠다. 임의의 타임 존의 UTC와의 시차만큼 어긋난 시각에 대해 gmtime_r(3)을 적용하는 것으로, 그 타임 존의 struct tm을 얻을 수 있다. 생각해 보면 당연하지만, 나조차도 너무 간단해서 좀 놀랐다.

시각의 리터럴

그럼 이와 같이 Streem에 시각 타입을 도입했지만, 이번 기회에 시각 리터럴(수치와 문자열을 직접 기술한 정수)도 도입하도록 하자. 시각 리터럴을 갖는 프로그래밍 언어는 그렇게 많지 않지만, 데이터 처리에 있어서 시각 처리의 중요성을 생각하면 리터럴이 있다고 해도 그렇게 이상하지는 않을 것이다.

여기서 시각 리터럴을 어떻게 표기할지 문제가 있지만, 가능하면 ISO8601을 사용하려고 한다. 하지만

```
2016-05-01
```

이와 같은 표현은 정수의 빼기 계산식처럼 보여져 이대로 사용할 수는 없다. 여기서 JIS X 0301을 참고해 날짜의 구분자를 '.'로 해 보자. 결국 Streem의 시각 표현은 다음과 같이 된다.

```
2016.05.01
2016.05.01T00:00:00Z
2016.05.01T00:00:00.342Z
2016.05.01T00:00:00+09:00
```

이렇게 하면 편리할 것으로 생각했으나, 시각 표기 중에 타임 존을 나타내는 플러스나 마이너스를 포함하고 있어, 조금 혼란을 초래할 수 있다. 루비 등은 시각 리터럴이 없고, 다음과 같은 형식 메소드 호출로 시각 객체를 생성한다.

```
Time.new(2016,5,1,0,0,0)
```

이것으로 과연 충분할지는 고민이 된다. 시각 리터럴은 간신히 구현했기 때문에 이대로 남겨놓지만, 한동안 써 보고 쓸 수 없다고 생각되면 나중에 삭제할지도 모르겠다. 아직 유저가 없는 언어라서 얼마나 다행인지 모른다.

시각 리터럴의 구현

시각 리터럴의 구현은 그렇게 어렵지는 않다. 구문 해석기인 lex.l에 시각 리터럴을 해석하는 정규 표현을 추가한 후에, 시각 리터럴을 표현하는 노드만 추가하면 끝난다.

실제 lex.l의 변경 포인트는 그림 5-33과 같다. 그 다음에는 srtptime(3) 등을 사용해 문자열 표현을 struct timeval로 변환하기만 하면 된다. 지금까지 준비해온 루틴을 활용한다면 큰 어려움은 없을 것이다.

```
DATE [0-9]+\.[0-9]+\.[0-9]+
TIME [0-9]+":"[0-9]+(":"[0-9]+)?(\.[0-9]+)?
TZONE "Z"|[+-][0-9]+(":"[0-9]+)?
%%

{DATE}("T"{TIME}{TZONE}?)? {
  lval->nd = node_time_new(yytext, yyleng);
  LEX_RETURN(lit_time);
};
```

그림 5-33 lex.l의 변경 포인트

CSV의 시각 대응

시각 리터럴보다 중요한 것이 있다. 바로 CSV의 시각 대응이다. 예상되는 Streem의 유스케이스에서 날짜와 시각 데이터를 입력원으로 가장 유력한 것은 CSV 파일이다.

현재는 CSV파일명 필드에서 문자열인지 수치인지를 자동으로 판별하도록 하고 있으나, 여기에 시각데이터로의 대응을 추가한다. 필드 값이 ISO8601 형식 또는 Streem 시각 리터럴 형식이면, 이는 시각 데이터로 보고 시각 객체로 변환한다.

간단하다고 생각해 수정했지만, 지금까지 부동소수점 수의 대응에 큰 버그가 있어서 오히려 이를 원상 복구하는 데 수고가 더 많이 들어갔다.

이번 일련의 개발에서도 발견하지 못한 중대한 버그가 여기저기 보여서, 슬슬 언어 사양의 테스트를 도입할 필요가 있을 것 같다.

맺음말

이번 회에서는 Streem에 시각 데이터 대응을 추가했다. 오랫동안 유닉스 프로그래머로 보통은 유닉스가 제공하는 기능과 API에는 만족하지만, 시간 관련 API에 대해서는 불완전함이 눈에 띈다. 특히 이번 같이 UTC가 로컬 타임이 아닌 타임 존을 취급하려고 하면, 갑자기 어려움에 빠지게 된다.

시간과 날짜의 취급은 원래 상당히 복잡해, 어디라도 API의 설계에는 수고가 따르게 된다. 루비도 예외는 아니어서 루비의 시각을 다루는 Time 클래스와 날짜를 다루는 Date 클래스의 설계도, 여러 가지 사정을 반영하다 보니 상당히 복잡해졌다.

타임머신 칼럼

복수 개의 타임 존에 훌륭하게 대응

2016년 6월호에 실린 글이다. 시간을 생각하면 보통 과거부터 미래로 흐르는 상당히 단순한 것을 떠올린다. 또한 물리에 기본적으로 자주 등장하는 값이어서 수학적인 의미로의 값으로 인식하기 쉽다.

하지만 프로그래밍에서 시각과 시간을 다루려면 의외로 문화와 정치에 관련된 요소가 많이 포함돼 있음을 발견한다. 예를 들어 시각을 어떻게 표현할지는 문화에 의존한다. 타임 존과 시차는 국가와 지역별로 정치에 의해 결정된다. 윤초가 언제 적용되는지도 관측에 의한 차이에 기초해 회의에서 결정된다.

원래 유닉스와 이를 표준 규격화한 POSIX는 시각과 시간의 처리와 관련해 그렇게 관심을 갖지 못했던 것 같다. API가 그렇게 충실하지 못하다. 이번에는 POSIX의 함수만을 사용해 복수의 타임 존을 취급하는 어려움에 정면으로 도전했다. 많은 고민이 있었지만, 기대 이상으로 성과가 잘 나와 상당히 만족스럽다.

5-5 통계 기초의 기초

'빅데이터'라는 말이 화제가 되고 있지만, 수학은 이전부터 큰 데이터를 다루기 위해 노력해 왔고, 이것을 '통계'라고 부른다. 이번에는 통계 기초의 기초 부분을 Streem에서 어떻게 실현하는지에 대해 해설한다.

큰 소리로 떠들 것은 못되지만, 학생시절에 나는 수학을 잘 하지는 못했다. 일반적으로 프로그래밍은 이과계의 활동이고, 따라서 이과 사람들은 수학을 잘 하게 돼 있다. 그런데 내가 수학을 못한다고 하면 의외라고 생각하는 것 같다. 그리고 잘 못한다고 해도, 바닥은 아니라고 생각하는 편이다.

하지만 실제로 수학은 정말 소질이 없었는지, 고등학교 시절에는 수학 III의 성적이 10단계 중 1단계를 받거나, 고등학교 3학년 1학기에 정기 시험의 평균점으로 16점을 받는 등 비참한 성적이었다. 대학입시에서도, 입학 후에도 수학은 상당히 괴로운 과목이었다.

생각해 보면 수학과 산수에서의 손으로 푸는 계산에는(컴퓨터에 맡기는 게 좋은 계산) 동기 부여가 생기지 않아 흥미를 잃은 것이 이런 현상까지 오지 않았나 생각한다. 실수를 잘하는 사람에게 정확함을 필요로 하는 계산을 시키는 것 자체가 잘못되지 않았을까 지금도 생각한다.

물론 컴퓨터 과학은 수학을 기반으로 성립된 것이어서 수학과는 끊을래야 끊을 수 없는 관계다. 하지만 프로그래밍의 전부가 수학이 필요한 것이 아니다. 프로그래밍 활동의 대부분은 유저의 요구 사항을 파악하는 것이기 때문에 수학과의 관계는 그렇게 강하지는 않다. 특히 내가 옛날부터 흥미가 있었던 프로그래밍 언어의 설계와 유저 인터페이스라는 분야에서는 수학을 쓸 일이 전혀 없다.

이전에는 "그래서 수학은 그렇게 필요는 없어"라고 호언장담을 했었지만, 루비를 개발하며 수학이 중요하게 쓰이는 국면을 몇 번 만났다. 커뮤니티 멤버의 도움을 받으며(틀린 부분을 지적받으며), 조금씩 진척시키고 있다. 그래도 나는 수학을 못한다는 생각은 떨칠 수가 없다.

여담이 길어졌는데, 스트리밍 프로그래밍을 구현하는 Streem에 있어서, 아마 주요 적용 분야가 되리라 예상되는 분야 중의 하나가 데이터 처리다. 전형적인 예로 테스트의 성적 데이터를 CSV로 읽어 들여 성적 처리를 하는 작업이다. 이런 작업을 하려면 수학을 못한다고 하면 안 될 것 같다. 이번에는 통계적 데이터 처리의 기초의 기초에 대해 같이 배워보도록 하자.

합계와 평균

우선 초등학교 레벨의 평균을 생각해 보자. 초등학교 딸에게 물어보니 평균은 초등학교 5학년 때 배우는 것 같다. 교과서에는 평균의 정의를 '평균 = 총합 ÷ 개수'라 돼 있다. 평균은 각각 다른 값을 평균화하면 어느 정도 되는지를 보여주는 값이다. 중간 시험이 14점이고 기말 시험이 18점이면 평균은 다음과 같이 계산한다.

```
(14 + 18) ÷ 2 = 16
```

5-4장까지의 시점에서 Streem에는 스트림의 데이터 개수를 구하는 count( )와 스트림의 합계를 구하는 sum( )을 제공하고 있어, 이들을 조합한다면 평균 구하기는 간단하다. average( ) 함수의 구현은 그림 5-34 같이 된다.

```
struct avg_data {
  double sum;
  strm_int num;
};

static int
iter_avg(strm_stream* strm, strm_value data) {
  struct avg_data* d = strm->data;
```

```
  d->sum +=  strm_value_flt(data);
  d->num++;
  return STRM_OK;
}

static int
avg_finish(strm_stream* strm, strm_value data) {
  struct avg_data* d = strm->data;

  strm_emit(strm, strm_flt_value(d->sum/d->num), NULL);
  return STRM_OK;
}

static int
exec_avg(strm_stream* strm, int argc, strm_value* args, strm_value* ret,
int avg) {
  struct avg_data* d;

  if (argc != 0) {
    strm_raise(strm, "wrong number of arguments");
    return STRM_NG;
  }
  d = malloc(sizeof(struct avg_data));
  if (!d) return STRM_NG;
  d->sum = 0;
  d->num = 0;
  *ret = strm_stream_value(strm_stream_new(strm_filter, iter_avg,
avg_finish,(void*)d));
  return strm_ok;
}
```

그림 5-34 average()의 구현

exec_avg 함수로 태스크를 만들고, 요소별로 iter_avg 함수를 실행해 합계를 구하며, 마지막으로 avg_finish 함수에서 합계를 개수로 나눠 평균값을 구한다. 처리가 스트림을 구성하는 태스크로 분할돼 있어 조금은 파악하기 어렵겠지만, 해 보면 간단한 평균치 계산이다.

합계의 함정

평균의 계산은 간단하다. 하지만 초등학교 5학년 수준이어서 당연하지 않을까? 실제 세계는 상당히 위험한 곳이어서 이런 간단하게 보이는 처리에도 함정이 숨어 있다.

앞서 설명한대로 평균을 구하는 방법은 합계를 구하고 그 개수로 나눈다. 하지만 이런 합계를 구하는 방법에 함정이 있다. 그것은 오차다.

컴퓨터는 정확한 실수를 표현하는 것이 불가능하기 때문에, 근사치로 부동소수점 수를 이용해 계산하지만, 이것에는 '근사치'에서 오는 오차가 발생한다. 부동소수점 수에는 오차와 관련해 2가지 '함정'이 있다.

하나는 사람이 볼 때 '버려도 되는' 값이 있어도 컴퓨터에서는 그런 것이 없다는 점이다. 예를 들어 0.1은 상당히 단순하지만, 그 의미는 '1을 10으로 나눈 것'이어서, 부동소수점 수가 사용되는 2진수로는 나눌 수가 없다. 결국 어딘가를 잘라내지 않으면 안 되고, 여기서 오차가 발생한다.

또 하나의 함정은, 부동소수점 수끼리 계산을 반복하면 오차가 축적되기 쉬운 성질이 있다는 것이다. 수개의 값을 합계를 내는 것은 문제가 없지만, 이것이 수만 개, 수천만 개 요소의 합계라고 한다면 오차를 무시할 수는 없는 경우가 될 가능성이 있다. 예를 들어 그림 5-35의 프로그램은 같은 수의 1000만개의 평균을 구하는 것이다. repeat( )는 첫 번째 인자로 지정된 값을 두 번째 인자로 지정한 횟수만큼 생성하는 스트림을 만드는 함수다.

```
repeat(0.15,10000000) | average( ) | stdout # 실행결과
# 0.1499999999834609
```

그림 5-35 오차가 발생한 평균

같은 수의 평균을 취하는 것이기 때문에 결과도 같은 값이 나와야 하는데, 실제로는 오차가 축적돼 미묘한 오류가 발생한다.

합계 같은 것은 단순한 덧셈이라고 생각할지 모르지만, 오차를 생각한다면 상당히 귀찮은 작업이 될 수도 있다.

Kahan의 알고리즘

물론 컴퓨터 과학은 이런 사태를 회피할 방법을 생각해 놓고 있다.

오차를 좁혀 부동소수점 수를 합계 내는 알고리즘으로 Kahan의 알고리즘이 알려져 있다. Kahan의 알고리즘에서는 덧셈에 의해 손실되는 하위 비트의 정보를 다음 회의 계산에 다시 넣음으로써 오차를 보상하는 원리다. 위키피디아에 있는 유사 코드는 그림 5-36[1] 같이 돼 있다.

```
function kahanSum(input)
  var sum = 0.0
  var c = 0.0              ← 처리 중 손실된 하위 비트의 보상용 변수
  for i = 1 to input.length do
    y = input[i] - c       ← 문제가 없다면 c값은 0
    t = sum + y            ← sum이 크고 y가 작다면 y의 하위 비트에서 손실 발생
    c = (t - sum) - y      ← (t-sum)은 y의 상위 비트 무리에 해당하기 때문에
                             y를 빼면 하위 비트 무리가 구해진다
    sum = t                ← 수학적으로는 c는 항상 0일 것이다
                             적극적으로 최적화에 주의
  next i                   ← 다음 반복 시에는 y의 손실된 하위 비트 무리가 고려된다
  return sum
```

그림 5-36 Kahan의 알고리즘(https://en.wikipedia.org/wiki/Kahan_summation_algorithm)

이 알고리즘을 사용해 그림 5-34의 구현을 바꾼 것이 그림 5-37과 같다. 변경이 필요한 것은 struct avg_data와 iter_avg 함수뿐이다.

이에 따라 계산량이 조금 증가하지만, 오차를 좁히는 것은 가능하다. 이를 개선한 후, 그림 5-35의 프로그램을 실행하면 반복 횟수에 상관없이 정확한 답이 얻어지는 것을 볼 수 있다.

이 건도 그렇지만 부동소수점을 포함한 계산에는 오차가 항상 발생한다. 알고리즘을 선택하는 경우도 가능하면 오차를 고려해 선택해야 할 것이다.

---

1 원문의 출전은 "https://ja.wikipedia.org/wiki/カハンの加算アルゴリズム"으로 돼 있으나, 영문 위키피디아로 변경했다. – 옮긴이

```
struct avg_data {
  double sum;
  double c;
  strm_int num;
};

static int
iter_avg(strm_stream* strm, strm_value data) {
  struct avg_data* d = strm->data;
  double y = strm_value_flt(data) - d->c;
  double t = d->sum + y;
  d->c = (t - d->sum) - y;
  d->sum = t;
  d->num++;
  return STRM_OK;
}
```

그림 5-37 average()의 개선, Kahan알고리즘을 반영했다.

평균과 분산

평균에 따라 복수의 값에 대한 전체의 경향 파악이 가능하지만, 어디까지나 전체를 '평균' 낸 값이기 때문에 어떻게든 정보 손실은 발생한다. 예를 들어 1반이 20명이고 두 개의 A, B 반이 100점 만점의 시험을 봤을 때, A반에서는 전원이 50점, B반에서는 10명이 100점 나머지 10명이 0점이면, 둘 다 반 평균은 50점이 된다.

A반과 B반에서는 성적의 경향은 완전히 다르지만, 평균에서 보면 구별이 되지 않는다. 이와 같은 차이를 검출하는 데는 평균과는 별도로, 값의 분산 현황을 파악할 필요가 있다. 값의 분산 현황은 '표준편차'를 통해 표현한다. $X1, X2, \ldots Xi$의 평균을 μ라고 할 때, 표준편차는 그림 5-38의 식에 의해 정의되는 '분산'의 양의 제곱근 σ이다.

$$\sigma^2 = \frac{1}{n}\sum_{i=1}^{n}(x_i - \mu)^2$$

그림 5-38 분산(표준편차의 제곱)의 정의

수학에 익숙하지 않은 (나 같은) 사람들에게는 어려워 보이는 식이지만, 요약하면 개개의 값과 평균의 차를 제곱해 합한 값을 개수로 나눈 것이다.

이를 앞의 2개반 성적에 적용해 보면 A반은 전원이 같은 점수로 편차가 없기 때문에 표준편차가 0, B반은 절반은 만점, 또 절반은 0점이므로 표준편차는 51.3이 된다. 같은 평균 50점이라도 성질이 다른 것을 알 수 있다.

스트리밍 알고리즘

그림 5-38에서 정의를 보면 표준편차를 구하기 위해서는 우선 평균을 구하고, 각각의 값과의 차를 계산할 필요가 있다. 결국 아무 생각없이 구현하면, 평균의 계산을 위해 전부 값을 읽어 들이고, 그 후 표준편차를 위해 또 한 번 같은 값을 처음부터 다시 읽어 들일 필요가 있다. 예를 들어 그림 5-39의 프로그램은 루프를 2회 사용해 표준편차를 계산한다.[2]

```
int i, n;
float x, s1, s2;
static float a[NMAX];

s1 = s2 = n = 0;
while (scanf("%f" &x) == 1) {    /* 첫 번째 루프 */
  if (n >= NMAX) return EXIT_FAILURE;
  a[n++] = x; s1 += x;
}
s1 /= n;                         /* 평균 */
for (i=0; i<n; i++) {            /* 두 번째 루프 */
  x = a[i] - s1;   s2 += x * x;
```

---

2 『C 언어로 작성한 최신 알고리즘』, 오쿠무라 하루히코(奥村晴彦) 지음, 류성열 옮김, 다다미디어, 1994

428

```
}
s2 = sqrt(s2/(n-1));                /* 표준편차 */
printf("개수:%d 평균:%d 표준편차: %g", n, s1, s2);
```

그림 5-39 표준편차의 계산

하지만 같은 데이터를 여러 번 읽어 들이는 것은 낭비이며, 특히 스트리밍 처리의 경우에는 처리 중의 (초거대 데이터일지도 모르는) 데이터를 어딘가에 보존해야 할 것 같다(메모리를 써야 한다). 이런 낭비를 피하기 위해 데이터를 하나씩 읽어 들이는 것만으로도 처리 가능한 알고리즘을 '스트리밍 알고리즘'이라고 부른다. 조사해 보면 표준편차의 계산에도 스트리밍 알고리즘이 존재하고 있었다.

앞에서 인용한 『C 언어로 작성한 최신 알고리즘』에 의하면 그림 5-40의 프로그램 같은 계산을 하면 데이터를 한 번 읽어 들이는 것만으로, 이미 오차를 비교적 좁히면서 표준편차를 계산할 수 있다. 이 알고리즘을 사용해 분산과 표준편차를 계산하는 함수(stdev( )와 variance( ))를 Streem에 추가했다. 지면상 여기에 코드를 싣지는 않겠지만, 구조로는 그림 5-34의 **average( )** 함수와 동일하다. 소스코드에서는 stat.c의 **exec_stdev( )** 함수 쪽을 찾아보면 될 것이다.

```
int i, n;
float x, s1, s2;

s1 = s2 = n = 0;
while (scanf("%f" &x) == 1) {
  n++;                    / * 개수 * /
  x -= s1;                / * 가평균과의 차 * /
  s1 += x/n;              / * 평균 * /
  s2 += (n-1) * x * x / n ;   / * 제곱 * /
}
s2 = sqrt(s2/(n-1)) ;        / * 표준편차 * /
printf("개수: %d 평균: %d 표준편차 : %g" , n , s1 , s2);
```

그림 5-40 표준편차의 스트리밍 알고리즘

Streem에서의 표준편차 계산

그러면 이 새롭게 정의한 stdev( ) 함수를 사용해 앞의 예제의 표준편차를 계산해 보자. 우선은 계산의 기초가 되는 전원이 50점을 맞은 A반의 성적을 생성하는 방법을 생각해 보자.

20명 전원이 50점을 맞았기 때문에 50이 20개 연속하는 값을 생성하면 되는 것이다. 이를 위해 앞에서도 설명한 repeat( )를 사용한다.

```
repeat(50,20)|stdout
```

이렇게 하면 20개 중 50이 표준출력으로 출력된다. 평균을 구하기 위해서는 다음과 같이 쓴다.

```
repeat(50,20)|average( )|stdout
```

간단하지 않은가?

B반 쪽이 100점이 10명, 0점이 10명이기 때문에 두 개의 스트림을 결합하도록 하자. 100을 10개, 이어서 0을 10개를 늘여 세운 스트림을 얻기 위해서는 repeat( )와 concat( )을 조합해 그림 5-41 같이 기술이 가능하다.

그래도 예제의 반과 같은 전원이 같은 점수라든가, 절반이 만점, 절반이 0점 같은 일은 현실에서는 일어나기 매우 힘들다. 테스트의 득점처럼 작위적이지 않은 값은 평균 주변이 가장 많고, 평균으로부터 멀어짐에 따라 값이 작아지는 경향이 있어, 우리들은 경험적으로 이를 알고 있다.

```
concat(repeat(100,10),repeat(0,10))|stdev( )|stdout
# 51.29891760425771
```

그림 5-41 B반의 성적 생성과 표준편차

편차 값

평균과 표준편차는 스트리밍 알고리즘으로 계산이 가능했지만, 아무리 해도 스트리밍 알고리즘으로 계산이 불가능한 지표도 있다.

예를 들어 성적처리 본래의 순위와 편차 값은 둘 다 스트리밍으로는 계산이 불가능하다. 순위의 계산을 위해서는 성적순의 정렬이 필요하고, 편차 값의 계산을 위해서는 미리 평균과 표준편차를 계산해 놓을 필요가 있다.

여기서 예제로 편차 값을 계산해 보자. 편차 값의 정의는 다음과 같다.

편차 값 = (득점-평균)×10/표준편차 + 50

이것으로 편차 값을 계산하는 프로그램을 그림 5-42에서 보여준다.

```
input = fread("result.csv")|map{x->number(x)}
avs = input | average()   # 평균
sts = input | stdev()     # 표준편차
zip(avs, sts) | each{ x ->
  avg = x(0); std = x(1)
  fread("result.csv") | map{x->number(x)}| each { score ->
    ss = (score-avg)*10 / std + 50
    print("득점: ", score, "편차 값:", ss)
  }
}
```

그림 5-42 편차 값의 계산

zip을 사용하는 부분이 좀 알기 어려운 부분인 것 같아 설명하면, 같은 입력 스트림에서 평균과 표준편차를 구했다. average( )도 stdev( )도 하나의 인수가 주어지는 스트림을 돌려준다. 이 두 개의 스트림에 zip( ) 함수를 적용하면, '요소를 추출해 배열로 정리'하는 일을 한다.

그래서 계속 each( )는 루프가 아닌, 추출한 값에 대해 처리만 하는 작용을 한다.

한 번 데이터를 읽어 들여 평균과 표준편차를 구한 후, 또 한 번 데이터를 다시 가져와야 한다는 것이 아무래도 모양이 좋지 않다. 실제로 읽어 들이는 것은 피할 수 없지만, 좀 더 개선된 지정 방법이 없을 까 조금 생각해 보자. future라든가, promise를 사용하면 어떻게든 개선이 가능할 것 같다. 이는 숙제로 남겨 놓기로 하자.

정렬

데이터를 그 값의 크고 작음에 따라 재배열하는 정렬은 컴퓨터 과학에서는 중요한 토픽으로, 속도를 높이기 위해 여러 가지 알고리즘이 고안되고 있다. 현시점에서 '가장 빠른' 것으로 알려진 것이 그 이름도 'quick sort'라고 하는 알고리즘이다.

C에서는 표준 라이브러리에 qsort(3)라는 함수가 제공되고 있어, 메모리상의 데이터를 간단히 정렬할 수 있다. 이는 나쁘지는 않지만 한 가지 중요한 문제가 있다. 바로 메모리에 넣을 정도 크기의 데이터 밖에 정렬이 안 된다는 점이다.

이 문제는 '외부 병합 정렬'이라는 기법에 의해 일단 해결 가능하다. '외부 병합 정렬'은 메모리에 넣을 수 있을 정도의 데이터를 분할해 읽어 들인 후, 각각을 정렬하고 파일에 출력한다. 그리고 개별 정렬 파일을 앞에서부터 읽어 들여, 이를 이어서 전체의 정렬을 완성시킨다. 처리 순서는 다음과 같다.

1. 원 데이터 세트에서 메인 메모리에 넣을 수 있는 크기의 데이터를 읽어 들인다.
2. 읽어 들인 데이터를 정렬하고 파일로 출력한다.
3. 모든 데이터를 처리할 때까지 1과 2를 반복한다.
4. 작성된 여러 개의 파일로부터 각각의 1번째 데이터를 읽어 들인다.
5. 가장 작은 데이터를 결과 파일에 작성한다.
6. 다시 4과정을 반복해 그 다음 요소를 5의 파일에 추가한다. 이 작업을 모든 데이터가 처리될 때까지 반복한다.

유닉스의 sort 명령어도 이 알고리즘을 써서 정렬을 한다.

대규모 정렬은 어렵다

그런데 이 '외부 병합 정렬'에도 몇 가지 문제가 있다. 첫 번째 문제는 작업 파일을 만들기 때문에 디스크 공간을 소비한다는 점이다. 데이터 규모가 커질 경우는 디스크 용량을 생각하지 않을 수 없다. 외부 병합 정렬이 필요한 상황은, 필연적으로 큰 데이터를 취급하는 경우여서 이런 우려는 더 커진다. 이는 적절한 디스크 배치를 염두에 두면서 작업하는 수밖에 다른 대책이 없을 것 같다.[3]

또 하나는 Streem에서는 임의의 데이터를 스트림에 실어 보낼 수 있어, 정렬의 대상이 될 수 있다는 점이다. 결국 단순한 수치와 문자열이라면 작업 파일로의 출력은 간단하지만, 구조가 있는 데이터는 정보를 잃어버리지 않고 파일에 출력하기는 좀 어렵다. 이 점에 대해서는 JSON과 MessagePack 같은 구조 데이터를 표현 가능한 방법으로 출력하는 정도로 대응이 가능하겠다.

이와 같이 데이터 규모가 커지면, 여러 가지 고려할 사항도 늘어난다는 것을 알 수 있다.

여기까지 대단한 내용을 설명했지만, 우선 빨리 작업을 들어가려고 하기 때문에 이번에는 메모리에서 정렬하는 것으로 하겠다. 외부 병합 정렬에 의한 대규모 데이터로의 대응은 이후의 과제로 남기자.

```
input | sort() | output
```

이라는 파이프라인으로 데이터 정렬을 한다. 현재 구현에서는 input으로부터 데이터를 한 번에 전부 메모리로 올려놓고 정렬을 수행하고, 그 결과를 한 번에 output으로 출력한다.

정렬하는 데이터가 모두 수치라면 자연스럽게 정렬은 가능하지만, 예를 들어 각 데이터가 배열로 돼 있고, 그 n번째 요소를 기준으로 정렬하려는 경우도 있을 것이다. 이런 경우에는 함수를 지정한다.

---

3 하지만 영어판 위키피디아는 외부 병합 정렬을 in-place 실행에 의해, 필요한 디스크 용량을 원 데이터와 같은 정도로 제한할 수 있다고 적혀 있다. 그러나 이 부분에서는 '출전 필요' 마크가 붙어 있다.

결국 배열을 첫 번째 요소(인덱스는 0으로부터 시작하기 때문에 실제는 두 번째)로 정렬하기 위해서는 다음과 같이 비교 함수를 지정한다.

```
sort{x,y->cmp(x(1),y(1))}
```

정렬의 응용

데이터의 정렬이 가능하면 통계적인 의미가 있는 값을 취할 수가 있다. 가장 알기 쉬운 것이 순위다. 순위를 얻는다는 것은 성적순으로 정렬하는 것과 같은 의미다.

또한 정렬을 하면 '중앙 값'을 취하는 것도 가능하다. 이것은 정렬한 데이터에서 가운데 요소의 값이다. 데이터 총수가 짝수인 경우는 중앙 값이 없기 때문에 중앙에 가까운 2개의 값의 평균을 중앙 값으로 취한다. 중앙 값은 median으로 구한다.

중앙 값은 평균치와 비슷하지만, '벗어난 값'에 의한 영향이 작다는 점이 특징이다. 평균은 모든 값의 영향을 받기 때문에 측정의 실수 등으로 벗어난 값(다른 값보다 현저히 다른 값)이 있는 경우, 오차가 커져 버릴 위험성이 있다. 하지만 중앙 값은 벗어난 값의 영향을 거의 받지 않는다.

샘플링

'빅데이터'라는 말이 유행하지만, 실제로 그렇게 규모가 큰 데이터를 취급하기는 쉽지 않다. 데이터 처리의 비용도 비용이지만, 처음부터 데이터를 모으는 것도 그렇게 만만한 작업이 아니다.

원래 '통계'라는 학문은, 실 데이터를 모으기 어려운 '빅데이터'를 추정하기 위한 수단으로 탄생했다. 모집단이 어느 정도 크다면 의외일 정도로 적은 샘플로 전체의 경향을 파악할 수 있다. ±5% 오차 허용 범위에서 모집단이 10만 명인 경우, 경향을 파악하기 위해 필요한 표본 수는 약 383명이다.

Streem에서도 데이터를 쉽게 취급하기 위한 샘플링 함수를 구현해 보자. 샘플링을 위한 스트리밍 알고리즘으로 '레저보어 샘플링Reservoir Sampling'이 있다.

레저보어 샘플링은 다음과 같은 순서로 샘플링을 한다. N개의 샘플을 취하기 위해서는

1. 처음 N개의 샘플을 배열로 등록한다.
2. 그 이후의 i번째 요소에 대해 0부터 i−1까지의 난수 r을 생성한다.
3. 난수r이 N보다도 작을 경우 테이블의 r번째를 i번째 요소로 치환한다.

'레저보어reservoir'란 저수지의 의미다. 처음 N개의 요소로 저수지를 가득 채우고, 상류에서 요소가 흘러 들어올 때, counter/size의 확률로 무작위로 일부를 치환해 간다. 저수지의 요소가 새로운 요소로 치환돼가면서, 마지막으로는 모집단 전체로부터 샘플을 취할 수 있게 된다.

말로 설명하기보다는 코드를 보면서 이해하는 편이 더 빠른 사람들을 위해 그림 5−43에서 레저보어 샘플링을 루비로 기술한 것을 보여준다. 이 알고리즘을 이용해 샘플링하는 sample() 함수를 구현했다.

```
def reservoir_sampling(seq, k)
  e = seq.to_enum
  reservoir = e.take(k)
  n=k
  e.each do |item|
    r = rand(n)
    n += 1
    if r < k
      reservoir[r] = item
    end
  end
  return reservoir
end
# 호출
print reservoir_sampling(0..1000000, 10)
```

그림 5-43 루비에서의 레저보어 샘플링

예를 들어 파이프라인에 'sample(100)'을 끼워 넣으면, 스트림 전체로부터 100개의 요소를 랜덤으로 선택해 하위로 보낸다. 모집단이 충분히 클 경우, 전체 데이터의 경향을 유지하면서 데이터를 추출하는 것이 가능하다.

앞에서도 설명했듯이 5% 정도의 오차는 허용한다고 하면, 큰 모집단에서도 놀라울 정도로 작은 수의 샘플로부터 경향을 파악하는 게 가능하다. 그래도 모집단의 크기를 알 수 없는 단계에서 억지로 데이터를 추출하면 올바르지 못한 결과를 얻을 수 있기 때문에 주의가 필요하다.

맺음말

'빅데이터'가 주목받는 요즘, 통계는 점점 중요성이 커지고 있다. Streem이 언젠가 Excel 정도로 간단히 쓸 수 있도록 통계분석 툴이 될 때까지 성장하면 좋겠다는 생각이 든다.

타임머신 칼럼

내가 못하는 분야는 다른 사람에게 맡기고 싶지만…

2016년도 7월호에 실린 글이다. 몇 가지의 통계 함수를 도입했다.

본문 중에서도 고백했지만, 나는 수학에 대해 상당히 못한다는 의식을 갖고 있다. 따라서 이번 원고를 집필할 때도 상당히 힘들었다. 초등학생인 딸의 교과서를 빌려 복습을 하고, 눈물을 머금으며 집필했다.

컨커런트 프로그래밍에서도, 수학 처리에서도 나 자신은 어려움을 겪고 싶지 않아 이를 위한 도구를 원했었다. 하지만 내가 원하는 도구는 존재하지 않았기 때문에 직접 만들 수 밖에 없었고, 직접 만들기 위해서는 마치 잘 하지 못하는 문제에 정면으로 대치하지 않으면 안 되는 모순이 있었다. 이런 문제에 익숙한 사람과 같은 팀을 만들어 개발한다면 좋겠지만, 이런 서로의 결점을 보완해 줄 수 있는 동료를 만난다는 게 그리 간단한 일은 아니다. 내 커뮤니케이션 장애가 문제였을까?

5-6 난수

주사위로 얻을 수 있는 난수(亂數)는 게임 등에서 자주 쓰이고 있고, Streem에서의 데이터 처리에서도 많은 활약을 한다. 이번에는 난수의 구현과 응용에 대해 기초적인 부분을 학습한다.

난수는 규칙성 없이, 어떤 수가 얻어지는지 모르는(랜덤으로) 수를 일컫는다. 예를 들어 주사위를 굴리면 1부터 6까지의 수를 얻지만, 무엇이 나올지는 모른다. 실제 주사위에서는 어떤 면도 똑같이 위가 나오도록, 각 면 및 패인 구멍의 깊이가 신중하게 만들어진다고 한다. 따라서 주사위를 충분히 많이 굴리면, 모든 면에 대해 위가 되는 확률이 동일하다.

컴퓨터에서 난수는 여러 가지 상황에서 사용된다. 예를 들어 대부분 게임에서는 다양한 형태로 난수가 사용되고 있다. 게임 이외에도 예를 들어 ssh와 https의 통신에서 암호화에도 사용된다.

데이터 처리의 영역에서 난수를 이용하는 대표적인 예로 '몬테카를로 방법'이 있다. 몬테카를로 방법은 난수를 이용해 계산하는 기법으로, 일례로 난수에 의한 원주율을 구할 수 있다(그림 5-44).

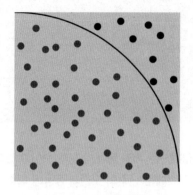

그림 5-44 몬테카를로 방법의 예

정사각형 안에 난수로 좌표를 정해 많은 점을 찍으면, 그중 1/4원 안에 포함된 점과 바깥에 위치한 점이 생기게 된다. 여기서 원의 안쪽에 포함된 점의 개수를 전체의 수로 나누면, 그 값은 대략 $\pi/4$가 되며, 점의 개수가 많으면 많을수록 더 정확해진다. 이것이 몬테카를로 방법에 의한 원주율을 구하는 방법이다.

몬테카를로 방법 외에도, 5-5장에서 소개한 '레저보어 샘플링'에서는 난수를 이용한 다수의 데이터로부터 편중됨 없이 샘플링한다.

또한 난수를 이용해 효율을 높이는 '무작위 알고리즘^{Randomized algorithm}' 같은 것도 있다. 무작위 알고리즘에는 오차 허용에 따라 속도가 붙는 '블룸 필터' 같은 것이 있다.

진성 난수와 의사 난수

컴퓨터에서는 주사위를 굴려 얻는 난수(진성 난수)는 없다. 하지만 진성 난수가 아니라도, 뭔가 계산에 의해 '난수 같은 수'를 얻는 것은 가능하다.

가장 간단한 방법으로는 시각 정보를 사용하는 것이 있다. 현재의 초 값과 이용 가능한 시각 정보에 따라서는 마이크로초나 나노초 단위의 시각 정보를 이용해 랜덤한 수치를 얻는 것이다. 옛날 마이콘 Z80에서는 메모리를 리프레시하는 타이밍 정보를 유지하는 R(리프레시) 레지스터의 값(1 ~ 127)을 난수로 이용했다고 들었다.

의사 난수는 계산에 의해서도 얻어진다. 의사 난수를 얻는 알고리즘은 몇 가지가 알려져 있는데, 대표적으로는 다음과 같은 것이 있다.

- 선형 합동법
- 메르센 트위스터^{Mersenne Twister}
- Xorshift

계산에 따라 구하는 의사 난수의 특징은 재현이 가능하다는 것이다. 결국 같은 초기 값에서 계산을 시작하면 전부 동일한 난수열이 얻어지는 것이다.

재현이 가능하다는 것은 난수의 '규칙성이 없는, 어떤 수가 얻어지는지 모르는 수'라는 성질과는 모순이 된다. 하지만 이것도 이것대로 편리한 경우가 있다. 예를 들어 난수를 사용해 어떤 시뮬레이션을 한다고 하자. 의사 난수를 이용해 같은 초기 값으로부터 같은 난수열을 얻을 수 있다는 것은, 모두 같은 시뮬레이션 결과를 재현 가능하다는 의미도 된다. 시뮬레이션 결과를 추가로 시험하는 경우 등에서는 이 재현성이 아주 '고마운' 것일 수 있다.

의사 난수의 평가

의사 난수열을 생성하는 알고리즘이 여러 개 있다는 것은 앞에서 설명했다. 이들 알고리즘이 어떻게 다를까? 어떻게 평가를 해야 좋을까?

의사 암호 알고리즘의 평가 기준에는 다음과 같은 것이 있다.

- 편향
- 주기
- 속도(계산량)
- 암호론적 안전성

'편향'은 그 알고리즘이 어느 정도 '진성 난수'로부터 떨어져 있는지를 보여준다. 알고리즘에 따라 생성되는 난수에 편향이 발생하며, 예를 들어 어느 특정 수치의 배수가 등장하기 쉬운 경우 등이 편향이다.

계산에 의해 구해지는 의사 난수열은, 어떤 것이라도 같은 패턴을 반복하기 쉽다. 그런 경우 같은 패턴이 발생할 때까지의 길이가 '주기'다. 주기가 짧은 의사 난수 알고리즘은 다음 값을 예상하기 쉬우며, 편향이 크다고 말할 수 있다.

편향과 주기는 이 암호 알고리즘의 고유한 성질이다. 개별 암호 알고리즘이 왜 그런 성질을 갖는지는 수학적으로 정해진 것이지만, 거기까지 설명하기는 솔직히 나로서는 버거울 것 같다.

여기에서는 "그런 것이 있다." 정도로 이해해 주길 바란다.

'속도'는 다음 난수를 계산하는 데 필요한 계산량을 의미한다. 통계와 시뮬레이션 등의 분야에서는 대량의 난수가 필요하다. 이 경우 너무 계산량이 많은 의사 난수 알고리즘에서는 암호를 구하는 시간이 처리 전체에 대한 병목이 돼 버린다.

'암호학적 안전성'은 해당 알고리즘을 암호의 분야에 이용해도 안전한지를 보여주는 것이다. 암호 분야에서는 키 생성과 OTP^{One Time Pad} 등 난수를 필요로 하는 경우가 많다. 여기에 어설픈 의사 난수를 이용하면, 거기가 구멍이 되어 암호가 깨져 버릴 위험성이 있다.

암호론적 안전성을 구현하기 위해서는 생성된 난수가 편향이 없는 것은 물론, 도중에 상태가 어느 정도 드러나도 암호가 깨지지 않는 성질을 가질 필요가 있다. 이것은 상당히 어려운 조건이지만, 그래도 예를 들어 'Blum-Blum-Shub' 같은 암호론적으로 안전한 의사 난수 알고리즘은 존재한다. 또한 통상 의사 난수 알고리즘으로 생성된 난수에 암호로 사용되는 '일방향 함수'[1]를 적용하는 것으로, 암호론적인 안전성 보장은 가능하다. 하지만 어떤 것도 안전성의 구현을 위해서 그 나름의 비용이 들기 때문에, 보통의(예를 들어 통계 같은) 경우에는 오버 스펙이 된다.

이번에 소개하는 의사 난수 알고리즘은 어느 것도 (그대로는) 암호론적으로는 안전하지 않다. 여기에서는 암호 목적에 난수를 사용하는 경우에는, 어설픈 보통 의사 난수 알고리즘을 사용하는 것은 위험하다는 사실을 기억해 주기 바란다.

---

1 계산하기는 쉽지만 역을 구하기는 어려운 함수를 의미한다. 다시 말해서 결과 값이 주어졌을 때 입력 값을 구하는 것이 어려운 함수다(https://ko.wikipedia.org/wiki/일방향함수). - 옮긴이

선형 합동법

그림 (암호론적으로 안전하지 않은) 의사 난수 알고리즘 중 대표적인 것을 설명한다.

첫 번째는 널리 실용적으로 쓰였던 의사 난수 알고리즘으로 가장 오래된 것은 '선형 합동법'이다. 선형 합동법에서의 난수열은 그림 5-45의 점화식에 의해 정의된다.

$$X_{n+1} = (A \times X_n + B) \bmod M$$

그림 5-45 선형 합동법의 점화식

여기서 A, B, M은 정수로 M>A, M>B, A>0, B>0이 된다. 이 정수와 초기 값 X_0의 선택 방법에 따라 난수열의 성질이 결정된다.

선형 합동법의 주기는 최대 값도 M이 된다. 하지만 그 성질은 정수의 선택 방법에 따라 좌우되기 때문에, 부적절한 정수를 선택하면 M보다도 상당히 짧은 주기가 되기도 하고, 편향이 커지기도 한다.

수식에 그렇게 뛰어나지 못한 나 같은 사람을 위해, C에 의한 선형 합동법을 사용한 난수열 발생 프로그램을 그림 5-46에서 보여준다. 이 프로그램에서는 정수로

```
A=1566083941
B=1
M=2^32
```

를 선택한다. 이는 비교적 적당한 정수의 조합으로 알려져 있다.

```
uint32_t
rand(void)
{
  static uint32_t seed = 1;
  seed = seed * 1566083941UL + 1;
  return seed;
}
```

그림 5-46 C에서의 선형 합동법을 사용한 난수 발생 프로그램

선형 합동법은 그렇게 계산량이 많은 알고리즘이 아니지만, 난수 발생 프로그램으로 그렇게 뛰어난 편은 아니다. 특히 주의해야 할 점은 하위 비트의 무작위성이 낮다는 점이다. 예를 들어 선형 합동법으로 얻어지는 32비트 난수로, 0부터 7까지의 난수를 만들었다고 하면 32비트 난수가 r일 때, 'r>>29'처럼 상위 비트를 추출해야 한다. 'r%8'이라든가 'r&0xf' 같은 조작으로, 하위 4비트를 취하면 안 된다.

또한 선형 합동법은 주기가 비교적 짧은 것과, 점화식의 정의에서 알 수 있듯이 어떤 난수가 얻어지면, 그 다음 난수가 고유하게 결정되는 성질이 있다. 따라서 예를 들어 몬테카를로법 등에 이용하면 점이 균일하지 않고 격자 모양으로 찍히는 현상이 발생할 수 있다. 게임 등이라면 몰라도, 통계 및 시뮬레이션 분야에서 이 알고리즘을 사용하는 것은 주의해야 한다. 지금은 선형 합동법보다 더 좋은 의사 난수 알고리즘이 몇 가지가 알려져 있기 때문에, 그 쪽을 이용하는 것이 바람직하다.

C 표준 라이브러리는 난수를 얻기 위한 함수 rand( )를 제공하지만, 많은 경우 선형 합동법을 이용한다(C의 ISO 표준에서는 rand( ) 난수 계산에 선형 합동법의 이용을 규정하고 있지는 않다. 단지 참고 자료로 게재되는 알고리즘은 선형 합동법이다). 즉 앞의 선형 합동법의 주의점은 그대로 rand( )에도 적용 가능성이 높다. 경우에 따라서는 시스템이 제공하는 rand( )에 의존하지 않고 독자적으로 의사 난수 알고리즘을 준비할 필요가 있을 수 있다.

메르센 트위스터

선형 합동법보다 비교적 새로운 의사 암호 알고리즘이 '메르센 트위스터'다. 메르센 트위스터는 1996년 히로시마 대학(당시)의 마쓰모토 마코토松本眞와 니시무라 타쿠지西村拓士가 발표했다.

메르센 트위스터의 가장 큰 특징은 긴 주기성이다. 선형 합동법의 해설에서도 조금 다뤘지만, 거기서는 주기가 짧고 대량의 난수를 이용한 시뮬레이션 등으로 편향이 발생했다. 메르센 트위스터의 주기는 $2^{19937}-1$로 매우 길다. 이것은 10진수로 표기하면 6000자리를 넘는 매우 큰 숫자다. 이 $2^{19937}-1$은 메르센 소수라는 유형의 소수이며, 이 알고리즘의 이름의 유래가 된다.

긴 주기뿐만 아니라 연속된 난수 사이의 상관 관계가 작은 것('고차원에 고르게 분포한다.'는 표현을 쓴다고 한다), 이전의 의사 난수 알고리즘보다 빠르다는 점 등에서 매우 뛰어난 알고리즘이다.

실제로 이 뛰어난 점 때문에 루비와 파이썬을 비롯한 많은 프로그래밍 언어 처리 시스템에서 표준 난수 생성 알고리즘으로 채용된다.

이처럼 우수한 메르센 트위스터도 단점이 없는 것은 아니다. 하나는 내부적인 상태 벡터가 크다는 것이다. 선형 합동법에서는 정수 하나밖에 내부 상태를 갖지 못했지만, 메르센 트위스터는 623개 32비트 정수를 내부 상태로 유지한다. 이것은 중간 상태를 저장하고, 난수 열을 재현시킬 경우 약간 처리를 복잡하게 만든다. 이 때문에 무엇보다 이 623개의 상태 벡터를 초기화할 때, 충분한 주의를 기울이지 않으면 난수의 질이 떨어져 버린다. 이러한 점을 개선한 SFMT[SIMD-oriented Fast Mersenne Twister]라는 알고리즘도 존재한다. 원래 메르센 트위스터보다 2배 빠르다고 선전하고 있는데, 처음 등장한 것이 2006년으로 나온 지 얼마 안 되서 그런지(그렇다고 해도 벌써 10년 전이지만) 별로 사용되는 것을 볼 수 없다. 나도 이번 원고를 위해 조사하고 처음 알게 된 정도다. 앞으로는 이것을 이용해 보려고 생각 중이다.

Xorshift

메르센 트위스터보다 더 새로운 의사 난수 알고리즘이 Xorshift로, 조지 마사글리아[George Marsaglia]가 2003년에 발표했다.

Xorshift는 이름 그대로 xor(배타적 논리합) 연산과 비트 시프트 연산만을 사용해 빠른 의사 난수를 얻는 알고리즘이며, 고속으로 난수를 계산할 수 있다. Xorshift는 주기의 크기가 메르센 트위스터보다 짧지만 (상태 벡터의 크기에 따라 $2^{32}-1$에서 $2^{128}-1$까지 변화하는) 선형 합동법에 비해 훨씬 더 큰 임의성을 보여준다. 그러면서도 구현은 매우 간단하다.

Xorshift의 가장 간단한 구현(상태 벡터가 64 비트)을 그림 5-47에 나타냈다. 그림 5-47의 코드에 의한 난수의 주기는 $2^{64}-1$이다.

```
uint32_t xorshift(void) {
    static uint64_t x = 88172645463325252ULL;
    x = x ^ (x << 13);
    x = x ^ (x >> 7);
    return x = x ^ (x << 17);
}
```

그림 5-47 Xorshift의 구현

이렇게 간단한 계산으로 뛰어난 난수를 생성할 수 있으며, 그 방법이 21세기가 될 때까지 발견되지 않았다는 것은 놀라운 일이다. Xorshift에는 더 랜덤성을 높인 파생 버전인 Xorshift*와 Xorshift+가 있다.

의사 난수의 초기 값

여기까지 설명한 내용은 의사 난수 알고리즘 계산에 의해 랜덤성이 높은 것처럼 보이는 수열을 생성하는 것이다. 그러나 어디까지나 계산 결과에 따르는 것이므로 진정한 난수가 아니다.

컴퓨터는 기본적으로 결정적으로 작동하는, 즉 동일한 상태에서 시작하면 동일한 결과를 얻을 수 있기 때문에 진성 난수를 취급하기는 어렵다.

의사 난수 알고리즘의 초기 값으로, 가능한 예측하기 어려운 값을 도입해 의사 난수를 더 난수답게 처리 할 수 있다. 전형적인 초기 값은 시간이 사용된다. OS에서 취득한 현재 시간의 작은 부분(마이크로초와 나노초 단위)을 이용해 실행마다 다른 임의의 초기 값을 얻을 수 있다.

단 주의해야 할 것은 하드웨어가 실제로 갖고 있는 시간 기능은 OS가 제공하는 마이크로초와 나노초 단위의 계산 능력을 갖고 있지 않은 것이다. 마이크로초 단위의 시간을 반환 시스템 호출이 있어도 그 시간이 정말 정확한 마이크로초 단위는 아니라는 점에 유의해야 한다.

이처럼 믿을 수 없는 시간보다, OS가 더 랜덤한 수치를 얻는 방법을 제공하는 경우도 있다.

/dev/random

　외부에서 주어지는 사용자 입력 등은 기본적으로 예측 불가능하기 때문에 난수의 기본이 되는 '엔트로피(혼란)'를 제공한다.

　예를 들어 리눅스에서 드라이버 등이 외부 정보를 바탕으로 엔트로피를 모으고 있다. 그리고 '/dev/random'이라는 장치 파일을 읽고 출력해, 모은 엔트로피를 소비해 '진성 난수'를 얻을 수 있다.

　그러나 장치 등에서 모은 엔트로피는 한계가 있다. 너무 많은 난수를 /dev/random에서 읽고 출력하면, 엔트로피를 다 써버리게 된다. /dev/random은 그런 경우, 읽고 출력하기를 차단해 엔트로피가 쌓일 때까지 기다린다.

　단지 난수 정보를 원하는 것뿐인데 차단해 버려 곤란한 경우도 발생할 수 있다. 이를 위해 다른 장치 파일인 '/dev/urandom'도 있다. /dev/urandom은 엔트로피가 소진된 경우, 과거의 엔트로피를 초기 값으로 암호론적으로 안전한 의사 난수 알고리즘을 사용해 난수를 반환한다(차단하지 않는다).

　다른 OS에서도 비슷한 기능을 제공한다. 예를 들어 FreeBSD도 '/dev/random'를 제공한다. 난수를 반환하는 동작은 동일하지만, 여기서는 처음부터 암호론적으로 안전한 의사 난수 알고리즘을 사용하며, 차단하지 않는다. 그런 의미에서 FreeBSD의 /dev/random은 리눅스의 /dev/urandom에 해당한다고 볼 수 있다.

　/dev/random에서 얻은 난수는 시간보다 예상하기 어렵고, 좋은 초기 값이다. 실제로 루비에서 (이용 가능한 경우) /dev/urandom을 사용해 수열을 초기화한다. 한편 mruby과 Streem은 임의의 초기화에 시간 정보를 사용한다. /dev/urandom은 리눅스 등 일부 OS에서밖에 사용할 수 없기 때문에 이식성을 위해 이렇게 결정했다. 하지만 너무 이식성을 고려할 필요가 없는 Streem은 시간보다 /dev/urandom을 사용하는 편이 좋을지도 모르겠다.

　그러면 난수 생성에는 항상 장치 파일에서 읽어 들이면 좋겠다고 생각하는 사람도 있을지 모르겠다. 하지만 이것은 성능이라는 관점에서 보면 의사 난수 알고리즘의 대안이 될 수는 없다.

의사 난수의 벤치마크

프로그래머로서 실제로 코드를 작성하고 비교하고 싶을 수도 있다. 그래서 이번에는 소개한 의사 난수 알고리즘을 각각 평가해 본다. 편향과 주기 등(구현에 실수 만 없으면)은 이론적으로 정해지므로, 이번은 우선 성능에 대해 측정한다. 우선 앞에서 소개한 선형 합동법, 메르센 트위스터, Xorshift의 3 종류의 알고리즘을 사용해 1억 개의 난수를 생성하고, 그 실행 시간을 비교한다.

실제 벤치마크 프로그램을 그림 5-48에, 그 출력 결과는 그림 5-49에 정리했다. 측정에 사용한 컴퓨터 사양은 표 5-12와 같다.

```c
#include <stdio.h>
#include <inttypes.h>
#include <sys/time.h>

/* linear congruential method */
uint32_t
lcm_rand(void)
{
  static uint32_t seed = 1;
  seed = seed * 1566083941UL + 1;
  return seed;
}

/* merseene twister */
#define N 624
#define M 397
#define M 397
#define MATRIX_A 0x9908b0dfUL   /* constant vector a */
#define UPPER_MASK 0x80000000UL /* most significant w-r bits */
#define LOWER_MASK 0x7fffffffUL /* least significant r bits */

static uint32_t mt[N]; /* the array for the state vector */
static int mti=N+1; /* mti==N+1 means mt[N] is not initialized */

void
```

```
mtw_init(uint32_t s)
{
  mt[0]= s & 0xffffffffUL;
  for (mti=1; mti<N; mti++) {
    mt[mti] = (1812433253UL*(mt[mti-1]^(mt[mti-1]>>30))+mti);
    mt[mti] &=0xffffffffUL;
  }
}

uint32_t
mtw_rand(void)
{
  uint32_t y;
  static const uint32_t mag01[2]={0x0UL, MATRIX_A};

  if (mti >= N) { /* generate N words at one time */
    int kk;

    if (mti == N+1) /* if mtw_init() has not been called, */
      mtw_init(5489UL); /* a default initial seed is used */

    for (kk=0;kk<N-M;kk++) {
      y = (mt[kk]&UPPER_MASK)|(mt[kk+1]&LOWER_MASK);
      mt[kk] = mt[kk+M] ^ (y >> 1) ^ mag01[y & 0x1UL];
    }
    for (;kk<N-1;kk++) {
      y = (mt[kk]&UPPER_MASK)|(mt[kk+1]&LOWER_MASK);
      mt[kk] = mt[kk+(M-N)] ^ (y >> 1) ^ mag01[y & 0x1UL];
    }
    y = (mt[N-1]&UPPER_MASK)|(mt[0]&LOWER_MASK);
    mt[N-1] = mt[M-1] ^ (y >> 1) ^ mag01[y & 0x1UL];
    mti = 0;
  }

  y = mt[mti++];
  /* Tempering */
  y ^= (y >> 11);
  y ^= (y << 7) & 0x9d2c5680UL;
  y ^= (y << 15) & 0xefc60000UL;
```

```
      y ^= (y >> 18);

      return y;
}

uint32_t
xor_rand(void) {
  static uint64_t x = 8817264546332525ULL;
  x = x ^ (x << 13); x = x ^ (x >> 7);
  return x = x ^ (x << 17);
}

#define TIMES 100000000
#define BENCH(name) do {\
  struct timeval tv, tv2, tv3;\ int i;\
  char *f;\
  name ## _rand();    /* rehearsal */\
  f = #name;\
  gettimeofday(&tv, NULL);\
  for (i=0; i<TIMES; i++) {\
    name ## _rand();\
  }\
  gettimeofday(&tv2, NULL);\
  timersub(&tv2, &tv, &tv3);\
  printf("func %s: %ld.%06ldsec\n", f, tv3.tv_sec, tv3.tv_usec);\
} while (0)

int
main()
{
  printf("benchmark repeats %d times\n", TIMES);
  BENCH(lcm);
  BENCH(mtw);
  BENCH(xor);
}
```

그림 5-48 의사 난수 생성기 벤치마크 프로그램

```
benchmark repeats 100000000 times
func lcm: 0.305532sec    ← 선형 합동법
func mtw: 0.963983sec    ← 메르센 트위스터
func xor: 0.733444sec    ← Xorshift
```

그림 5-49 의사 난수 생성기 벤치마크 결과

표 5-12 벤치마크 머신 스펙

기종	Thinkpad E450
CPU	Core i7-5500U
CLOCK	2.40GHz
MEM	16GB
OS	Ubuntu 16.04
GCC	gcc 5.4.0

이 벤치마크에서만 보면 가장 빠른 것이 선형 합동법으로, 1억회 난수를 생성하는 데 약 0.3초, 그 다음으로 빠른 것이 Xorshift로 약 0.73초, 가장 시간이 걸린 것이 메르센 트위스터로 약 0.96초였다.

그러나 선형 합동법은 난수의 품질에서 논외임을 감안할 때, 주기의 길이와 성능 트레이드오프에서 메르센 트위스터와 Xorshift를 구분해 사용하는 것이 좋을지도 모르겠다. 또는 2배 빠르다고 선전하는 SFMT의 채용을 검토할 수도 있다. 실제로 SFMT도 벤치마크를 하려고 생각했지만, SSE2 등의 SIMD 명령을 써야 되는 것도 있어서, 소스코드가 의외로 복잡했다. 따라서 마감 시간에 벤치마크 프로그램에 추가할 수 있을 만큼 간결한 형태로 정리할 수가 없었다. 몹시 유감이다.

Xorshift는 메르센 트위스터보다 2배까지는 빠르지 않기 때문에, SFMT가 성능이 설명대로라면 주기와 성능을 양립시킬 수 있는 최강이 아닐까 생각한다. 현재는 나도 이해가 잘 안 되고, 잘 쓰지도 못했기 때문에 앞으로도 연구를 계속하고 싶다.

Streem의 난수 기능

현재의 Streem 난수 관련 기능은 난수 스트림을 생성하는 rand() 함수와, 난수를 이용해 스트림의 샘플링을 하는 sample() 함수 2개다.

rand() 함수는 난수를 하나씩 전달하는 스트림이다. 예를 들어

```
rand()|stdout
```

을 실행하면 (인터럽트를 걸어 중단될 때까지) 계속 난수를 표시한다. sample() 함수는 상위 스트림의 요소를 인수로 지정한 수만큼 샘플링한다.

```
fread("data.csv")|sample(100)|stdout
```

라고 하면, data.csv에 포함된 행에서 100행만 샘플링해 표준 출력에 표시한다. data.csv가 비록 수만 줄이 있어도 균등하게 샘플링해주는 것이 sample() 함수, 즉 sample() 함수가 사용하는 '레저보어 샘플링'의 매력이다.

이 함수는 난수 알고리즘으로, Xorshift 수정 버전인 Xorshift64*(주기 $2^{64}-1$)를 채용한다. 원래 Xorshift의 차이는 난수 생성의 마지막 과정에 곱셈을 사용한다. 따라서 약간 계산 속도는 떨어지지만, 랜덤성이 향상되고, 다이하드[DieHard] 테스트라는 의사 난수 알고리즘 테스트를 모두 통과하게 된다.

다만 현재의 Xorshift64*는 어쩔 수 없이 주기가 짧기 때문에 실제 통계 처리 등에 사용하기에 품질이 부족할 수도 있다. 앞으로 메르센 트위스터와 SFMT로 대체하는 것도 검토할 필요가 있다.

난수의 여러 가지 종류

지금까지 설명한 난수는 일정한 범위의 숫자가 균등한 확률로 등장하는 '균일 난수'였다. 그러나 통계 및 시뮬레이션에 필요한 난수는 균일 난수뿐만이 아니다.

통계 분석을 주요 대상으로 하는 언어인 R에는 난수 생성 함수가 많이 준비돼 있다(표 5-13).[2]

표 5-13 R에서의 난수 생성 함수

이름	의미	설명
runif	균일 난수	0부터 1까지 균일한 확률 분포로 생성되는 난수
rnorm	표준 정규 난수	정규 분포를 따르는 난수
rbinom	이항 난수	이항 분포를 따르는 난수
rpois	포아종 난수	포아종 분포를 따르는 난수
rexp	지수 난수	지수 분포를 따르는 난수
rgamma	감마 난수	감마 분포를 따르는 함수

명령 규칙은 'r'+ 분포의 이름(대부분 약어 형태)으로 돼 있다. 예를 들면 균일 난수는 균일 분포Uniform Distribution 난수이기 때문에 runif이며, 정규 분포Normal Distribution 난수는 rnorm이 된다.

Streem은 rand( )가 runif에 해당한다. 다른 난수 생성 함수는 필요 시에 구현하면 된다고 생각하지만, 용도가 명확한 시뮬레이션 등에 즉시 사용할 것 같은 표준 정규 난수만은 미리 만들려고 생각한다. 이름 짓기가 골치 아프지만 Normal Distribution에서 취한 nrand( ) 또는 rand_normal( ) 정도는 어떨까? 전자가 컴팩트하지만 앞으로 다양한 분포를 갖고 난수 생성 함수를 제공할 것을 생각하면 어느 정도 생략을 하지 않은 편이 좋을지도 모르겠다(결국 rand_norm( )으로 했다).

맺음말

이번에는 난수를 생성하는 난수 알고리즘과 그 응용에 대해 설명했다. 특히 Streem이 대상으로 하는 데이터 처리에서 난수는 중요한 역할을 한다. 이 글이 실제로 독자들이 볼 때까지는 Streem 난수 기능의 구현도 진행해 둘 생각이다.

---

2 원서에는 runif를 '그냥 난수(いわゆる乱数)'라고 설명했다. - 옮긴이

새로운 알고리즘에 도전

2016년 10월호에 실린 글이다. 난수 생성에 대한 설명이지만, 5-5장의 통계 기초에 이어 수학적인 주제여서 울고 싶을 정도다. 일단 각종 알고리즘과 그 평가 방법에 대해 나름 열심히 설명했다.

전통적인 난수 생성 알고리즘으로서는 선형 합동법, 비교적 새로운 알고리즘으로는 메르센 트위스터가 유명하지만, 새로운 것을 시도해보고 싶다는 마음에서 이번에는 Xorshift를 채용해 봤다. 비교적 간단하고 빠르며, 난수의 품질도 좋다는 Xorshift이지만, 파생 버전이 많기도 하고, 인터넷에 정보가 다소 꼬여 있어 것이 어려움이 많았다. 수학적 능력이 낮아 자력으로 정확성을 확인할 수 없었기 때문에, 어떤 정보를 믿어야 할지도 어려움이었다. 우선 자신이 옳다고 믿는 구현을 준비했는데, 이것이 정말 옳은지 사실 확실치는 않다.

5-7 스트림 그래프

이번에는 스트림 처리를 하는 언어인 Streem에 어울리는, 스트림 입력에서 그래프를 출력하는 절차에 대해 설명한다. GUI 라이브러리는 유행 주기가 심하므로 확실하게 오랫동안 사용할 CUI 기반으로 그래프를 출력해 보자. 그리고 외형을 개선해 나가는 방법도 소개한다.

엔지니어의 대부분은 그렇지 않다고 생각하지만, 난 뭐든지 측정하기를 좋아한다. 매일 밤 체중계를 오르고, 아파서 열이 날 때는 15분 정도마다 체온을 측정하고, 변화의 경향을 알아보고자 한다. 또한 PC의 화면에 메모리 사용량, CPU 사용량, 네트워크 전송량 등의 그래프를 표시한다. '우주 전함 야마토'[1]의 함 내에 수많은 측정기가 있었던 것도 비슷한 심리가 아닐까 싶다.

그래서 Streem에 입력된 데이터를 그래프로 만들 수 있는 기능이 있으면 좋겠다고 생각했다. 그러나 그래픽은 좀처럼 다루기가 쉽지 않다. GUI는 플랫폼마다 API가 다르기 때문에, 어떤 GUI 라이브러리를 사용하는지에 대한 설명만으로 지면을 다 채우게 된다.

게다가 GUI 라이브러리의 수명은 일반적으로 프로그래밍 언어보다 훨씬 짧다. 루비의 초기에 매우 인기있는 GUI 라이브러리인 Tk가 이제 거의 보이지 않게 된 것을 봐도 분명하지 않은가.

그래서 GUI 같은 모양에 관한 부분은 제쳐두고, 그래프를 표시하는 본질에 대해서만 설명하겠다.

---

1 우주전함 야마토: 1974년 일본 요미우리TV 방송에서 방영된 SF 애니메이션 시리즈(https://ko.wikipedia.org/wiki/우주전함_야마토) 참조 – 옮긴이

GUI와 CUI(와 CLI)

CUI는 GUI^{Graphical User Interface}와 대립되는 용어로, Character User Interface의 약자다. 무엇보다 해외에서 CUI라는 말을 들을 일은 이제 거의 없기 때문에, 일본에서만 쓰는 용어가 돼버린 것 같다. 해외에서는 CLI^{Command Line Interface}라는 말을 더 자주 듣는 것 같다.

CUI는 캐릭터로 화면 표시를 하기 때문에 수십 년 동안 사용돼 왔으며 터미널에서 작동할수 있다. 앞으로도 터미널이 없어지는 것은 걱정하지 않아도 좋을 듯하다. 이번에는 이 CUI를 사용해 그래프를 표시하는 기능을 만든다.

stag

그래서 참고가 될 만한 도구를 찾아봤는데, stag[2]라는 도구를 발견했다. stag은 표준 입력에서 수치 데이터를 읽고 그에 대한 막대 그래프를 출력하는 도구다. 예를 들어 그림 5-50 같이 Streem에서 생성된 수열에서 그래프를 출력할 수 있다. 출력 결과는 그림 5-51 같이된다.

```
streem -e 'rand_norm()|take(100)|stdout' | stag
```

그림 5-50 stag를 사용한 난수 그래프 출력

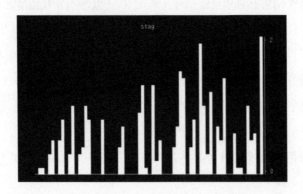

그림 5-51 stag를 사용한 난수 그래프의 출력 결과

---

2 https://github.com/seenaburns/stag

이것은 나름대로 편리한 도구이지만, Streem에서 데이터를 다른 프로세스에 보내지 않고 직접 그래프를 그릴 수 있다면 더 편리할 것 같다. 그래서 이번에는 stag 같은 기능을 하는 함수를 Streem에 추가해 보자.

화면 구성

먼저 stag의 표시 화면을 그림 5-52 같이 분할하고, 이를 캐릭터로 출력하면 된다. 다행히 대부분의 터미널에서는 이스케이프 시퀀스를 사용해 출력하려는 문자에 색상을 지정하거나 커서를 이동할 수 있다. 그 기능을 사용하면 화면의 부분 수정이 가능하다. stag는 CUI를 위한 라이브러리 ncurses를 사용하지만, 이번 개발에서는 그다지 많은 기능을 필요로 하지 않기 때문에 이스케이프 시퀀스를 직접 이용해 렌더링하는 것으로 하겠다.

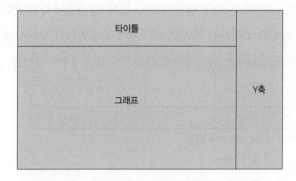

그림 5-52 stag의 화면 분할

이스케이프 시퀀스

최근에는 터미널이라는 말을 들을 때 "셸 명령을 입력하는 창이네" 정도의 인상밖에 없다. 그러나 옛날에는 터미널(단말)이라고 하면, 컴퓨터 입출력을 위한 기계였다. 현재 우리가 사용하는 '터미널'은 그 터미널이라는 기계의 기능을 소프트웨어로 실현하는 것이며, 정확하게는 터미널 에뮬레이터라고 불러야 한다.

기계로 터미널이 현역 시절 큰(크다고 해도 현재의 관점에서 매우 빈약한) 컴퓨터에 여러 개의 터미널을 연결해 작업하는 것이 당연했다. 개인 컴퓨터가 등장하기 이전 시대의 일이었다.

이 시대의 터미널은 텍스트를 표시하는 화면과 입력을 위한 키보드가 붙어 있어, 컴퓨터로서의 처리 능력은 없었다. 입력된 정보를 컴퓨터(당시는 호스트라고 했다)에 보내고 돌아온 정보를 화면에 표시하는 정도의 기능이 전부였다.

하지만 그러면 너무 표시가 단순했기 때문에 점차 터미널에 이스케이프 문자에 이어 일부 문자를 전송해 화면을 조작하는 다양한 기능을 호출할 수 있도록 진화했다. 이러한 문자열을 이스케이프 시퀀스라고 한다. 예를 들어 다음의 명령으로 화면을 지울 수 있다.

```
ESC [ 2 J
```

이러한 이스케이프 시퀀스는 당초 단말기 제조 업체 및 기종마다 달랐다. 그러나 당시 매우 대중적인 DEC의 VT100이라는 기종의 이스케이프 시퀀스가 사실상 표준이 됐다. 이번 그래프 기능의 구현으로 사용한 이스케이프 시퀀스를 표 5-14에 정리했다.

표 5-14 대표적인 이스케이프 시퀀스

시퀀스	의미
ESC [x; y H	(x, y)에 커서 이동
ESC [2 J	화면 클리어
ESC [1 K	커서보다 앞의 행 클리어
ESC [3x m	문자색 지정(흑, 청, 녹, 황, 청, 자, 연청, 백)
ESC [0 m	색상 리셋
ESC [6 n	커서 위치 소독
ESC [? 25 l	커서 소거
ESC [? 25 h	커서 표시

윈도우 크기 취득

처음에는 현재의 터미널 창 크기를 가져온다. 창 크기를 얻을 수 있는 방법은 여러 가지가 있지만, 여기에서는 ioctl을 사용한다. ioctl은 파일 디스크립터를 대상으로 입출력을 제어하기 위한 시스템 콜이다.

```
ioctl(fd, request, ...);
```

이와 같은 형식으로 호출하고, request에 따른 제어를 커널이 실시한다. 같은 request에 대해서도 디스크립터가 가리키는 장치에 의해 처리가 다를 수 있지만, 거기에 신경 쓸 필요는 없다. 일종의 객체지향이라고 생각할 수도 있겠다. 이 파일 디스크립터를 통해 다양한 객체를 객체지향으로 관리할 수 있다는 것이 유닉스의 좋은 점이며, 등장했을 때에는 매우 참신했던 부분이었다.

ioctl로 커널에 창 크기를 요청하는 리퀘스트는 TIOCSWINSZ다. 인수로 창 크기를 유지하는 구조체 structwinsize의 포인터를 전달한다(그림 5-53).

```c
#include <stdio.h>
#include <stdlib.h>
#include <sys/ioctl.h>
#include <termios.h>

static int
get_winsize(int* row, int* col)
{
  struct winsize w;
  int n;

  n = ioctl(1, TIOCGWINSZ, &w);
  if (n < 0 || w.ws_col == 0) {
    return -1;
  }
  *row = w.ws_row;
  *col = w.ws_col;
```

```
    return 0;
}

int
main()
{
  int row, col;
  int n;

  n = get_winsize(&row, &col);
  if (n < 0 || col == 0) {
    printf("WINSZ failed\n");
    exit(1);
  }
  printf("WINSZ (%d, %d)\n", w.ws_col, w.ws_row);
}
```

그림 5-53 ioctl에 의한 윈도우 크기 취득

커서의 이동

커서의 이동은 이스케이프 시퀀스를 사용한다. 대상 파일 디스크립터가 터미널을 가리키면, 이스케이프 시퀀스를 전송해 커서를 자유롭게 이동할 수 있다. 좌표 (x, y)의 위치에 커서를 이동시키기 위해서는,

```
ESC [ x; y H
```

라는 이스케이프 시퀀스를 보낸다. 이동은 왼쪽 위 모서리가 원점이고, 원점을 (0,0) 대신 (1,1)인 점에 유의해야 한다.

그림 5-54의 프로그램은 화면 소거 후 커서를 이동시키면서 HelloWorld를 출력하는 프로그램이다. 실행하면 그림 5-55 같이 출력된다.

화면 크기를 알았고 화면 소거와 커서 이동이 가능하다면, 이들의 조합으로 그래프를 출력할 수 있다.

```c
#include <stdio.h>
#include <stdlib.h>
#include <unistd.h>

static void
clear()
{
  printf("\x1b[2J");
}

static void
move_cursor(int row, int col)
{
  printf("\x1b[%d;%dH", row, col);
}

int
main()
{
  int i;

  clear();
  for (i=1; i<10; i++) {
    move_cursor(i, i*2);
    printf("%d:Hello World\n", i);
  }
}
```

그림 5-54 커서 이동 샘플

```
1:Hello World
  2:Hello World
    3:Hello World
      4:Hello World
```

```
      5:Hello World
       6:Hello World
        7:Hello World
         8:Hello World
          9:Hello World
```

그림 5-55 커서 이동 샘플 출력

타이틀 그리기

타이틀 그리기는 간단하다. 제목이 지정돼 있으면 화면의 첫 행으로 이동해 타이틀을 그린다. 화면 중앙에 제목을 그리기 위해 화면 크기와 문자열 길이를 고려해 커서를 이동시킬 필요가 있다.

타이틀 표시 프로그램(의 main 부분)을 그림 5-56에 나타낸다. 그림 5-56의 프로그램은 개별적으로 컴파일하지 못하고, 그림 5-53과 5-54의 프로그램에서 정의된 함수를 이용하지만, 함수 사용법은 이해할 수 있을 것이다.

그래프 그리기

그래프 그리기는 비교적 간단하다. 그래프 데이터, 최대 값, 창 크기에서 각 행의 선두부터 한 글자씩 그 위치(열)에 그래프가 표시되는지 여부를 판정하고, 그래프가 나타날 경우에는 색상을 지정한다. 각 행의 오른쪽에는 y좌표를 표시한다.

```
int
main(int argc, char **argv)
{
  int i, row, col;
  char* title;
  int tlen;
  int start;

  if (argc != 2) exit(1);
```

460

```
    title = argv[1];
    tlen = strlen(title);
    // 화면 크기 취득
    if (getwinsize(&row, &col) < 0) exit(1);
    start = (col - tlen) / 2;
    clear();                    // 화면 소거
    move_cursor(start, 1);      // 커서 이동
    write(1, title, tlen);      // 타이틀 표시
    move_corsor(row-1, 1);      // 최종행으로 이동
    return 0;
}
```

그림5-56 타이틀 표시

graph_bar() 함수

지금까지 설명한 것을 조합한 grph_bar( ) 함수는 그림 5–57과 같다. 그림 5–57에서 이용하는 get_winsize( ), move_cursor( ), clear( ) 등의 함수는 그림 5–53과 그림 5–54에서 정의된 것과 동일하다.

처리 순서로 먼저 초기화로 다음 작업을 수행한다.

- 화면 크기 취득
- 화면 소거
- 타이틀 그리기

상위에서부터 수치 데이터를 받을 때 다음 작업을 수행한다.

- 데이터 저장
- 최대치 계산
- 그래프 그리기

그래프 그리기에서는

- y축 그리기
- 왼쪽부터 막대 그래프 표시

를 한다. 이스케이프 시퀀스를 정확히 사용할 수 있다면 어려운 것은 아니다.

```c
struct bar_data {
  const char *title;
  strm_int tlen;
  strm_int col, row;
  strm_int dlen, llen;
  trm_int offset;
  strm_int max;
  double* data;
};

static void
show_title(struct bar_data* d)
{
  int start;

  clear();
  if (d->tlen == 0) return;
  start = (d->col - d->tlen) / 2;
  move_cursor(1, start);
  fwrite(d->title, d->tlen, 1, stdout);
}

static void
show_yaxis(struct bar_data* d)
{
  move_cursor(1,2);
  printf("\x1b[0m");     /* 색을 복원 */
  for (int i=0; i<d->llen; i++) {
    move_cursor(i+3, d->dlen+1);
    if (i == 0) {
      printf("├ %d ", d->max);
```

```
    }
    else if (i == d->llen-1) {
      printf("├ 0");
    }
    else {
      printf("│");
    }
  }
}

static void
show_bar(struct bar_data* d, int i, int n)
{
  double f = d->data[i] / d->max * d->llen;

  for (int line=0; line<d->llen; line++) {
    move_cursor(d->llen+2-line, n);
    if (line < f) {
      printf("\x1b[7m ");   /* 색 반전 */
    }
    else if (line == 0) {
      printf("\x1b[0m_");    /* 색을 복원, 베이스라인 그리기 */
    }
    else {
      printf("\x1b[0m ");    /* 색을 복원, 공백 그리기 */
    }
  }
}

static void
show_graph(struct bar_data* d)
{
  int n = 1;

  show_yaxis(d);
  for (int i=d->offset; i<d->dlen; i++) {
    show_bar(d, i, n++);
  }
  for (int i=0; i<d->offset; i++) {
```

```
      show_bar(d, i, n++);
  }
}

static int
init_bar(struct bar_data* d)
{
  if (getwinsize(&d->row, &d->col))
    return STRM_NG;
  d->max = 1;
  d->offset = 0;
  d->dlen = d->col-6;
  d->llen = d->row-5;
  d->data = malloc((d->dlen)*sizeof(double));
  for (int i=0;i<d->dlen;i++) {
    d->data[i] = 0;
  }
  show_title(d);
  return STRM_OK;
}

static int
iter_bar(strm_stream* strm, strm_value data)
{
  struct bar_data* d = strm->data;
  double f, max = 1.0;

  if (!strm_number_p(data)) {
    strm_raise(strm, "invalid data");
    return STRM_NG;
  }

  f = strm_value_float(data);
  if (f < 0) f = 0;
  d->data[d->offset++] = f;
  max = 1.0;
  for (int i=0; i<d->dlen; i++) {
    f = d->data[i];
    if (f > max) max = f;
  }
```

```
    d->max = max;
    if (d->offset == d->dlen) {
      d->offset = 0;
    }
    show_graph(d);
    return STRM_OK;
}

static int
fin_bar(strm_stream* strm, strm_value data)
{
    struct bar_data* d = strm->data;

    move_cursor(d->row-2, 1);
    if (d->title) free((void*)d->title);
    free(d->data);
    free(d);
    return STRM_OK;
}

static int
exec_bar(strm_stream* strm, int argc, strm_value* args,strm_value* ret)
{
    struct bar_data* d;
    char* title = NULL;
    strm_int tlen = 0;

    strm_get_args(strm, argc, args, "|s", &title, &tlen);
    d = malloc(sizeof(struct bar_data));
    if (!d) return STRM_NG;
    d->title = malloc(tlen);
    memcpy((void*)d->title, title, tlen);
    d->tlen = tlen;
    if (init_bar(d) == STRM_NG) return STRM_NG;
    *ret = strm_stream_value(strm_stream_new(strm_consumer, iter_bar, fin_bar,
(void*)d));
    return STRM_OK;
}
```

그림 5-57 graph_bar() 함수의 구현

그래프 그리기에서 고안한 점은, 그래프 표시용 버퍼의 사용 방식이다. bar_data 구조체에서는 표시가 가능한 그래프의 수만큼 데이터를 유지하는 data라는 배열이 있어, offset으로 지정되는 위치에 입력된 데이터를 쓴다. offset은 배열의 길이 dlen을 초과하면 0으로 되돌아가기 때문에 이것은 일종의 링 버퍼다.

표시할 때는 offset으로부터 시작해 버퍼의 끝까지 데이터를 표시하고, 그 후에는 처음부터 offset 직전까지의 데이터를 표시한다. 이에 의해 입력된 시계열 순으로 왼쪽부터 그래프로 표시할 수 있다.

그래프 그리기는 커서를 이동하면서 값이 있는 높이까지의 영역을 반전 색으로 표시하고, 나머지는 보통 색으로 공간을 채운다.

그래프를 그릴 수 있게 됐다면 seq(100)|graph_bar( )라든지(그림 5-58), rand_norm( )|take(100)|graph_bar( )를 그려 보자(그림 5-59).

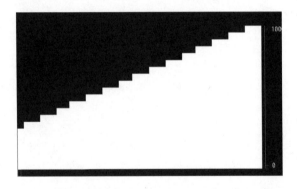

그림 5-58 seq(100)|graph_bar()의 표시 결과

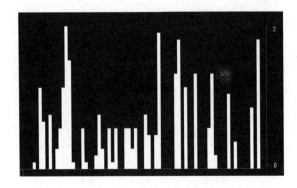

그림 5-59 rand_norm()|take(100)|graph_bar()의 표시 결과

466

윈도우 크기의 조정

옛날 기계 장치라면 화면 크기는 변화하지 않겠지만, 현대의 터미널 에뮬레이터에서는 창 크기에 따라 화면 크기를 변화시켜야 할 것이다.

CUI에서도 창 크기 변경을 수용할 수 있다. 이번에는 소스코드를 간결하게 유지하기 위해 실제로는 창 크기 변경은 지원하지 않지만 방법은 알아둔다. 출력 터미널의 크기가 변경되면 프로세스에 `SIGWINCH`라는 시그널이 전송된다. 시그널이 전송되면 그래프의 초기화를 하고 다시 그리기를 하는 것이다. 시그널을 받아들일 때는 `singal` 함수를 사용한다.

```
signal(시그널 번호, 핸들러 함수)
```

로 지정하면 시그널이 도착할 때 핸들러 함수에 지정된 인터럽트 핸들러가 호출된다. 예를 들어

```
signal(SIGWINCH, winch_handler);
```

정도의 느낌이다. 인터럽트는 언제 어떤 타이밍에 일어날지 모르기 때문에 인터럽트 핸들러 내에서 수행할 수 없는 작업도 있다. 그래서 핸들러 내에서 변수 할당만 해 놓고 메인 루틴 내 인터럽트의 유무를 확인하는 것이 정석이다.

그러나 Streem에 내장 함수로 생각하면 곤란한 경우가 발생한다. 하나의 프로세스에서 하나의 시그널에 대해 하나의 핸들러 함수밖에 등록할 수 없다. 따라서 프로그램의 다른 곳에서 시그널을 사용하려는 경우, 핸들러 함수가 호출되지 않게 돼 버린다. 달리 생각하면 어차피 대단한 비용이 드는 게 아니기 때문에 매번 창 크기를 취득하고, 지금까지의 크기와 다르면 초기화를 다시 하는 방법도 생각할 수 있다. 이 방법에서는 시그널에 의존하지 않고 처리되는 만큼, 처리 시스템의 다른 부분에서의 시그널 처리를 걱정할 필요가 없다.

커서의 후처리

시그널에 대해 또 생각해야 할 것이 있다. 현재 graph_bar의 구현에서는 그래프 그리기 때 커서가 깜빡이는 것을 방지하기 위해 그리는 동안은 커서를 감추고 있었다.

문제는 'Ctrl + C' 키로 키보드 인터럽트를 걸어 프로그램이 중단될 때, 커서가 사라진 채로 남아버리는 것이다. 이를 해결하기 위해 키보드 인터럽트에 의해 보내지는 SIGINT 시그널에 대한 핸들러를 설정해야 한다.

그러나 SIGWINCH 부분에서도 설명했듯이, 시그널 핸들러의 설정에는 프로그램의 다른 부분에서 동일한 시그널에 대해 별도의 핸들러를 지정할 수 없다는 문제가 있다. 일반적으로 전체를 공동으로 개발하는 응용 프로그램 소프트웨어에서는 그다지 문제가 되지 않지만, 프로그래밍 언어 처리 시스템 같은 기능이 독립하는 경우에는 이 점이 문제가 된다. 큰일이다.

그러나 생각해 보면 하나의 시그널에 하나밖에 핸들러를 설정할 수 없는 것이 문제의 근원이다. 그래서 Streem 처리 시스템에서 시그널 핸들러 설정용 함수를 마련하기로 했다.

```
strm_signal(sig, func, arg)
```

이런 새 함수에서 sig으로 지정한 번호의 시그널에 대해 핸들러 함수 func를 지정한다. 여러 개의 핸들러를 지정해도 덮어쓰지 않고 모든 핸들러가 호출된다. arg는 void* 형식 인수로 핸들러 함수에 인수로 전달된다.

이것을 사용하면 Streem 처리 시스템의 다른 위치에서 같은 시그널을 처리하는 상황에서도 핸들러의 충돌을 염려할 필요가 없다.

이후의 문제

여기까지 일단 수치 스트림에서 막대 그래프를 출력할 수 있게 됐다. 그러나 캐릭터 도트를 표현하는 것은 21 세기의 관점에서 그야말로 빈약하다. 좀 괜찮은 출력을 할 수 없을까 생각하는 것은 당연하다.

Sixel 그래픽스

하지만 앞에서 쓴 이유 때문에 GUI 라이브러리를 사용하는 것도 가능하면 피하고 싶다. 그럴 때 딱 맞는 기술이 Sixel 그래픽스다. Sixel은 'SixPixels'의 약자로, 터미널에서 하나의 캐릭터를 여섯 개의 '픽셀'로 분해한 다음, 픽셀당 256색을 이스케이프 시퀀스로 지정하는 기술이다. 1980년대 DEC의 VT200 시리즈에 도입된 이 기술은 비교적 오래된 기술이지만, 이를 해석하는 터미널 에뮬레이터에서는 확장 기능을 이용해 최대 1600만 색상까지 볼 수 있다. 또한 이스케이프 시퀀스를 이용한 비효율적인 그래픽 표시 방법이지만, 현대 기계에서 GIF 애니메이션을 원활하게 볼 수 있다. Sixel 그래픽스의 단점은 모든 터미널이 Sixel 그래픽스를 지원하지 않는 점이다. 예를 들어 내가 갖고 있는 xterm과 mlterm은 대응하지만, gnome-terminal과 roxterm 대응하지 않는다.

맺음말

이번에는 수치 스트림을 입력해 캐릭터 그래픽으로 막대 그래프를 출력하는 함수를 만들었다. 솔직히 허접한 그래프지만, Sixel을 사용한 픽셀 단위의 표시 등 향후 개선을 기대한다.

타임머신 칼럼

Streem의 개발은 지금도 계속된다

2016년 11월호에 실린 글이다. 이번에는 캐릭터 기반의 간단한 그래프 기능의 구현이다. 데이터를 처리하고 그래프를 표시할 때가 종종 있지만, 그러기 위해서는 데이터를 Excel로 가져와 그래프 기능을 사용하는 것이 귀찮은, 나 같은 사람을 위한 기능이다. 하지만 이번에 구현할 수 있었던 것은 눈에 거친 막대 그래프를 표시하는 것이 고작이었다. "그래프 기능이 생겼습니다."라고 말할 수준은 아닌데 글쎄, 불가능하지 않음을 나타낸 정도가 아닐까?

지금까지 몇 차례에 걸쳐 Streem에 기능을 추가해 왔지만, 여기서 일단락짓겠다. 물론 Streem은 완성까지는 먼 거리가 남았기 때문에 개발을 그만두는 것은 아니지만, 무한 연재를 계속할 수도 없는 노릇이다. 책도 여기서 일단락짓고, 앞으로는 커뮤니티 기반의 OSS로 개발을 계속하기로 하자.

마치면서

....

본문에도 썼지만, 나는 통계를 포함한 수학 전반에 대해 잘 알지 못한다. 그리고 컨커런 트 프로그래밍도 잘 못한다. 그러나 빅데이터와 데이터 과학 등의 말이 유행하고, 컴퓨터의 멀티코어화가 진행되는 현대에서 내가 싫어하는 그 분야의 중요성은 계속 증가하고 있다.

우리(대부분)는 엔지니어다. 문제가 있으면 기술로 그것을 해결하려는 것이 엔지니어의 정 신이 아닐까 생각한다. 그래서 이러한 문제에 대한 내 나름의 해답이 Streem이었다. 무엇보 다 영감은 있어도 실력이 수반하지 않는 영역에서의 싸움은 어렵기 그지 없었다. 이 책에서 도 여러 번 참회하고 있는 대로, 실력이 미치지 못한 버그를 잡을 수 없었던 점과 의욕과 시 간이 부족해 완성도가 낮은 채로 남겨져 있는 곳이 많이 있다. 그러나 그 '단점'은 Streem라 는 언어 자체의 가치를 떨어뜨리는 것은 아니라고 생각한다.

사실 나는 이 Streem의 실행 모델이 상당히 마음에 들어, 2015년 RubyKaigi과 RubyConf 의 키노트에서는 루비의 미래 버전(루비3)에 Streem의 컨커런시 모델을 기반으로 한 기능을 넣으려는 제안을 했었다. 진짜 그렇게 되기를 바랬지만, 최종 검토단계에서 루비3에는 사사 다 고이치笹田耕一가 제안한 Guild(길드)라는 모델이 실제로 채용됐다. 이쪽이 표현력과 호환성 이 뛰어나다는 판단이다.

Streem의 추상도가 높은 컨커런시 모델은 세심한 처리를 할 수 없다는 점이 장점이자 단 점이기도 하지만 루비3에 들어가는 것에서는 단점 부분이 무시될 수 없었다.

글쎄 내가 생각한 Streem 모델을 가져오는 방식은, 루비와 Streem에서 다른 실행 모델 을 하나로 하기 위해 '하나의 언어에 두 모델'이 존재하는, 다른 말로 하면 '유사한 두 언어가 섞인' 모델이 되기 때문에 사용자에게 혼란이 커질 위험이 있었다. 채용되지 못한 것은 어쩔 수 없는 일이라고 생각한다.

못한 부분

본문에서도 이야기했듯이 Streem은 아직 미완성이다. 특히 가비지 컬렉션^{GC}을 제대로 구현하지 못하는 것은 큰 문제다. 현재 Streem 처리 시스템은 대부분 메모리를 해제하지 않는다. 따라서 대량의 데이터를 처리하면 필연적으로 메모리를 탕진하게 된다.

4-4장에서는 스레드마다 다른 공간에 객체를 할당해 GC도 스레드마다 실시해 효율을 올릴 것으로 설명했지만, 실제로 구현하다 보니 예상보다 어려움이 있었다. 파이프라인에서 데이터를 전달하면 그 개체는 다음 스레드에 넘겨지게 된다. 또한 이 객체가 배열과 같은 다른 개체에 대한 참조를 포함하면, 거기에서 참조된 객체를 재귀적으로 다음 스레드의 메모리 공간에 복사해야 한다. 이것이 의외로 귀찮아 좀 미루고 말았다.

실용적인 처리 시스템을 목표로 하기에, 이 점은 어떻게든 해결하고 싶다고 생각한다. 첫 번째 단계는 NaN Boxing이라는 객체 표현을 변경한 후, `libgc`를 이용하려고 생각한다.

`libgc`는 링크를 거는 것으로 C 언어로 작성된 애플리케이션에 GC를 추가하는 라이브러리다. 그러나 "포인터의 값을 가공하지 말라."는 제약 조건이 있고, 현재의 Streem이 채용하는 NaN Boxing에서는 이 제약 조건을 만족하지 못한다.

현대의 거의 모든 컴퓨터가 채용하는 부동소수점 표현인 IEEE754에서는, 배정도 부동소수점 수 64비트 중 부호부 1 비트, 가수부에 11 비트, 가수부에 52 비트를 사용한다.

또한 계산 결과가 정의되지 않은 경우의 연산 결과(예를 들어 0으로 나누는 것 등)를 나타내는 값으로 NaN$^{Not a Number}$ 값이 정의돼 있다. '지수부가 모두 1'의 값도 NaN 값이라고 정해져 있다. NaN을 나타내는 값 하나만 있으면 좋은데, 실제로는 지수가 모두 1이면 모든 게 NaN이다. 따라서 잘하면 NaN으로 해석되는 값의 범위가 52비트 분의 정수 값을 포함시킬 수 있다. 이것이 NaN Boxing이다. 실제로 52비트 중 4비트 값의 종류를 나타내는 태그에, 나머지 48 비트를 실제 값을 저장하는 데 사용한다.

48 비트밖에 없으면 64비트 OS에서의 포인터를 포함할 수 없을 것 같다. 그러나 실제로는 일부 예외를 제외하고 리눅스를 비롯한 많은 OS에서 64비트 시스템에서는 포인터 값으로 48비트밖에 사용하지 않기 때문에 문제가 될 수는 없다. 실로 교묘하다.

한편 이 방식에서는 포인터 값이 부동소수점 수로 변환돼 버리므로 libgc는 포인터를 찾을 수 없고, GC도 할 수 없다. 그래서 NaN Boxing 부분에 손을 대어 포인터 값을 포인터 그대로 유지하는 형식으로 변경한다.

발상은 간단하다. 64비트 포인터 값 중 실제로 주소를 표현하는 것은 48비트고, 나머지 16비트는 0이다. NaN Boxing에서는 이 부분에 태그를 넣어 NaN 값으로 꾸며준다. 이렇게 하는 것은 포인터 값을 표현하는 경우에 태그가 0이 되도록 태그 값을 조정해주면 좋을 것이다. 물론이 조정한 값은 정당한 부동소수점 수가 될 수 없다. 따라서 부동소수점 숫자를 추출할 때 값을 가공할 필요가 있지만, 그다지 큰 수고가 드는 일은 아니다.

이러한 NaN Boxing의 변종을 Favor Pointers라고 한다.

NaN Boxing을 Favor Pointers로 바꾸면 그 뒤는 간단해진다. 현재 malloc( )을 부르고 메모리를 할당하는 부분을 GC_malloc( )으로의 대체만으로 GC가 가능해진다. libgc는 4-4장에서 설명한 것 같은 애플리케이션 고유의 지식을 이용한 효율화는 불가능하지만, 스레드에 대응하는 세대별 GC를 제공하기 때문에 나름대로 효율적인 GC를 해 준다.

안녕, 그리고 이제부터

루비3에 포함되지 않는다고 해서 Streem의 가치가 없어지는 것은 아니다. Streem은 독립적인 언어로 앞으로도 (가늘고 길게) 개발을 계속하려고 생각한다.

Streem에 가까운 대상 영역을 가진 언어 도구는 Streem 외에도 존재한다. 예를 들어 tab과 datamash[1]다. 이러한 언어 도구의 라이벌이 될 수 있도록 앞으로도 Streem을 성장시키려고 한다.

다음 작품도 기대해주기를 바란다!

마츠모토 유키히로

---

1 http://tkatchev.bitbucket.org/tab/

찾아보기

에이콘출판의 기틀을 마련하신 故 정완재 선생님 (1935-2004)

마츠모토 유키히로의 프로그래밍 언어 만들기

Ruby 및 Streem을 통한 언어 제작 과정 살펴보기

발 행 | 2019년 6월 4일

지은이 | 마츠모토 유키히로
옮긴이 | 김 성 준

펴낸이 | 권 성 준
편집장 | 황 영 주
편 집 | 양 아 영
　　　　이 지 은
디자인 | 윤 서 빈

에이콘출판주식회사
서울특별시 양천구 국회대로 287 (목동)
전화 02-2653-7600, 팩스 02-2653-0433
www.acornpub.co.kr / editor@acornpub.co.kr

한국어판 © 에이콘출판주식회사, 2019, Printed in Korea.
ISBN 979-11-6175-301-0
ISBN 978-89-6077-566-4 (세트)
http://www.acornpub.co.kr/book/language-structure

이 도서의 국립중앙도서관 출판시도서목록(CIP)은 서지정보유통지원시스템 홈페이지(http://seoji.nl.go.kr)와
국가자료공동목록시스템(http://www.nl.go.kr/kolisnet)에서 이용하실 수 있습니다.(CIP제어번호: CIP2019019849)

책값은 뒤표지에 있습니다.